KB110797

순국선열의 얼을 찾아서

겨레 앞에 선 그대

대한민국순국선열유족회 펴냄

목차

겨레 앞에 선 그대

제1장 순국선열이란?

제2장 순국선열 독립항쟁사

제3장 순국선열 길따라 얼따라

제4장 순국선열의 숭고한 삶

기억하지 않는 역사는 되풀이 될 수 있습니다

얼마 전 우리는 광복 70주년을 맞이한 바 있습니다. 1945년 8월 15일, 그렇게도 염원하던 독립을 이루어냈고 일제에 빼앗긴 주권을 결국 다시 찾았습니다. 일제에 항거하며 잃어버린 나라를 되찾기 위해 목숨을 바친 순국선열의 희생이 없었다면 불가능했을 일입니다.

오직 나라와 민족을 위한다는 일념 하에 구국에 앞장선 순국선열들이 있었기에 오늘의 대한민국이 존재하는 것입니다. 자신을 희생하면서 조국독립이라는 대의에 헌신한 순국선열의 사생취의(捨生取義) 정신은 우리 민족의 뿌리이자 상징으로서 오늘날 우리의 자유와 풍요를 지키는데 필요한 정신적 지표가 되고 있습니다.

하지만 오늘 이 시점에 있어, 순국선열은 우리에게 어떠한 의미로 다가서고 있습니까? 한 예로 일본의 야스쿠니 신사에 전범의 위패를 보관하고 있다는 것은 많은 사람들이 알고 있지만 우리나라 순국선열의 위패가 서대문독립공원 내 순국선열 현충사에 모셔져 있다는 사실을 아는 사람은 많지 않습니다. 야스쿠니 신사에 참배하는 행위를 옳지 못하다고 비판하면서도 정작 우리나라 순국선열의 위패가 봉안된 곳이 어디인지에 관해서는 무관심합니다.

순국선열을 깍듯이 예우하고 대한민국 건국 공로에 대한 대접을 올바르게 할 때

대한민국은 더 밝고 큰 미래를 열 것입니다. 오늘의 대한민국이 있기까지 수십만 순국선열의 피와 땀, 눈물이 초석이 되었음을 잊지 말아야겠습니다.

그동안 순국선열들의 유지를 받들고 희생정신을 널리 선양하는데 앞장서온 대한민국순국선열유족회는 일제에 온몸으로 항거한 순국선열의 위훈을 기리고 그 항일정신을 다시금 되새기고자 오랜 숙원이던 나라사랑 교재『순국선열의 얼을 찾아서』를 발간하게 되었습니다. 순국선열의 의미와 정신을 비롯하여 국내외에서 시기별로 치열하게 펼쳐진 순국선열 독립항쟁사, 주요 순국선열 유적지와 함께 순국선열의 숭고한 삶을 되새겨보는 내용을 다루었습니다.

이를 계기로 그동안 잊고 있었던 순국선열을 기억하며 그들의 고귀한 위국헌신(爲國獻身)과 나라사랑 정신을 국민정신으로 승화시켜 길이 이어갔으면 좋겠습니다. 기억하지 않는 역사는 되풀이 될 수 있습니다. 광복 70주년을 맞아 다시 한 번 순국선열의 의미를 되새기고, 그 분들의 숭고한 희생정신을 잊지 않기를 바랍니다.

사단법인 대한민국순국선열유족회

회장 김 시 명

제1장 순국선열이란?

광복의 빛 밝힌 순국선열의 의미를 되새기다

8월 15일은 우리나라가 일제강점기의 어두운 터널을 벗어나 국권 회복이라는 큰 빛을 되찾은 날이다. 그리고 그 빛은 순국선열의 불씨가 모여 이루어 낸 값진 결실이다. 자신의 삶보다 나라의 독립을 소중히 여기고 자신의 행복을 찾기보다 민족의 자유를 찾으려 노력한 순국선열. 그 아름다운 의미와 공훈을 가슴깊이 새기며 그들의 넋을 진심을 다해 위로할 때 순국선열의 아픔과 희생이 헛되지 않을 것임은 분명하다.

1 순국선열의 의미

조국과 민족을 위하여 목숨을 바치다

국가나 공공단체 등에서 각종 행사를 할 때 제일 먼저 행하는 의식이 국민의례(國民儀禮)이다. 국민의례는 국기에 대한 경례, 애국가 제창, 순국선열에 대한 묵념으로 진행한다. 그렇다면 순국선열은 누구를 말하는 것이며, 행사 때마다 왜 순국선열에 대한 묵념을 올리는 것일까.

순국선열(殉國先烈)이란 일본제국주의자들의 국권침탈 전후로부터 1945년 8월 14일까지 국내외에서 조국의 자주와 독립을 위하여 항일투쟁을 전개하다가 순국한 분으로서 그 공로가 인정되어 건국훈장, 건국포장, 대통령표창을 받은 선열들을 말한다.(독립유공자 예우에 관한 법률 제4조) 그러므로 순국선열에 대한 묵념을 올리면서 조국의 독립을 위해 헌신하신 순국선열의 영령을 애도하고, 그들의 숭고한 독립정신, 고귀한 희생정신을 기리고자 하는 것이다.

안중근 의사는 순국선열, 김구 선생은 애국지사

안중근 의사와 김구 선생은 모두 조국의 독립을 위하여 투쟁한 분들이다. 그런데 공식적으로 부르는 호칭에 차이가 있다. 안중근 의사는 순국선열, 김구 선생은 애국지사라 부르고 있다. 그렇다면 조국의 독립을 위하여 일제와 투쟁하신 분들을 순국선열과 애국지사로 나누는 이유는 무엇일까?

건국훈장 1등급인 대한민국장. 안중근, 윤봉길, 김구, 안창호 등이 대한민국장을 받았다.

순국선열과 애국지사는 국가 지정 독립유공자로서 국권 침탈 전후로부터 1945년 8월 14일까지 일제에 항거하여 국권 침탈을 반대하거나 독립운동을 하신 분들로서 순국선열(殉國先烈)은 일제에 항거하다가 목숨을 바친 분을 말하며, 애국지사(愛國志士)는 항일투쟁을 하였지만 살아서 광복을 맞이한 분을 이른다. 따라서 안중근 의사, 유관순 열사, 윤봉길 의사 같은 분들은 순국선열이고, 김구 선생, 이시영 선생, 이범석 장군 등을 애국지사라 부른다.

무력을 사용하면 의사, 비무장 항거는 열사, 광복 이후 생존자는 지사

안중근 의사

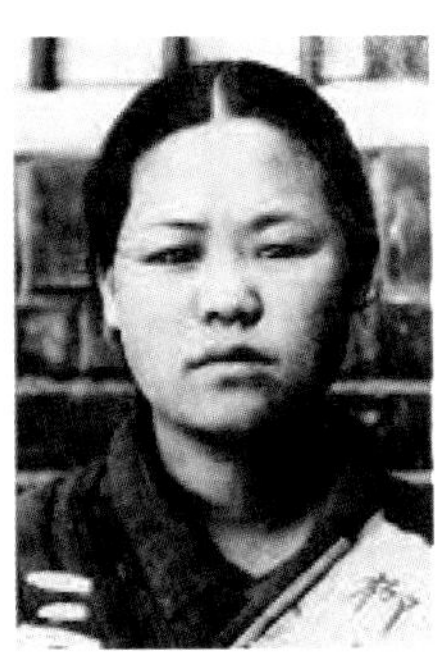
유관순 열사

김성숙 지사

안중근 의사, 유관순 열사처럼 독립유공자의 이름 뒤에는 '의사', '열사' '지사'라는 호칭이 붙는다. 그렇다면 독립유공자들 가운데 어떤 분을 의사, 열사, 지사라 호칭하는 것일까.

국가보훈처에서는 나라와 민족을 위하여 외세에 항거하다가 의롭게 죽은 사람으로서 무력적인 행동을 통하여 거사를 실행한 분을 의사(義士)라 이름하고, 나라와 민족을 위하여 저항하다가 의롭게 죽은 사람으로서 주로 비무장으로 싸운 분이나 강력한 항의의 뜻을 자결로써 드러내거나 피살된 분을 열사(烈士)라 한다.

그리고 지사(志士)는 나라와 민족을 위하여 자신의 몸을 바쳐 일하려는 뜻을 가진 분으로 광복을 맞이한 이후 생존하다 사망한 분들과 지금까지 생존해 계신 분들을 이른다.

11월 17일, 순국선열의 날을 아시나요?

순국선열의 날은 왜 11월 17일로 정하게 된 것일까. 1905년 11월 17일에 일제의 강압에 의해 체결된 을사늑약의 치욕을 잊지 않기 위해 이날을 순국선열의 날로 정한 것이다.

1939년 11월 21일에 열린 대한민국임시정부 의정원 제31회 총회에서 지청천과 차이석을 비롯한 6인의 의원이 을사늑약 체결일인 11월 17일을 순국선열공동기념일(殉國先烈共同記念日)로 제안하였다. 그리고 의정원의 의결을 거쳐 광복이 될 때까지 임시정부에서 주관하여 순국선열의 날을 거행하였던 것이다.

광복 이후 순국선열 유족 및 민간단체에서 순국선열의 날을 주관하다가 1955년 정부행사로 이관되고, 1970년 이후 정부행사 간소화 조치로 공식행사는 현충일에 포함되어 거행되었고, 민관합동 추모제가 별도로 진행되었다. 1997년에 이르러 순국선열의 날이 법정기념일로 제정됨에 따라 정부가 주관하는 행사로 오늘에 이르렀다.

현재, 순국선열의 날 기념식은 국가보훈처 주관으로 독립유공자 및 유족, 독립운동 관련 단체장, 정부요인과 각계인사들이 참석한 가운데 거행되고 있다.

2 순국선열 참배

순국선열의 고귀한 넋을 기리다

선열의 혼을 모시는 위패

전통한옥 형태로 지어진 순국선열 현충사(독립관)에는 현재, 순국선열의 위패 2,835위가 봉안되어 있다.

위패(位牌)란 죽은 사람의 이름과 명칭을 적은 패를 말한다. 서양에서는 사람이 죽으면 바로 묘를 쓰고, 동양에서는 묘를 쓰는 동시에 사당에 위패를 모신다. 옛말에 아주 소중히 여기는 것을 일러 "신주 모시듯 한다"라고 하는데 이 때 신주가 바로 위패를 이른다.

사람의 영혼이 신체를 떠나 위패로 옮겨온다고 여겼기 때문에 사람이 비록 세상을 떠났어도 위패를 통하여 산사람으로 대우하였다. 위패는 사(祠)·묘(廟)·서원(書院)·절 등에 모신다. 옛부터 국가에 큰 공이 있으면 임금이 '불천위(不遷位)'로 명하고 많은 재산과 명예를 함께 주었다.

또한 불천위 위패를 모시는 종손은 주위로부터 선망의 대상이 되어왔다. 순국선열은 나라를 위하여 목숨을 바친 공로가 있기에 불천위로서 순국선열 현충사에 위패를 모시고 마치 살아계신 것과 같은 예우를 하고 있다.

위패는 묘보다 우선한다

나라와 민족을 위하여 목숨을 바친 영령들이 안장되어 있는 국립묘지를 가리켜 현충원(顯忠院)이라 한다. 또한 순국선열의 위패를 모신 곳을 순국선열 현충사(顯忠祠)라 한다. 묘가 죽은 사람의 시신을 모시는 것이라면 위패는 산 사람으로 영혼을 모시는 것이다. 따라서 위패가 묘보다 그 위상이 더 높다. 순국선열의 위패를 모신 순국선열 현충사가 국립현충원보다 위상이 높으며, 국가의 공식행사시 가장 먼저 참배해야 하는 장소가 되어야하는 것은 당연한 이치다.

순국선열 현충사 대한민국 건국에 가장 높은 공을 세운 순국선열의 위패를 모신 사당으로 서대문 독립공원 안에 위치해 있다.

순국선열 현충사와 국립현충원

순국선열의 위패를 모신 순국선열 현충사는 대한민국 건국에 공을 세운 순국선열의 위패를 모신 사당으로 서대문독립공원 안에 위치하여 있다. 1층 위패봉안관에 모셔진 위패는 7층 높이의 선반에 가로 15cm, 세로 25cm, 두께 1.5cm의 옥돌로 만들어진 순국선열 2,835위가 봉안되어 있다.

국립현충원에는 순국선열과 애국지사 및 호국영령이 잠들어 있다. 광복이 된 후 순국선열에 대한 예우시설을 마련하기도 전에 6 · 25 전쟁이 일어나 이 전쟁으로 많은 군인들이 전사하자 1955년 국군묘지로 창설하여 전사 또는 순직군인 등의 영현을 안장하였다. 10년이 지난 1965년 국립묘지로 승격하면서 독립항쟁으로 희생한 분들도 예우해야 한다는 필요성이 제기되어 비로소 순국선열, 애국지사 등이 추가 안장되었다. 처음에는 서울 동작구에만 현충원이 마련되었으나 계속된 안장으로 만장되자 국립서울현충원과는 별도로 국립대전현충원을 1979년 창설하였다. 현재 국립현충원(서울, 대전)에 안장된 순국선열은 모두 800여 분에 불과하다.

국립현충원 나라를 위하여 헌신한 의병, 광복을 위하여 투쟁한 순국선열과 애국지사, 그리고 호국용사들의 유해가 모셔져 있다.

3 순국정신의 미래

겨레에 대한 큰사랑 잊지 않으리

우리나라의 독립항쟁가들은 일제에 빼앗긴 국권을 회복하고자 의병 항쟁, 애국계몽운동, 3.1 만세운동, 독립군 활동, 의열투쟁, 광복군 활동 등을 통해 활발한 투쟁을 벌였다. 그 과정에서 많은 분들이 목숨을 잃었는데 이 가운데 전사(戰死) · 형사(刑死) · 옥사(獄死) · 절사(節死) · 피살(被殺) · 옥병사(獄病死) 등 6개 항목으로 목숨을 바친 분들을 순국선열이라 부른다.

즉, 의병이나 독립군으로 전쟁 중 전사한 분, 조국의 독립을 위하여 투쟁하다 일제에 의해 피살되거나 체포되어 사형을 당한 분과 감옥에서 생을 마친 분, 나라를 잃은 비분과 수치심에 자결한 분들이 이에 포함된다. 국가보훈처와 관계 자료의 통계에 의하면 약 15만 명에 이른다고 알려졌다.

일제에 침탈당한 국권 회복을 위하여 기꺼이 목숨과 재산을 바친 순국선열의 숭고한 희생정신과 공훈을 기리기 위하여 1994년 서울 서대문독립공원에 '순국선열추념탑'을 건립하였다. 1997년에는 서대문독립공원 안에 순국선열 현충사(독립관)를 마련하고 순국선열 위패를 봉안하였다. 현재 순국선열 위패 2,835위가 모셔져 있다.

한편, 순국선열의 유지를 받들어 민족정기를 선양하고, 민족번영에 기여하며, 그 유족을 보존 및 육성하여 조국의 위난에 국민들이 앞장서는 실천자가 되게 함을 목적으로 대한민국순국선열유족회가 설립되었다.

순국선열 추념탑

국권 회복을 위하여 목숨을 바친 순국선열의 숭고한 희생정신과 공훈을 기리기 위하여 1994년 서울 서대문독립공원 내에 건립하였다.

제2장

순국선열 독립항쟁사

독립을 향한 의롭고도 치열한 여정이 시작되다

나라를 구하기 위한 순국선열들의 항일 투쟁은 1895년 을미사변을 전후한 시기부터 광복을 맞이한 1945년까지 치열하게 펼쳐졌다. 그만큼 나라의 독립은 절박하고도 간절한 바람이었다. 나라와 민족을 위기로부터 구하기 위해 스스로 일어나 싸우는가 하면 독립을 향한 끈질긴 희망을 갖고 국내외를 가리지 않으며 항일 투쟁을 펼쳐나갔다. 불굴의 투혼으로 일제의 모진 탄압을 이겨내며 독립투쟁을 벌인 그들의 이야기가 시작된다.

■ 독립항쟁사 개요

빼앗긴 나라를 되찾겠다

일제는 1894년 청일전쟁을 도발한 후 영일동맹, 가쓰라태프트 조약, 러일전쟁 등 단계적 침략을 통하여 국권 강탈을 본격화하였다. 1905년 을사늑약, 1910년 한일병합을 강제하여 식민지화 하고 우리 고유의 전통과 문화를 해체, 억압과 수탈을 하고 경제적 착취도 자행되었다. 이러한 일제의 침략과 수탈에 우리 민족은 국권수호와 독립을 쟁취하기 위해 줄기찬 투쟁을 전개했다.

의병항쟁과 애국계몽운동, 3.1운동과 의열투쟁, 대한민국 임시정부 수립과 만주, 연해주의 무장독립투쟁 등 가능한 모든 방법을 통하여 독립항쟁을 하였으며, 이 모든 항쟁에는 자발적으로 나라를 구하겠다는 구국정신이 공통적으로 나타나 있다. 이러한 독립항쟁은 1895년 명성황후 살해사건으로부터 1945년, 광복의 그날까지 반세기(51년) 동안 국내에서 쉼없이 지속되었다.

독립을 위하여 일어나라!

독립항쟁은 초기에는 의병운동과 애국계몽운동의 두 흐름의 국권회복운동으로 전개되었다. 1907년 광무황제 강제퇴위, 군대해산, 대대적인 의병탄압 등을 겪으면서 1910년 병합을 전후하여서는 국외 독립항쟁기지를 건설과 독립전쟁 준비의 방향으로 발전되었다.

그럼에도 1919년, 전 민족적인 3.1운동이 일어났고, 국내에서는 농민운동, 노동운동, 학생운동, 여성운동 등을 비롯하여 국어, 국사, 연구와 언론 등 사회문화운동이 활발하게 일어났으며, 만주에서는 봉오동 전투, 청산리 전투 등 독립군 무장투쟁이 끊임없이 전개되었고, 국내외를 연결하여 일제 고관이나 통치기관에 대한 공격을 감행하는 의열투쟁이 일어났고, 중국 상하이에는 통합된 대한민국 임시정부가 수립되었다.

이러한 투쟁에도 불구하고 일제는 1931년 만주사변, 1937년 중일전쟁 도발을 통해 만주는 물론 상해에까지 침략을 확대했다. 이에 강우규, 윤봉길 의거(1932년) 등의 의거가 있었다.

일제가 중일전쟁(1937년)을 통해 침략을 중국 내륙까지 전선을 확대하자 만주 무장 세력과 임시정부는 광복군을 창설했다. 1941년 태평양 전쟁이 발발하자 일본에 대해 선전포고를 하며 미국과 영국 등의 연합군과 함께 1945년 광복을 맞이할 때까지 항전을 계속했다.

대한민국 독립항쟁연표

- 1895년 을미의병
- 1896년 독립협회 설립
- 1898년 만민공동회
- 1905년 을사의병
- 1907년 정미의병/국채보상운동/신민회 결성/ 간민교육회
- 1908년 교남학회 창립 / 의병의 서울진공작전
- 1910년 성명회 결성(연해주)
- 1911년 경학사(신흥강습소)/ 중광단/ 권업회(연해주)/ 간민회/ 중광당
- 1913년 부민단(신흥중학교) 설립/ 광복단 결성(풍기)/ 농무계
- 1914년 독립의군부 조직(1912년부터)/ 백서농장 설립
- 1915년 대한광복회 결성/ 신학혁명당/ 대동보국단
- 1919년 3.1 만세 운동 / 대한민국 임시정부 / 한족회 / 서로군정서. 신흥무관학교 / 북로군정서 / 대한독립군 설립/ 대한독립군비단
- 1920년 봉오동전투 / 청산리대첩 / 물산장려운동 / 광복단 설립 / 민립 대학 설립 운동/ 대진단/ 흥업단
- 1921년 백산무사단/ 광한단/ 의용단/ 대한국민당
- 1922년 대한통의부 설립
- 1923년 참의부 설립
- 1924년 정의부 설립
- 1925년 신민부 설립/ 조선공산당 조직 / 고려공산청년회 결성
- 1926년 6.10 만세 운동
- 1927년 신간회 결성
- 1928년 혁신의회
- 1929년 국민부 설립 / 광주 학생 항일 운동 / 조선 혁명군 창립
- 1931년 한국 독립군 창립 / 항일 유격대 설립
- 1932년 이봉창 · 윤봉길 의사 의거 / 조선 혁명 간부 학교 개교/ 쌍성보 전투. 영릉가 전투
- 1933년 동경성전투, 대전자령전투
- 1935년 민족 혁명당 결성
- 1936년 조국 광복회 설립
- 1938년 신사참배 거부운동 / 조선의용대 창설
- 1940년 한국광복군 창설 / 한국독립당 재결성

1 의병항쟁

나라는 사라져도 의병은 죽지 않는다

■ 의병의 의미와 정신

일제의 침략이 본격화되면서 우리 민족의 저항은 거세졌다. 가장 적극적이고 효과적인 저항 세력은 다름 아닌 의병이었다. 의병(義兵)이란 나라가 외적의 침략을 받았을 때 나라를 구하기 위하여 자발적으로 조직한 군대(민군 또는 정의의 군대)를 말한다.

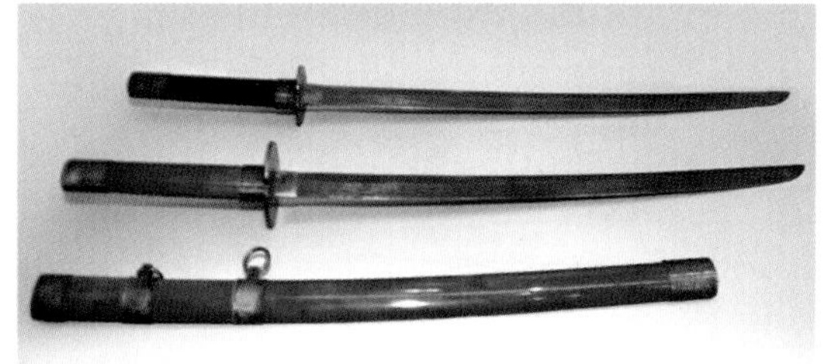
의병들이 의병 항쟁 당시 사용한 칼.

우리나라 의병의 역사는 삼국시대부터 시작하여 고려시대와 조선시대를 거쳐 한말로 이어져 오는 동안 국가가 위급할 때 국민이 스스로 일어나 나라를 구하는 의병정신이 면면히 이어져 왔다. 1895년 명성황후 살해 등 일본의 침략이 노골화되자 의병항쟁이 다시 일어났다. 양반에서 천민에 이르기까지 수많은 의병들이 가진 우국충정(憂國衷情)과 충효사상은 구국을 위한 의로운 정신으로 우리나라 독립항쟁의 정신적 기반이 되었다.

■ 의병 항쟁의 전개

독립항쟁의 첫 문을 연 것은 의병 항쟁이었다. 우리나라는 나라에 위급한 일이 닥칠 때마다 전국 곳곳에서 의병들이 일어나 스스로 마을과 나라를 지켜냈다. 특히 조선 시대에 임진왜란과 정묘호란 때 백성들이 목숨 바쳐 싸워 큰 성과를 거두었다.

의병의 활약은 구한말 일제의 침략 때도 빛을 발하였다. 한말 의병사의 첫머리를 장식한 것은 안동에서 일어난 갑오의병(1894년)이었다. 이어 1895년 명성황후 살해 사건인 을미사변과 단발령으로 1896년 1월 20일 안동에서 일어난 을미의병은 상주 · 함창 · 태봉에 주둔한 일본군 병참부대를 공격하였다. 1905년 일제에 외교권을 빼앗긴 을사늑약이 체결되자 을사의병이 일어났으며, 1907년 헤이그 특사 사건으로 고종이 퇴위되고 군대가 강제해산되자 정미의병이 일어났다.

국모를 살해하고 머리카락까지 자르라니 | 을미의병(전기)

1894년 청일전쟁에서 승리한 일제는 개혁을 추진하기 위한 기관으로 군국기무처를 수립하며 노골적으로 내정간섭을 하기 시작하였다. 이에 조선은 일제의 강압에서 벗어나기 위하여 러시아와 손을 잡고 친일세력을 제거하는 한편, 일본 장교가 훈련시킨 군대를 해산시키기로 하였다.

일제는 단발령, 변복령 등을 강제로 시행하여 우리 민족의 문화적 전통을 단절시키고자 했다

자신들의 일에 방해가 된다고 생각한 일제는 우선 친러세력인 명성황후를 제거할 계획을 세웠다. 1895년 10월 8일 새벽 5시경 수십 명의 괴한들이 경복궁으로 들이닥쳤다. 미우라 고로 일본 공사가 지휘한 일본군과 경찰, 자객들이었다. 이들은 왕비 침실인 건청궁을 습격하여 명성황후를 잔인한 방법으로 살해하였다. 이른바 을미사변이다. 조선의 국모를 살해한 일제는 김홍집, 유길준, 서광범 등 친일파를 중심으로 한 친일내각을 통하여 을미개혁을 단행하였다. 특히 단발령, 변복령(서양식 의복 착용) 등을 강제로 시행하여 우리 민족의 문화와 전통을 단절시키고자 했다.

갑작스런 개혁에 여기저기서 불만이 속출하였다. 특히 우리 민족에게 효의 상징이었던 상투를 자르도록 한 단발령에 대하여 전국의 유생들이 거세게 반발하였다. 국모가 살해당한 것도 모자라 전통의 두발과 의복 문화까지 강제로 말살되는 지경에 이르자 전국의 양반 유생들이 불같이 일어났으며, 일반 농민과 동학 농민군도 가담하였다. 무능한 정부를 대신하여 일제를 몰아내고 나라를 지켜내기 위하여 의병이 일어난 것이다. 1895년 을미년에 일어났다고 하여 을미의병이라 부른다.

경상도 안동에서 일어난 의병은 경기도, 강원도, 충청도 등 중부지방으로 확대되고 전라도, 평안도, 함경도까지 확산되었다. 위정척사 사상을 가진 유생들이 항쟁을 주도하였는데 유인석, 이강년, 이소응, 허위 등의 의병장들이 두드러진 활약을 보였다.

특히 유인석은 자신의 근거지인 제천에서 의병을 일으켜 3천여 명의 의병을 이끌고 충주성을 점령하는 등 가장 활발한 활동을 보였다. 그러나 일제의 지원을 받은 관군에게 패한 뒤, 후일을 기약하며 군사를 이끌고 만주로 건너갔다. 그런가하면 김하락 의병장은 경기도 이천에서 의병을 일으켜 2천여 명의 의진(義陣)으로 남한산성을 점령하였다. 그러나 내부 변절자들로 인해 남한산성이 함락되자 영남 지역으로 이동하여 항쟁을 계속하였다.

함양에서 의병을 일으킨 노응규 의병장은 함안 · 미산 · 진해 등지의 의병을 합쳐 한 때 1만여 명의 의병을 이끌었다. 진주성을 공격하여 탈환하는데 성공하였으며, 진주 인근 세력을 모아 진주 의병진을 구성하여 김해까지 손에 넣었으나 관군과 결탁한 내부 배신자 때문에 진주성을 함락당하고 말았다.

충청도 홍주에서는 김복한, 안병찬, 이설 등이 홍주에서 의병을 일으켰으며, 강원도에서는 민용호 의병장이 활동하였다. 경상도 안동에서는 김흥락 의병장의 지휘 아래 권세연 등이 안동관찰부를 점령하였으며, 전라도 광주에서는 기우만, 기삼연 의병장이 활약하였다.

의병들은 충주 등 주요 도시를 공격하는 한편, 친일 관리와 일본인들을 처단하였다. 그러나 아관파천으로 친일정권이 무너지며 단발령이 철회되고 고종이 "이만하면 우리의 의지를 세계에 알렸으니 해산하라"며 해산 권고조칙을 내리자 의병 항쟁은 점차 수그러들었고 의병들도 흩어졌다. 하지만 일부 농민들은 활빈당, 영학당 등 농민 무장 조직을 결성하여 반봉건 · 반침략 투쟁을 지속하였다.

외교권 박탈에 의분을 참지 못하다 | 을사의병(중기)

청일전쟁에서 승리한 일제는 우리나라의 지배권을 확보하기 위하여 1904년 2월 러일전쟁을 일으켰다. 영국과 미국의 세력을 등에 업은 일제는 우리나라에 대한 침략을 본격화하였다.

1905년 11월 17일 경운궁에 일본 특사인 이토 히로부미와 일본군들 그리고 대한제국의 대신들이 모였다. 을사늑약을 강제 체결하고자 마련된 자리였다. 일본군이 둘러싼 강압적인 분위기 속에서도 한규설을 비롯한 몇몇 대신들은 조약 체결을 끝까지 반대하였지만 궁궐을 포위한 일본군의 무력시위와 일제의 회유와 압박에 굴복한 을사오적이라 불리는 이완용, 권중현, 이지용, 이근택, 박제순 등이 찬성하여 결국 을사늑약이 체결되고 말았다. 을사늑약 체결 이후 일제는 감독기구인 통감부를 설치하여 이토 히로부미를 통감으로 두고 내정 전반에 대하여 간섭하기 시작하였다. 을사늑약의 핵심 내용은 대한제국의 외교

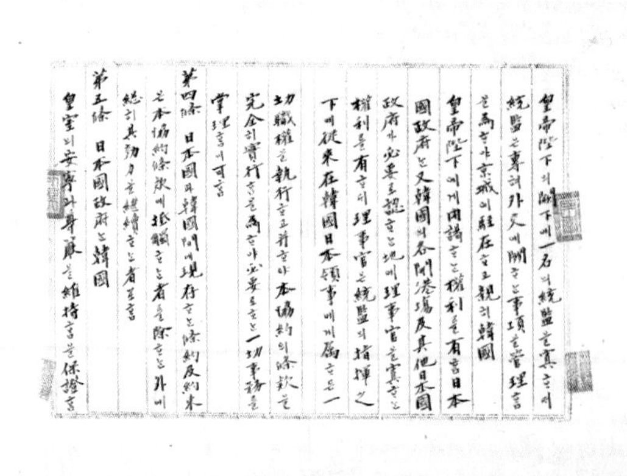
皇帝陛下의 闕下에 一名의 統監을 置ᄒᆞ되
統監은 專혀 外交에 關ᄒᆞᄂᆞᆫ 事項을 管理ᄒᆞᆷ
을 爲ᄒᆞ야 京城에 駐在ᄒᆞ고 親히 韓國
皇帝陛下에게 內謁ᄒᆞᄂᆞᆫ 權利를 有ᄒᆞᆷ 日本
國政府ᄂᆞᆫ 又 韓國의 各開港場及其他日本國
政府가 必要로 認ᄒᆞᄂᆞᆫ 地에 理事官을 置ᄒᆞᄂᆞᆫ
權利를 有ᄒᆞ되 理事官은 統監의 指揮之
下에 從來在韓國日本領事에게 屬ᄒᆞ든 一
切職權을 執行ᄒᆞ고 幷ᄒᆞ야 本協約의 條款을
完全히 實行ᄒᆞ옴을 爲ᄒᆞ야 必要로ᄒᆞᄂᆞᆫ 一切事務를
掌理ᄒᆞᆷ이 可ᄒᆞᆷ
第四條 日本國과 韓國間에 現存ᄒᆞᄂᆞᆫ 條約及約束
은 本協約 條款에 抵觸ᄒᆞᄂᆞᆫ 者를 除ᄒᆞᄂᆞᆫ 外에
總히 其效力을 繼續ᄒᆞᄂᆞᆫ 者로 ᄒᆞᆷ
第五條 日本國政府ᄂᆞᆫ 韓國
皇室의 安寧과 尊嚴을 維持ᄒᆞᆷ을 保證ᄒᆞᆷ

1905년 체결된 을사늑약(일부)

권 박탈이었다. 즉 다른 나라와 조약이나 협정을 맺을 때 일제가 우리나라를 대신한다는 것으로 이는 곧 우리나라의 주권 상실을 의미하였다.

을사늑약 체결에 대한 분노는 다양한 방법으로 표출되었다. 조병세, 이상설, 안병찬 등은 조약폐기를 요구하는 상소 운동을 벌였으며, 민영환, 조병세, 이한응 등은 치욕과 망국의 한을 견디다 못해 자결하였다. 또한 나철, 오기호 등은 오적 암살단을 조직하여 을사오적의 집과 일제의 앞잡이 노릇을 하던 일진회를 습격하였으며, 의병들은 오직 위태로운 나라를 일으키겠다는 일념으로 일본군에 맞서 죽음도 불사한 결사항전을 벌였다.

을사의병 가운데 민종식, 안병찬 등을 중심으로 한 충청도 홍주 의병이 규모면에서 가장 컸다. 을사늑약 체결에 반대하는 상소를 올린 안병찬 등 충남 유생들은 전 이조참판 민종식을 의병장으로 추대하여 1906년 의병을 조직하고 항쟁에 나섰다. 순식간에 의병 500여 명이 모여 홍주성을 공격하여 점령하였으나 무기 및 의병수가 부족하여 일본군에 패하고 말았다. 홍주성 전투는 비록 실패하였지만, 을사의병 가운데 가장 큰 성과를 거둔 것이었다.

을사늑약 체결에 반대한 민종식이 의병을 이끌고 공격하여 탈환에 성공한 홍주성

전라도에서는 양반 유생인 최익현과 임병찬 등이 의병을 조직하였다. 전라북도 태인에서 의병을 모집하여 순창, 곡성을 거쳐 남원으로 들어갈 때는 100여 명이었던 의병이 800여 명으로 늘어났다. 하지만 남원에서 일본군이 아닌 관군과 맞닥뜨린 최익현은 같은 민족끼리 싸울 수 없다고 판단하여 의병들을 해산시키고 말았다. 결국 최익현은 일제 경찰에 체포되어 대마도로 끌려가 유배생활을 하다 단식 끝에 생을 마쳤다.

양반들이 재산을 바쳐 의병을 일으킨 까닭에 의병장은 대개 양반들의 몫이었지만, 반드시 그런 것만은 아니었다. 신돌석은 평민 출신 의병장으로 기세를 올렸고, 이미 을사의병 때 부터 수많은 공을 세워 '태백산 호랑이'로 명성이 자자하였다. 그의 명성을 듣고 모여든 의병이 3천여 명에 이를 정도였으니 이는 경상도 일대에서 가장 큰 규모를 자랑하는 부대였다. 경상도, 강원도 일대에서 수차례 일본군을 격파하며 활발한 활동을 펼쳤으나 일제에 매수당한 부하에게 암살당하고 말았다.

황해도에서 장규섭, 우병열, 이진룡 의병장 등이 의병을 이끌었고, 평안도에서는 전덕원 의병장 등이 의병을 조직하여 일본군과 맞서 싸웠다.

을사의병 항쟁은 을미의병 항쟁보다 많은 수의 의병이 참가하여 규모가 한층 컸다. 전투 경험이 부족한 평민이 의병의 대다수를 차지한 까닭에 주로 지형을 이용한 유격전과 기습 작전으로 의병 항쟁을 펼쳤다. 이 시기의 의병 항쟁은 괄목할만한 성과를 거두지는 못하였으나, 후일 정미의병을 일으키는 기반이 되었다.

갑작스런 황제 퇴위와 군대해산 | 정미의병(후기)

을사늑약 체결 이후 의병 항쟁과 계몽 운동 등을 통한 국권회복운동은 지속되었지만, 일제의 내정간섭은 더욱 강화되었다.

을사늑약 체결의 부당함을 호소하기 위하여 헤이그 특사로 파견된 이준, 이상설, 이위종(왼쪽부터)

고종황제는 1907년 네덜란드 헤이그에서 제2차 만국평화회의가 열린다는 정보를 입수하고 을사늑약 체결의 부당함을 전 세계에 호소하기 위하여 전 의정부 참찬 이상설, 전 평리원 검사 이준, 전 주러 공사관 참서관 이위종 등 3명을 특사로 파견하였다. 을사늑약이 황제의 뜻이 아닌 일제의 협박과 강제에 의한 것이므로 마땅히 조약을 무효화해야한다고 호소하는 것이 이들에게 주어진 임무였다. 하지만 이 사실을 알게 된 일제는 고종을 감금하다시피 하면서 3명의 특사가 회의에 참석하는 것을 교묘하게 방해하였다. 이에 이준 열사는 그 곳에서 울분이 쌓여 순국하였고, 다른 두 명은 기자회견을 열어 "한국을 위하여 호소한다"는 제목의 연설을 하여 일제의 침략을 규탄하였음에도 대세를 돌이키지는 못했다. 그러나 언론을 통해 일제의 침략 만행을 세계에 알리는데 성공했다.

이토 히로부미는 보복 조치로 고종황제를 퇴위시킬 음모를 꾸몄다. 고종황제는 헤이그 특사 사건의 책임을 추궁하며 황제의 자리에서 물러날 것을 강요하는 이토 히로부미의 협박에 못 이겨 황제의 자리를 결국 순종에게 넘긴다. 이에 친일각료들은 황제가 양위하였다고 허위로 발표하였다.

일제의 병탄 작업은 서둘러 진행되었다. 정미7조약을 체결하여 대한제국의 모든 권력을 빼앗고, '신문지법'을 공포하여 언론을 탄압하였고, '보안법'을 공포하여 집회와 결사를 금지시켰다.

이어 '군대해산령'을 내려 대한제국의 군대마저 해산시켜 버렸다. 대한제국군 강제해산명령이 떨

훈련원에서 훈련 중인 신식군대. 1907년 일제는 헤이그 특사 사건을 구실로 고종을 퇴위시킨 뒤 대한제국의 군대를 강제 해산시켰다.

어지자 격분한 시위대 제1연대 제1대대장 박승환 참령이 스스로 목숨을 끊었다. 육군 보병참위 남상덕과 시위대 병사 천여 명은 일본군과 항전을 벌였고, 치열한 전투 끝에 러일전쟁 때 큰 공을 세운 일본군의 가지하라 중대장을 사살하는데 성공하였다. 그러나 총기와 탄약이 부족한 대한제국군은 장교 13명을 포함한 70여명이 장렬히 전사하고, 부상 100여 명, 600여명이 포로가 된 가운데 남은 장병들은 뿔뿔이 흩어져 그중 많은 수가 의병부대에 합류한다. 서울 시위대의 봉기 소식이 전해지자 원주 진위대와 강화 분견대 등 지방 부대 장병들이 의병부대에 합류했다. 나라의 운명이 망국으로 기울었다는 참담함에 스스로 나라를 지키고자 농민뿐 아니라 천민까지도 의병대열에 가담하였다.

의병은 전국 각지에서 일어났다. 경기 · 충청 · 강원 · 황해도의 중부지방, 경상 · 전라도의 남부지방, 함경 · 평안도의 북부지방은 물론, 국경선 너머 간도와 연해주로까지 확대되었다. 이 때의 의병을 정미의병이라 한다.

1907년 의병 부대의 모습. 정미의병은 고종황제의 퇴위와 군대해산을 계기로 확대, 강화되었다.

정미의병 항쟁은 그 어느 때보다 뜨겁게 타올랐다. 해산된 군인들이 의병 항쟁에 합류함으로써 체계적이고 조직적인 활동이 가능해졌다. 근대적 무기를 갖춘 군인이 합류하자 의병 부대의 규모는 더욱 커지고 조직력과 전투력이 강화되었다. 의병들은 서울 주재 각국 영사관에 의병을 국제법상의 교전단체로 승인해 줄 것을 요청하는 서신을 발송하고 스스로를 독립군이라 불렀다. 국제법상으로 인정받은 대한제국의 정규군으로서 일제와 싸우기 위함이었다.

민긍호 의병장은 강원, 충청, 경상도 일대에서 100여 회의 전투를 벌여 일본군에게 큰 타격을 주었다. 을미의병 항쟁 시기에 의병을 일으켜 옥고를 치른 기삼연 의병진은 호남창의회맹소를 조직한 뒤 고창, 법성포, 광주, 나주 등지를 공략하여 일본군을 습격하고 친일파를 처단하였다. 일제 헌병보조원이었던 강기동 의병장은 군대가 해산되자 감옥에 투옥되어 있던 의병들을 구출해냈다. 이후 양주와 포천 등지에서 활동하다가 연기우 의병장과 연합하여 일본군 공격에 나섰다.

대한제국군 진위대 하사였던 차도선 의병장은 홍범도, 태양욱 등과 의병을 일으켜 후치령, 삼수, 갑산전투 등에서 일본군을 크게 격파하였다. 일본군이 대대적으로 기습해오자, 부하 250여 명을 이끌고 투항하였다가 감시가 소홀한 틈을 타 탈출한 뒤 다시 홍범도 부대와 합류하여 유격전을 계속하였다. 이후 만주를 거쳐 연해주로 옮긴 뒤 안중근 의사의 활동을 지원하였다.

대한제국군의 보병부교였던 채응언 의병장은 이진룡 의병장과 함께 평안도와 강원도에서 의병활동을 하며 일제 헌병분견소를 습격하는 등의 활동을 벌였다. 1907년 지리산 일대의 화전민들을 모아 의병을 일으킨 석상룡 의병장은 후에 남원 · 함양 · 산청지방에서 의병을 모아 지리산을 거점으로 유격전을 벌이다 양한규, 고제량 등과 연합작전을 벌이기도 하였다.

각지에서 활동한 의병부대는 전국적인 연합전선을 구축하기도 하였다. 1907년 12월 전국 곳곳에서 올라온 1만여 명의 의병들이 경기도 양주로 모여들었다. 이들은 서울을 공략하여 통감부를 무너뜨리고 서울에 주둔한 일본군을 물리치기 위하여 조직된 연합 의병부대 '13도 창의군'이었다. '서울 진공 작전'을 수행하기 위하여 선발대가 동대문 밖 10여 km까지 진격하였다. 그러나 서울 진공 작전은 여러 가지 난관에 봉착하였다. 서울 진공 계획이 일본군에 누설되어 일제가 서울 외곽 방비에 만전을 기한데다 창의대장 이인영이 부친상을 당하여 허위에게 군권을 맡기고 급히 귀향한 것이다. 결국 일제의 방어망을 뚫지 못하고 서울 진공 작전이 실패하면서 군대는 다시 전국으로 흩어졌다.

13도창의군의 서울진공작전 모형 전시물

비록 13도창의군의 서울 진공 작전은 실패하였지만, 각 지역에서의 의병 항쟁은 멈추지 않고 계속되었다. 허위는 임진강 유역으로 부대를 옮기고 김수민, 이은찬 등의 의병부대와 합쳐 지속적인 항쟁을 계획하고 전국 의병진에 격문을 보내 의병 동참을 촉구하고 청나라에 군사원조를 요청하였다. 또한 통감부에는 태황제 복위, 외교권 반환, 통감부 철거 등 30여 개 조에 달하는 요구사항을 전달하였다. 허위가 교수형으로 순국하자 허위와 함께 활동한 김수민 의병장은 적성, 강원, 충청, 황해도 일대에서 전투를 계속 벌였으며 이은찬 의병장은 양주 · 포천 · 연천 일대에서 활약하였다.

이미 1906년 장수읍을 탈환하고 1907년 무주전투에서 승리한 문태수 의병장은 영남 · 호남 · 호서 일대에서 항쟁을 계속하였으며 1910년에는 서울로 진격하고자 이원 · 영동 · 옥천 등지를 공략하였다. 호남지방에서는 농민출신 안규홍 의병장이 1908년 2월 토벌진을 구성하여 수색해오는 일본군을 맹공격하여 괴멸시키고 무기를 비롯한 많은 전리품을 획득하였다. 이어 1908년 8월 진산에서 격전을 벌여 큰 승리를 거두었고, 1909년 3월에는 일본군을 기습 공격하여 역시 큰 승리를 거두었다.

황해도 평산에서는 이진룡이 선봉장이 되어 1908년까지 일본군과 287회에 걸친 전투에서 많은 승리를 거두었다. 의병장이 된 이후에는 무기를 확보하기 위하여 연해주로 건너간 뒤 안중근 의사의 하얼빈 의거를 돕기도 하였다. 신식 무기를 확보하여 다시 황해도로 돌아와 활동을 이어나갔다.

한편, 북쪽 국경선 너머 간도와 연해주 일대에서는 홍범도와 이범윤이 이끄는 의병 부대가 국내 진공 작전을 펼치기도 하였다. 1907년~1909년 동안 전국 각지에서 벌인 전투가 2,700여 회에 달하였고 여기에 참가한 의병만도 14만여 명이었다.

의병 활동이 끊임없이 이어지자, 일제는 우리나라의 국권을 완전히 빼앗기 위한 최후의 수단으로 1909년 9월, 이른바 '남한 폭도 대토벌 작전'을 실시하였다. 대규모 부대를 동원하여 의병을 색출하고 근거지를 완전히 없애버릴 계획을 세운 것이다.

이 무렵 한반도 북부지방에서 활동하던 의병들은 만주와 연해주로 이동해 항쟁을 계속하였지만, 남부지방 의병들은 전라도 지역으로 활동 지역을 옮겨 활발한 활동을 펼쳤다. 일제는 의병부대들을 제거하기 위하여 보병 2개 대대와 해군함정을 동원하여 잔인하고도 무차별적인 공격을 퍼부었다. 전

남한대토벌로 불태워진 마을

일제는 대규모 부대를 동원하여 의병의 근거지를 완전히 없애버릴 계획을 세웠다.

라도 지역을 포위한 뒤 수색망을 좁히며 의심이 가면 모조리 죽였다. 일본군의 군복을 한복으로 변장하여 알아볼 수 없게 하는가 하면 통행금지를 위반한 민간 위반자까지도 가차 없이 사살하였다.

2달여에 걸친 일본군의 무자비한 공격에 의병들은 속수무책으로 당할 수밖에 없었고 수많은 의병들이 붙잡혀 현장이나 감옥에서 처형당하였다.

두 달여에 걸친 일본군의 무자비한 공격에 의병들은 속수무책으로 당할 수밖에 없었고, 수많은 의병들이 붙잡혀 현장이나 감옥에서 처형당했다. 당시 전남경찰서의 보고에 따르면 1909년 8월 25일부터 10월 21일까지 이른바 '남한폭도대토벌작전'으로 420명의 의병이 사망하였고 1,687명이 체포되거나 자수하였다. 심남일, 안규홍 등 26명의 의병장이 체포되었고 103명의 의병장이 희생당하였다. 이 기간 중 일본 토벌대측은 사망자 136명, 부상자 277명에 그쳤던 반면, 의병측은 사망자 17,779명, 부상자 376명, 포로 2,139명이었다.

한편, 연해주에서 의병활동을 한 안중근 의사는 초대 조선 통감이었던 이토 히로부미를 침략의 원흉으로 지목하여 처단할 계획을 세웠다. 그리하여 1909년 10월 26일 만주 하얼빈 역에서 러시아와 열차 회담을 마친 이토 히로부미가 기차에서 내리자 권총을 쏘아 이토 히로부미에게 3발을 정확히 명중시켰다. 이 일로 안중근 의사는 1910년 2월 14일 사형선고를 받고 3월 26일 뤼순 감옥에서 사형을 당하였다.

1909년 10월 26일 만주 하얼빈역, 안중근 의사는 우리나라 침략의 원흉인 초대 조선 통감 이토 히로부미에게 총알 3발을 명중시켰다.

일제의 강력한 학살작전이 계속 이어짐에 따라 국내에서의 활동은 보다 어려워졌다. 의병들은 산악지대로 들어가 유격술을 펼치거나 항일투쟁의 근거지 마련을 위하여 만주와 연해주 등지로 옮겨갔다.

1910년 연해주에서 유인석을 중심으로 13도의군을 조직하여 국내로 진공할 계획을 세웠으나 국권을 강탈한 일제의 방해로 무산되고 말았다. 1915년 이후 의병항쟁은 독립군 활동으로 이어져 계속 전개되었다.

■ 의병항쟁의 의의

세 차례에 걸친 의병 항쟁은 활동 범위가 전국적이었고, 참여 계층 역시 광범위한 범 민족적 항일 투쟁이었다. 그러나 일제 정규 군대의 막강한 군사력을 제압하기에는 역부족이었고, 초기 봉건적 지배질서를 고집한 양반 유생층의 지도 노선으로 결속을 강화하지 못한 점도 있었다. 게다가 외교권 상실로 국제적으로 고립된 상태였기에 국제적 지원을 받기가 어려웠다.

그러나 의병항쟁은 나라와 민족이 위기에 처하였을 때 우리 민족이 자발적으로 일으킨 애국 운동의 대표적 형태로서 우리 민족의 강인한 저항 정신을 표출한 항일 민족 투쟁임은 분명하였다.

의병 항쟁은 3.1 만세 운동과 대한민국 임시정부 수립을 비롯한 수많은 국내외 독립항쟁의 정신적 토대가 되었다. 약 30만여 명의 의병 가운데 순국하신 분이 10만여 명에 달하여 독립항쟁 중 가장 많은 피해를 낳았다. 국권 회복을 위하여 헌신한 의병은 훗날 독립군과 광복군으로 이어졌다.

의병 항쟁은 전국적이고 범 민족적인 항일 투쟁이었으며, 후의 수많은 독립항쟁의 정신적 토대가 되었다.

자정순국이란?

을사조약이 강제되자 스스로 목숨을 끊어 일제에 저항하는 운동이 일어났다. 일제의 식민 통치에 경종을 울리고 한민족에게 민족적 각성을 촉구하여 항일 투쟁을 지속하기 위함이었다. 주로 세 차례에 걸쳐 일어났는데 첫번째는 을사조약 강제 때이고, 두번째는 국권을 빼앗긴 경술국치 때이며, 세 번째는 1919년 고종의 죽음이었다.

전국에서 90여 명의 인사들이 자정순국(自靖殉國)의 길을 택하였다. 특히 안동지방에서는 전국에서 가장 많은 10명의 자결 순국자가 나왔다. 이는 의(義)를 중시한 안동유림들의 결연한 인식을 보여주는 한 예다. 안동 유림들은 대부분 단식의 방법으로 순국하였다.

2 국내 항일 투쟁

민중의 힘을 길러 나라를 찾자

■ 국내 항일 투쟁의 성격과 방향

항일투쟁은 1905년 을사늑약이 체결되고 외교권을 빼앗긴 후부터 1945년 8.15 광복을 맞을 때까지 일제를 중심으로 한 제국주의 열강의 침략에 대항하여 나라와 민족을 지키고 독립을 쟁취하려는 운동이 다양한 방식으로 전개되었다. 특히 1919년 3.1 만세 운동이 일어나기까지 우리 민족의 국내 항일 운동은 크게 의병 항쟁과 애국계몽운동으로 이루어졌다. 의병 항쟁이 민중들과 위정척사 사상을 가진 유학자들을 중심으로 일제의 침략행위에 맞선 무력 투쟁이라면 애국계몽운동은 개화파들을 중심으로 민족의 실력을 양성하여 국권을 되찾자는 운동이다.

민중계몽에 앞장서다 | 독립협회의 계몽 운동

1896년부터 1898년까지는 독립협회를 통한 계몽활동이 이루어졌다. 독립협회는 우리나라 최초의 근대적 사회정치단체로, 외세로부터 나라를 지키기 위하여 서재필이 창립하였다. 독립협회를 이끈 지도층은 해외 시찰이나 해외 유학 등을 통하여 새로운 세계관과 지식 체계를 갖춘 신지식인들이었다. 특히 서구 시민사상에 큰 영향을 받은 서재필, 윤치호, 이상재 등이 지도층을 구성하였다.

서재필 최초의 근대적 사회정치단체인 독립협회를 만들었다.

독립협회는 자주독립 · 개화혁신운동을 전개하고자 1896년 독립신문을 간행하였다. 독립신문은 국문판과 영문판으로 구성되었으며 격일간지로 나오다 일간지로 바뀌었다.

독립협회는 자주국권 · 자유민권 · 자강개혁 사상을 통하여 자주독립 · 개화혁신 운동을 전개하였다. 이에 앞서 같은 목적으로 서재필이 독립신문을 간행하였으며 독립협회 창립 이후에는 자주독립을 상징하는 독립문과 독립관 건립, 독립공원 조성 등의 사업을

독립협회가 민중계몽을 위하여 마련한 강연회에 모여든 군중들.

진행하였다. 일반 민중은 물론 관료와 왕실의 전폭적인 지원과 관심으로 독립협회는 곧바로 거대한 사회단체로 부상하였다.

이후 독립협회는 토론회, 강연회 등을 통하여 민중계몽에 나섰다. 토론회와 독립신문 등을 통하여 보수파 정권의 외세의존정책을 비판하자, 보수적 관료층의 이탈이 심화되었고, 대신 개혁파 관료들과 재야 · 신지식인층이 주류를 이루며 민중적 사회단체로 탈바꿈하였다.

1896년 아관파천 이후 외세의 이권침탈이 노골화되자 독립협회는 구국운동을 선언하며 1898년 '만민공동회'를 개최하였다. 만민공동회는 국정의 개혁을 실현시키기 위하여 열린 우리나라 최초의 근대적 민중 대회다. 대회는 수시로 열려 외국의 이권 침탈과 내정 간섭을 규탄하고 외국에 의존하는 왕실을 비판하는 등 국권과 국익을 수호하려는 자주 국권 운동을 펼쳐나갔다. 또한 국가주권의 자주화, 국가이권의 수호, 국가재정의 일원화, 국민자유권의 보장, 인사행정의 공정화, 국왕자문기구 중추원의 의회 개편 등을 내용으로 하는 헌의 6조(국정개혁안)를 건의하기도 하였다. 이에 고종황제와 정부는 민회와 민중의 요구를 받아들여 헌의 6조를 재가하고 중추원관제를 반포하였다.

독립협회의 활동이 왕성해지자 보수집권세력은 불안을 느끼고 "독립협회가 황제를 폐하고 공화제를 실시하려 한다."고 무고하였다. 이에 정부는 독립협회 간부들을 체포하는 한편, 어용단체인 황국협회를 시켜 독립협회와 만민공동회를 습격하도록 하

독립협회는 구국운동을 선언하며 1898년 '만민공동회'를 개최하였다. 만민공동회는 국정개혁과 의회 설립을 위하여 열린 우리나라 최초의 근대적 민중 대회다.

여 유혈사태를 빚었다. 이후 정부의 독립협회 해산령과 민회 활동 탄압 · 금지로 독립협회의 활동은 막을 내렸다. 비록 독립협회는 수구적인 집권세력의 탄압으로 해체되었지만, 민중을 중심으로 한 자주적 근대화 운동을 벌였으며 만민공동회 등을 통하여 자주적 독립 국가를 건설하고 국민의 자유와 인권을 추구하였다. 이러한 활동은 후에 전개된 애국계몽운동의 발판이 되었다.

실력을 길러 나라의 주권을 되찾자 | 애국계몽운동

을사늑약 이후 나라를 잃을지 모른다는 위기감이 커지면서 항일 의병 항쟁이 불타올랐고 한편에서는 일제에게 빼앗긴 국권 회복을 위하여 민족 역량을 강화해야 한다는 목소리가 높아졌다. 교육 · 언론 · 산업 등의 활동을 통하여 민족의 의식과 실력을 키워야한다는 이른바 '실력 양성 운동'의 필요성이 대두된 것이다.

서구 문물 수용에 우호적인 개화파와 개명(開明)한 유교 지식인, 동학교도들은 각기 단체를 만들어 언론 · 출판 · 교육 운동을 전개하였다. 학교를 세우고 신문과 잡지를 발행하였으며 우리말과 우리 역사를 연구하여 민족의식을 북돋웠다. 더 나아가 근대 문물을 받아들이고 산업 진흥을 위한 활동에 힘썼으며, 독립군 기지를 건설하고 일제로부터 우리 경제를 지키려는 경제적 구국운동도 이끌었다. 민족 자강을 위한 애국 계몽 활동을 벌인 대표 단체로는 대한자강회, 신민회 등이 있다. 대한 자강회는 1906년 3월 장지연 등이 조직한 단체로, 성격은 대한 자강회 취지서에 잘 담겨 있다.

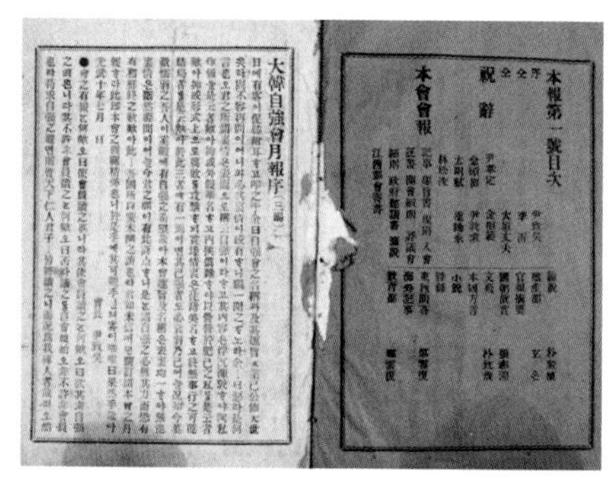
1906년 서울에서 조직된 사회정치단체인 대한자강회의 기관지『대한자강회월보』

> 무릇 우리나라의 독립은 오직 자강의 여하에 있을 따름이다.(중간 생략) 무릇 교육이 일어나지 못하면 국민의 지혜가 열리지 못하고 산업이 늘지 못하면 국부가 증가하지 못한다. 그러한 즉 국민의 지혜를 개발하고 국력을 기르는 길은 무엇보다도 교육과 산업의 발달에 있지 않겠는가. 이는 교육과 산업의 발달이 곧 단 하나의 자강지술임을 알려주는 것이다.

대한자강회는 전국 25곳에 지회를 두며 빠르게 성장해나갔다. 기관지인『대한자강회월보』간행과 연설회, 토론회, 강연회 등을 통하여 교육과 산업의 중요성을 강조하였다. 일제가 고종황제의 퇴위를 강요하였을 때는 이에 반대하는 운동을 펼쳤다.

1907년에 조직된 신민회는 신문물 도입을 위하여 미국으로 건너갔던 안창호가 귀국하여 만든 단체다. 대한매일신보 주필인 양기탁이 신민회 창립에 앞장섰으며, 역시 대한매일신보 주필인 신채호가 회원으로 참여하였다. 애국 계몽 활동을 이끄는 단체들이 대거 일제의 탄압을 받자 신민회는 비밀리에 조직 활동에 나섰으며, 언론인, 종교인, 교사 및 학생들이 회원으로 활동하였다.

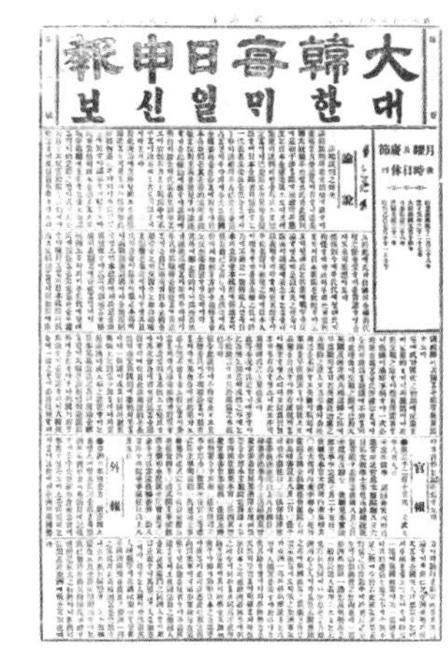
大韓每日申報
대한매일신보

대한매일신보 (제3권 제1호)

실력 양성을 위하여 사립학교를 설립하였고 교과서 및 각종 서적 출판을 위하여 평양과 대구에 태극서관을 만들었다. 또한 민족 자본 육성을 위하여 평양에 자기 회사를 설립하였으며, 대한매일신보를 통하여 언론 활동에도 앞장섰다. 뿐만아니라 무장 독립 투쟁의 발판을 마련하기 위하여 만주 유하현 삼원포 독립항쟁기지를 계획하는 한편, 국어 · 국사 연구를 통하여 애국심 고취에도 적극 나섰다. 1909년 보성중학교 교장 박중화를 중심으로 한 신민회 소속 청년들은 국권 회복운동을 목적으로 독립항쟁단체인 대동청년단을 조직하였다.

애국 계몽 단체들이 민족의 실력을 기르기 위하여 중점을 둔 것은 교육과 인재 양성으로, 학교를 세우고 교재를 개발하여 청년을 계몽하는 데 주력하였다. 1909년까지 보성학교, 양정학교, 오산학교, 대성학교 등 전국적으로 5천여 개의 사립학교가 세워졌다. 서당을 개조한 소규모 형태부터 규모가 제법 큰 근대식 학교까지 그 형태도 다양하였다.

신민회 회원인 이승훈 선생(왼쪽)이 민족 교육을 위해 1907년 평안북도 정주에 세운 오산학교

신민회 회원인 이승훈은 원래 유기행상에서 출발한 사업가이다. 유기공장과 무역으로 큰 돈을 번 뒤 신민회 경제사업의 일환으로 출판사와 도자기 회사를 설립하고, 1907년 평안도 정주에 오산학교를 세워 신학문과 애국사상을 높였다.

안창호는 1908년 평양에 대성학교를 설립하였다. 대성학교의 교육 목표는 네 가지였다. 첫째 건전한 인격 함양, 둘째 애국정신이 강한 민족 운동가 양성, 셋째 국민으로서 실력을 갖춘 인재 육성, 넷째 강인한 체력 단련이다. 우리나라의 역사와 언어, 지리 교육뿐 아니라 실업, 체육 교육에도 중점을 두었다.

안창호 선생(왼쪽)과 그가 1908년, 평양에 설립한 대성학교의 1912년 제1회 졸업 기념사진

이같은 교육구국운동은 해외에서도 예외가 아니었다. 만주에서는 서전서숙, 명동학교, 동창학교, 영신학교 등이 세워졌고 연해주에서는 소성학교, 계동학교, 한민학교 등이, 미주에는 한인중앙학원, 한인소년병학교, 대조선 국민군단 등이 설립되었다.

1906년 천도교 교주 손병희의 발의로 창간된 만세보. 만세보는 제국신문, 황성신문 등과 계몽 운동을 이끌었으며 1907년 이인직이 시설을 인수하여 대한신문으로 제호를 바꾸었다.

교육뿐 아니라 제국신문, 황성신문, 대한매일신보, 만세보 등을통한 언론운동도 활발히 일어났다. 1898년 장지연 · 박은식 · 남궁억 등이 창간한 황성신문은 반일 논설을 여러 차례 실으면서 을사늑약이 체결되자 장지연의 '시일야방성대곡' 논설을 실었다.

양기탁과 영국 언론인 베델이 함께 창간한 대한매일신보는 대부분의 기자가 신민회 회원으로 의병 항쟁을 비롯한 항일 운동 소식을 널리 알리는 데 앞장섰다. 사장이 영국인이어서 다른 신문보다는 활동이 비교적 자유로웠기에 일제의 침략 행위를 비난하는 글을 자주 실을 수 있었다.

일제에 잠식당하는 우리 경제를 구하자 | 경제적 구국 운동

일제는 경제 수탈을 통하여 식민지 시배를 강화하였다. 이에 우리 민족은 다양한 구국 운동을 벌이며 이에 저항하였다. 경제적 구국 운동은 크게 국채 보상 운동, 방곡령 시행, 상권 수호 운동, 이권 수호 운동 그리고 황무지 개간 반대 운동 등 다섯 가지로 진행되었다.

비녀 팔고 담배 끊어 나라 빚 갚자 | 국채 보상 운동

1907년 2월 21일자 대한매일신보에 다음과 같은 글이 실렸다.

> 국채 1,300만 원은 바로 우리 대한제국의 존망에 직결되는 것으로, 갚지 못하면 나라가 망할 것인데, 국고로는 해결할 도리가 없으므로 2천만 인민들이 3개월 동안 금연하고 그 대금으로 국채를 갚아 국가의 위기를 구하자.

이는 김광제와 서상돈이 발표한 국채 보상 운동 취지서였다.

국채 보상 운동은 한마디로 나라의 빚을 국민이 갚자는 운동이었다. 일제는 식민지 지배를 위한 전초 작업으로 각종 시설을 마련하고 화폐를 정리하는 사업을 벌였다. 그리고 대한제국이 일본에서 차관을 들여다 쓰도록 강요하였다. 대한제국을 일제의 경제적 예속 상태에 두려는 일제의 교묘한 술책이었다. 이렇게 해서 대한제국이 일제에 진 빚이 1,300만 원에 달하였다. 이는 대한제국의 1년 예산에 해당하는 실로 어마어마한 액수였다.

애국계몽 운동가들은 나라의 빚이 있는 한 일제의 지배에서 벗어날 수 없다고 생각하였다. 대한매일신보와 황성신문의 후원으로 모금 운동은 삽시간에 전국으로 퍼졌다. 상인과 지식인층을 비롯한 다양한 계층의 사람들이 참여하였으며 모금 운동을 위한 수많은 단체들이 전국 각지에서 조직되었다. 김광제와 서상돈을 중심으로 단연회(담배 끊기 모임)가 조직되었고, 서울에서는 국채보상기성회가 만들어졌다. 그야말로 범국민적 운동이었다. 남성들은 담배와 술을 끊어 모금에 참여하였으며, 여성들은 반찬값을 아끼는 것은 물론, 급한 일에 쓰기 위하여 장롱 속 깊숙이 숨겨놨던 비녀와 반지 등의 패물을 팔았다. 여학생들은 머리카락을 잘라 모금액을 마련하기도 하였다. 모금 운동은 전 국민의 열렬한 호응으로 몇 개월 새 모인 돈이 20여만 원이 넘는 큰 성과를 거두었다.

국채 보상 운동이 활발히 일어나자 당황한 일제는 국채 보상 운동을 노골적으로 방해하기 시작하였다. 국채 보상 운동을 주도한 대한매일신보사 사장 베델과 양기탁이 모금액을 횡령하였다는 허위 소문까지 퍼뜨려 결국 국채 보상 운동은 중단되고 말았다. 하지만 국채 보상 운동은 일제의 국권 침탈에 맞서 전 국민의 자발적 참여로 이루어진 민족 운동으로서 한민족의 단결력과 애국심을 일으켰다는데 그 의의가 있다.

우리 것을 내 줄 수 없다 | 그 외 경제적 구국 운동

• 방곡령

1920년대에 접어들자 일제는 자국의 식량 부족을 해결하기 위하여 우리나라의 곡물을 대량으로 수입해갔다. 그러자 우리나라의 곡물 가격은 폭등하였고 흉년까지 겹쳐 농촌은 더욱 피폐해졌다. 이에 함경도 · 황해도 등의 지방관들은 곡식 수출을 금하는 방곡령을 내렸다.

• 상권 수호 운동

개항이후 중국과 일본 상인들의 상권 침탈은 날이 갈수록 극심해졌다. 중국과 일본 상인에 상권을 빼앗긴 수천 명의 서울 상인들은 우리의 상권을 지키기 위하여 시민들과 합세하여 외국 상점들이 서울에서 물러날 것을 요구하며 상권 수호 운동을 벌였다.

• 이권 수호 운동

제국주의 열강은 앞 다투어 우리나라의 이권을 빼앗아갔다. 이에 우리 민족은 독립협회를 중심으로 다양한 이권 수호 운동을 펼치며 필사적으로 저항하였다. 우리나라 화폐 발행권과 국고 출납권 등 각종 이권을 획득하기 위하여 러시아가 서울에 설립한 한 · 러 은행을 폐쇄시켰으며 프랑스의 광산채굴지 확정 요구와 러시아의 석탄 저장고 부지 요구를 좌절시키고 군사기지 설치를 위하여 목포 부근의 섬을 팔라는 러시아의 요구도 무산시켰다. 이 밖에도 독일과 미국이 차지한 각종 이권도 반대하였다.

• 황무지 개간 반대 운동

일제는 토지를 약탈하기 위하여 황무지를 개간한다는 핑계로 황무지 개간권을 강제로 요구해왔다. 이에 보안회라는 단체가 조직되어 황무지 개간 반대 운동을 벌였다. 이 운동에 전 국민이 나서서 호응하고 일부 민간 실업인과 관리들이 황무지를 우리 손으로 개간하기 위하여 농광 회사를 설립하자 일제는 결국 황무지 개간권 요구를 철회하였다.

일제가 토지 약탈을 목적으로 황무지 개간권을 요구해오자 이를 반대하는 항일운동이 전개되었다. 관련 논설이 1904년 6월 20일자 황성신문에 실렸다.

■ 국내 항일 투쟁의 본격적 전개

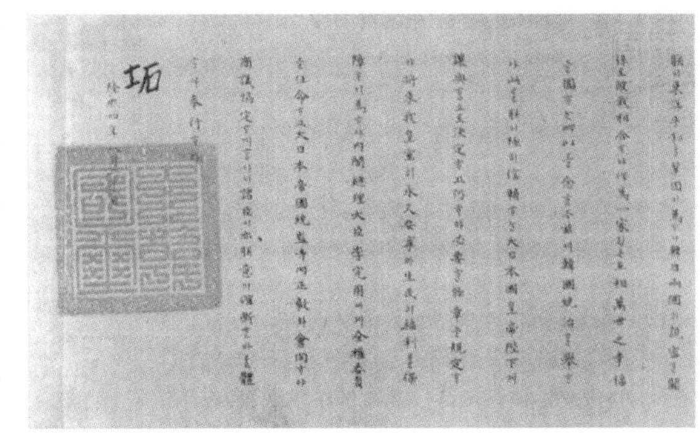
한일 병합 조약시 전권위임장

1907년 대한제국의 군대를 강제로 해산시켜 대한제국의 방위력을 상실시킨 일제는 경찰권과 사법권까지 빼앗으며 우리나라를 식민지화하기 위한 음모를 구체적으로 실행해 나갔다. 1910년 8월 22일 통감부 회의실에서 일제 통감 데라우치와 대한제국 내각 총리대신 이완용 사이의 은밀한 조약이 맺어졌다. 그것은 대한제국이 일제에 통치권을 양여함을 규정한 경술국치조약이었다. 이완용과 데라우치는 조인을 비밀에 부쳤다가 일주일 뒤인 1910년 8월 29일, 황제의 칙유와 함께 조약을 공포하였다. 이 때가 경술년이었다. 우리나라 역사상 최초로 국권을 잃은 것이다. 경술년에 나라가 국권을 빼앗긴 치욕을 당하였다하여 '경술국치(庚戌國恥)'라 하고, 이 날을 국치일이라 부른다.

일제는 우리나라의 국권을 침탈한 자신들의 행위에 정당성을 부여하기 위하여 한일합방(韓日合邦), 한일합병(韓日合倂) 등의 용어를 사용하였다. 일제는 조약을 공포함과 동시에 '한(韓)'이라는 국호를 폐지하고 통감부 대신 조선총독부를 세워 초대 총독으로 데라우치를 임명하였다. 이 때 합방에 공을 세운 이완용 등 친일매국노 75명이 귀족 작위와 막대한 은사금을 받았으니, 그것은 나라를 팔아먹은 대가였다. 조약 체결로 대한제국은 일제에 강제병합되었고 우리나라(대한제국)는 통치권을 완전히 잃어버린 35년간의 일제강점기가 시작되었다.

1910년대 국내 항일 운동은 유생 의병 계열의 복벽주의(復辟主義)와 애국 계몽 계열의 공화주의(共和主義)로 크게 나뉘어 진행되었다. 복벽주의는 황제 복위 및 봉건 질서의 회복을 주장하였고, 공화주의는 왕정 폐지와 국민 주권을 주장하였다. 이후 복벽주의는 사라지고 1920년대 들어서는 다시 민족주의 계열과 사회주의 계열로 나뉘었다.

민족주의자들은 실력 양성 운동을 전개하여 경제 · 문화 방면에서 민족의 근대적 역량을 배양함으로써 국권을 회복하려 하였다. 이 과정에서 물산 장려 운동, 민립 대학 설립 운동 등을 전개하기도 하였다. 하지만 일부 민족주의자들이 일제에 타협하자고 나서면서 타협 민족주의자들과 비타협 민족주의자들로 나뉘었다. 비타협 민족주의자들은 조선 민흥회를 조직하여 민족 유일당 운동을 전개하였으며 타협 민족주의자들은 추후 친일파로 돌아섰다.

때로 민족주의자들과 사회주의자들은 독립을 위하여 협력하기도 하고 함께 민족운동을 이끌기도 하였다. 그 결과 동맹 휴학 투쟁, 6.10 만세 운동, 광주 학생 항일 운동과 같은 청년 · 학생 운동, 농민 · 노동 운동 등이 활발히 일어났다.

우리가 만든 것 우리가 쓰자 | 물산장려운동

물산장려운동 경성 방직 주식회사의 국산품 애용 광고

우리 민족의 경제활동을 제한하기 위하여 일제가 1910년 공포한 회사령이 1920년 철폐되었다. 회사령은 우리나라에서 회사를 설립할 때 조선총독부의 허가를 받도록 규정한 조령(條令)이다. 회사령이 철폐되면서 민족 기업이 대거 생겨났다. 경성 방직 주식회사와 같은 대지주 기업부터 메리야스 공장, 고무신 공장 등 서민 기업까지 종류도 다양하고 값싸고 질 좋은 상품을 다량 생산하였다. 하지만 자본과 생산력에서 우위를 점한 일본 기업에 밀려 민족 자본 축적에 큰 어려움을 겪어야했다.

1920년 7월 조만식, 김동원 등의 민족 지도자들이 모여 조선물산장려회를 만들었다. 민족의 산업을 발전시키고 민족의 자본을 육성하여 민족 경제의 자립을 이루기 위해서였다. 조선 물산 장려회는 '우리가 만든 것 우리가 쓰자'라는 구호를 내걸고 물산 장려가를 만들어 물산 장려 운동을 전개하였다. 자급자족하고 국산품을 애용하며 일본 상품을 쓰지 말고 소비를 절약하자는 경제적 민족 운동이었다. 아울러 근검저축 · 생활 개선 · 금주 · 단연 운동도 전개하였다.

물산 장려 운동을 홍보하는 시가 행진(1923) 장면(왼쪽)과 조선 물산 장려회의 전단

평양에서 시작된 물산 장려 운동은 점차 전국적으로 확산되며 민족 운동으로 확대되었다. 이에 민족 기업 등의 설립도 활발해졌지만 일제의 간섭 및 탄압으로 물산 장려 운동은 큰 성과를 보지 못한 채 점차 사라졌다.

민족의 힘으로 대학을 세우자 | 민립 대학 설립 운동

일제의 식민지 우민화 교육이 이루어지자 이에 맞서 고등 교육을 통하여 민족의 역량을 강화하자는 움직임이 일었다. 마침 일제는 우리 땅에 일본인 자녀를 위한 경성 제국 대학(서울대학교 전신)을 설립한 터였다. 이에 우리 민족의 힘으로 대학을 세우자는 민립 대학 설립 운동이 전개되었다. 1922년 민립 대학 기성회를 조직하고 대학 설립을 위한 모금 운동을 벌였다. 하지만 일제의 심한 수탈로 인한 모금 저조와 일제의 탄압으로 모금 운동은 실패하였다.

브나로드 운동 관련 신문기사.

다함께 가르치자! 배우자! | 문맹 퇴치 운동

민립 대학 설립 운동 실패 이후 문맹을 해결하는 것이 더 시급하다는 의견이 대두되었다. 당시 일제의 식민지 교육으로 우리나라 사람의 문맹률은 90%에 달하였다. 이에 전개된 운동이 1929년 조선일보가 전개한 문자 보급 운동과 1931년 동아일보가 전개한 브나로드 운동이다. 브나로드(v narod)는 러시아 말로 '민중 속으로'라는 뜻으로 원래 러시아에서 시작된 농민 계몽 운동이다. 학생 계몽대를 조직하여 농민을 대상으로 한글 보급에 나서 많은 참여를 이끌었으나 1935년 조선총독부에 의해 중단되었다.

식민 교육에 반대한 학생들의 외침 | 6.10 만세 운동

1926년 6월 10일 거리에 긴 장례 행렬이 이어졌다. 이 날은 대한제국의 마지막 황제인 순종의 장례일이었다. 장례 행렬 뒤로 학생들의 만세 시위가 이어졌다. 학생들은 목청껏 '대한독립만세'를 외치며 한손으로 태극기를 흔들고 다른 손으로 격문을 뿌렸다. 순종의 장례 행렬을 보기 위하여 모여 있던 수많은 군중들이 동참하면서 대규모 만세 시위로 번졌다. 민중의 호응이 커지면서 만세 시위는 곧 전국으로 확산되었다. 하지만 미리 계획을 감지한 일제의 무장 경찰에 의해 무자비하게 제지당하여 만

당시 서울 태평로에 모인 수많은 시위 군중들. 6.10 만세 운동은 일제의 강압적인 수탈과 식민 교육에 반대하여 일어났다.

6.10 만세 운동을 방해하기 위하여 일제 경찰이 시위 군중을 무자비하게 진압하고 있다.

세 시위를 이끈 이병립, 박하균 등 전국에서 1,000여 명이 체포되었다.

학생들이 주체가 되어 일어난 6.10 만세 운동은 일제의 강압적인 수탈과 식민 교육에 대한 반발로 일어났다. 학생들은 3.1 독립 만세 운동처럼 거국적인 시위운동을 일으키기 위하여 사람들이 많이 모일 것으로 예상되는 순종의 인산일을 시위날로 잡았다. 6.10 만세 운동은 3.1 만세 운동 이후 침체되어 있었던 항일 투쟁을 일깨웠으며 3.1 운동의 정신을 계승하여 학생이 독립 투쟁의 중심에 선 항일 시위 만세 운동이었다.

단일화된 민족 운동을 위하여 | 민족유일당 운동과 신간회

民族主義로 發起된
新幹會綱領發表
◇창립총회는이십오일◇
機會主義는 一切로 否

新義州署員과
鍾路署의 活動

◇綱領◇

潛入

신간회 창립을 알리는 기사가 동아일보에 실렸다.

민족주의자들과 사회주의자들은 함께 6.10 만세 운동을 추진하며 공감대를 형성하였고, 이후 항일 투쟁에 대하여 일제의 탄압이 거세지면서 독립을 위하여 서로 협력하기로 하였다. 이에 이념과 상관없이 단일화된 민족 운동을 추진하자는 움직임이 일었다. 민족유일당 운동이 그것이다. 이렇게 해서 민족주의 계열과 사회주의 계열의 연합으로 이룬 정치·사회단체가 탄생하였으니 신간회다. 안재홍, 신채호 등 34인이 참여하여 서울에서 성립되었다.

신간회는 독립이 아닌 자치를 반대하고 일제의 식민지 지배 기관 철폐와 차별 교육 금지, 한국어

교육과 학문 연구의 자유 등을 주장하였다. 민중 대회와 순회강연 등을 통하여 민족 의식을 고취하는데 앞장서는 한편, 노동 쟁의, 소작 쟁의 등 대중 운동도 지원하였다. 또한 광주 학생 항일 운동도 지원하였다.

신간회는 각 지역에 지회를 설립하는 한편, 일본과 만주에도 지회를 설립하며 국내외를 아우르는 규모로 발전하였다. 1930년에는 전국 140여 개의 지회와 4만 명에 달하는 회원을 확보하며 일제강점기에 최대 규모를 자랑하는 항일 운동 단체로 발전하였다. 하지만 일제의 극심한 탄압과 내부 이념 갈등을 겪으며 조직된 지 4년 만에 해산하였다.

광주의 함성이 전국으로 | 광주 학생 항일 운동

中外日報

號外

新幹會員中心으로 廿餘青年大檢擧 鍾路署徹夜活動

青年學舘全生徒 今朝에萬歲高唱

中東校室内에서 多數檄文을發見

梨花生을 繼續檢擧

광주 학생 항일 운동을 알리는 호외, 중외일보 1930년 1월 17일자

6.10 만세 운동 이후 학생들은 더욱 투철한 항일 의식을 자각하고 항일 투쟁에 앞장서기 시작하였다. 학교 별로 독서회와 같은 비밀 결사를 조직하여 식민지 교육 철폐를 주장하며 동맹 휴학 투쟁을 전개하였다. 그러던 중 광주에서 한 · 일 학생들 간 충돌이 발생하였다. 통학 열차 안에서 일본인 중학교 남학생들이 우리나라 고등학교 여학생들을 희롱한 것이다. 이를 목격한 여학생의 사촌 남동생은 불의를 참지 못하고 일본인 남학생을 한 대 쳤고, 곧 열차 안에 있던 두 나라 학생들 간의 싸움으로 번졌다. 사건 이후 일제가 우리나라 학생들만 처벌하자 광주의 모든 학교 학생들은 각 학교의 비밀 결사를 중심으로 항일 투쟁을 벌였다. 신간회 등의 지원을 받고 국민들의 참여가 더해지면서 곧 전국적인 규모의 항일 투쟁으로 발전하였다. 전국 대부분의 학교들이 시위를 하거나 동맹 휴학 운동을 전개하였다.

1929년 11월에 시작된 항일 투쟁은 전국적으로 확산되어 다음해 3월까지 계속되었다. 이 때 참가한 학교가 194개교, 참가한 학생은 5만 4천여 명에 이르렀다. 뿐만 아니라 만주와 일본에 있던 우리나라 학생들도 궐기에 참가하였다. 이로 인해 학생 2,330여 명이 유기정학을 당하고 580여 명이 퇴학과 함께 최고 5년형을 받았다.

광주 학생 항일 운동은 6.10 만세 운동과 더불어 학생들이 중심이 되어 일으킨 3.1 만세 운동 이후 최대의 항일 민족 운동이었다. 당시 학생들의 항일 투쟁 정신을 기리기 위하여 1953년 11월 3일을 '학생의 날'로 정해놓았다.

우리는 일본인이 아니다 | 민족 말살 반대 항쟁

일제는 우리나라를 강제로 점령한 이후 시대에 따라 지배하기 유리하도록 통치 방식을 바꾸었다. 1910년대에는 헌병 경찰을 앞세워 강압적으로 통치하는 방식을 취하였다가 1919년 3.1 만세 운동이 일어나자 무단 통치로는 한계가 있다고 판단하여 학교를 건립하게 하거나 한국어 신문을 허가해주는 등 문화 통치로 바꾸었다. 그러나 이 방식은 겉으로는 우리 민족의 문화와 관습을 존중하는 듯 하였지만, 실상은 친일파를 양성하여 우리 민족을 분열시키려는 교묘한 술책이었다.

1930년대 접어들어 일제는 제국주의로서의 모습을 노골적으로 드러냈다. 1931년 만주 사변, 1937년 중 · 일 전쟁을 일으키더니 1941년에는 미군기지가 있는 진주만을 공격하여 태평양 전쟁을 일으켰다. 그리고 우리 민족의 저항을 원천적으로 봉쇄하고, 우리의 땅을 병참기지로 삼기 위하여 우리 민족을 더욱 탄압하고 수탈하였다.

아울러 우리 민족의 혼과 민족성을 완전히 말살시키는 민족 말살 정책을 실시하였다. 일본인으로 만들어 일제에 우호적이 되게 하기 위해서였다. 일제는 일본과 조선은 하나라는 내선일체, 일본와 조선은 같은 조상을 두고 있다는 일선동조론, 일제의 신민으로 만든다는 황국 신민화 등을 구호로 내걸고 우리나라 말과 글을 사용하는 대신 일본어를 사용하도록 하였으며 우리나라 역사를 배우는 것을 금하였다. 또한 한글 신문들과 한글 잡지들의 발행도 모두 금지하였다.

1930년대 일제가 신사참배를 강요하자 교역자와 신도들이 서로 연대하여 신사참배 저항운동을 벌였다.

더 나아가 신사참배, 일제 신민으로서 서약을 외워 맹세하는 황국 신민 서사 암송, 이름을 일본식으로 고치는 창씨개명 등을 강요하였다. 징병제와 징용제도 강제로 실시하여 우리나라 청년들을 일본, 중국, 동남아시아 등지로 강제로 동원하였고, 여자들은 정신대라는 이름하에 일본군 위안부로 만들기 위해 전국에서 강제로 소녀들을 끌고가는 만행을 저질렀다.

일제의 수단과 방법을 가리지 않는 식민 통치에도 민중의 반대와 저항은 끈질기게 이어졌다. 죽음으로써 창씨개명을 반대하는 등 창씨개명 거부운동을 벌였으며, 교역자와 신도들이 서로 연대하여 신사참배 저항운동을 전개하였다. 일제의 강압적인 학도병 · 징병 · 징용에 대하여서도 반대 및 거부하는 저항운동을 벌였다.

일본어 사용 강요에 대하여 한글 학자들이 저항운동을 벌이자, 일제는 이들을 체포하여 투옥시켰으니 이른바 조선어학회사건이다. 이로 인해 회원 29명이 체포되었으며 일부는 고문으로 옥사하였다. 조선어학회는 1920년대 조선어 연구회를 계승하여 1931년 설립된 국어연구기관으로 최현배, 이윤재 등이 활동하였다. 한글 맞춤법 통일안과 표준어를 제정하였으며 '우리말 큰 사전' 편찬 작업을 진행하였으나 조선어학회사건으로 1942년 해체되었다.

조선어학회 일본어 사용 강요에 대항하여 한글학자들은 문화적 저항운동을 벌였다.

■ 국내 항일항쟁의 의의

애국계몽운동은 제국주의 침략과 국내 지배 세력의 횡포로부터 국가와 민중을 보호하고 민중의식을 깨우치기 위한 조직적 운동이었다. 교육과 산업 진흥을 통하여 민족의 실력을 양성함으로써 일제에 빼앗긴 국권을 되찾는 것이 목적이었다. 이를 위하여 민중 계몽부터 근대 교육, 산업 개발, 국학 및 국사 연구, 언론 활동, 독립군 기지 건설 등 다방면의 활동을 통하여 민족의 역량을 키우기 위해 노력하였다.

애국계몽운동은 우리 민족 독립항쟁사에 있어 여러 면에서 큰 의미를 갖는다. 외세 침략에 대항하여 자주 독립을 성취하는 계기로 작용하였으며, 지식인층 및 지배 계층이 아닌 민중의 힘과 실력 양성을 통한 국권회복운동(민족자강운동)이었다. 또한 봉건제도 요소를 없애고 근대 국가 건설을 구상하였으며, 신민회의 활동을 통해 잘 드러났듯이 국내에서는 애국계몽운동을 전개하였고, 국외에서는 독립군 기지 건설을 통한 무장 독립 투쟁을 준비하였다. 문화 · 경제적 실력을 키우면서 일제와의 향후 투쟁을 염두에 둔 것이다. 하지만 애국계몽운동가들은 교육 및 산업 육성을 통한 실력 양성만을 최우선으로 여겨 의병 항쟁을 비난하거나 일부는 일제에 타협하여 친일 행위를 하기도 하였다.

애국계몽운동을 통하여 민족의 학력과 의식은 향상되었지만, 일제 지배 하에서 이루어진 까닭에 많은 한계에 부딪힐 수밖에 없었다. 애국계몽운동이 지식인들을 중심으로 크게 일어나자 일제는 우리 민족의 저항을 원천적으로 봉쇄하기 위하여 터무니없는 법을 만들어 모든 정치 운동을 금지하고 항일 운동을 거세게 탄압하였다.

특히 언론·출판·교육 활동 일체를 방해하기 위하여 4가지 악법을 만들었다.

1907년에 신문지법을 만들어 사전 검열을 통해서 신문의 발매 금지 및 차압, 발행 정지, 발행 금지 등을 할 수 있도록 하였는데 이는 신문이 일제의 침탈에 비판적인 기사를 쓰는 것을 사전에 막기 위함이었다.

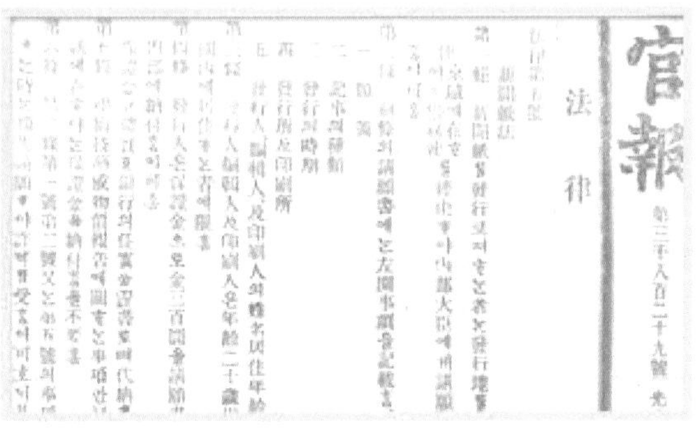
官報

法律

신문지법 1907년 7월 27일자 관보. 일제는 사전 검열을 통해 신문을 통제함으로서 조선인의 언론 자유를 제약하려는 의도를 분명히 드러냈다.

뒤이어 보안법을 만들어 집회와 결사를 원천적으로 제한 및 금지하여 의병 항쟁과 계몽 운동 단체들의 항일운동을 봉쇄하고 탄압하였다. 1908년에는 학회령을 반포하여 학회 설립 시 허가를 받도록 하여 학회의 정치적 활동을 일체 금지시켰다.

新聞紙法頒布

1907년 7월 29일 황성신문에 개제된 신문지법 반포에 관한 기사

또한 1909년에는 출판법을 제정하여 사전 검열을 통하여 일제의 식민 통치에 방해되는 출판물의 출판 및 배포를 금지하고 이를 위반하면 가혹한 처벌을 가하였다. 심지어는 일제가 정한 악법을 지키며 공개적으로 활동한 단체에 대하여서도 탄압과 강제 해산을 자행하였다. 일제의 식민 통치에 유리하게 만들어 놓은 악법으로 인해 우리 민족은 실력을 기르고 민족의식을 높일 기회를 얻지 못하였으며, 다수의 단체와 학회들은 강제 해산 및 탄압을 받아 적극적인 계몽활동을 하는데 어려움이 많았다.

3 3.1 독립만세운동

국내 · 외에서 만세의 물결이 일어나다

■ 3.1 운동의 역사적 배경

일제는 무력으로 공포분위기를 조성하여 통제하며 우민화 정책을 실행하였다.

1910년대 일제는 헌병 경찰을 앞세워 공포 분위기를 조성하며 일체의 정치 · 경제 · 문화 · 군사 활동을 금지하였다. 토지조사사업을 실시하여 농민들의 땅을 마구잡이로 빼앗았으며, 회사 설립 허가제를 마련하여 한민족의 기업 설립을 제한하였다. 시장세와 연초세(담뱃세) 등 각종 세금을 걷어 가는가 하면 식민지 수탈을 원활히 하기 위하여 철도 · 도로 · 통신 · 항만 정비에도 주력하였다. 또한 일제는 우민화 · 황민화 정책의 일환으로 모든 언론 및 집회활동을 금지시키고, 열등의식을 심어주는 교육을 전개하는 한편, 미신과 원시신앙을 섬기도록 조장하였다.

이에 우리 민족은 토지 조사 사업을 방해하고 납세를 거부하고 파업을 하는 등 반대투쟁을 벌였으나 그럴수록 일제는 더욱 폭력적인 방법으로 경제수탈을 강화하였다. 일제의 강압적인 무단통치에 국내에서의 항일 운동은 어려워졌고, 항일 운동 세력은 대신 국외로 이동하여 항일 투쟁을 이어나갔다.

1918년 제1차 세계 대전이 끝나자 미국의 윌슨 대통령은 '세계 여러 민족은 자신의 운명을 스스로 결정해야 한다'는 '민족 자결주의'를 발표하였다. 이는 식민지 지배를 받던 나라들이 독립할 권리를 가질 수 있음을 국제적으로 천명한 것이었다. 국내외에서 항일 투쟁을 벌이던 독립운동가들은 독립할 수 있는 좋은 기회라 생각하고 우리의 독립 의지를 만천하에 알리기로 하였다. 중국 상하이에서 활동 중이던 신한청년당은 독립 청원서를 파리 강화 회의에 제출하였고, 대한인국민회는 미국에서 미국 정부를 상대로 외교 활동을 벌였다.

1919년 2월 1일 만주와 러시아 지역에서 활동하던 조소앙, 박은식 등 독립항쟁지도자 39명은 조국의 독립을 요구하며 대한독립선언서를 발표하였다. 이는 우리나라 최초의 독립 선언이며 음력으로 무오년에 선포되어 '무오독립선언'이라 부르기도 한다.

뒤이어 2월 8일 일본 도쿄에서도 우리나라 유학생들이 모여 독립 선언을 하고 선언서를 각국 대사관과 조선 총독부, 일본 언론에 보냈다. 이를 '2.8 독립 선언'이라 한다. 일제의 방해로 강제 해산 당하였으나 이 일은 곧 국내에 알려졌다. 일본의 중심부에서 학생들의 주도로 독립 선언이 이루어진 것은 독립항쟁지도자들에게도 상당한 충격이었다.

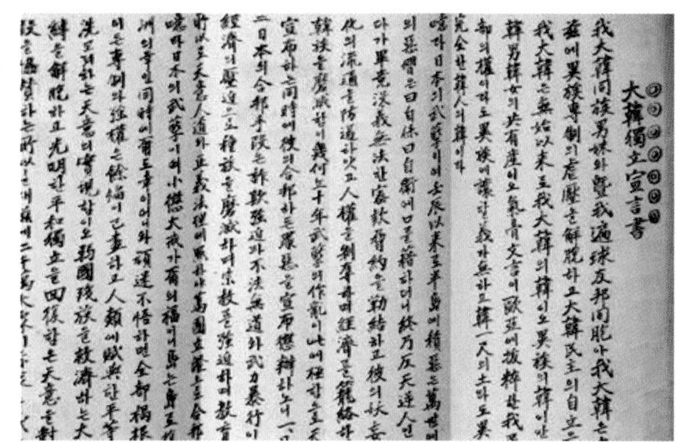

1919년 2월 1일 만주와 러시아 지역에서 활동하던 조소앙, 박은식 등 독립항쟁지도자 39명이 발표한 무오독립선언서

1919년 2월 8일 일본 유학생들이 조선청년독립단의 명의로 발표한 독립 선언서

무오독립선언과 2.8 독립 선언은 곧 일어날 3.1 만세 운동의 기폭제가 되었다. 만세 항쟁의 지도자들은 독립을 요구하는 대대적인 투쟁을 벌이기로 계획을 세웠다. 천도교와 기독교, 불교 등 종교계와 학생 단체가 중심이 되어 독립운동을 준비하였다. 당시 일제가 독립만세 운동 세력을 제거하기 위하여 모든 정치성 사회단체를 강제로 해산시켜버려 사실상 국내에는 종교계와 학생 조직만이 만세운동을 이끌 형편이었지만 독립 선언서를 작성하고 시위운동을 계획하는 등 독립 투쟁을 위한 준비는 차질 없이 진행되었다. 그런 가운데 1919년 1월 21일 고종황제가 갑작스레 서거하였다. 건강하던 고종이 돌연 죽음을 맞이하자 사람들 사이에는 일제의 독살에 의한 것이라는 소문이 돌아 사람들의 분노는 극에 달하였다. 그도 그럴 것이 죽은 고종의 몸 색깔이 마치 독살 당하였을 때와 똑같았기 때문이다.

고종의 국상이 3월 3일로 정해지자, 만세운동지도자들은 이 때에 맞춰 대규모 민족 항쟁을 일으키기로 계획하였다.

■ 3.1 운동의 발발과 전개

1919년 3월 1일, 탑골 공원에는 학생들을 비롯한 수많은 군중들로 발디딜 틈이 없었다. 이들의 손에는 저마다 태극기가 쥐어져 있었다.

그 시각 근처 요리점 태화관에는 손병희, 이승훈 등 종교 지도자들을 중심으로 한 민족대표 29인이 모여 있었다. 이들은 원래 탑골공원에서 독립 선언서를 낭독하기로 하였으나 사고가 날 것을 염려하여 음식점에서 조용히 독립 선언서를 낭독한 뒤 일본 경찰에 전화를 걸어 자수한 뒤 모두 연행되었다.

한편, 탑골 공원에서는 오기로 한 29인의 민족 대표가 2시가 지나도록 나타나지 않자 우왕좌왕하였다. 그 때 경신학교 출신 정재용이 팔각정 위로 뛰어 올라가 힘찬 목소리로 독립 선언서를 낭독하였다.

광화문 네거리 기념비전 앞에서 군중들이 만세를 외치고 있다. 3.1 운동은 전국에 걸쳐 2달여 동안 계속되었다.

오등은 자에 아 조선의 독립국임과 조선인의 자주민임을 선언하노라. 차로써 세계만방에 고하야 인류평등의 대의를 극명하며, 차로써 자손만대에 고하야 민족자존의 정권을 영유케 하노라. (이하 생략)

독립 선언서 낭독이 끝나자 여기저기서 "대한 독립 만세!" 함성이 밀물처럼 터져 나왔고 모든 거리는 순식간에 태극기 물결로 넘실거렸다. 갑작스러운 시위에 놀란 일제는 시위 중단을 요구하였으나 군중은 꿈쩍도 하지 않았다. 일제는 군인과 경찰을 동원하여 평화로운 시위에 총과 칼로 대응하였다. 그럴수록 독립을 요구하는 만세 소리는 하늘을 찌를 듯 커졌고, 태극기를 쥔 손은 더욱 힘차게 움직였다. 시위 행렬은 날이 저물도록 끊이질 않았다.

정재용 선생

터졌구나 터졌구나 조선 독립성 / 십 년을 참고 참아 인제 터졌네 / 뼈도 조선 피도 조선 이 피 이 뼈는 / 살아 조선 죽어 조선 조선 것일세 /

– 3.1 운동 때 불렀던 투쟁가

종교인과 학생의 주도로 시작된 만세 운동은 차츰 농민, 노동자, 상인 등 일반 민중들의 참여가 더해지면서 거국적인 형태를 띠었다. 학생들은 고향으로 내려가 시위운동을 이끌었고, 노동자들은 파업 투쟁을 벌이며 시위운동에 참여하였다. 상인들은 가게 문을 닫고 만세 시위에 참여하기도 하였다.

3월 1일에 탑골공원에서 시작된 만세 운동은 3월 중순에는 평안도 · 황해도 · 경기도 등의 도시로 확산되었고 3월 말에 이르자 전국으로 퍼졌다.

3.1 운동이 벌어지자 일본 경찰이 시위대를 진압하기 위하여 죽 늘어서있다.

국외도 예외는 아니었다. 만주 · 연해주 · 미국 등지에서도 만세 시위에 동참하였다. 서간도의 삼원보와 북간도의 용정, 블라디보스토크의 신한촌에서는 연일 우리나라의 독립을 요구하는 집회와 시위가 벌어졌다. 미국에서는 대한인국민회가 만세 운동을 전개하였다. 평화적인 시위에 일제가 무력으로 대응하며 무참히 학살하자 일부 민중들은 일제의 통치 기관과 체포된 시위자가 갇힌 헌병 주재소, 경찰서 등을 공격하며 맞섰다. 그러나 군대를 앞세운 일제의 잔인한 탄압이 계속되면서 시위운동은 5월에 접어들자 점차 수그러들었다.

기미독립선언서

1919년 3월 1일 만세 운동 때 민족대표 33인이 작성한 독립선언서

3.1 운동은 2달여 동안 독립을 원하는 수많은 이들이 참여하였고 그만큼 희생자도 많았다. 박은식의 《한국독립운동지혈사》에 따르면 전국 213개 군 가운데 203개 군에서 1,542회에 걸쳐 만세 시위가 일어났고 시위운동에는 200만 명 이상이 참여하였다.

종로에서의 만세시위

이 평화적인 만세시위를 일제는 폭력으로 진압하였다. 정규군 2개 사단(2만 3천 명)을 투입한 것도 모자라 4월에는 헌병과 보병을 추가 투입하였고 경고 없이 실탄 사격을 하도록 지침을 내렸다. 만세 운동으로 7,509명이 사망하였고 15,961명이 부상당하였으며 46,948명이 체포되었다. 또한 715호의 민가와 47개소의 교회, 2개교의 학교가 불에 탔다. 그러나 이 통계는 만세 운동 발생 당시의 피해상황을 집계한 것으로 실제 피해자 수는 훨씬 더 많을 것으로 추정된다.

전국적인 만세 시위와 일제의 폭력 진압

- **사천 학살 사건 (3월 3일) :** 목사 한예헌과 천도교 교구장 등의 주도로 만세 운동이 일어나자 일본 헌병대는 무차별 총격하였고 이 때 73명이 학살당하였다. 그러나 시위군중은 시위를 계속하여 헌병 주재소에 불을 지르고 헌병 2명을 사살하였다. 또한 3월 4일에는 약 3천 명의 군중이 사천시장 방면으로 시위 행진을 벌였다. 헌병 소장 사토와 친일 헌병 보조원들이 미리 숨어 있다가 행진하는 시위대에게 아무런 경고도 없이 총을 쏴 참가자 수십 명이 죽었다.

- **맹산학살사건(3월 6일) :** 3월 6일 천도교인이 중심이 되어 만세시위가 시작되어 3월 9일에도 일어나 헌병대의 철수를 요구하자 시위대를 헌병대 구내에 몰아넣고 일본군이 집중 조준사격으로 54명이 즉사, 13명이 부상을 입었다.

- **곽산 학살 사건 (3월 6일) :** 교회를 중심으로 만세 시위가 일어나 수천 명이 이에 참가하자 일제는 군중에 무차별 총격을 가하여 수천 명을 처참하게 죽였다. 독립운동가 박지협이 주동자로 지목되어 체포된 뒤 사살 당하였고 체포된 시위군중 100여 명 가운데 50여 명이 잔인한 고문으로 죽음을 맞이하였다.

- **삼진 의거 (3월 28일, 4월 3일) :** 삼진 의거는 두 차례에 걸쳐 창원 일대에서 일어난 연합 대시위였다. 서울 시위에 참가하였던 변상태가 이곳에 돌아와 진전, 진북, 진동면의 3개 면에서 인사들을 모아 일으켰다. 3천여 명의 비무장 시위대가 일본 헌병대와 충돌하여 5명이 목숨을 잃었고 11명이 부상당하였다.

- **천안 아우내 만세 운동 (4월 1일) :** 천안 아우내 장터에서 3천여 명의 군중이 독립만세를 부른 만세 운동으로 교회 학교 교사 김구응의 주도로 지역 주민, 학생들이 참여하였다. 독립 선언문을 발표한 김구응과 그의 어머니 최씨가 총에 맞아 그 자리에서 죽었으며 19명이 일제의 강제 진압으로 현장에서 죽었다. 유관순을 포함한 많은 참가자들이 부상당하거나 투옥되었다.

- **제암리 학살 사건 (4월 15일) :** 3월 말~4월 초에 수원 제암리에서 열린 장날에 만세 운동이 일어났다. 만세 운동을 무력으로 진압하던 일제는 4월 15일 제암리교회에 성인 남자들을 모두 가둬 놓고 불을 질렀고 이 때 수십 명이 살상되었다. 이 소식이 전 세계에 알려져 평화 시위를 잔혹하게 진압하는 일제를 거세게 비판하는 세계 여론이 생겨났다.

파리장서운동이란?

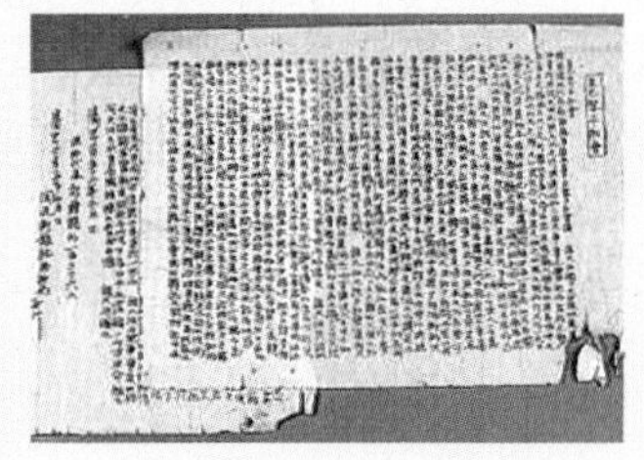

1919년 3.1 운동이 일어나 전국적인 규모로 확대되자 유교계 역시 대규모 항일항쟁을 일으키기로 계획하였다. 심산 김창숙 등 유림 대표 137명은 곧바로 우리나라 독립을 호소하는 장문의 독립청원서를 작성 · 서명한 뒤 5월 프랑스 파리에서 열리는 파리강화회의에 보냈다. 이를 파리장서운동이라 한다. 이는 경술국치 이후 유림세력들이 펼친 가장 조직적인 항일 독립항쟁이었다. 하지만 이 사건으로 독립청원서 작성에 참여한 수많은 유림들이 일제에 체포되어 옥고를 치렀다.

1919년 3월 1일 만세 운동의 점화지 탑골공원에는 현재 독립 선언서를 낭독한 팔각정과 독립선언서 기념비(왼쪽), 만세 시위 모습을 새긴 부조판(오른쪽) 등이 있다.

■ 3.1 운동의 역사적 의의와 영향

3.1 운동은 우리 민족의 독립의지를 확고히 보여준 시위운동이었다. 아울러 전국을 무대로 온 국민이 하나 되어 참여한 거족적인 투쟁이자 침략 세력에 항거한 비폭력 투쟁이었다. 일제의 잔인한 진압 속에서도 인구 2천만 명 가운데 10%인 200만 명 이상이 참가하여 한민족의 저력을 보여주었다. 일제의 강압적인 진압에 가로막혀 2개월 남짓 진행되었으나 시위운동에는 종교인, 학생층뿐 아니라 농민, 노동자, 상인 등 다양한 계층이 참여하여 범국민적 형태를 띠었다.

3.1 운동은 일제의 통치 방식까지 완전히 바꾸어놓았다. 1910년대 폭력적인 통치 방식을 고수하던 일제는 계속해서 무력으로 통치하기에는 한계가 있다고 판단하여 문화 통치로 방식을 바꾸었다. 단체 및 언론 활동을 인정하고 초등 교육도 허용하였다.

3.1 운동은 독립의 열망을 다시 한 번 일깨워준 계기였다. 우리 민족은 독립운동을 함께 하며 독립 의지를 굳건히 다졌고 민족의 힘을 확인하였다. 독립을 향한 노력을 이어나간 결과 무장 독립군 활동은 더욱 활기를 띠었고, 중국 상하이에 대한민국 임시정부가 수립되었다. 또한 세계 여러 나라에 우리 민족의 독립 의지를 분명히 보여주었고, 제1차 세계 대전에서 승리한 국가의 식민지 가운데 가장 먼저 일어난 민족 자결 독립운동으로 이후 여러 나라 민족 운동이 활성화될 수 있도록 이바지 하였다. 인도의 비폭력 불복종 운동, 중국의 5·4 운동을 비롯하여 베트남, 필리핀, 이집트, 대만, 인도네시아 등의 민족 운동에도 영향을 미쳤다.

4 국외 항일 투쟁

독립전쟁의 불길이 타오르다

■ 국외 항일 투쟁의 성격과 방향

국내 의병 항일 투쟁은 1910년대 중반까지 이루어지긴 하였으나 1910년 8월 29일 경술국치로 국내에서의 독립항쟁에 한계를 느낀 많은 독립항쟁가들이 국외로 이동하여 새로운 항일 독립항쟁근거지를 만들었다. 만주, 연해주 등지는 물론 일본, 미국 등에도 독립항쟁가들이 망명하여 한인 동포 사회를 중심으로 독립 투쟁을 전개하였다.

만주에 새로운 근거지를 만들다 | 만주 독립항쟁

당시 만주와 연해주는 일제의 침탈이 가속화된 19세기 후반부터 우리 민족의 상당수가 건너가 삶의 터전을 이루고 있어 독립항쟁기지가 될 만한 여건이 충분하였다. 우리 민족의 권익과 이익을 지키기 위하여 자치기관과 각종 단체를 조직하고 학교를 세우는 한편, 애국 단체를 조직하고 의병을 일으켜 항일 투쟁도 계속하였다.

무장 독립 전쟁을 준비하다 | 독립항쟁기지 건설과 독립군 양성

1910년대 만주와 연해주 일대로 활동 무대를 옮긴 독립군들은 무장투쟁을 위해 먼저 독립항쟁기지 건설에 착수하였다.

한민족 집단 거주지로 북간도 일대의 용정촌과 명동촌, 남만주의 삼원보, 연해주의 신한촌, 밀산부의 한흥동 등이 대표적이다. 이들 독립항쟁기지는 동포 사회를 바탕으로 납세 및 의연금 형식의 군자금을 조달하여 무기 등을 구입하고 독립군 양성에도 주력하였다.

1910년대 국외 독립항쟁기지

독립군들은 1919년 3.1 운동을 벌일 당시 일제의 폭력적인 탄압을 겪으며 조직적인 무장 독립 전쟁의 필요성을 더욱 절실히 느꼈다. 이에 1920년대에는 독립군 기지를 중심으로 체계적이고 조직적인 군사 훈련을 실시하여 군사력을 강화하였으며 이를 바탕으로 국내 진공 작전을 활발히 펼쳤다. 이때 조직된 대표적인 항일무장독립항쟁단체로 천마산대, 보합단, 구월산대가 있다. 1919년 최시흥 등이 조직한 천마산대는 평안북도 의주에 위치한 천마산을 중심으로 활동하며 군자금을 모집하고 일제 경찰 및 친일주구 처단에 주력하다 만주로 이동하여 광복군총영에 통합되었다.

1920년 김동식 등이 평안북도 의주에서 조직한 보합단은 의주 동암산을 중심으로 활동하였다. 일제기관을 파괴하고 악질 친일밀정을 처단하는 활동을 활발히 하다 1923년 서로군정서 · 대한독립단 · 광복군총영 등이 대한통군부를 결성할 때 함께 통합되었다. 구월산대는 1920년 이명서 등이 황해도 신천에서 조직한 단체로 황해도 구월산을 중심으로 군자금 모금 활동과 독립항쟁을 방해하는 친일주구들을 처단하다 만주의 독립군에 합류하였다.

만주 항일 투쟁의 힘 | 신민회와 안동 혁신유림

독립항쟁가들이 만주와 연해주 일대로 건너오면서 이곳에서의 항일 투쟁은 더욱 활기를 띠었다. 국외 독립항쟁에 주도적으로 나선 이들은 신민회와 안동의 혁신유림이었다.

1907년 비밀리에 조직된 항일독립항쟁단체 신민회는 민중계몽, 국권회복, 실력양성을 목표로 국내에서 교육구국운동, 계몽강연 및 서적 · 잡지 출판운동, 민족산업진흥운동 등을 주도하였다.

경술국치를 앞두고 일제의 항일 투쟁에 대한 감시와 탄압이 심해지면서 신민회는 국내 활동에 타격을 입기 시작하였다. 안창호를 비롯하여 이갑, 이동휘, 신채호 등 신민회 주요 인사들은 1909년 미국과 연해주, 만주 등지로 망명하였다. 1910년 신민회는 활동방향을 모색하기 위해 국내외에서 각각 회의를 열고 독립전쟁론에 뜻을 함께 하기로 하였다. 무관학교 설립과 독립군기지 구축, 무장 독립전쟁으로 활동방향을 바꾸었고 1911년 신흥무관학교의 전신인 신흥강습소를 설립하였다.

한편 국내에 남아 있던 신민회 세력은 1911년 일제가 조작한 105인 사건으로 탄압을 받다가 결국 해체되고 말았다.

1911년 9월, 105인 사건으로 인해 일본 경찰에게 압송되는 신민회 회원들

신민회와 뜻을 함께 한 이들은 안동 혁신유림이었다. 특히 안동의 혁신유림이 국외 독립항쟁을 이끈 데에는 안동문화권만의 선비 정신과 깊은 관련이 있다. 조선 후기 남인들의 정계 진출이 막히자 안동 유림들은 학문의 발전에 힘쓰기 시작하였다. 집성촌, 학문적 동지, 혼맥 등을 통하여 관계를 돈독히 하며 새로운 학문을 받아들이는 것도 주저하지 않았다.

안동 유림들은 의병 운동을 전개하는 동안 서양의 신문화와 신사상을 받아들였고 혁신유림으로 전환하여 애국계몽운동을 이끌었다. 류인식, 이상룡, 김동삼, 김대락, 김후병 등이 대표적인 혁신유림이다. 이들은 근대식 중등학교인 협동학교와 계몽 운동 단체인 대한협회 안동지회를 설립하여 애국계몽운동을 이끌었다. 안동은 우리나라 독립항쟁의 성지라 불릴 만큼 조선 말기 의병 항쟁부터 광복을 위한 독립 투쟁에 이르기까지 독립항쟁이 오랫동안 치열하게 벌어진 곳이다. 1894년 갑오의병을 시작으로 안동 지역에서 배출한 독립유공자는 300명을 넘어선다.

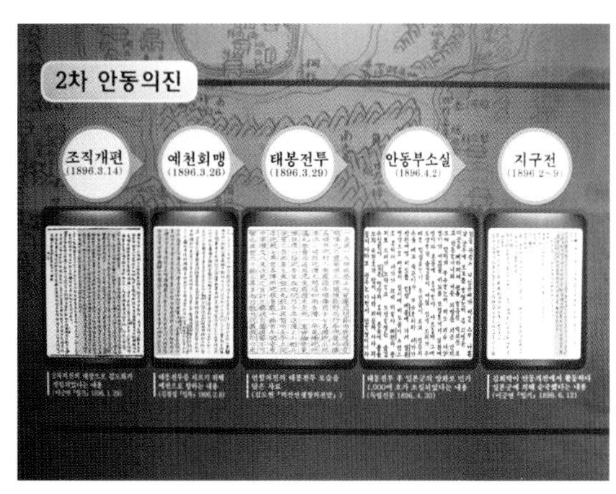

안동유림들은 의병운동을 전개하는 동안 서양의 신문화와 신사상을 받아들였고 혁신유림으로 전환하여 애국계몽운동을 이끌었다

안동지역의 독립항쟁은 유림을 중심으로 진행되었는데 대의명분을 중시한 안동 유림들은 일제의 침략에 맞서 독립항쟁을 펼치는 것을 당연시 여겼으며 부(富)의 차이가 크게 나지 않아 양반들 간의 갈등이 적었고 집단 간의 결속력이 강했기 때문이다

일제에 맞서 무력으로 투쟁하라 | 무장 투쟁의 전개

일제 치하 독립항쟁은 여러 방향으로 전개되었다. 열강들과의 외교를 강화하여 독립을 되찾으려는 외교론, 독립을 위해서는 그만한 실력이 필요하므로 먼저 민족의 실력을 길러야 한다는 민족 실력 양성론, 지금은 일제의 힘이 강해 독립이 불가능하니 우선 민족의 자치권을 얻는 데 힘써야 한다는 자치론 그리고 무력을 사용하여 독립을 쟁취해야 한다는 무장 독립 전쟁론 등이 대표적이었다.

이 가운데 가장 적극적인 독립항쟁은 무장 독립 전쟁론이었다. 3.1 운동 당시 일제의 폭력적인 탄압이 이루어짐에 따라 무장을 하고 직접 싸우는 것만이 일제로부터 독립을 쟁취하는 가장 빠른 길이라고 생각했기 때문이었다. 무장 독립 투쟁은 간도와 연해주를 중심으로 이루어졌고 수많은 독립군

부대가 편성되었다. 대표적인 독립군 부대로는 대한 독립군, 북로 군정서, 서로 군정서, 군무 도독부, 국민회군, 혈성단 등이 있었다. 특히 봉오동전투와 청산리대첩은 무장 독립 투쟁사에 길이 남을 명전투였다. 일제가 이 전투에서 패배한 보복으로 간도 지역 동포들을 무참히 살해하고 집과 농작물을 불태우는 등 온갖 탄압을 가했지만, 무장 독립 투쟁은 1945년 해방을 맞을 때까지 쉼 없이 전개되었다.

애국지사들은 국내외에서 비밀 조직을 결성하여 일제의 식민 통치 기관을 폭파하거나 침략 행위에 앞장선 일본인과 친일파를 주살하는 활동을 전개했는데, 이를 의열 투쟁이라 한다. 러시아 블라디보스토크에서 조직된 대한노인단 소속 강우규는 서울역에서 제3대 조선 총독으로 부임한 사이토 총독을 향해 폭탄을 던졌다. 사이토 총독 처단 작전은 비록 미수에 그쳤으나 일본인들의 간담을 서늘케 하기에 충분하였다.

의열 투쟁은 주로 1920년대~1930년대에 이루어졌으며 한국 독립항쟁사에서 매우 중요한 항일 투쟁 방식이었다. 의열단의 목표는 식민 통치와 관련된 기관과 핵심 인물을 응징하는 것으로, 테러와는 차원이 다른 식민지 해방 투쟁이었다. 의열 단원은 주로 18세에서 26세 사이의 다양한 직업을 가진 동포들로 구성되었다. 이들은 조선 총독부와 동양 척식 회사 등 일제의 우리 민족 수탈 기구를 파괴하고 일제 관료 및 친일파를 처단함으로써 우리 민족의 독립 의지를 세계에 알렸다.

정의로운 일을 맹렬히 실현하다 | 의열단

비폭력 평화 시위로 전개된 3.1 운동이 일제의 잔인하고도 폭력적인 탄압으로 많은 희생자를 낳으며 오랫동안 이어지지 못하자 독립군들은 독립을 위해 강력한 무장 조직을 결성하기 시작하였다. 만주와 연해주를 중심으로 수많은 독립군 부대와 항일 의열 단체들이 조직되었는데 1920년대 의열 투쟁에 있어 가장 빛나는 성과를 이룬 단체는 단연 의열단이었다.

> 의열단원들은 마치 특별한 신도처럼 생활하였고 수영, 테니스 그 밖의 운동을 통해 언제나 최상의 컨디션을 유지하도록 하였다. 매일같이 총으로 과녁 맞히는 연습도 게을리 하지 않았다. 단원들은 독서도 하고 쾌활함을 유지하고 긴장을 풀기 위하여 오락도 하였다. 그들의 생활은 명랑함과 심각함이 묘하게 뒤섞여 있었다. 언제나 죽음을 눈앞에 두고 있었으므로 생명이 지속되는 한 마음껏 즐기려 했던 것이다. 그들은 기막히게 멋진 친구들이었다. 멋진 양복을 차려입고 머리를 잘 손질하였으며 어떤 경우에도 옷차림을 말쑥하게 갖추었다. 사진 찍기를 아주 즐겼으며 언제나 이번이 죽기 전에 마지막으로 찍는 것이라 여겼다.
>
> **– 님 웨일즈 『아리랑』 중에서**

조선 혁명 선언의 주요 내용

" (중략) 강도 일본을 쫓아내려면 오직 혁명으로만 할 수 있으며, 혁명이 아니고는 강도 일본을 쫓아낼 방법이 없는 바이다. … 우리의 민중을 깨우쳐 강도의 통치를 타도하고 우리 민족의 신생명을 개척하자면 양병 10만이 폭탄을 한 번 던진 것만 못하며, 천억 장의 신문, 잡지가 한 번의 폭동만 못할지니라. … 민중은 우리 혁명의 대본영(大本營)이다. 폭력은 우리 혁명의 유일 무기이다. 우리는 민중 속에 가서 민중과 손을 잡고 끊임없는 폭력 · 암살 · 파괴 · 폭동으로써, 강도 일본의 통치를 타도하고, 우리 생활에 불합리한 일체 제도를 개조하여, 인류로써 인류를 압박지 못하며, 사회로써 사회를 수탈하지 못하는 이상적 조선을 건설할지니라."

의열단은 1919년 21세의 젊은 청년 김원봉 등이 만주 지린성에서 조직한 비밀 항일운동단체다. 의열단이란 이름은 내부적으로 만든 규칙의 제1조 '천하의 정의로운 일을 맹렬히 실현한다.'에서 '정의'와 '맹렬'을 따서 만들었다. 단장은 김원봉이 맡았고 일정한 곳에 본부를 두지 않았다. 13명의 단원으로 시작하여 1924년에는 70여 명에 달하였다.

의열단의 정신은 의열단의 선언문인 조선혁명선언을 통해 잘 드러난다. 조선혁명선언은 신채호가 기초하였는데 일제침략의 실상을 폭로하면서 잔악한 일제를 한반도로부터 영원히 몰아내기 위해서는 반드시 폭력으로 맞서야 하며 외교를 가지고서는 소기의 목적을 달성할 수 없다고 하였다.

의열단은 의혈단이라고 불리며 주로 조선 총독부와 경찰서, 동양 척식 주식회사 등 일제의 주요 시설을 무너뜨리고 조선 총독부 고위 관리와 친일파 우두머리를 처단하였다. 이는 동포들의 애국심을 고취시켜 민중 봉기를 유발하고 민중의 직접 혁명을 통해 일제를 타도하기 위함이었다.

의열단 초기 단원들의 사진

1920년대 후반 들어 개별적인 무장투쟁에 한계를 느낀 의열단은 조직적인 무장투쟁을 준비하였고, 중국 국민당 정부의 지원을 받아 1932년 난징에 군사간부양성학교인 조선 혁명 간부 학교를 세웠다. 이어 중국 지역 민족 유일당 결성 운동을 전개하여 민족혁명당 결성을 주도하였다.

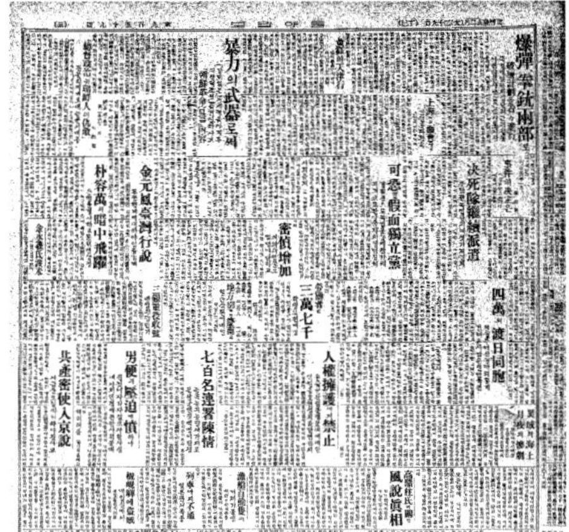

1923년 4월 14일자 동아일보에 실린 조선혁명선언 기사내용

의열단의 주요 투쟁 내용

인 물	시 기	투쟁 내용	소 속
박재혁	1920년	부산 경찰서에 폭탄 던짐	의열단
최수봉	1920년	밀양 경찰서에 폭탄 던짐	의열단
김익상	1921년	조선 총독부에 폭탄 던짐	의열단
김상옥	1923년	종로 경찰서에 폭탄을 던지고 일경과 교전하여 여럿 사살	의열단
김지섭	1924년	일본 왕궁에 폭탄 던짐	의열단
나석주	1926년	동양 척식 주식회사와 조선 식산 은행에 폭탄을 던지고 일본인 사살	의열단

■ 독립군 양성소 | 신흥무관학교

신민회가 국외에 무관학교를 설립하고 독립군 기지를 건설하는 방안을 처음 검토한 때는 일제에 의해 대한제국의 군대가 강제로 해산된 1907년이었다. 신민회는 해산당한 군인들이 참가한 의병 항쟁을 지지하였다. 의병 항쟁이 효과를 거두기 위해서는 현대화된 군사훈련과 무기가 필요하다는 것을 깨닫고, 무장투쟁을 통한 독립방책을 세웠다.

독립항쟁 거점 마련 | 만주 유하현 삼원포

1909년 의병 항쟁이 점차 쇠퇴하면서 신민회는 본격적으로 국외의 무관학교 및 독립군 기지의 설립문제를 논의하기 시작하였다. 그러던 중 1909년 안중근이 이토 히로부미를 사살한 사건이 일어났고 안창호, 이동휘 등 신민회의 주요 간부들이 해당 사건과 관련 있다는 혐의를 받아 구속되었다가 풀려났다. 신민회는 다시 학교와 독립군 기지 건설에 박차를 가하였고 1910년부터 이주를 시작하였다. 이를 알게 된 일제는 이를 방해하기 위하여 각종 사건들을 날조하여 신민회원들을 대거 잡아들였다.

신흥무관학교 야외모습

신민회가 해체되는 와중에도 신민회 회원인 이회영, 이동녕, 윤기섭, 김창환 등과 안동 혁심유림인 이상룡, 김대락, 김동삼, 유인식 등이 만주와 연해주에 동포들의 거주 지역을 개척하고 항일 독립항쟁거점을 마련하는데 성공하였다. 아울러 산업을 일으키고 자치 기구를 조직하여 사회 · 경제적 안정을 도모하는 한편, 민족 교육 기관을 설치하여 교육에 힘썼다.

독립항쟁 극대화를 위한 이원체제 운영 | 민정과 군정

이들은 독립항쟁의 극대화를 위하여 민정기관과 군정기관의 이원 체제로 나누어 운영하였다. 먼저 자치 기관으로 우리 민족의 고토인 만주의 유하현 삼원포 추가가에 이상룡을 사장으로 한 경학사를 1911년 조직하였다. 경학사는 특히 인재 양성을 중시하여 신흥강습소를 세우는 등 교육사업에 중점을 두고 이철영, 이동녕이 교장을 맡았다. 하지만 흉년이 들어 해산되었고 1911년 공리회가 조직되었다. 다시 1912년 허혁을 단장으로 한 부민단이 통화현 합니하에 조직되었고 1919년 이탁을 중앙총장으로 한 한족회로 확대 개편되어 유하현 삼원포에 터를 잡았다. 안동을 중심으로 한 혁신유림 친인척들이 만주로 집단 망명함에 따라 자치 기관의 관리와 운영은 주로 안동 혁신유림들이 맡았다. 군정 기관으로는 1912년 통화현 합니하에 정착지를 확보하여 이주하면서 학교를 새로 설립하였고, 1913년 이름을 신흥중학교(교장 여준)로 바꾸었다. 중학반과 군사반을 두었다가 중학반을 다른 중학교로 넘기고 군사반만 전력함으로서 비로소 신흥무관학교의 기초가 되었다.

체계적 독립군 양성을 위한 군영기지 건설 | 신흥무관학교 출신을 중심으로

독립전쟁을 준비하기 위하여 안동 출신 인사들이 주력이 되어 만든 군영인 백서농장.

1914년 신흥학우단과 부민단은 독립전쟁을 준비하기 위하여 백두산 서편인 통화현 팔리초구 소북대에 백서농장(장주 김동삼)을 만들어 수천 명의 병력을 수용할 수 있는 군영을 세웠다. 신흥중학교 졸업생들과 각 분교, 노동강습소 등의 훈련생 385명이 입영하여 이곳에서 농사를 지으면서 군사훈련을 하였다. 이후에도 신흥학교 출신 청년들이 체계적인 군사훈련을 할 수 있도록 비밀 군영 기지인 마록구 농장, 길남장이 설치되었다. 이후 1919년 3.1 운동의 영향으로 신흥중학교로 찾아오는 학생들이 급증하여 수용에 어려움을 겪자 유하현 고산자로 옮기고 신흥무관학교(교장 이세영)로 이름을 바꾸었다. 합니하에 있던 기존 학교는 분교로 삼았으며 통화현 칠도구 쾌대무자에 또 하나의 분교를 두어 모두 3개의 학교를 운영하였다.

신흥무관학교 운영과 정신 | 교육목표와 교훈

신흥무관학교에서는 고급간부 양성을 위하여 2년제 고등군사반을 두었고 분교에서는 3, 6개월 과

신흥무관학교 교훈

1. 나는 조국을 광복코자 이 몸을 바쳤노라
1. 나는 겨레를 살리고자 이 생명을 버렸노라
1. 나는 후사를 겨레에게 맡기노라
1. 나를 따라서 조국과 겨레를 수호하라

신흥무관학교 교육목표

1. 불의에 반항정신
1. 임무에 희생정신
1. 체력에 필승정신
1. 고난의 인고(忍苦)정신
1. 사물에 염결(廉潔)정신
1. 건설에 창의 정신

정의 초등군사반을 두었다. 학교 운영은 대한제국 군대 출신의 신민회 회원들(윤기섭, 여준, 김규식, 이장녕, 이관직, 김창환, 신팔균 등)과 1919년 만주로 망명한 일본 육군사관학교 출신의 군인들(지청천, 김경천 등)이 중심이 되어 맡았다.

신흥무관학교는 1911년 설립 이후 약 10년간 2,400 명의 졸업생을 배출하였으며 이들은 홍범도의 대한의용군과 김좌진의 북로군정서에서 주요 역할을 담당하였다. 1920년 홍범도가 이끄는 대한군북로독군부가 봉오동전투에서 승리를 거두자 일본군의 탄압이 거세지면서 결국 1920년 폐교되었다.

청산리전투와 민족독립항쟁에 미친 영향 | 신흥무관학교 출신 독립군

북로군정서 연성사관학교가 1920년 2월에 창립되자 이장녕 등 신흥무관학교 출신 교관들 150명이 파견되어 연성사관생도 300여 명을 속성으로 배출시키고 김좌진이 이끄는 북로군정서에 참여하여 1920년 10월, 청산리 전투를 승리로 이끌었으며 각종 독립군 단체에 참여하여 항일운동에 혁혁한 공로를 세웠다. 이후에도 신흥무관학교 출신들은 의열단, 조선의용대 및 한국광복군 등에서 주축으로 활동하며 항일투쟁사에 영원히 빛날 위대한 업적을 남겼다.

신흥무관학교 출신(관련) 독립항쟁가

구분	신흥무관학교 출신자 명단	비고
한국광복군	지청천, 이범석, 김원봉, 권 준, 김학규, 송호성, 윤기섭, 오광선 등	
의열단과 조선의용대	김원봉, 강세구, 권준, 김옥, 박태열, 배중세, 서상락, 신철휴, 윤보한, 이성우, 이종암, 이해영, 최윤동, 한봉근, 윤세주 등	
무오독립선언	이상용, 김동삼, 여준, 이동녕,, 이세영, 이시영, 이 탁, 허 혁 등	신흥무관학교 관련자

1919년 무장 독립항쟁단체인 서로군정서가 만주에서 조직되었다. 원래 정부 형태인 한족회의 산하 군사조직인 군정부가 있었으나, 대한민국 임시정부의 제의에 따라 서로군정서(독판 이상룡)로 개편한 것이다. 서로군정서는 독립군 양성, 일제 통치 기관 파괴, 민족 반역자와 친일파 처단을 주요 활동으로 하였다.

1947년 해방 후 신흥전문학원 (경희대학 전신) 설립을 자축하기 위해 모인 신흥학우단

서로군정서는 신흥학교 출신 젊은이들을 체계적인 군인으로 양성하기 위해 일송 김동삼이 이끈 백서농장 독립군, 신흥무관학교 출신들로 조직된 정규군대인 의용대와 교성대(신흥무관학교 생도)로 편성하였다. 서로군정서 독판 이상룡은 1920년 2월 북로군정서에 연성사관학교를 설립한 김좌진 장군이 사관생을 양성할 교관을 파견해줄 것을 서한으로 요청하자 이장녕 외 150명의 교관을 파견하였으며, 같은 해 7월 안도현 내두산(북로군정서 지역) 밀림지대에 이청천 장군으로 하여금 1개 대대(교성대) 병력으로 주둔하게 하였다. 이어 8월에는 참모장 일송 김동삼이 직접 북로군정서(왕청현 서대파)를 방문하여 일주일간 유숙하면서 작전계획을 도모하였다. 서로군정서 교성대는 북로군정서 청산리대첩에는 참가하지 못하고 홍범도 부대와 함께 청산리 전투(10월 25일~26일)에 참가하였다.

이외에도 북간도 지역에는 독립항쟁단체인 간민회(1911년)와 중광단(1911년)이 조직되었고 용정촌, 명동촌에는 서전서숙(1906년), 명동학교(1908년) 등의 민족 교육기관이 설립되었다. 1919년까지 간도 일대에 세워진 학교는 100개가 넘었다.

연해주 지역에도 독립군 기지 건설이 활발히 이루어져 독립항쟁단체인 권업회(1911년)와 권업회가 수립한 대한광복군 정부(1914년), 러시아 한인 동포들을 중심으로 한 임시정부 성격의 단체인 대한국민의회(1919년)가 수립되었다. 또한 신한인촌의 한인 학교 등 10여 개의 민족학교가 생겼다. 청산리전투 이후 흩어진 만주지역 독립단체는 대한통군부, 통의부를 거쳐 정의부, 신민부, 참의부 모두 3부로 재편 통합되었다.

■ 독립군이 거둔 빛나는 승리 | 봉오동전투와 청산리대첩

1920년대 들어 만주와 연해주 일대에서 활동하는 독립군 부대는 눈에 띄게 늘어났다. 신흥무관학교 출신의 독립군들도 가세하여 독립군 부대의 기세는 극에 달하였다. 박장호, 조맹선 등이 대한독립단을 결성하였고, 이상룡, 김동삼, 김창환, 지청천 등이 주축이 되어 신흥무관(정규사관)학교와 서로군정서를 조직하였다.

3.1 만세 운동을 계기로 비폭력 항일 운동의 한계를 절감한 독립군 부대는 일본군과 전투를 벌이며 일제 식민지 통치 기관을 습격하고 군자금을 모금하였으며 밀정을 처단하고 친일파를 숙청하는 등의 활동을 하였다. 특히 독립군 부대는 주로 국경을 넘어 일본군 수비대를 기습 공격하는 작전을 펼쳐 큰 성과를 얻었고 독립군의 활발한 국내 진공 활동에 시달린 일본군은 독립군 '토벌'에 안간힘을 썼지만 매번 패배의 쓴맛을 봤다. 이러한 무장 항쟁 가운데 가장 대표할만한 두 번의 전투가 봉오동전투와 청산리대첩이다.

독립전쟁에서 거둔 첫 번째 큰 승리 | 봉오동전투

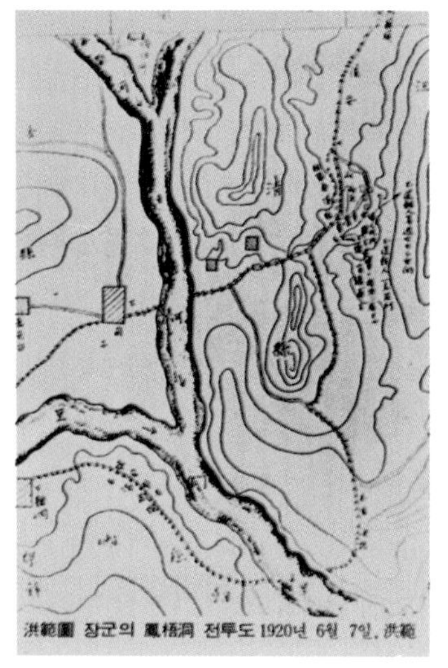

1920년 6월 봉오동전투에서 독립군에 참패한 일본군 추격대가 패전경위에 대하여 그들의 상부에 보고한 기록

대한독립군을 결성한 홍범도는 함경남도 갑산과 혜산으로 국내 진공 작전을 펼쳤고, 이후 독립군 무장 항쟁은 더욱 활기를 띠었다. 홍범도는 효과적인 국내 진공 작전을 펼치기 위하여 안무의 국민회군, 최진동의 군무도독부와 힘을 합쳐 독립군 연합 부대인 대한북로독군부를 결성하였다.

1920년 6월 홍범도와 최진동이 이끄는 독립군은 함경북도 종성군 강양동의 일본군 순찰소대를 기습 공격하였다. 독립군은 일본군 1개 소대를 격파하고 화룡현삼둔자로 돌아왔다. 독립군이 기습 공격한 사실을 안 일본군 39사단장은 곧바로 1개 대대 병력을 출동시켜 독립군을 추격하도록 하였다.

이를 미리 감지한 홍범도는 대한북로독군부를 이끌고 미리 삼둔자에서 대기하고 있다가 기습 공격하여 일본군을 완전히 격퇴시켰다. 이 전투에서 독립군은 사살 120명, 중상 200명의 전과를 올리고 소총 160자루, 기관총 3문을 빼앗았으니 이는 우리 독립군이 일본군과 본격적으로 벌인 최초의 대규모 전투이자 독립전쟁에서 거둔 첫 번째 큰 승리였다.

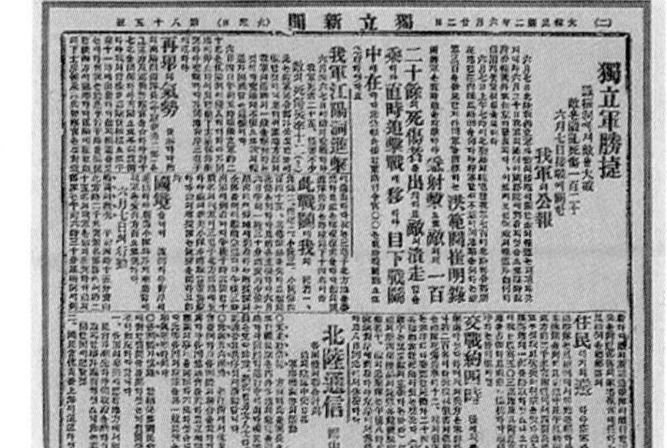
獨立新聞

獨立軍勝捷

我軍의 公報

北陸通信

봉오동전투의 승전 소식이 실린 독립신문.

삼둔자 전투에서 대패한 일본군은 보복을 하기 위해 한반도와 시베리아에 주둔하고 있던 부대들을 총동원한 대규모 추격대를 편성하여 독립군의 근거지인 봉오동을 공격하고 나섰다. 봉오동은 험준한 산줄기가 사방으로 둘러쳐진 계곡 지대였다. 홍범도는 연합 부대를 재편성하여 일부 부대는 봉오동 밀림 속에 미리 매복시켜 놓고 나머지 부대를 직접 이끌고 일본군을 깊숙한 계곡으로 유인하였다.

일본군이 포위망에 걸려들자 독립군 연합 부대는 즉시 공격을 퍼부어 큰 승리를 거두었다. 독립군이 단 4명의 전사자를 낸 것에 비해 일본군은 157명의 전사자와 200여 명의 부상자를 냈으니 이는 대단한 압승이었다. 이것이 봉오동전투다.

봉오동전투는 뛰어난 예지력으로 작전을 지휘 · 통솔한 홍범도 장군과 지리적 요건을 활용한 허를 찌르는 작전, 열세인 병력에도 사기를 잃지 않은 병사들이 함께 이루어낸 합작품이었다. 봉오동전투는 만주 지역을 무대로 독립군이 일본군 정규군을 크게 물리친 빛나는 전과로서 이후 벌어진 항일 투쟁에 불씨를 지폈다.

항일 독립전쟁사의 빛나는 전과 | 청산리대첩

북만주 일대에는 서일, 김좌진, 이장녕 등이 북로군정서를 조직하여 독립군을 양성하고 독립항쟁을 벌였다. 독립군의 활발한 활동에 위기를 느낀 일본군은 다시 독립군을 소탕하기 위하여 1920년 10월 간도에 대규모 병력을 파견하였다.

청산리대첩 기념비

이에 독립군 부대들은 대책을 논의하기 위하여 한자리에 모였는데 북로군정서와 서로군정서가 먼저 만나고 이어 홍범도 부대가 합류하였다. 북로군정서군의 병력은 약 1,600명이었고 대한독립군, 국민회군, 의군부, 한민회, 광복단, 의민단, 신민단 등이 연합한 홍범도 부대는 약 1,400명 규모의 병력을 이루었다. 일본군과 싸울 것이냐 피할 것이냐를 두고 설전이 오간 끝에 일단 피하기로 하고 병력을 후퇴시켰다. 그러던 중 일본군의 추적을 피할 수 없다고 판단한 김좌진과 이범석은 각각 부대를 이끌고 청산리 울창한 계곡 사이로 숨은 뒤 추격해온 일본군 부대에 사격

1920년 10월 독립군 부대는 독립군 토벌을 위하여 간도에 출병한 대규모 일본군과 청산리에서 격전을 벌여 일본군 부대를 거의 전멸시켰다. 청산리대첩 승리 후 찍은 기념사진

을 가하여 전멸시켰다. 이 때 일본군 전사자는 200명을 넘었다. 그 무렵 얼마 떨어지지 않은 곳에는 홍범도 부대도 일본군과 격전을 벌이고 있었다. 일본군을 독립군으로 오해한 또 다른 일본군 부대와 협공하여 400여 명의 일본군 부대를 전멸시키는 쾌거를 거두었다.

김좌진 부대는 다시 어랑촌 부근에서 머물고 있던 일본군 부대들을 이동하며 공격하였고 여기에 홍범도 부대가 합류하여 강화된 전력으로 일본군 부대를 전멸시켰다. 계속해서 독립군은 일본군과 쫓고 쫓기는 접전을 벌였고 일본군이 수많은 사상자를 내면서 사실상 독립군의 승리로 끝났다.

1920년 10월 21일부터 26일까지 6일 동안 10여 회에 걸쳐 산발적으로 벌어진 전투에서 독립군은 전사자 100여 명을 내고 일본군 1,200여 명을 사살하였다. 이는 항일 독립전쟁사에서 가장 큰 규모의 전투이자 최대의 전과를 올린 승리로 기록되고 있다.

"교전은 아침부터 저녁까지 계속되었다. 굶주림! 그러나 이를 의식할 시간도 먹을 시간도 없었다. 마을 아낙네들이 치마폭에 밥을 싸서 가지고 빗발치는 총알 사이로 산에 올라와 한 덩이 두 덩이 동지들의 입에 넣어 주었다. … 얼마나 성스러운 사랑이며, 고귀한 선물이랴! 그 사랑 갚으리, 우리의 뜨거운 피로! 기어코 보답하리, 이 목숨 다하도록! 우리는 이 산과 저 산으로 모든 것을 잊은채 뛰고 또 달렸다."

– 청산리 전투에 중대장으로 참전한 이범석의 회고록 『우등불』 중에서

■ 독립군을 재정비하다 | 3부의 성립과 통합 운동

1920년대 만주 · 연해주 일대의 무장 독립 투쟁은 승전의 연속이었다. 1920년 홍범도의 대한독립군과 안무의 국민회군, 최진동의 군무도독부군 등이 연합하여 벌인 삼둔자 전투와 봉오동전투, 그리고 홍범도의 대한독립군과 김좌진의 북로군정서군 등의 연합 부대가 참가한 청산리대첩은 모두 일본군에 대승을 거두어 한국 무장 독립 투쟁사에 빛나는 승전보를 기록하였다.

청산리대첩 대한독립군과 북로군정서군 등 연합군대가 일본군에게 대승을 거두어 한국 무장 독립투쟁사에 의미있는 한 획을 그었다.

하지만 이후 독립군은 뜻하지 않은 시련을 겪어야 했다. 독립군을 추격하다 오히려 봉오동전투와 청산리대첩에서 크게 패한 일본군이 이에 대한 보복으로 간도 일대의 한인을 무차별 학살하는 간도 참변을 일으킨 것이다. 일본군은 3~4개월 동안 닥치는 대로 마을을 불태우고 재산과 식량을 빼앗았으며 한인들을 학살하였다. 마을 전 주민이 몰살당하여 마을이 폐허가 되기도 하였다. 간도 참변으로 1920년 10월 9일부터 11월 5일까지 3,469명이 학살되었다 하니 3~4개월 동안 자행된 일본군의 만행으로 희생당한 수효는 이보다 훨씬 많았을 것이다.

일제의 보복작전이 극심해짐에 따라 만주 각처에서 활동하던 독립군 부대들은 새로운 독립 기지를 건설하기 위해 러시아 · 만주 국경지대인 밀산부에 모였다. 1920년 12월 북로군정서 · 대한독립군 · 대한국민회 · 대한신민회 등 10개 독립군 부대들은 하나의 독립군 부대로 통합하기로 의견을 모으고 서일을 총재로 한 3,500명 규모의 대한독립군단을 조직하였다.

러시아로 이동한 대한독립군단은 러시아와 군사협정을 맺으며 일본군 토벌에 나섰다. 이를 안 일제는 독립군부대에 무장해제 명령을 내리도록 러시아에 요구하였고 결국 러시아는 무장해제 명령을 내리면서 이에 따르지 않는 독립군들을 공격하였다. 이러한 자유시사변으로 독립군부대는 많은 희생자를 내며 만주로 되돌아왔다. 대한독립군단은 1922년 재조직되어 다시 세력을 확장해 나갔다.

만주 지역에서의 항일운동이 활발하게 일어나자 일제는 독립항쟁과 독립군들을 탄압하기 위해 1925년 만주 군벌과 미쓰야 협정을 맺고 중국을 통해 우리 민족의 독립항쟁을 탄압하였다. 만주 관리들의 강력한 독립항쟁단속으로 만주에서의 독립군 활동은 약화되는 양상을 보였다.

일제의 탄압이 수단과 방법을 가리지 않고 이루어지면서 만주에서의 독립 투쟁은 잠시 침체되기도 하였다. 이에 만주 지역 독립항쟁단체들은 역량을 강화하기 위한 일환으로 독립군 단체 통합 운동을 추진하였다. 1922년 대한통군부가 조직되어 통의부로 확대되고, 통의부를 이탈한 일부조직이 1923년 대한민국 임시정부의 직할 부대를 표방하며 남만주에 참의부를 결성하였고 당초 통의부는 1924년 남만주에 자치 정부로서의 성격이 강한 정의부를 세웠다. 또한 자유시 참변을 겪고 연해주에서 돌아온 독립군을 중심으로 1925년 북만주에 신민부를 조직하였다.

대한통의부

1922년 2월에 서간도에서 활동하던 광복군총영 · 대한독립단 · 광한단 · 한교회 등의 단체가 결합하여 대한통군부(大韓統軍府)를 결성하였다. 그후 대한통군부는 문호를 개방하여 서로군정서, 평북독판부 등 8개 단체를 영입하고, 1922년 8월 23일, 봉천성 환인현 남구 마권자(馬圈子)에서 열린 남만한족통일회에서 남만주지역 독립군 통합기관으로서 대한통의부를 발족시켰다. 대한통의부는 남

대한독립단 창설 유적, 환인현 남구 마권자(현재지명 향양 : 向陽)

만의 민사(民事) · 군정(軍政)을 시행하는 기관으로 발족하였는데 1923년 12월에는 항일독립운동을 보다 효과적으로 펼치기 위해 군사방면에 주력할 것을 결정하고 통의부 의용군(義勇軍)을 편성하였다. 통의부 의용군의 주요 지휘관을 살펴보면 총장 김동삼, 사령관에 김창환, 부관에 김창동, 대대장에 강남도, 제1중대장에 백광운, 제2중대장에 최석순, 제3중대장에 최시흥, 제4중대장에 이진산, 제5중대장에 김명봉, 독립소대장에 김우근, 유격중대장에 김창룡과 문학빈이었다.

육군주만참의부

대한통의부와 의군부의 상호대립에 실망한 지도자들은 독립운동을 총괄하는 기관이 대한민국 임시정부임을 자각하고 임정군무부 산하의 군사단체로 활동하는 것이 옳다고 판단하였다. 그리하여 대표를 임시정부에 파견하여 전에 있었던 광복군사령부의 전통을 계승하여 정부직속의 군사단체로 승인하여 줄 것을 요청하였다. 이에 임시정부는 이들의 요구를 승인하고 부대명칭을 대한민국 임시정부 육군주만참의부(陸軍駐滿參議府)로 하고 집안, 무송, 장백, 안도, 통화, 유하 등의 각 현을 관할구역으로 하여 민정(民政)과 군정(軍政)을 맡도록 하였다. 참의부는 1923년 창립 당시의 편제는 참의대장 겸 제1중대장에 백광운, 제2중대장에 최석순, 제3중대장에 최지풍, 제4중대장에 김창빈, 제5중대장에 김창천, 독립소대장에 허운기, 훈련대장에 박응백, 중앙의회의장에 백시관, 민사부장에 김소하가 각각 담당하였다.

참의부 본부 고마령, 집안시 대로진 고마령촌

정의부

임시정부 직속의 육군주만참의부가 결성되었을 때 가담하지 않은 단체들이 별개의 통합체를 구성하였는데 그것이 정의부(正義府)이다. 정의부는 통의부의 일부와 군정서 · 광정단 · 의성단 · 길림주

정의부 본부 유적, 유하현 삼원포

민회 등 8개 단체의 연합체로서 1924년 11월에 결성되었는데 입법·사법·행정기관을 설치하여 한인사회 지방정부로서의 대규모 행정조직을 갖추었다. 정의부 군사조직으로서 참모장 김동삼, 군사위원장에 이청천, 사령관에 오동진을 각각 임명하였고, 의용군 상비조직으로 8개 중대와 헌병대 및 민경대를 두었다. 정의부의 군대는 동포 사회의 치안확보와 독립군으로서 국내진공작전(國內進攻作戰)을 통한 일제(日帝) 세력을 공격하는 것이 주요 임무였다. 만주의 독립군은 일반적으로 의용군이라 불렸는데 정이형, 양세봉, 문학빈, 장철호, 이규성 등이 중대장 또는 유격대장으로 직접 대일항전 전선에 참가하고 있었다.

신민부(新民府)

북만주에서는 김좌진, 양규열 중심으로 독립군의 통합운동이 전개되었다. 1925년 대한군정서·대한독립군단 계열 등 10개 단체와 각 지역대표들이 영안현 영고탑(寧古塔)에서 부여족통일회의를 개최하여 통합기관으로 신민부를 창립하였다. 신민부(新民府)의 군사조직은 총사령관에 김좌진(金佐鎭), 보안대장에 박두희(朴斗熙), 제1대대장에 백종렬(白鍾烈), 제2대대장에 오상세(吳祥世), 제3대대장 겸 별동대장에 문우천(文宇天), 제4대대장에 주혁(朱赫), 제5대대장에 장종철(張宗哲) 등이 각각 선임되어 편제를 이루었다. 만주 독립운동 단체는 모두 독립전쟁을 제1차의 목표로 하였던 만큼 자연 독립군 양성에 주력하지 않을 수 없었다. 그리하여 목릉현(穆陵縣) 소추풍(小秋風)에 성동사관학교(城東士官學校)를 설립하고 연 2기의 속성 군사교육을 실시하였는데, 여기서 배출한 인원은 도합 5백여명에 달했다고 하며, 김혁이 교장, 김좌진이 부교장, 박두희·오상세 등이 교관을 맡았다고 한다.

3부통합운동 | 민족유일당회의

1920년대 후반 만주지역의 한인사회 자치단체이자 항일무장단체인 정의부(正義府)·참의부(參議府)·신민부(新民府)의 통합운동은 정의부에서 시작되었다. 1927년 8월 정의부 제4회 중앙총회에서 만주지역의 운동전선을 통일하기 위하여 신민부와 참의부의 연합을 적극적으로 도모할 것, 전민족운동전선 통일을 위하여 유일당촉성(唯一黨促成)을 준비할 것을 결의함으로써 유일당조직의 전단계인 3부의 통합이 논의되기 시작하였다. 그러나 초기부터 난관에 부딪쳤다.

기존의 단체를 중심으로 유일당을 조직하는 협의회파와 기존의 단체를 모두 해체하고 개인을 본위로 조직하자는 촉성회 파가 대립하여 결렬되었다. 이에 민족주의진영의 유일당 운동을 주도하고 있던 정의부는 신민부와 참의부를 결속해 민족진영 내부의 통일을 강화하고, 항일운동단체들에 대한 영도권을 장악할 목적으로 1928년 7월 신민부 · 참의부에 3부 통일회의의 개최하였으나 또다시 결렬되었다.

3부 통합회의가 결렬된 후 신민부 · 참의부는 물론 정의부까지도 자체 내의 분열이 표면화되기에 이르렀다. 김좌진 · 황학수(黃學秀) · 정 신 등 신민부의 군정파와 김희산 · 김소하 등 참의부 주류, 이청천 · 김동삼 등 정의부 탈퇴파가 주축이 된 촉성회 측은 1928년 12월 혁신의회(革新議會)를 조직했고, 현익철(玄益哲) · 이웅(李雄) · 김이대(金履大) 등 정의부 주류와 심용준(沈龍俊) · 이호(李虎) 등 참의부 일부, 송상하(宋尙夏) · 독고악(獨孤岳) 등 신민부 민정파는 1929년 3월 국민부(國民府)를 조직했다.

3부통합회의가 열렸던 길림 부흥태 정미소

요령성 시빈현의 양세봉 장군의 흉상

1930년대 민족주의 항일 투쟁의 양대 산맥

무장 독립 전쟁은 1931년 일제가 만주를 침략하여 만주국을 세운 이후 새로운 양상을 띠었다. 만주사변 이후 일본군의 전력이 크게 증강되면서 독립군의 활동은 위축될 수밖에 없었다. 독립군 조직들은 이러한 어려움을 극복하기 위해 중국인 항일 단체와 함께 한 · 중 연합전선을 구축하여 항일 투쟁을 전개하였다. 대표적인 독립군은 양세봉이 이끄는 조선혁명군(1929년)과 지청천이 이끄는 한국독립군(1931년)이었다.

조선혁명군과 한국독립군

남만주에서 활동한 조선 혁명군(총사령 양세봉)은 초기 일제

기관 파괴, 일제 관헌 응징 등 항일무장투쟁을 비롯하여 친일인사 숙청, 악덕 부호 응징 등 독립항쟁에 비협조적인 인사들을 처벌하는 활동에 주력하였다. 그러나 만주사변 이후 중국 의용군과 연합 작전을 통해 만주에서 일제를 몰아내고 조선 해방 전쟁을 하기로 계획하고 여러 차례 공동 투쟁을 벌여 큰 승리를 거두었다.

1929년 유하현 조선혁명군, 1932년 양기하 부대의 혈투, 흥경현 영릉가 전투가 대표적이다. 특히 1932년 3~7월 벌어진 영릉가 전투는 조선 혁명군 1만여 명과 중국 의용군 2만여 명이 연합 전선을 통해 일본 · 만주 연합군을 상대로 크게 승리하였다. 3월에는 일본군 사상자 30여 명을 냈고, 5월과 7월에는 100여 명의 일본군 사상자를 냈다. 이후 양세봉이 암살되었으나 남만주 일대에서의 무장 투쟁은 1938년까지 활발히 지속되었다.

그런가하면 북 · 동만주 일대에서는 한국독립군(총사령 지청천)이 한국독립당의 당군으로 중국군과 연합하여 활동을 전개하였다. 1932년 북만주 지역에서 세력을 형성한 길림자위군과 합동하여 일본군 및 만주국군과 전투를 벌였으며 1933년에는 중국 호로군과 연합하여 대전자령 전투에서 큰 승리를 거두었다. 당시 일본군 130여 명을 살상하고 무기 · 탄약과 같은 상당한 군수물자를 탈취하는 성과를 거두었다. 이밖에도 중국 호로군과 연합 작전을 펼쳐 쌍성보 전투, 경박호 전투, 사도하자 전투, 동경성 전투 등 항일 전투에서 연이어 대승을 거두었다. 이후 중국군과 갈등을 겪은 한국 독립군은 임시정부의 요청에 따라 주요 인물들이 중국 본토로 이동하여 임시정부가 광복군을 창설하는 데 상당한 역할을 하였다.

대전자령 전투 시연 모형 전시 (독립기념관)

항일 유격대와 조국 광복회

1931년 일제가 만주를 침략한 만주사변이 일어나자 만주 일대에는 공산주의자들의 주도로 반일 유격대, 항일구국유격군 등 여러 항일 유격대가 결성되어 무장 투쟁을 전개하였다. 1933년 한인 항일 유격대는 중국 공산당의 동북인민혁명군에 소속되었다가 '민생단 사건' 등을 겪으며 1935년 동북항일연군이 되었다. 이들은 함경남도 갑산의 면소재지인 보천보를 공격하여 관공서 등을 파괴하고 군수품을 빼앗은 보천보 전투를 일으켰다. 이 전투는 국내 신문에 크게 보도되어 민중들에게 희망과 용기를 심어주었다. 하지만 1930년대 말 일본군의 항일 연군에 대한 대대적인 공격이 이루어져 1940년대 근거지를 연해주로 옮겨 동북항일연군 교도려를 조직해 소련군 제88정찰여단에 편입되어 해방 전까지 그곳에서 훈련에 열중하였다.

민생당 사건이란?

일제는 만주 지역 한인과 중국 항일 세력이 합작하자 이를 방해하기 위해 1932년 민생단을 조직하였다. 민생단은 조선 총독부와 간도 일본 영사관의 후원으로 만주 지역 한인의 자치를 표방하였으나 실제로는 한인과 중국인을 이간질하려는 친일 반공 단체였다. 동만주의 한 · 중 연합세력에 한인을 간첩으로 보내는 등 반공 · 친일 활동에 주력하여 한인과 중국인의 연대가 약해졌다.

한인 항일 연군의 일부 공산주의자들 주도로 1936년 동만주에는 조국 광복회가 결성되었다. 군사 활동과 국내 정치활동에 주력하였고 기관지 '3.1월간'을 발간하여 항일의식을 고취시켰다. 광범위한 반일세력을 모으기 위해 함경도 일대 천도교도 등 민족주의 세력과 연합하여 민족 통일 전선을 형성하였다. 동북항일연군의 조선인 무장부대와 함께 국내 진공 작전을 펼치기도 하였는데 대표적으로 보천보 전투를 들 수 있다. 모든 계층과 단체가 이념과 노선을 떠나 단결할 것을 주장하며 국내와 만주 · 연해주 일대에서 해방이 될 때까지 투쟁하였다.

본토로 거점을 옮기다 | 민족혁명당과 조선의용대

만주에서 활발히 전개된 무장 독립 전쟁은 1930년대 중반에 접어들어 중국 본토로 활동무대를 옮겼다. 독립운동단체들은 보다 효과적인 항일 투쟁을 위해 통일 방안을 모색했고, 그 결과 1935년 의열단, 한국독립당, 조선혁명당 등 5개 단체가 중국 난징에 모여 독립항쟁정당인 민족혁명당을 결성하였다.

민족혁명당 결성 당시 김구 계열과 임정 고수파를 제외한 중국 관내 독립 단체 대부분이 참여함으로써 민족주의 진영과 사회주의 진영의 통일 전선 정당이 되었다. 그러나 김원봉이 이끄는 의열단계가 당권을 장악하자, 이에 불만을 가진 지청천, 조소앙 등 민족주의 계열이 차례로 이탈하면서 좌파적 성향이 강해졌다.

민족혁명당은 일제와 봉건 세력, 반혁명 세력을 투쟁 대상으로 삼았으며 민주 공화국 수립, 토지 및 대

조선의용대 창설 기념 사진. 조선의용대에는 민족주의자와 사회주의자들이 골고루 참가하였다.

규모 생산 기관의 국유화를 강령으로 내세웠다. 결성 이후 임시정부에 참여하지 않은 민족혁명당은 1941년 임시정부에 참여하여 광복 직후까지 활동하였다. 중 · 일 전쟁 직후인 1938년 김원봉이 이끄는 민족혁명당은 중국 국민당 정부의 도움을 받아 중국 한커우에서 독립운동단체인 조선의용대를 조직하였다. 조선의용대는 중국 국민당 정부군과 함께 항일 전쟁에 참가함에 따라 지도부를 제외한 대부분의 세력은 조국 방향으로 북상 중 중국 공산당이 활동하는 화북 지방에서 일본군과 교전하였다.

조선의용대는 화북 지대를 결성하고 1940년대 초, 호가장 전투, 반소탕전 등 수많은 전투에 참여한 후 중국 공산당 군대와 함께 활동하게 되었다. 1942년 조선의용대 잔여 세력은 한국광복군에 합류하였고, 주력은 화북조선독립동맹이 지도하는 조선 의용군에 합류하였다.

독립항쟁세력의 재편 | 한국독립당과 한국광복군

한국광복군 총사령부 성립 전례식 기념사진

1940년대에 들어서면서 독립운동은 지역적 기반에 큰 변화를 겪었다. 일제가 만주를 점령하고 스탈린이 한인강제이주정책을 펼친 것이 그 원인이었다. 일제가 만주를 점령한 뒤 지속적으로 이른바 '토벌작전'을 전개하자 만주 독립군들은 중국 관내로 이동하였으며 연해주 지역의 한인들은 중앙아시아로 강제 이주 당했다. 만주와 연해주가 그 기반을 상실하자 자연스레 중국 관내가 독립운동의 주요 근거지가 되었다.

지역적 기반이 변화하면서 동시에 독립항쟁세력도 재편되었다. 1940년 재건 한국독립당 조소앙, 조선혁명당 이청천, 한국국민당 김구 등은 민족주의 계열 3개 정당을 통합하고 김구를 중앙집행위원장으로 하는 한국독립당을 새롭게 결성하였다. 한국독립당은 임시정부의 주도 하에 항일 민족해

광복군 성립식에서 지청천 장군(왼쪽)

방투쟁을 전개해나갔다. 건국 강령은 삼균주의에 바탕을 두었다. 삼균이란 정치 · 경제 · 교육의 균등을 말하는 것으로 선거를 통한 정권의 균등, 국유 제도를 통한 이권의 균등, 공비 교육(의무교육)을 통한 학권의 균등을 의미한다.

1940년 대한민국 임시정부는 중국 정부의 지원을 받아 충칭에서 지청천을 총사령관으로 하는 한국광복군을 창설하였다. 태평양 전쟁 발발 직후인 1941년 대일 선전포고를 한 한국광복군은 영국군과 연합 작전을 전개하여 연합군의 일원으로 미얀마 · 인도 전선에 파견되는가 하면(1943년) 미국의 도움을 받아 특수 훈련을 하며 국내 진입 작전을 준비하였다. 한편 1942년 대한민국 임시정부는 좌파 진영이 참여함에 따라 좌우 통합정부로 변모하였다. 김원봉 · 장건상 등 사회주의 계열의 민족혁명당 인사들이 임시정부에 참여한데 이어 화북 지역의 조선독립 동맹과도 통일 전선의 결성을 협의하였다. 1941년 조선의용대 화북 지대는 한인 중국공산당원들과 손잡고 화북조선청년연합회를 결성하였다. 이듬해에는 화북조선청년연합회를 확대 개편하여 조선독립동맹을 결성하였다.

■ 세계 곳곳에서 펼쳐진 독립항쟁 | 그 외 지역 독립항쟁

미국과 일본 등지에서도 망명한 독립투사들이 한인 동포 사회를 중심으로 독립운동기지를 건설하며 독립운동을 추진하였다. 미국에서는 안창호, 박용만 등이 대한인국민회(1910년)를 조직하여 재외한국인의 권익을 대변하는데 앞장섰다. 기관지인 '신한민보'를 발간하여 항일의식을 고취하고 해외 한민족의 독립운동을 주도하였다. 하와이에서는 박용만, 박종수 등이 독립군사관을 양성하기 위하여 군사교육단체인 대조선 국민군단(1914년)을 조직하였고 멕시코에서는 이근영, 양귀선 등이 한인무관양성학교인 숭무학교(1910년)를 만들어 독립군을 양성하였다.

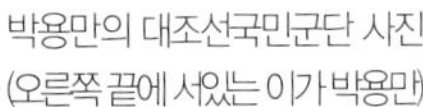

박용만의 대조선국민군단 사진
(오른쪽 끝에 서있는 이가 박용만)

5 대한민국 임시정부

조국 광복 위한 큰 터전을 마련하다

■ 대한민국 임시정부의 수립

3.1 운동은 곧바로 독립으로 이어지지는 않았으나 결코 실패한 투쟁이 아니었다.

우리 민족의 독립에 대한 의지를 국내외에 알렸으며 전 세계 민족 운동의 기폭제가 되었고 일제의 폭력적인 통치방식을 바꾸어놓았다. 다 함께 힘을 모을 때 독립이 실현될 수 있음을 깨닫게 됨에 따라 항일 투쟁은 더욱 불타올랐다. 그리고 이러한 항일 투쟁을 보다 조직적이고 효과적으로 이끌 중추기관의 필요성을 절감하고 1919년 2월 연해주에서 한인들이 대한 국민 의회를 조직하였다. 대한 국민 의회는 임시정부 성격의 단체로 우리 민족의 정당한 자주독립을 주장하고 일제의 통치 철폐를 강조하였다.

중국 상하이에 위치한 대한민국 임시정부 청사

4월이 되자 서울과 중국 상하이에서도 임시정부가 결성되었다. 서울에서는 종교계 대표를 중심으로 임시정부(한성 정부)를 조직하였다. 4월 23일 국민대회를 개최하여 임시정부 선포문, 국민대회 취지서, 결의사항, 각원 명단과 파리강화회의 대표 및 6개조로 된 약법(約法)과 임시정부령 제1·2호를 발표하였다. 한성 정부는 연합통신(UP)에도 보도되어 국제적인 선포 효과를 얻었다. 상하이에서는 출신 지역별로 뽑은 대표자들이 모여 임시 헌장(헌법)을 제정하고 13도 대표자 회의를 열어 임시 의정원(국회)과 임시정부를 구성하였다.

여러 곳에 임시정부가 수립되자 단일 정부 구성을 위한 협의가 진행되었다. 상하이에 임시정부를 두는 것이 보다 안전하고 외교활동에 유리하다는 주장이 우세하여 이전에 조직된 한성 정부와 대한

국민 의회는 해체되고 상하이 대한민국 임시정부로 통합되었다.

1919년 9월 상하이에서 이승만을 임시 대통령으로 하고 이동휘를 국무총리로 하는 대한민국 임시정부가 출범하였다. 대한민국 임시정부는 민주 공화제와 대통령제를 채택하고 입법기관인 임시 의정원, 사법기관인 법원, 행정 기관인 국무원을 두어 3권 분립 헌정 체제를 갖추었다. 민주주의에 입각한 근대적 헌법을 마련하고 모든 인민이 평등하고 주권이 국민에게 있음을 분명히 하였다.

대한민국 임시정부와 임시의정원 요인 신년축하사진(1921. 1. 1)

대한민국 임시 헌장 (대한민국 임시정부의 첫 헌법)

제1조 대한민국은 민주 공화제로 한다.

제2조 대한민국은 임시정부가 임시의정원의 결의에 의하여 통치한다.

제3조 대한민국의 인민은 남녀, 귀천 및 빈부의 계급이 없고 일체 평등하다.

제4조 대한민국의 인민은 종교, 언론, 저작, 출판, 결사, 집회, 통신, 주소 이전, 신체 및 소유의 자유를 가진다.

제5조 대한민국의 인민으로 공민 자격이 있는 자는 선거권과 피선거권이 있다.

제6조 대한민국의 인민은 교육, 납세 및 병역의 의무가 있다.

제7조 대한민국은 신(神)의 의사에 의해 건국한 정신을 세계에 발휘하고 나아가 인류문화 및 평화에 공헌하기 위해 국제연맹에 가입한다.

제8조 대한민국은 구 황실을 우대한다.

제9조 생명형, 신체형 및 공창제(公娼制)를 전부 폐지한다.

제10조 임시정부는 국토 회복 후 만 1개년 내에 국회를 소집한다.

■ 대한민국 임시정부의 초기 활동

대한민국 임시정부가 초기 독립항쟁에서 힘을 쏟은 것은 국제 지원을 얻기 위한 외교 활동이었다. 임시정부는 다양한 외교 활동을 통해 우리나라의 독립 문제를 국제 여론화하는데 주력하였다.

1919년 5월 파리 강화 회의에 당시 파리에서 신한청년당의 당원으로 활동 중이었던 김규식을 전권대사로 파견하여 독립 청원서를 제출하였고, 이듬해 8월 스위스 제네바에서 열린 만국 사회당 대회

1920년 3월 1일 미국 워싱턴에서 3.1절 1주년 기념식을 마친 뒤 임정 구미 위원부 간부들이 찍은 기념사진

와 1921년 워싱턴에서 열린 국제회의에도 역시 대표를 보내 우리 민족의 독립을 주장하였다. 또한 이동휘 등 사회주의자들은 소련을 대상으로 외교 활동을 벌였고, 이승만 등 미주 한인들은 미국을 상대로 외교 활동을 전개하였다. 임시정부는 미국에 구미 위원부를 두어 우리나라의 독립 문제를 국제적으로 여론화하는데 주력하였다.

군사 활동 역시 임시정부의 주요 활동이었는데, 상하이에 육군 무관 학교를 설립하여 향후 광복을 위한 독립 전쟁에서 활약할 지휘관을 길러내고자 노력하였다. 또한 무장 투쟁을 지원하기 위하여 북간도의 북로군정서와 서간도의 서로군정서를 직할 부대로 두고 서간도에 임시정부 직속 독립군 부대인 광복군 사령부와 광복군 총영, 육군 주만 참의부를 설치하였다. 그러나 대부분의 독립군은 임시정부와는 별도로 활동하였으며, 임시정부가 항전을 주도한 때는 1940년 한국광복군이 창설되면서부터였다.

민족 독립항쟁의 중추적 기관이었던 임시정부는 일제의 감시를 따돌리기 위하여 비밀리에 국내 조직들과 연락을 취해야만 하였다. 국내외를 연결해준 비밀 행정 조직망의 역할을 한 것은 연통제와 교통국이었다. 연통제는 국내 각 도·군·면에 설치된 지방 행정기관으로 정부의 문서와 명령을 전달하고 군자금을 유통하며 정보를 보고하는 등의 업무를 담당하였다.

義兵傳 (一) 뒤바보

대한민국 임시정부의 기관지인 독립신문에 실린 의병전. 뒤바보가 지은 조선 말기 의병의 항일 투쟁기로 1920년 4월 27일부터 5월 27일까지 10회에 걸쳐 국한문혼용체로 연재되었다.

대한민국 임시정부에서 효과적인 독립항쟁을 수행하기 위해 발행한 군자금 모집의 공채

통신기관인 교통국은 정보 수집, 분석, 교환 및 연락 업무를 맡았다. 임시정부는 원활한 활동을 위하여 군자금이 필요하였는데 주로 애국 공채(채권)를 발행하거나 국민 의연금을 모아 충당하였다. 국내에서 모아진 군자금은 연통제와 교통국을 통하여 임시정부로 전달되었다. 만주의 이륭양

행과 부산의 백산상회가 군자금 전달의 거점 역할을 담당하였다.

또한 다양한 문화 활동도 전개하였는데, 상하이에 초등과정의 인성학교와 중등과정의 삼일학교를 설립하는 한편, 기관지인 독립신문을 발행하여 임시정부의 활동과 투쟁 상황을 알렸다. 또한 사료 편찬소를 두어 안창호 등의 주도하에 한일 관계 사료집을 간행하도록 하였다. 사료집은 국제연맹회의에 우리 민족의 독립을 요청하기 위한 자료로 제출하기 위하여 4책 분량으로 펴냈다.

대한민국 임시정부가 상하이에 설립한 초등과정의 인성학교

■ 대한민국 임시정부의 전개

1919년 조직된 이후 활발한 활동을 해오던 임시정부는 1921년 큰 고비를 맞았다. 임시정부의 국내 기반 역할을 해오던 연통제와 교통국 조직이 드러나 붕괴되면서 독립항쟁자금이 부족해지고 인력난이 가중되었기 때문이다. 게다가 외교 활동도 별다른 성과를 얻지 못하였다.

민족주의 계열과 사회주의 계열 사이에 독립항쟁방향에 대한 의견 차이가 생기면서 무장 독립 전쟁론과 외교 독립론, 실력 양성론 사이의 갈등도 깊어졌다. 그 와중에 임시정부의 대통령을 맡은 이승만이 국제 연맹에 우리나라의 위임 통치를 청원하고 나섰다. 지나친 외교 활동에 불만을 가져온 인사들은 이승만의 퇴진을 주장하며 임시정부를 개조해야 한다고 목소리를 높였다.

1942년, 대한민국임시정부 제34회 임시의정원 일동

1923년 상하이에서 국내외 독립항쟁 단체들이 한자리에 모여 국민 대표 회의를 열었다. 독립항쟁의 방향을 모색하고 새로운 정치 체제를 논의하기 위한 자리였다. 임시정부를 해체하고 새로운 정부를 만들자는 의견과 정부 조직만 바꾸자는 의견이 팽팽히 맞섰다. 임시정부의

개헌을 둘러싼 어떠한 결정도 내리지 못한 채 회의는 오랫동안 제자리걸음을 반복하였다.

임시정부는 별다른 활동 없이 명맥을 유지하다 1925년 이승만을 탄핵하고 국무령 중심의 내각책임제를 채택하며 새로운 조직으로 거듭났다. 하지만 임시정부의 위치는 이미 약화된 상태였으며 자금과 인력도 거의 바닥을 드러냈고 일제의 감시와 탄압은 더욱 집요해졌다.

독립항쟁에 활력소를 불어넣다 | 한인애국단의 활약

침체기에 빠진 대한민국 임시정부 활동에 다시 활력을 불어넣을 획기적인 대책이 필요하였다. 1931년 임시정부의 국무령이었던 김구는 한인 애국단을 조직하였다. 한인 애국단은 일제의 주요 인물을 제거하기 위하여 조직된 비밀 독립항쟁단체로 이봉창, 윤봉길, 최흥식, 이덕주 등이 단원으로 활약하였다.

김구는 첫 번째 거사로 일본 왕 히로히토를 암살하기로 계획하였다. 독립항쟁에 몸을 바칠 것을 맹세한 이봉창이 자원하였다. 그는 상하이의 일본인 인쇄소와 악기점 등에서 일하며 거사를 준비하였다. 1931년 12월 수류탄과 거사자금 300원을 들고 일본으로 떠난 이봉창은 도쿄에 도착해 조만간 일본 왕이 도쿄 교외 요요키 연병장에서 관병식을 거행한다는 소식을 접하고 이를 기회로 거사를 실행하기로 계획하였다. 1932년 1월 8일 도쿄 고지마치 구 밖 사쿠라다몬에서 이봉창은 군중으로 가장하여 기다리다 일왕의 행렬이 관병식을 마치고 나오자 군중 밖으로 뛰쳐나와 행렬을 향해 수류탄을 던졌다. 하지만 일왕이 탄 마차를 잘못 안데다 거리가 멀어 일왕을 명중시키지 못하였다. 그 자리에서 이봉창은 품안의 태극기를 꺼내 만세를 불렀고 체포되었다. 일제의 심문에 일체 불응한 이봉창은 비공개 재판에서 사형선고를 받아 그 해 10월 10일 이치가야 형무소에서 순국하였다.

재판에 출정하는 이봉창 의사.

이봉창의 의거는 목적을 달성하지 못하였지만 그 파장은 엄청났다. 중국 국민당 기관지 국민일보를 비롯한 중국의 각 신문은 이 일을 대서특필하였고 이봉창 의거에 자극받은 중국의 항일항쟁은 한층 거세졌다. 일본은 이봉창 의거에 대한 중국 언론의 태도를 꼬투리 삼아 상하이를 침략(상하이 사변)하였다.

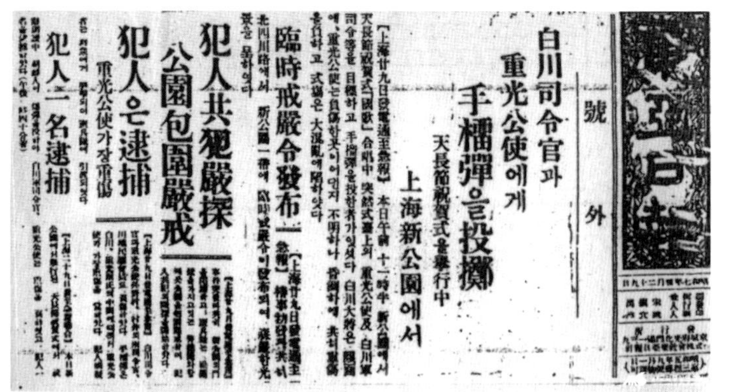
號外

白川司令官과
重光公使에게
手榴彈을投擲
天長節祝賀式을擧行中
上海新公園에서

臨時戒嚴令發布

犯人共犯嚴探
公園包圍嚴戒

犯人은逮捕
重光公使가장重傷

犯人二名逮捕

동아일보에 실린 윤봉길 의사의 의거 관련 기사

이봉창 의거에 고무된 한인 애국단은 또 한 번의 거사를 계획하였다. 상하이 침략 전쟁에서 승리한 일제가 상하이 홍커우 공원에서 전승 축하식을 거행하기로 하자 이를 기회로 일제 주요 인물을 처단하기로 하였다.

1932년 4월 29일 아침, 상하이 홍커우 공원은 상하이 사변 전승 기념식과 일왕의 생일 축하 행사로 떠들썩하였다. 일본군은 시가행진을 벌였고 일본인들은 일장기를 흔들어댔다. 공원 안에 마련된 단상 위에는 일본군 지휘관과 일본인 관리들이 나란히 앉아 있었다.

김구 주석(왼쪽)과 윤봉길 의사(오른쪽)

한인 애국단 단원인 윤봉길은 김구의 지시를 받고 도시락과 물병에 폭탄을 숨긴 채 일본인으로 가장하여 식장으로 들어갔다. 11시 40분 일본 국가가 울려퍼지자 윤봉길은 즉시 폭탄이 든 물통을 단상을 향해 던졌다. 거대한 폭발음과 함께 식장은 온통 아수라장이 되었다. 이로 인해 일본군사령관 대장 시라카와 요시노리와 거류민단장 가와바타 사다지 등 일본군 장성과 고관 7명을 처단했고 수많은 일제 주요 인물들에게 중상을 입혔다. 윤봉길은 그 자리에서 폭탄을 던져 자결하려 하였으나 현장에서 잡혔고 그 해 12월 19일 가나자와 형무소에서 사형되었다.

윤봉길 의사의 높은 뜻과 기개는 독립을 위해 투쟁에 나선 우리나라 사람은 물론 중국인들에게도 감동을 주었다. 이 일 이후 중국 정부는 중국 영토 안에서 우리 민족의 무장 독립 투쟁을 승인하며 임시정부 활동을 적극 지원하였다. 이 밖에도 한인 애국단은 이덕주 · 유진만의 조선 총독 암살 미수 사건, 최흥식 · 유상근의 국제연맹 조사단원 암살 미수 사건 등 일제의 주요 인물을 표적으로 하는 항일 민족 운동을 계속해서 추진하였다.

효창공원에 마련된 삼의사묘(三義士墓). 광복이후 김구 선생은 이곳에 윤봉길, 이봉창, 백정기 등 3명 의사의 유해를 안장하였다

국내 진공 작전을 준비하다 | 한국광복군

한국광복군 선언 (1940, 김구와 조소앙)

한국광복군 제2지대장 이범석 장군이 사열하고 있다

대한민국 임시정부는 대한민국 원년(1919년)에 정부가 공포한 군사 조직법에 의거하여 중화민국 영토 내에 광복군을 조직하고 대한민국 22년(1940년) 9월 17일 한국광복군 총사령부를 창설함을 선언한다.

한국광복군은 중화민국 국민과 합작하여 우리 두 나라의 독립을 회복하고자 공동의 적인 일본 제국주의자들을 타도하기 위해 연합군의 일원으로 항전을 계속한다. 과거 30여 년간 일본이 우리 조국을 병합 통치하는 동안 우리 민족의 확고한 독립 정신은 불명예스러운 노예 생활에서 벗어나기 위해 무자비한 압박자에 대한 영웅적 항쟁을 계속하여 왔다. 영광스러운 중화민족의 항전이 4개년에 도달한 이때 우리는 큰 희망을 갖고 우리 조국의 독립을 위해 우리의 전투력을 강화할 시기가 왔다고 확신한다. 우리들은 한중 연합 전선에서 우리 스스로의 부단한 투쟁을 감행하여 동아시아 및 아시아 인민들의 자유와 평등을 쟁취할 것을 약속하는 바이다

윤봉길 의거로 일제의 탄압이 더욱 거세지면서 임시정부는 일제의 눈을 피해 8년간 이곳저곳으로 옮겨 다니다 1940년 9월 중국 국민당 정부를 따라 충칭에 자리를 잡았다. 1940년 임시정부는 김구를 주석으로 선출하며 주석 중심 체제로 개편하였고 정치 · 경제 · 교육의 평등을 보장하는 삼균주의에 입각한 건국 강령을 발표하였다.

1941년 1월 1일 한국광복군 제5지대 창설 기념사진

1940년 김구 주석은 광복을 위해 일제와 전면적인 전쟁을 벌이는 것이 최선이라고 판단하여 임시정부의 직할 군대를 만들기로 하였다. 당시 국제 정세는 일본이 만주 침략 이후 대륙 정복의 야욕을 드러냈고 미국 등은 이를 견제하면서 일본과 일대 결전을 벌일 분위기가 팽배하였기 때문이었다. 김구는 신흥무관학교 출신 독립군과 중국 대륙에 흩어져서 독립 전쟁을 벌이는 무장 투쟁 세력들을 모아 지청천을 총사령관으로 하는 한국광복군을 창설하였다. 대한민국 임시정부의 국군이 탄생한 것

1940년 12월 26일, 한국광복군 총사령부 총무처 단체사진

이다. 처음 12명으로 총사령부를 조직하고 이후 충원하는 방식으로 창설했다. 이후 김원봉이 이끄는 일부 조선의용대가 합류하면서 인원은 더욱 늘었고 군사력 역시 한층 강화되었다.

임시정부는 한국광복군에 훈련 받은 병사가 부족하다는 점을 인지하고 중국 정부에 군사 훈련을 요청하였다. 이에 중국 국민당 정부가 지원하는 중국군관학교에서 군사훈련을 받으며 해방 직전에는 800명 규모로 성장하였다.

1941년 일제가 태평양 전쟁을 일으키자 임시정부는 일제에 선전 포고를 하였다. 한국광복군은 일본군과 싸우는 모든 전선마다 참가하여 활약하였다. 태평양 전쟁이 본격화되자 1943년 연합군과 공동으로 인도와 미얀마 전선에 참전하여 대일 전쟁을 벌이기도 하였다. 아울러 한국광복군은 연합국의 지원 아래 미국 전략첩보국(OSS)과 합작하여 국내 진공 작전을 추진하였으나 침투 날짜만 잡아놓은 채 일제의 무조건적인 항복으로 이를 실행에 옮기지는 못하였다.

중국 충칭에서 한국광복군이 전투체조를 하는 모습

제3장

순국선열 길따라 얼따라

순국선열들의 흔적 따라 그들의 숨결을 느끼다

일제강점기 항일투쟁의 활동 무대는 몇몇 곳에 머물지 않고 우리나라 전 국토로 확대되었고 마침내는 국경 너머 만주와 연해주로까지 이어졌다. 마을 전체가 항일 투쟁을 위해 국외로 망명하기도 하고 도시와 시골 가리지 않고 만세 시위가 벌어지기도 하였다. 국내외 곳곳에 희미하게나마 남아 있는 순국선열들의 발자취를 좇아 그들의 숨결을 느끼고 순국선열을 추모하는 공간을 찾아 그들의 얼과 위훈을 기리는 뜻 깊은 시간여행을 떠나본다.

1 한국 독립항쟁의 산 역사, 안동

혁신유림으로 거듭나 항일투쟁에 큰 성과

우리나라 독립항쟁을 논하면서 빼놓을 수 없는 지역이 있다. 경상북도 중북부에 위치한 안동이다. 안동 독립항쟁의 역사는 1894년 갑오의병으로 거슬러 올라간다. 일제가 경복궁을 침공한 갑오변란이 일어나자 이에 대응하여 전국 최초로 갑오의병을 일으키며 한국 독립항쟁사의 첫머리를 장식하였다. 이후 독립항쟁은 광복을 맞은 1945년까지 51년 동안 줄기차고 치열하게 펼쳐졌다.

한국 독립항쟁의 발상지답게 유공자와 자정순국자 수는 다른 지역을 월등히 앞선다. 시 · 군 단위의 독립유공자 수가 일반적으로 30명 선인데 비해 안동은 350명을 훌쩍 넘어선다. 자결로써 일제에 항거한 순절지사에 있어서도 전국 70여 명 가운데 10명이 안동 사람이다. 안동을 한국 독립항쟁의 성지로 부르는 이유다.

안동이 독립항쟁사에서 의미 있는 성과를 거둔 것은 안동문화권만의 고유 특성에 기인한다. 안동의 독립항쟁을 이끈 이들은 유림들이었다. 김흥락 지휘장의 지도 아래 권세연 · 김도화 의병장 등이 의병 항쟁을 주도하였다. 안동의 유림들은 전통적으로 대의명분을 중시하고 원리원칙을 고수하는 성향을 지녔으며 퇴계학맥을 잇는 유교적 지식인으로 공동체 의식이 강하였다. 일제 침략에 대항하여 독립항쟁을 펼치는 것은 곧 '의(義)'를 실천하는 길이었다.

특히 의병 항쟁 이후 안동의 유림들은 자기반성과 자각을 통해 보수에서 혁신으로 새롭게 변모하여 혁신유림으로 거듭난 뒤 국내 계몽운동뿐 아니라 만주지역 항일 투쟁에서도 두드러진 성과를 보였다. 만주지역에서 펼쳐진 독립항쟁및 독립군 기지 지원 활동, 의열 투쟁 등은 혁신유림을 중심으로 전개되었다.

25명의 독립항쟁유공자를 배출한 내앞마을

안동의 내앞마을은 안동의 명문 사족으로 이름 높은 의성김씨 집성촌이다. 마을 앞을 흐르는 넉넉한 냇가와 고풍스런 한옥이 어우러진 내앞마을은 고즈넉한 풍경과 달리 나라와 민족을 위해 치열하게 살다간 독립항쟁가들의 터전이었다. 이 마을이 쏟아낸 독립항쟁유공자만도 25명에 이른다. 형제마을인 이웃 금계마을 유공자를 합하면 42명이며 미서훈자 30여 명을 합치면 70여 명을 넘어서고 있다. 안동서 계몽운동을 위해 노력하다가 만주로 망명하여 이주 한인들의 안정된 삶을 위해 일생을

안동의 명문 가문인 의성김씨 집성촌으로 잘 알려져 있는 내앞마을은 독립항쟁유공자를 25명이나 배출한 독립항쟁의 산실이다.

바친 백하 김대락 선생, 서로군정서 참모장 · 대한통의부 위원장 · 정의부 참모장 등으로 활약하며 독립항쟁에 헌신한 일송 김동삼 선생, 한족회 대표로 상해 독립단체 대표자회의(1923년)에 참석한 김형식, 협동학교 교장으로 활동하다 파리장서의거에 참여하여 체포된 김병식 선생, 대한교육협회 이사 김후병 등이 대표적인 독립항쟁가들이다. 내앞마을 사람들은 을미항쟁을 시작으로 의병 항쟁에 선도적으로 참여하였고 1907년에는 근대식 학교인 협동학교를 세워 계몽교육을 이끌었다. 경술국치 후에는 문중 단위로 남만주에 집단 망명하여 독립항쟁기지 건설에 앞장섰다. 독립항쟁의 성지답게 마을 곳곳에는 독립항쟁의 역사와 흔적이 오롯이 남아 있다.

평생 독립항쟁에 헌신한 김동삼의 생가

만주에서 독립항쟁을 활발히 펼친 독립항쟁가 김동삼 선생의 생가

내앞마을 안에는 이곳을 대표하는 독립항쟁가 중 한명인 일송 김동삼 선생의 생가가 있다. 김동삼의 생가는 원래 6칸 겹집 구조로 서편 앞뒤로 사랑과 사랑윗방, 중간에 대청마루, 동편의 앞뒤로 주방과 안방이 위치하였으나 지금은 동쪽 편에 1칸 추가되고 내부도 많이 개축되어 원래의 모습과 다소 차이가 난다. 그나마 동편 1칸을 제외하면 건물의 외형은 원래의 모습을 간직하고 있다.

일송 선생은 안동 의병의 최고 지도자였던 서산 김흥락 선생의 제자로서 항일 투쟁의 중심에 나섰다. 1907년에는 류인식과 김후병, 하중환과 함께 신식학교인 협동학교를 세우고 교감이 되어 신교육 전파에 나섰다. 비밀결사인 신민회와 대동청년단에 참여하며 계몽운동을 이끌었다가 경술국치 이후 만주로 망명하여서는 이상룡을 도와 독립항쟁기지 건설에 힘썼다. 또한 인력 양성 기관인 신흥학교 설립과 서간도 이주 교민 자치 기관인 경학사 결성에 참가하였으며 1914년 군사병영인 백서농장을 건립하여 장주가 되었고 1919년 서로군정서 참모장이 되었다. 청산리 전투 후 1922년 통의부, 1924년 정의부를 결성하고 독립항쟁세력의 통합(참의부, 정의부, 신민부)을 위해 노력하다가 체포되어 1937년 서대문 형무소에서 순국하였다.

협동학교 확장 위해 노력한 김대락의 생가(백하구려)

김동삼 생가에서 멀지 않은 곳에 백하구려(白下舊廬 · 경상북도 기념물 제137호)가 조선 말기 전통 가옥 형태 그대로 자리하고 있다. 개화와 독립을 위해 헌신한 독립항쟁가 백하 김대락 선생이 1885년에 지은 집이다. 백하구려는 1909년~1910년 협동학교 교사로 활용되었다. 신학문에 비판적인 태도를 보였던 백하 선생은 혁신유림으로 변모한 뒤 기꺼이 백하구려의 사랑채를 확장하여 협동학교 교사로 내주며 협동학교의 확장을 위해 노력하였다. 백하구려는 정면 8칸으로 서쪽 4칸은 사랑채이고 동쪽 4칸은 중문간을 비롯한 아래채이다. 2009년 현충시설로 지정되었다.

내앞마을에 자리한 백하구려. 독립항쟁가 백하 김대락 선생의 집으로 협동학교의 교사로 사용되었다.

안동 지방의 애국계몽운동에 헌신한 백하 선생은 독립항쟁을 위해 만주로 망명하면서 이 집 사랑채를 비롯한 모든 재산을 처분하여 신흥무관학교의 전신인 신흥강습소 건립 자금에 보탰다. 이후 매부인 이상룡 등과 함께 경학사를 만들며 독립항쟁기지 건설에 앞장서다 1914년 삼원포에서 생을 마쳤다. 백하 집안에서만 독립유공자 6명이 배출되었다.

안동의 항일투쟁 역사 만날 수 있는 경상북도 독립항쟁기념관

내앞마을 내에는 경상북도독립항쟁기념관이 위치하고 있다. 1894년 갑오의병부터 1945년 안동농림학교 학생항일운동에 이르기까지 안동지역과 안동인의 독립항쟁51년의 역사를 만날 수 있는 곳이다. 기초지방자치단체 가운데 가장 먼저 세워진 항일 독립항쟁기념관으로 안동독립항쟁기념사업회가 2007년 설립하였다.

지하 1층, 지상 1층 규모로 전시실, 연수교육시설, 자료실 및 수장고 등의 시설이 있다. 전시실은 3개의 공간으로 나뉘어있다. 제1전시실은 국내관으로 안동인의 국내 항쟁을 살펴볼 수 있고 제2전시실은 만주 · 일본 등 국외에서

의병항쟁, 자정순국, 교육운동, 3 · 1 운동, 대중운동 등 안동인들의 국내 항일 운동을 살펴 볼 수 있는 국내관

만주망명 후의 안동인들의 독립항쟁을 둘러볼 수 있는 국외관

만주에 세운 신흥무관학교의 교육 재현모습

1919년 3월 12일 삼원포 만세시위 재현모습

의 항쟁을 둘러볼 수 있다. 제3전시실은 안동의 독립항쟁가 1,000인을 추모하는 영상추모관이다.

주요 전시 유물로 을미의병기 「안동의소파록(安東義疏爬錄)」, 류인식의 「대동사(大東史)」, 「조선노동공제회안동지회 임명장」, 「안동조선물산장려회취지서」, 「신간회국내외정세보고서」 등이 있다.

애국계몽운동을 이끈 협동학교(가산서당)

협동학교는 안동 지역에 세워진 최초의 근대식 중등 교육 기관이다. 류인식 · 하중환 · 김후병의 발의로 안동시 임하면 천전리 내앞마을에 있던 가산서당을 보수하여 1907년 3년제 중등교육기관으로 개교하였다. 청년들을 계몽 운동의 주체로 육성하기 위한 신교육을 실시하는데 목적을 두었다.

1911년 이상룡 · 김동삼 · 유인식 등 협동학교의 주요 인사들이 독립항쟁을 위해 만주로 망명하자 1912년 임동면 수곡동 한들에 있던 유치명의 정재종택으로 학교를 이전하였다. 1911년 제1회 졸업생을 배출하며 꾸준히 교육활동을 전개하였으나 1919년 협동학교 학생들이 3.1 운동을 주도하였다는 이유로 일제에 의해 강제로 폐교되었다. 학교는 비록 단명의 길을 걸었지만 이 학교 출신들은 독립항쟁의 주역으로 활발히 활동하였다.

현재 경상북도독립항쟁기념관 내에 협동학교 교사(校舍)로 사용되었던 가산서당(2007년 복원)과 1981년 광복절에 안동 출신 독립항쟁가들의 공적을 기리기 위해 세운 안동독립지사기념비가 있다.

협동학교 교사로 쓰인 가산서당. 2007년 옛 협동학교 터에 복원되었다.

대한민국 임시정부 초대 국무령을 지낸 이상룡의 생가(임청각)

대한민국 임시정부 초대 국무령을 맡은 이상룡 생가인 임청각. 이곳에서 독립항쟁가 9명이 태어났거나 관련이 있다.

경상북도 안동시 법흥동에 있는 임청각(보물 제182호)은 대한민국 임시정부의 초대 국무령이자 산하 조직인 서로군정서의 최고 책임자였던 석주 이상룡이 살던 고택이다. 조선 중기의 종택 건물과 별당형 정자인 군자정으로 구성된 고성 이씨 종택으로, 이상룡의 아들 이준형, 손자 이병화 등 독립항쟁가 9명이 이 집에서 태어났거나 관련이 있다. 이들의 공적을 기리기 위해 2009년 임청각을 현충시설로 지정하였다.

이상룡은 의병항쟁에 참가한 이후 1909년 대한협회 안동지회를 만들어 애국계몽운동에 앞장서며 군사력 양성에도 앞장섰다. 경술국치 후 문중 사람을 이끌고 만주로 망명하여 경학사 · 부민단 · 한족회 · 서로군정서를 이끌며 독립군 양성에 힘썼으며 1925년에는 대한민국 임시정부 국무령에 올라 독립 운동을 이끌었다. 독립항쟁세력을 통합하는 일에 힘을 쏟다가 1932년 생을 마쳤다.

임청각은 조선 중기 전통 가옥과 누정의 모습을 그대로 간직하고 있다. 임청각의 현판은 퇴계 이황의 친필로 알려져 있다. 원래 모두 99칸이었으나 일제강점기 중앙선 철로가 놓이면서 대문과 행랑채 일부가 없어져 70여 칸 정도만 남아있다.

신간회 안동지회 창립지 보광학교 터

1927년 2월 15일 서울에서 좌우합작을 통한 신간회가 결성되자 안동에서도 신간회 안동지회를 설립하기로 하였다. 설립대회는 8월 26일 사립 보광학교 대강당에서 열렸다. 이 날 회장 류인식, 부회장 정현모 등 23인의 임원을 선출하였다. 신간회 안동지회는 강연회를 통해 계몽운동, 영남친목회 박멸대회, 풍산소작인회 농민운동 지원 등 다양한 활동을 펼쳤다. 현재 보광학교 옛 건물은 없어지고 터만 남아 있으며 그 자리에 경상북도유교문화회관이 들어서 있다.

신간회 안동지회가 설립된 옛 보광학교 자리에 지금은 경상북도유교문화회관이 자리해 있다.

독립항쟁공적 기리는 하계마을독립항쟁기적비

안동시 도산면 토계리 하계마을은 퇴계종가에서 갈라져 나온 퇴계 손자 동암 이영도의 후손들이 살았던 마을이다. 450년 동안 진성 이씨의 집성촌으로 자리를 지켰으나 1976년 안동댐이 건설되면서 마을 전체가 수몰되었다.

하계마을은 25명의 독립항쟁가를 배출해낸 독립항쟁의 산실로 유명하다. 특히 3대에 걸쳐 독립항쟁을 펼친 향산 이만도 가문은 안동의 독립항쟁정신을 잘 보여준다. 예안의병장으로 활동하다 순국한 이만도와 이중언을 비롯하여 3.1 만세 운동에 참여한 며느리 김락, 파리장서운동을 주도한 아들 이중업, 군자금 모집활동을 벌인 손자 이동흠과 이종흠 등이 대표적이다.

이 마을 독립항쟁가들의 정신을 기리기 위해 마을 옛 터 인근에 고택들을 옮기고 2004년 독립항쟁기적비(紀蹟碑)를 세웠다.

퇴계종가에서 멀지 않은 곳에 위치한 하계마을독립항쟁기적비. 하계마을 독립항쟁가들의 정신을 기리기 위해 설치되었다.

선성의병 의병소 – 삼백당 터

3차 선성의진의 본부로 사용했던 삼백당 터

선성의진(宣城義陣)의 3차 대장 이인화(李仁和)가 의병소로 활용하였던 곳으로 안동시 도산면에 위치하고 있다. 1896년 당시 예안군에서는 안동부와 별도로 의병이 일어났는데, 그 명칭이 선성의진이다. 선성의진은 1896년 1월 23일에 결성된 후 모두 네 명의 대장이 취임하였다. 1차 의진은 이만도(李晩燾)가 대장을, 이중린(李中麟)이 부장을 맡았다. 그러나 9일 만에 해산되자, 이를 다시 추슬러 2차 의진을 결성하고 대장에 취임한 사람은 이중린이다. 2차 선성의진은 호좌 · 풍기 · 순흥 · 영주 · 봉화 · 예천 · 예안 7읍의 연합의진에 참가하고, 일본군 병참부대가 있던 상주 태봉에서 전투를 벌였다. 9월에 들어 3차 선성의진이 결성되었다. 3차 의진의 대장은 이인화가 맡았다. 이인화는 자신의 집인 삼백당(三栢堂)에 의병소(의병본부)를 설치하고, 김도현과 활동방향을 논의하였다. 그러나 9월 6일 관군 40여 명의 기습공격으로 선성의진은 흩어지고 말았다. 이 때 의병의 본부였던 삼백당도 관군의 공격으로 말미암아 불타고 말았다. 삼백당의 창건시기는 분명하지 않다. 1896년 안동부 관군들의 방화로 소실되었던 것을 2011년 새로 복원하였다.

2 국내 주요 독립항쟁사적지

민족자존과 국권 수호 위해 스스로 일어나다

대한광복단 기념공원(광복공원)

대한광복단은 1913년 조직된 독립항쟁단체로 경상북도 풍기(현 영주시)에서 결성되어 풍기광복단이라고도 한다. 의병 출신 독립 운동가들과 계몽운동가, 영남 지역의 유림 등이 참가하여 비밀 결사로 활동하면서 암살 등 무력을 통한 독립 운동을 벌였다. 영주시 풍기읍에 대한광복단의 정신을 기리기 위해 광복공원(대한광복단 기념공원)이 조성되어 있다.

대한광복단의 정신을 기리기 위해 조성된 광복공원

운강 이강년기념관

운강 이강년 선생의 숭고한 항일투쟁의 업적을 기리기 위해 기념관이 설립됐다.

경상북도 문경시 가은읍에 위치한 운강 이강년기념관은 의병장으로 맹위를 떨친 운강 이강년 선생의 숭고한 항일투쟁의 업적을 기리기 위해 설립된 곳이다. 문경의 대표 독립항쟁가인 운강 선생은 일제치하에서 나라를 구하기 위해 강원도 · 충청도 · 경상북도 일대에서 의병을 일으켜 여러 번 대승을 거두었다. 1908년 제천 작성전투에서 일본군과 결전을 벌이다 발목에 총알을 맞아 붙잡혔다가 교수형으로 순국하였다.

2002년 개관한 기념관은 유물전시관, 사당, 관리사 등으로 구성되어 있다. 사당에는 운강 선생의 영정이 모셔져 있으며 사당 옆에는 당시 사용했던 무기와 유품이 전시되고 있다. 유물전시관에는 운강 선생의 의병활동 연보와 교지, 간찰을 비롯하여 활 · 화살 · 조총 · 화약통 등의 유품, 훈장 및 포장 등이 전시되어 있다.

박열의사기념관

반제국주의 항일항쟁을 전개한 박열 의사의 정신을 기리기 위해 설립된 박열의사기념관.

박열의사기념관은 한평생 조국광복을 위해 헌신한 박열 의사와 그의 동지이자 부인인 가네코 후미코의 항일독립정신을 기리기 위해 경상북도 문경에 설립되었다. 문경 출신의 박열 의사는 1919년 경성 제2고등보통학교 2학년 때 3.1 만세 운동에 참여하였다가 퇴학당한 후 일본 도쿄로 건너가 조선고학생동우회를 결성하며 조직활동을 전개하였다. 1921년 국내 최초의 무정부주의 단체인 '흑도회'를 조직하여 계급투쟁의 직접적 행동기관임을 선언하였다. 1923년 일본 왕세자 히로히토 암살 사건에 연루되어 무기징역을 언도받았다. 해방 후 출옥하여 초대 재일거류민단장을 역임하고 1949년 귀국해 신조선건설동맹위원장을 맡는 등 왕성한 활동을 벌였으나 6.25전쟁 때 납북되어 북한에서 생을 마쳤다.

기념관은 박열 의사의 생가 주변 부지에 지상 2층 규모로 세워졌다. 박열 의사 일대기와 박열 의사의 동지이자 부인인 가네코 후미코 특별실, 특별전시관 등으로 꾸며졌다. 전시실에는 일본, 북한 등에 흩어져 있던 의사의 유품과 각종 사료들이 전시되어 있다.

왕산 허위기념관

경상북도 구미시 임은동에 자리한 왕산 허위기념관은 임은동 출신인 독립항쟁가 왕산 허위의 우국충정을 기리기 위해 건립됐다. 허위 선생은 을미사변이 일어나자 1896년 의병 수백 명을 모집하고 1905년 을사늑약이 체결되자 여러 지사들과 의거를 결의하였으며 1907년에는 정미의병을 일으켰다. 1908년 13도의병연합부대를 편성하여 군사장을 맡아 서울진공작전을 감행하였으나 체포되어 서대문 형무소에서 순국하였다.

왕산 허위기념관 독립항쟁가 왕산 허위의 우국충정을 기리기 위해 건립된 왕산 허위기념관

기념관은 선생의 생가 터 주변 산언덕에 지하 1층, 지상 2층 규모로 건립되었으며 1층에는 추모의장, 전시실, 영상추모관, 기획전시실 등이, 2층에는 시청각실, 도서자료실, 어린이열람실 등이 마련되어 있다. 맞은 편 생가 터에는 왕산기념공원이 조성되어 있으며 선생의 일대기를 새긴 왕산의 벽, 높이 3미터의 동상, 인물상, 부조관, 추모관 등 조형물과 잔디광장 등 휴게시설이 있다.

신돌석 생가

경상북도 영덕군 축산면 도곡리에는 태백산 호랑이로 명성이 높았던 신돌석의 생가가 있다. 옛 집은 없어지고 그 터에 생가를 복원해 놓았다. 신돌석은 을미사변이 일어나자 1896년 의병을 일으킨데 이어 을사늑약이 체결되자 1906년 영릉의병장이라는 이름을 내걸고 의병운동을 전개하였다. 이어 영해 · 울진 · 원주 · 삼척 · 강릉 · 양양 등 경상도와 강원도 일대에서 일본군을 무찌르며 치열하게 의병항쟁을 펼쳤다. 1907년 일본군 편을 들던 영덕의 관공서를 습격하였으며 영양에서는 일본군과 격전 끝에 물리쳤다. 경주의 대산성에서도 연일 전투를 벌이다가 영덕의 조현에서 적과 싸워 크게 이겼으며 영해경무서를 습격하여 경찰을 추방하였다.

태백산 호랑이로 명성이 높았던 평민 의병대장 신돌석의 생가

1908년 평해의 독곡에서 일본군을 무찔렀고 안동 · 울진 · 삼척 · 강릉 등지의 의병과 연합하여 춘양 · 황지 · 소봉동 등지에서 적을 격파하였다. 이후 만주로 가려고 준비하다가 눌곡에서 김상렬 형제에게 암살당하였다.

항일의병기념공원

항일의병기념공원은 항일의병들의 숭고한 희생정신을 추모하기 위해 건립되었다

항일의병기념공원은 독립항쟁유공자로 포상이 추서된 의병 유공 선열을 전국 시 · 군 가운데 가장 많이 배출한 충의의 고장 경상북도 청송군 부동면에 위치해 있다. 항일의병들은 구한말 국권침탈의 야욕으로 가득한 일제의 만행 속에서 민족의 자존과 국권을 지키기 위해 스스로 앞장서 일제에 맞서 싸웠다.

항일의병기념공원에는 전국 의병의 위패가 봉안된 사당인 충의사, 사무동인 효재충신재, 연구동인 인의예지재, 전국 의병 이름과 훈격을 명각한 명각대, 전국 의병활동사와 청송지역 의병활동사를 전살해놓은 항일의병기념관 그리고 강의실이자 집회장인 창의루 등의 시설이 들어서 있다. 특히 항일의병기념관은 전국적인 항일의병의 활동상과 청송지역의 의병활동상을 알림으로써 의병정신을 재조명하고 나라사랑 전통정신 문화를 보여주기 위해 조성됐다. 적원일기, 영야음 등의 청송의병 유물과 불원복태극기, 속오작대도 등의 전국의병 유물이 전시되어 있다.

제천 의병전투지와 유인석

제천 남산 의병전투지

제천 남산은 제천의병의 항일 정신이 깃든 격전지이다. 1895년(고종 32년) 단발령 이후 제천의병은 유인석을 창의대장으로 추대하고, 1896년(고종 33년) 2월 17일에 충주성을 함락시키는 등 기세를 떨쳤으나, 가흥과 수안보에 주둔하던 일본군 수비대와 관군의 공세로 3월 5일 충주성을 빼앗기고 다시 제천으로 후퇴하였다. 의병은 남산에 주둔하면서 중앙공원 아후산에 지휘소를 설치하였다. 그러나 계속되는 일본군과 관군의 공격에 의병의 방어선은 점차 밀렸고, 5월 25일에는 근거지인 남산에서 최후의 방어전을 벌였다. 이 남산 전투에서 중군장 안승우와 종사관 홍사구를 비롯하여 많은 의병들이 순국하였다.

한말의 위정척사론자이며 의병장인 의암(毅菴) 유인석(1842~1915) 선생은 조선 헌종 8년(1842년) 춘천시 남면에서 태어났다. 고종 32년(1895년) 을미사변과 단발령을 계기로 의병운동을 시작하여 크게 활약하였으나, 관군의 공격으로 모두 흩어지게 되었다. 이후 1908년 해외로 망명한 후 1910년 6월 연해주 의병세력의 통합체인 13도의군(十三道義軍)을 결성하였고 여기에서 도총재로 추대되었다. 그는 현실적인 위정척사론으로 의병항쟁을 전개시킨 한말의 대표적인 의병장으로 평가되고 있다. 이에 선생의 숭고한 정신을 기리기 위하여 고향인 춘천시 남면에 그 묘역을 보존하고 기념관을 지어 유물을 보관 전시하고 있다.

유인석 선생

홍주의병전투지

1906년 5월 19일 홍주성을 점령한 홍주의병은 천제를 지내고 의병의 편제를 보강하였다. 아울러 대장 민종식(閔宗植)은 인근의 각 군수에게 훈령을 내려 양식과 군기의 징발과 모병을 지시하였으며, 이에 호응하여 인근의 사민들도 의병에 합류하였다.

홍주성 점령 소식을 접한 조선통감 이토히로부미는 하세가와요시미치에게 명령을 내려 일본군 제

60연대의 보병 2개중대와 기병 반개소대, 그리고 전주 수비대 1개소대를 파견하여 홍주성을 공격하게 하였다. 일본군은 5월 30일 밤부터 홍주성을 공격하였다. 홍주 의병은 일본군의 우세한 화력에 결국 참모장 채광묵(蔡光默)을 비롯하여 성재평 · 전태진 · 서기환 · 전경호 등 300여 명의 희생자를 내고 말았다. 홍주성전투 직후 홍주군수로 부임한 윤시영(尹始永)의 일기에 의하면, 일본기마병이 의병을 추격 사살하였으며, 체포된 의병을 심지어는 '작살'하는 잔인한 짓을 저질렀다.

300여 명의 희생자들이 잠들어있는 홍주의사총

1949년 홍주경찰서와 소방서원들의 식목 행사 중, 홍성천 주변에서 유해가 발굴되어 묘역을 조성하였다. 의병총은 2001년 문화관광부로부터 사적 제431호로 지정되어 묘역 일대를 성역화하였다.

김좌진 장군 생가

김좌진 장군 생가. 오른쪽에 백야기념관이 위치하고 있다.

서산 간월도와 안면도로 가는 들머리인 홍성나들목을 나가면 왼쪽으로 김좌진 생가와 한용운 생가를 가리키는 이정표가 나란히 서있다. 이를 따라 들어가면 작은 다리 건너편으로 커다란 기와집이 한눈에 들어온다. 김좌진 생가다. 입구를 들어서면, 오른쪽으로 〈백야기념관〉 건물이 있다. 여기에는 백야 김좌진 장군의 인생여정과 청산리 전투에 대해 소상하게 전시되어 있다. 전투 당시의 전황도를 비롯해 전투에서 사용되었던 화기들도 전시되어 있다.

백야기념관 왼쪽의 조촐한 기와집이 실제로 김좌진이 태어나서 어린시절을 보냈던 생가다. 생가터는 일제에 의해 모두 망가지고 심지어 그의 기운을 뺏기 위해 집터 뒤의 산까지 파헤치는 만행을 겪게 된다. 광복 후에도 30여 년간을 흔적으로만 남아있다가 1991년부터 성역화 사업을 추진하여 생가와 문간채, 사랑채를 복원하였고, 백야기념관도 건립하였다. 현재는 안채, 사랑채, 곡간채, 헛간채 등 4채의 가옥만 복원되어 있지만 실제는 80여칸이 넘는 대가였다고 전해진다.

광주학생항쟁 시위지

1929년 11월 3일 광주역 앞에서 한 · 일 학생간에 집단 난투가 벌어졌다. 이때 광주고등보통학교 학생들은 평소 민족차별교육에 대한 불만이 터져 나와 일본인 학생들이 다니는 광주중학교로 진출

광주학생운동이 일어났던 토교 터

하려 하였는데, 양측 학생들 수백명은 광주역 남쪽 약 2정 거리 떨어져 있는 성저리의 토교를 사이에 두고 대치하였다. 당시 언론보도를 보면 상당수 일본인 학생들이 단도를 갖고 있었고, 양측 여학생들이 나와 부상자를 치료하고 응원하였다고 한다. 하지만 경찰과 교사, 소방대까지 출동하여 이들을 해산시킴으로써 그 이상의 충돌은 일어나지 않았다. 학교로 돌아온 광주고등보통학교 학생들은 다시 대오를 정비하여 가두시위에 나섰고 이것이 광주학생운동으로 이어졌다.

광주 어등산 전적지

어등산은 광주를 비롯한 장성 · 나주 · 함평 등지를 잇는 지리적인 요충지이자, 3~4개 군의 경계에 위치하여 관할구역이 애매해 일본군경의 추적을 따돌리기에 좋은 곳이다. 1908년 4월 25일에는 의병장 김태원(김준)을 비롯한 의병 23명(혹은 13명)이 3시간여의 격전을 치르다가 어등산에서 순국하였다. 또 1909년 1월 10일에는 김태원 의병부대의 선봉장을 지내다 독립한 조경환 의병장 이하 의병 20명이 전사하고,

김태원 의병부대 어등산 전투지 전경

10명은 어등산 자락 운수동(雲水洞)에서 피체당하였다. 그해 9월 26일에는 양동환(梁東煥) 의병장과 의병 80명이 전투를 벌이다가 10명의 전사자를 냈다. 전해산 의병부대의 중군장을 맡았던 김원범(金元範)도 어등산에서 순국하였다. 이와 같이 이곳은 여러 의병들의 원한이 서린 곳이다. 2008년 11월 14일, 광주 광산구는 김태원 의병장을 비롯한 한말의병들이 최후를 맞은 곳으로 추정되는 마당바위 인근의 토굴과 석굴에 각 1개씩 유적지 안내판을 설치하였다.

전라북도 임실 운현 전적지

이석용(李錫庸, 1877~1914)은 1907년 9월 12일 전라북도 진안군 마이산 남록 용암에서 호남의병 창의동맹단을 결성하고 의병대장으로 추대된 뒤 본격적인 활동을 전개하였다. 진안 · 용담 · 전주 · 운봉 · 함양 · 임실 · 남원 · 순창 등지를 누비며 왜적과 접전하여 수많은 전과를 올린 이석용 의진은 한때 500여 명의 의병이 가담하였다.

1908년 3월 17일 임실읍을 습격한 이석용 의진은 기병대장을 비롯한 다수의 일본군을 사살하는 전

과(戰果)를 올리고 퇴각하였다. 그런데 21일 장대비가 내리는 틈을 타 일본군은 다수의 병력을 동원하여 이석용 부대를 기습 공격하였다. 화약이 젖어 적절한 대응을 하지 못한 이석용 의진에서는 17명의 희생자가 발생하였다. 후일 이석용은 야음을 틈타 격전지의 가시덤불을 베고 그곳에 단을 쌓은 뒤 자신을 따르다 순국한 의병의 영령을 위로하는 제사를 올리기도 했다. 정부에서는 그의 공을 기리어 1962년에 건국훈장 독립장을 추서하였다.

운현전적의혼 추모비

국채보상운동 대구군민대회 개최지

국채보상운동 군민대회 개최지 기념비

국채보상운동(國債報償運動)은 1907년 1월 29일 대구광문사(大邱廣文社)의 특별회의에서 사장 김광제, 부사장 서상돈 등 10여 명의 공동 발기인 이름으로 '국채보상취지서'를 전국에 발송한 데서 시작되었다. 이는 국민의 힘으로 국채를 갚고 일본에 경제적으로 예속되는 것을 막고자 하는 운동이었다.

대구광문사와 대구광문회 주도로 1907년 2월 21일 대구군 서문 밖의 북후정(北堠亭)에서 대구군민대회를 열어 의연금을 모으기 시작했다. 이 운동은 처음에는 유생층과 상인층이 주도하였으나 군민대회를 거치면서 점차 부녀자와 하층민들에게 확산되었다. 대구에서 시작된 국채보상운동은 언론을 통하여 전국으로 퍼져갔다. 1908년 6월경까지 1년 4개 월여 진행되면서 약 26만 원의 국채보상기금을 모금하였으나, 일제는 배설(裵說, Ernest Thomas Bethell)·양기탁 등 지도적 인사에 대해 탄압을 가하고 기금을 가로챘다. 비록 일제의 탄압으로 국채보상의 목적을 달성하지 못했지만, 전 국민이 참여한 유례 없는 경제적 민족운동이라는 점에서 역사적 의의가 크다.

3 3.1 운동 유적지

조국 독립을 염원한 그날의 큰 함성

3.1 만세 운동은 일제강점기 일어난 최대 규모의 항일독립항쟁으로 전 민족이 참여한 거국적인 민족운동이었다. 만세 운동은 먼저 서울을 비롯하여 평양 · 진남포 · 안주 · 의주 · 선천 · 원산 등 교통이 발달한 주요 도시를 중심으로 시작되었다. 이 시기에는 종교계와 학생들이 운동을 주도하였다. 이후 만세 운동은 전국의 도시로 확산되었고 상인과 노동자들도 적극 참여하였다. 만세 운동은 다시 농촌으로 전파되며 전국적인 규모를 이루었다. 농민들이 대거 참여하면서 시위 규모는 한층 커졌으며, 국외로도 확산되어 만주, 연해주, 도쿄, 필라델피아 등에서도 독립시위가 벌어졌다.

3.1 운동의 발상지 탑골공원

서울 종로구 종로에 있는 탑골공원(사적 제354호)은 우리나라 최초의 도시공원으로 1919년 3.1 운동이 일어났던 곳이다. 당초 민족대표 33인이 탑골공원에 모여 독립선언식을 거행하기로 하였으나 이들이 태화관에서 독립선언서를 낭독하는 바람에 예정보다 다소 늦게 학생 대표의 독립선언서 낭독으로 만세 시위를 시작하였다. 당시 탑골공원에는 학생들과 시민들로 가득 차 있었으며 만세를 외치고 태극기를 흔들며 만세 운동을 벌였다.

3.1 운동이 점화된 탑골공원. 이날 모인 군중 1만 여명은 태극기를 흔들며 밤늦게까지 만세 운동을 벌였다.

의암 손병희 동상

원래 원각사라는 사찰이 있었으나 조선 연산군이 원각사를 폐사하고 중종 때 건물을 모두 철거하여 빈터로 남아 있던 것을 1897년 공원으로 꾸몄다. 공원에는 독립선언문을 낭독한 팔각정을 비롯하여 3.1 운동기념탑, 3.1 운동벽화, 의암 손병희 동상, 한용운 기념비 등이 있다.

3.1 운동의 한과 넋 기리는 제암리 3.1 운동순국기념관

경기도 화성시 향남읍에는 제암리 3.1 운동순국기념관이 위치해 있다. 이 곳은 조용한 농촌마을이지만 1919년 3.1 운동 때의 아픈 역사를 간직한 곳이다. 당시 주민들은 발안장터에서 격렬한 만세 운동을 벌였고 일제는 이에 대한 보복으로 제암교회에 주민을 모이게 한 뒤 모든 문을 닫고 감금시킨 채 교회에 불을 지르고 무차별 총격을 가하여 23명을 학살하였다. 또한 30여 채의 가옥도 불태워버렸다.

제암리 학살사건 당시 희생당한 분들을 추모하고 후세에 이 사실을 기리기 위해 설립된 제암리 3.1 운동 순국기념관

1982년 대대적인 유해 발굴 작업을 통해 당시 희생자들의 유해를 발굴하여 제암교회 뒤편 묘소에 안장하였다. 주변은 사적 제299호로 지정되어 있다. 이와 함께 제암리 학살사건 당시 희생당한 분들을 추모하고 후세에 이 사실을 기리기 위해 1983년 제암리 3.1 운동순국기념관을 설립하였다. 당시 제암교회 모형을 비롯하여 그날의 참상을 그린 3폭의 기록화, 외국 언론사의 보도기록, 유해 발굴 조사 사진, 유품 등이 전시되어 있다.

병천 아우내 장터와 유관순 열사 사적지

유관순 열사가 만세 운동을 벌인 옛 병천 아우내 장터 자리

유관순열사기념관

충청남도 천안시 동남구 병천면에 있는 병천 아우내 장터는 1919년 4월 1일 유관순 열사가 태극기를 군중에게 나누어 주며 만세를 불렀던 곳으로 잘 알려져 있다. 이 장터는 조선시대부터 전국의 상인들이 지역 특산물과 소를 몰고 와 장을 형성하였다.

멀지 않은 곳에 유관순 열사의 생가(사적 제230호)가 있다. 1919년 4월 1일 아우내 만세 운동 당시 일본 헌병에 의해 가옥과 헛간이 모두 불에 타버리고 빈터만 남아 있었으나 1991년 복원하였다. 유관순 열사는 1902년 이곳에서 태어나 1920년 서대문 형무소에서 모진 고문을 받다가 생을 마쳤다.

생가 옆에는 박화성이 시를 쓰고 이철경이 글씨를 쓴 기념비가 세워져 있다. 주변에 유관순 열사가 다니던 매봉교회가

아우내독립만세운동 기념공원(왼쪽)과 만세운동에 앞장선 유관순 열사의 애국 애족 정신을 기리기 위해 건립된 유관순 열사 사적지 내 동상

있다. 3.1 운동 당시 봉화지인 매봉에는 봉화대와 봉화탑을, 매봉 너머 탑원리에는 유관순 사우(祠宇)를 건립하였다. 1986년 사우를 확장 · 개축하면서 추모각으로 이름을 바꾸고 유관순 열사의 영정을 모셨다. 주변에 유관순열사기념관도 건립하였다. 유관순 열사 탄생 100주년을 기념하여 2003년 세웠으며 지상 1층, 지하 1층 규모의 전통적인 한옥 형태 건물이다. 유관순 열사의 일대기를 볼 수 있는 영상실 · 유관순 열사가 고문당하던 상황을 체험할 수 있는 체험공간 · 뮤지엄숍 등이 있다.

'2일간의 해방', 안성 3.1 운동 기념관

전국 3대 실력항쟁의 하나로 일컫는 안성의 독립항쟁을 기념하는 3.1 운동 기념관

일제가 민족대표 33인 재판에서 황해도 수안, 평안북도 의주와 함께 전국 3대 실력항쟁의 하나로 원용한 경기도 안성시 원곡, 양성의 3.1운동은 일제 관서를 모두 방화 축출하고 안성의 서부지역을 2일간(4.1~2)이나 해방시킨 전국에서 유례가 드문 뜻깊은 의거였다. 특히 다른 지역과 연결, 조직적으로 진행된 것이 아닌 농민들이 주축이 되어 전 주민이 참가했던 운동이었다는 점에서 큰 의의를 두고 있다. 뒤늦게 2001년 개관한 기념관은 경부고속도로 서안성 IC에서 가까운 원곡면 칠곡리 만세고개에 위치하고 있다.

4 해외 주요 독립항쟁사적지

독립과 항일투쟁의 깃발 드높인 또 다른 터전

1 조국독립을 지휘했던 대한민국 임시정부 청사

상하이 대한민국 임시정부 청사

상하이 마땅루 306농 4호에 자리한 상하이 임시정부 청사는 옛 대한민국 임시정부 청사의 모습을 그대로 간직하고 있다.

1919년 3.1 운동 직후 독립항쟁가들은 국내외의 독립항쟁을 보다 조직적으로 전개하기 위해 중국 상하이로 건너가 대한민국 임시정부를 세웠다. 4월 11일 각도 대의원 30명이 모여 임시정부 수립을 위한 회의를 열고 대한민국이라는 국호를 정한 뒤 민주공화제를 표방하는 임시헌장을 공포하였고 이틀 뒤 비로소 상하이 임시정부가 출범하였다.

1919년 최초로 설립된 임시정부 청사의 위치는 정확히 알려지지 않았으며 지금 남아 있는 건물은 1926년부터 임시정부 청사로 사용하였다. 상하이 임시정부 유적은 1989년 상하이의 도시개발계획으로 사라질 뻔했으나 우리나라 정부와 국민의 요청으로 1993년 복원되었다.

낡은 건물들 사이에 위치한 임시정부 청사는 3층짜리 빨간 벽돌 건물로 규모는 그리 크지 않다. 1층에서는 임시정부의 활약상과 청사 복원에 관한 비디오 시청을 하며 2층에는 각 부처의 집무실이 있고 3층에는 침실과 임시정부 관련 자료들을 전시한 전시관이 있다. 임시정부 청사 시절 사용된 가구, 서적, 주요 인사 사진 등도 전시되어 있다.

1932년 임시정부는 오랫동안 터를 잡았던 상하이를 떠나야했다. 상하이 홍커우 공원에서 윤봉길 의사의 의거가 일어나 일본군의 탄압과 감시가 심해졌기 때문이다. 이후 항저우(1932년)를 시작으

충칭 대한민국 임시정부 청사 외관

로 1945년 8.15 광복까지 전장(1935년) · 창사(1937년) · 광저우(1938년) · 류저우(1938년) · 치장(1939년) · 충칭(1940년) 등 중국 여러 도시로 청사를 옮겼다. 임시정부가 마지막으로 정착한 충칭에서 임시정부는 다시금 활발한 활동을 전개하였다. 한국광복군을 창설하여 제2차 세계대전에 참전하였는가 하면 1941년 건국강령을 발표하고 1940년과 1944년 헌법을 개정하며 광복 한국의 기반을 닦았다. 임시정부는 1945년 8월 16일 충칭에서 광복을 맞이하였다.

임시정부의 마지막 본거지였던 충칭 임시정부 청사는 외무부, 재무부, 국무위원 회의실 등 당시 임시정부의 모습이 비교적 잘 남아 있다. 백범 선생이 쓴 징심정려(澄心靜慮)라는 글씨가 있는 것으로 유명하다. 충칭 임시정부 청사는 1991년 중국의 도시개발 계획으로 사라질 뻔 하였으나 국내 대기업과 정부의 힘으로 자리를 지키고 있다.

2 항일 무장투쟁의 본거지, 서간도

이륭양행(怡隆洋行)과 대한민국임시정부 안동교통국

중국 요녕성 단동시 완보구 흥륭가(興隆街)에 1919년 5월 아일랜드계 영국인 조지 쇼(George Lewis Shaw)가 설립하였던 이륭양행은 무역선박회사의 대리점을 운영하며 대한민국임시정부 안동교통국을 비밀리에 지원하였다. 또한 건물 2층에 대한독립청년단 비밀기지가 설치되었던 곳으로 1920년대 서간도 일대 독립항쟁을 지원했던 역사적인 장소이다.

영국인 조지 쇼가 이륭양행을 설립하여 운영하던 건물, 대한민국임시정부 안동교통국, 대한독립청년단 비밀기지가 2층에 있었다. 현재는 철거되어 아파트 단지로 변했다

단동시 흥륭가. 이륭양행이 있던 곳으로 안동교통국, 대한독립청년단이 활동하던 역사의 현장이다

대한민국임시정부 교통부 산하 교통사무국은 국내는 물론 만주 · 러시아 등지와 통신 연락을 위한 상설기구이다. 1919년 5월 제4회 의정원회의에서 국무원은 교통부 산하 국내외 연락망 조직을 창설하는 안을 의결하였다. 임시정부에서는 안동지부를 설치한 지 3개월 후인 1919년 8월 20일 국무원령으로 〈임시 지방교통사무국 장정(章程)〉을 공포했는데, 그 제1조에 '우전(郵傳)사무를 위해 중요 지점에 임시교통사무국을 설치하되 위치는 교통총장이 정하고 관할지역은 현행 연통제에 준한다'고 규정했으며, 제2조에서는 임시지방교통사무국 직원으로 통신원 2인을 두되 통신원은 상부 명령에 의해 통신 내왕에 종사하도록 규정했다.

1919년 5월 교통부 안동지부사무국을 설치한 이래 교통국이라는 명칭을 가진 곳이 5개소, 통신국 1개소, 교통부 1개소가 기록되어 있다. 교통국 조직망이 짜여진 지역은 평안도 · 함경남도 · 황해도 · 경인지방 · 만주 등이었고, 가장 활발했던 곳은 안동교통사무국으로 임시정부와 국내를 연결하여 기밀문서 및 위험물 수송을 담당했다.

안동교통국과 대한독립단원들이 활동하던 단동시내 모습

임시정부 교통국은 서신 또는 전신용으로 한글 · 일문 · 아라비아숫자 또는 영자로 된 암호를 정하여 특수한 방법으로 사용했다. 임시정부의 주요연락을 담당했던 교통국 관계인들의 수난은 1919년 11월 27일 지부장 김동환을 비롯한 평안북도 관서지부원들이 일본 경찰에 체포된 것을 시작으로 1920년 1월 24일에는 안동교통국 사무국장 홍성익의 피검과 함께 주요 조직이 노출되었다. 수많은 교통국 관계인이 수난을 당했음에도 불구하고 교통국은 1919년에서 1922년 초까지 임시정부 통신기관으로서 활발한 활동을 전개했다. 안동교통국을 이끌었던 사무국장은 제 1대 선우 혁, 2대 홍성익, 3대 양준명 4대 장덕로가 활동하였다.

1911년 단동 압록강철교(위)와 현재 압록강 철교(우). 1911년에 완공된 철교는 육이오 전쟁때 미군 폭격으로 파괴되었고, 현재 중국안보교육 관광자원으로 활용되고 있다.

단동 압록강 철교

중국 안동(현재 단동시)과 평안북도의 신의주를 연결하는 압록강 철교는 일본 경찰과 헌병의 삼엄한 감시 아래 통행인들을 철저하게 관리하고 있었다. 1909년 5월에 착공되고 1911년 11월에 준공된 이 철교는 조선총독부 철도국이 세운 길이 944m의 현대식 교량이었다. 다리의 중앙에는 단선 철로가 부설되어 있고, 그 양쪽에는 인도(人道)가 마련되어 있었다. 이 다리는 선박의 항해를 자유롭게 하는 회전식 교량으로도 유명했다. 다리 중간부분의 거대한 철교가 90도 회전함으로써, 선박의 통행을 가능하게 했다. 일본 제국주의의 대륙 진출을 위해 부설된 이 철교는 중국 만주와 상해 등지로 망명하는 애국지사들과 국내로 비밀리에 잠입하는 독립투사들이 반드시 거쳐야 할 관문이기도 했다.

단동과 대한독립청년단

대한독립청년단 창설 유적 : 단동시 원보구 원보산 공원

대한독립청년단(大韓獨立青年團)은 1919년 3월 안동현(현재 요녕성 단동시)에서 조직된 항일청년무장단체이다. 1919년 3·1운동 당시 서울에서 만세운동을 전개하였고, 일본 경찰의 수배를 피해 만주로 피신한 조재건·함석은·오학수·박영우 등이 안동현 팔도구(八道溝)에서 대한독립청년단을 결성하고 안병찬(安秉瓚)을 총재로 추대하였다. 대한독립청년단은 대한민국임시정부의

정책 · 정령을 선전하는 기관지 반도청년보(半島靑年報)를 발행하고, 독립운동 자금 모금과 무기, 탄약 구입, 독립단원 모집과 훈련, 상해 임시정부 지원과 통신업무. 국내 진공작전 수행 및 친일밀정 제거 등 항일투쟁을 전개하였다.

1919년 11월 1일에 관전현 홍통구(弘通溝)에서 창립된 대한독립청년단연합회의 발기인은 곽상하(郭尙夏) · 김시점(金時漸) · 김승만(金承萬) · 김창수(金昌洙) · 박춘근(朴春根)) · 오능조(吳能祚) · 오학수(吳學洙 · 이영식(李英植) · 송연주(宋連周) · 장재순(張載舜) · 함석은(咸錫殷) · 장자일(張子一) · 차경신(車敬信) · 오동진(吳東振) · 지중진(池仲振) · 백일진(白日鎭) · 이애시(李愛施)였다. 1920년 1월 13일. 대한독립청년단연합회 취지서가 김시점(金時漸) 등 17명의 명의로 독립신문에 발표되었다.

대한독립청년단 활동지 : 단동시 영안가 현재 모습

단동시 관전현 홍통구(紅通溝) 전경 대한독립청년단연합회 창립회의가 열렸던 장소

광복군사령부과 총영의 유적지

1919년 3 · 1운동을 전후하여 만주지역 서북간도를 중심으로 약 50여 개의 독립군단이 조직되었다. 이들 독립군단의 소속 독립군들은 일제에 대항하여 무장투쟁을 전개하였다. 하지만 각 독립군단들은 소규모 군사조직이었고, 군장비나 무기보급 등이 충분하지 못해 효과적인 무장투쟁을 전개하는 데는 어려움이 많았다. 이와 같은 결점을 보완하기 위해 여러 독립군단들을 통합하려는 움직임이 1919년 12월경에 일어났다.

광복군사령부 유적, 요녕성 관전현 향로구

평북독판부 · 대한의용군사의회 · 한족회 · 대한독립단 · 청년단연합회 등 남만주 각 독립단체를 통합하기 위하여 평북독판부의 대표 조병준과 김승만, 청년단연합회의 대표 안병찬과 김찬성, 독립단의 대

표 김승학 등이 관전현 향로구(香爐溝)에 모여 의논한 결과 각 단체의 지도자를 방문하여 통합할 것을 권고하기로 결정하였다.

그리하여 대표들은 관전현 대아하(大雅河)에 있는 독립단의 부총재 백삼규와 유하현 삼원보에 있는 대한독립단 도총재 박장호와 삼원보 북구에 있는 한족회의 간부 이탁과 김동삼 등을 차례로 방문하고 각 독립단체의 통합을 제의하자, 모두 통합에 찬성하여 각각 총회를 소집하여 단체를 해산하였다. 그리고 압록강 연안에다 통일기관을 설치하기로 합의하고 관전현 향로구(香爐溝)에 광복군 사령부를 설치했다.

대한민국임시정부의 군무부(軍務部) 직할 군사기관인 광복군사령부는 1920년 겨울 일본의 대규모 공격으로 기능이 거의 마비되었다. 그리하여 광복군사령부 제2영장 오동진(吳東振)이 관전현 향로구(香爐溝)에서 광복군 사령부를 광복군총영으로 개칭하고 총영장에 취임하였다. 그리고 평안북도 의주의 천마산대(天摩山隊)를 광복군 천마별영으로, 벽동(碧潼) 파저강(波豬江 : 일명 동가강) 연안의 무장 단체를 벽파별영으로 조직하여 대일항쟁을 전개하였다.

광복군 총영 본부 유적 : 요녕성 단동시 관전현 안자구(安子溝)

광복군 총영장 오동진, 군사부장 겸 참모부장 백남준(白南俊), 경리부장 이관린(李寬麟), 천마별영장 최시흥(崔時興), 벽파별영장 김영화가 임명되었으며, 안주 · 신의주 · 선천 등지에서 조선총독부 기관을 폭파하였으며, 조선총독부 경찰과 앞잡이들을 처단하는 활동을 전개하였다.

1920년에 전개한 광복군총영의 국내진격작전의 업적은 항일독립전쟁의 역사에 영원히 빛날 것이다. 미국 의원단의 방문에 맞춰 결사대장 김영철을 비롯하여 안경신, 장덕진, 박태열 등을 특파하여 선천, 안주, 신의주 관청 등을 폭파하였다. 그리고 끊임없이 압록강을 건너 국내로 진격하여 일제 군경과 교전을 78차에 걸쳐 전개했고, 56개소의 주재소를 습격했으며, 면사무소, 영림서 등 20개소의 행정기관을 파괴했고, 조선총독부 일본인 군경사살이 95명에 이르는 전과를 올렸다.

관전현 청산구 소아하 강변 이진룡 기념원

항일의병장 이진룡(李鎭龍)은 1905년 을사조약이 강제 체결되고 일제의 내정간섭이 심화되자, 박정빈 · 조맹선 · 한정만 등과 함께 애국청년들을 규합, 황해도 평산에서 의병을 일으켜, 박기섭(朴箕

燮)을 대장으로 추대하고 선봉장이 되었다. 1911년 10월 의병 지휘권을 한정만에게 위임하고, 조맹선과 함께 압록강을 건너 남만주로 망명하여 유하현 삼원보(柳河縣三源堡)에 이르러 박장호 · 윤세복 · 조맹선 · 홍범도 등과 같이 포수단을 조직하였다.

관전현 청산구 소아하 강변 이진룡 기념원, 부인 우씨 묘비와 의열비

1918년 1월 조맹선 · 황봉신 · 차도선(車道善) 등과 함께 충의사(忠義社)라는 비밀결사단체를 조직하였으며, 1919년 3 · 1운동이 일어난 뒤 만주로 망명해오는 애국청년들을 규합하여 항일사상을 고취하며 계몽운동에 주력하는 한편 관전현 청산구 자루골에서 독립군을 양성하기 위한 군사훈련에 힘을 기울이며 국내진격작전을 전개하였다.

이진룡 장군은 만주에 분산되어 있던 독립운동단체들을 규합하기 위해 활동하던 중 친일밀정 임곡(林谷)의 밀고로 청산구 자루골에서 일본헌병에 체포되어 평양지방법원에서 사형을 언도받이진룡 장군의 사형이 집행되어 순국한 소식을 전해들은 부인 우씨는 옥중의 부군(夫君)에게 보낸 서신에서 "이 몸도 곧 목숨이 다할 것이온 즉 그때에 낭군의 묘 곁에서 뵈오리다"라고 약속한 대로 청산구 구대구(자루골)에서 스스로 목숨을 끊어 부군의 뒤를 따랐다.

이진룡 장군 기념비

관전현 하로하, 양기하 선생 순국 유적지

양기하(梁基瑕) 선생은 충남 공주군수로 재직하던 중 경술국치를 맞아 유하현 삼원포로 망명하여 독립항쟁에 투신하였다. 대한독립단 도총재 박장호 등 의암(毅菴) 유인석의 문인들과 함께 교육사업에 종사하면서 항일민족의식을 고취하고 독립군을 양성하는 일에 주력하였다. 대한민국임시정부 참의부 교육위원장을 거쳐 국민부 창설에 참여한 양기하는 양세봉(梁世奉) · 고이허(高而虛) 등과 조선

관전현 하로하향 연강 양기하 선생 기념비

양기하 선생 순국유적지. 관전현 하로하 연강 사도구 전경

혁명당 · 조선혁명군 · 국민부의 조직을 정비하였으며, 양기하는 국민부 중앙집행위원장을 맡고, 조선혁명당 중앙집행위원장은 고이허, 조선혁명군 총사령관은 양세봉이 맡아 당 · 정 · 군의 조직을 재건하면서 항일 무장투쟁을 전개하여 갔다. 1931년 만주를 침략한 일본군은 서간도 일대 독립군 토벌작전을 대대적으로 전개하였다. 양기하 선생은 1932년 2월 관전현 하로하 연강에 주둔하고 있다가 조선총독부 초산(楚山)경찰서 경찰대와 만주군의 협공을 받고 격전 끝에 조선혁명군 부하 병사들과 함께 전사 순국하였다.

육군주만참의부 고마령 전투유적지

육군주만참의부 참의장 최석순 장군을 비롯한 주요 간부들이 대일항전 전략과 국내진공작전, 그리고 참의부 무장투쟁 방안을 협의하기 위해서 집안현 고마령 깊은 산중에 모여 작전회의를 개최하였다. 1925년 3월 16일 새벽, 조선총독부 평안북도 초산(楚山) 경찰대와 헌병대의 기습을 받아 전투가 벌어졌다. 깊은 산중에서 비밀리에 회의를 열던 중이었기에 갑작스런 기습에 전력을 다해 항전했지만 참의장 최석순 장군을 비롯한 29명의 간부들이 희생되었다. 고마령 전투는 조국의 독립을 위해 싸웠던 독립군의 역사의 현장이며 항일독립전쟁의 역사에서 가장 큰 피해로 기록되고 있지만, 유적지에는 우거진 잡초만이 그 당시의 참상을 말없이 증언하고 있다. 대한민국임시정부 참의부 독립군 장령 29명이 순국한 고마령 전투 유적지에는 오늘도 기념비커녕 안내판조차 서 있지 않다.

고마령전투 유적지 입구 : 길림성 집안시 대로진 고마령촌

3 신민회와 신흥무관학교의 본거지

신민회 창설을 위한 비밀회의를 열었던 상동교회

1907년 4월 서울에서 신민회가 비밀리에 창립되었다. 도산 안창호의 발기로 애국지사 양기탁(梁起鐸)·전덕기(全德基)·이동휘(李東輝)·이동녕(李東寧)·이갑(李甲)·유동열(柳東說)·안창호 등 7인이 창건위원이 되고, 노백린(盧伯麟)·이승훈(李昇薰)·안태국(安泰國)·최광옥(崔光玉)·이시영(李始榮)·이회영(李會榮)·이상재(李商在)·윤치호(尹致昊)·이강(李剛)·조성환(曺成煥)·김구(金九)·신채호(申采浩)·박은식(朴殷植)·임치정(林蚩正)·이종호(李鍾浩)·주진수(朱鎭洙) 등이 중심이 되어 항일무장투쟁을 준비할 비밀결사 단체를 창립하였다.

1910년 3월, 신민회는 긴급간부회의를 열어서 독립전쟁전략을 채택하고, 무관학교 설립과 독립군 기지 창건운동을 본격적으로 시작하였다. 1910년 경술국치로 국권을 상실하자 신민회는 12월에 전국간부회의를 열어 국외 독립군기지 장소를 유하현 삼원포로 확정짓고, 대일 무장투쟁을 공식노선으로 채택했다. 만주 서간도에 신(新)영토로서 토지를 구입하고 무관학교를 세워 독립군을 양성하고, 기회가 오면 독립전쟁을 일으켜 국권을 회복할 것을 최대의 목표로 삼았다. 이에 따라 각 도 대표들은 지역으로 돌아가 서간도에 갈 이주민과 군자금 모집에 착수했다.

서간도에 경학사, 신흥강습소를 세우다

이회영(李會榮)의 여섯 형제가 가산을 매각하여 자금을 마련한 후 1910년 12월 30일 압록강을 건너 망명을 결행했다. 백사 이항복의 후예인 이회영 6형제는 조선말 귀족의 명예와 부귀영화도 버리고 모든 가산을 처분했다. 지금의 명동 YWCA 건물과 주차장 그리고 명동성당 일부가 이회영 일가가 살던 곳이다. 가장 많은 가산을 처분한 이석영을 포함해서 6형제가 마련한 자금이 약 40만원, 지금의 화폐가치로 따지면 약 650억 원의 거금이었다. 또 이듬해인 1911년 2월, 경상도 안동 일대의 혁신유림과 지사들인 이상룡(李相龍), 김대락, 김동삼과 그 가족들이 집단으로 망명했다. 망명에 앞서 모든 노비를 해방하고 가산을 모두 정리한 석주 이상룡의 예에서 나타나듯 영남의 혁신유림들이 앞장서 한국판 노블리스 오블리제를 실천했다.

경학사 신흥강습소 창설 유적, 유하현 삼원포 추가가촌 대고산

1911년 겨울에 서간도로 이주한 이회영, 이상룡 일가를 비롯한 민족운동가들이 첫 사업으로 시작한 것이 경학사(耕學社)의 조직과 신흥강습소의 설립이었다. 이들은 삼원포 대고산에서 군중대회를 열어 경학사 조직을 결의했다. 경학사는 서간도 이주민을 위해 농업 등 실업과 교육을 장려하고, 장차 군사훈련을 시키기 위해 만든 결사(結社)조직이었다. 1911년 5월(음력 4월) 최초의 만주지역 항일자치단체로 개간과 영농에 종사하는 경학사(耕學社)를 조직하여 이상룡이 경학사장에 추대되고, 그 부속기관으로 신흥강습소(新興講習所)를 설치했으며, 민족독립운동에 있어서 산업·교육 우선주의와 군사중심주의를 병행해야 한다고 주장했다.

부민단과 신흥중학교를 합니하에 세우다

1912년 봄, 중국인의 텃새와 방해공작, 자연재해, 풍토병 등으로 겪고 있는 경제적 어려움을 극복하기 위해 유하현 추가가에서 동남쪽으로 90리 떨어진 통화현 합니하(哈泥河)로 이주했다. 그곳에서 1912년 7월 20일(음력 6월 7일), 100여 명이 모여 신흥학교 낙성식을 가지며 새로운 출발을 다짐하기 위해 신흥중학교로 개칭하였다. 신흥중학교 위치는 바로 합니하가 학교 주위를 거의 360도 휘돌아 흘러 마치 해자(垓字)처럼 되어 있는 천연의 요새였다. 비로소 서간도 합니하에 모두가 염원하던 독립운동기지를 마련할 수 있었다.

신흥무관학교 유적지 통화시 광화진 합니하

백서농장 유적지,
유하현 팔리초 소북차

신흥무관학교 교관들과 졸업생들은 통화현 소북차(小北岔)에 군사기지인 백서농장(白西農庄)을 만들었다. 1914년 가을부터 밀림 지역을 벌목하기 시작, 이듬 해 수천의 병력을 수용할 수 있는 대규모의 군영을 완성했다. 백서농장은 중국정부와 주민들을 의식하여 농장이라는 이름을 붙였을 뿐, 사실상의 군사기지나 다름없었다. 백서농장에서는 정예 병사를 기르기 위한 훈련에 주력하고, 농사일을 겸하는 병농일치(兵農一致)를 채택했다. 만 4년 간, 백서농장에서 신흥무관학교 졸업생들의 혹독한 군사훈련과 극한상황에서의 경험은 이후 항일독립전쟁의 밑거름이 되었다.

신흥무관학교, 항일무장투쟁의 선봉에 서다

1919년에는 3·1 독립시위운동의 영향으로 신흥무관학교를 찾아오는 청년들로 넘쳐나자 합니하 지역의 시설만으로는 학생들을 수용하기가 턱없이 부족했다. 따라서 한인이 많이 거주하고 교통이 편리한 유하현 고산자(孤山子)부근의 대두자로 신흥학교 본부를 옮기고, 기존에 있던 합니하(哈泥河)의 학교를 분교로 삼았다. 이어 통화현 쾌대무자(快大茂子)에도 분교를 두어 모두 세 개의 무관학교를 운영하는 체제로 바꾸었다. 마침내 1919년 5월 3일, 임시로 빌린 양조장 건물에서 고산자 신흥무관학교의 본교 개교식을 가지며 교세를 확장했다.

청산리 대첩기념비, 연변조선족자치주 화룡시 청산리

1919년 12월 북간도 지역의 대한군정부(대한정의단과 길림군정사의 연합)가 서일과 김좌진이 이끄는 북로군정서로 개편되자, 서로군정서는 몇 차례에 걸쳐 북로군정서에 신흥무관학교 졸업생들을 파견했다. 이후 북로군정서의 핵심 직책을 맡은 신흥무관학교 졸업생들은 1920년 10월 북간도 화룡현에서 전개된 청산리전쟁에서 혁혁한 공을 세운다. 또 신흥무관학교 졸업생들은 홍범도부대의 대한의용군으로 편성되어 청산리전쟁에도 참전했다. 이와 같이 신흥무관학교 출신들은 북로군정서의 지휘관이나 대한의용군의 일원으로 홍범도 부대와 합류하여 청산리전쟁의 최전선에서 온몸으로 전투를 치르며 빛나는 전과를 올렸다.

대한독립단의 창설 유적지, 유하현 삼원보

대한독립단(大韓獨立團)은 1919년 4월 15일 봉천성 유하현 삼원보(奉天省柳河縣三源堡)에서 조직된 항일독립단체이다. 1919년 3·1운동으로 일제의 탄압이 가중되자, 수많은 동포가 만주로 이주하였다. 항일의병장 박장호(朴長浩)·조맹선(趙孟善)·백삼규(白三圭)·조병준(趙秉準)·전덕원(全德元)·박양섭(朴陽燮) 등 각 단체대표 560여 명은 삼원보 서구 대화사에 모여 각기 분립된 단체를 해체하고 독립쟁취를 위한 단일기관으로 이 단체를 조직하였다. 대한독립단은 국내외 모두 100여 개소의 지단·지부를 설치하고, 만주지역에는 거류 동포 100호 이상을 구(區)로 하여 구관(區管)을 두고 10구에 단장을 두어 자치행정을 실시하도록 하였다.

대한독립단 창설 유적 : 유하현 삼원보 대화사(大花斜)

대한독립단 본부 유적, 관전현 하로하 조선족향

4 봉오동 전투, 청산리 전투 유적지

항일독립전쟁의 횃불, 봉오동 전투유적지

1910년 일본제국주의자들의 침략으로 국권을 상실한 후 중국 만주지방으로 망명한 항일애국지사들은 항일독립전쟁의 횃불을 들고, 서간도와 북간도 일대에서 독립군 부대를 창설하였다. 봉오동 전투는 홍범도(洪範圖)의 대한독립군(大韓獨立軍), 안무(安武)의 대한국민회(大韓國民會) 의용군, 최진동(崔振東)의 군무도독부(軍務都督府), 신민단 등이 연합하여 결성한 대한북로독군부(大韓北路督軍府)가 1920년 6월 7일 두만강을 건너 북간도로 침입한 일본군에 맞서 북간도 봉오동 계곡에서 격렬한 전투

두만강 삼둔자 전투 유적, 두만강 월청진 삼둔자(현재 : 도문 간평)

를 벌여 대승을 거둔 전투였다.

봉오동 전투의 시작은 1920년 6월 4일 대한독립군 소부대가 북간도 삼둔자(三屯子)를 출발하여 두만강을 건너 함경북도 강양동에 주둔하고 있던 일본군 헌병 국경초소를 공격하였다. 일본군 후쿠에 산다로와 일본군 4명을 사살하고 일본 헌병대 건물을 불태우고 두만강을 건너 돌아왔다. 다음날 독립군의 국내진격작전을 보고받은 남양수비대 아라요시 중위는 이 공격에 대한 보복조치로 남양수비대 1개 중대와 헌병 경찰중대를 이끌고 두만강을 건너 공격해왔다.

봉오동 전투는 두만강변 삼둔자(三屯子) 전투를 시작으로 고려령, 후안산, 봉오동에서 벌인 대규모 전투로서 일본군 제19사단 월강추격대, 남양수비대 등 5백여 명의 일본 정규군과 벌인 최초의 전투로 기록되고 있다. 봉오동 전투는 항일무장투쟁을 통한 독립의지를 만방에 알리는 신호탄이 되었고, 이천 만 동포들에게 독립을 쟁취할 수 있다는 희망을 안겨주었던 항일독립전쟁의 역사에 영원히 기록되어야 할 전투이다.

(상) 봉오동 전투 승전비(도문시 봉오동)
(좌) 봉오동 전투 유적지, 연변조선족자치주 도문시 봉오동 저수지

청사에 길이 빛나는 청산리 대첩 유적지

항일독립전쟁 역사에서 가장 위대한 승리로 기록된 청산리 전투는 김좌진(金佐鎭)이 지휘하는 대한군정서(大韓軍政署 : 북로군정서)와 홍범도(洪範圖), 안무(安武)가 지휘하는 대한북로독군부(大韓北路督軍府) 연합부대가 거둔 간도대첩의 쾌거였다. 북만주 화룡현 삼도구 백운평(白雲坪) 직소폭포 일대, 천수평, 어랑촌, 천보산, 고동하 등지에서 1920년 10월 21일부터 10월 26일 새벽까지 6일 동안 벌어진 청산리 대혈전은 두만강을 넘어 북만주로 침입한 일본군 보병연대를 섬멸하고 대승을 거둔 전투를 말한다.

청산리 전투가 벌어졌던 백운평과 청산리.

백운평 전투에서 승리한 북로군정서군은 퇴각하는 토벌군을 더 이상 추격하지 않고, 이도구 방면으로 이동하여 갑산촌(甲山村)에 새벽 2시에 도착하였다. 이는 일본군 기병연대가 청산리를 향하고 있었음으로 이들에 의해 독립군의 행로가 차단당하는 것을 방지하기 위해서였다.

길림성 화룡현 이도구 갑산촌(좌), 청산리대첩 기념비(우), 연변조선족 자치주 화룡시 청산리.

일본군과 두번째 전투는 홍범도가 지휘하는 대한독립군 연합부대와 일본군 아즈마 주력부대가 이도구의 완루구에서 1920년 10월 21일 늦은 오후부터 22일 새벽에 걸쳐 전개한 전투였다. 전투지점은 대체로 이도구 어랑촌 서북방 북완루구와 남완루구 사이의 중간지대에서 전개되었다.

완루구 전투 유적지, 길림성 화룡시 이도구 와룡촌 일대

천수평 전투는 청산리 백운평 전투에서 승리한 북로군정서군이 전개한 두 번째의 전투였다. 백운평 전투 이후 철수를 시작한 북로군정서군은 22일 새벽 2시를 넘어 이도구 갑산촌(甲山村)에 도착하였다. 인근 주민으로부터 일본군 1개 기병대가 천수평 마을에 들어가 머물고 있다는 정보를 입수하였다. 이에 북로군정서 지휘관들은 천수평에 주둔하고 있는 일본군 기병대에 대해 선제공격을 감행하기로 결정하고 1월 22일 새벽 4시 30분경 이범석이 지휘하는 연성대를 선두로 북로군정서군은 천수평 외곽에 도착하였다.

이때 일본군 기병중대는 독립군이 아직도 100리 밖의 청산리 부근에 있을 것으로 생각하여 토성 안에 말을 메어놓고 민가에서 잠을 자고 있었다. 북로군정서 연성대는 일본군 기병 중대가 자고 있는 촌락과 토성 안으로 집중사격을 가하며 돌격전을 감행하였다. 전투가 시작되자 총소리에 놀란 일본군은 허둥대며 전열을 정비하고자 했으나 북로군정서군의 공격에 제대로 대응할 수 없었다. 이 전투에서 일본군 4명이 말을 타고 탈출한 이외에 27연대 소속 기병중대 전원이 몰살당하였다.

어랑촌 전투유적지, 길림성 화룡시 어랑촌 전경

어랑촌 전투는 청산리독립전쟁에서 독립군이 거둔 승리 가운데 규모가 가장 큰 전투였다. 10월 22일 오전 7시 30분부터 해가 질 때까지 이도구 어랑촌 서남방 표고 874고지 남측에서 김좌진 부대와 홍범도 연합부대가 함께 일본군과 대격전을 벌인 전투였다. 아즈마 대장의 총지휘부가 있는 어랑촌은 천수평에서 20여리밖에 되지 않았다. 천수평에서 도망친 패잔병들에게 급보를 들은 아즈마는 기병제 27연대, 포병 제 25연대, 보병 1개 대대까지 출동시켜 공격해 왔다. 김좌진 북로군정서가 아즈마 대공세를 어렵게 막아내고 있을 무렵 우측 산마루에서 요란한 총소리가 나면서 왜놈들이 쓰러지기 시작하였다. 완루구 전투를 마치고 안도현으로 이동하던 홍범도 부대는 어랑촌에서 전투가 벌어지고 있다는 급보를 받고 곧바로 부대를 돌려 이곳으로 달려온 것이다.

어랑촌 전투는 어랑촌 일대에서 10월 22일 하루 종일 계속되었다. 북로군정서군 약 600명과 홍범도 연합부대 700명이 아즈마 지대의 기병연대와 보병연대가 연합한 1,500명 내외의 병력과 치열한 접전을 전개하였다. 전투는 하루 종일 계속되었으며 독립군들은 보급이 부족한 상황에서 굶주리며 격전을 감당해야 했다. 하지만 위험을 무릅쓰고 물심양면으로 독립군을 후원하는 한인동포들의 도움에 힘입어 어랑촌 전투를 승리로 이끌 수 있었다. 어랑촌 전투에서 대승을 거둔 북로군정서와 대한독립군은 그 여세를 몰아서 천보산 전투, 고동하 전투에서 승리를 거두고, 고난과 역경으로 길고도 험난했던 항일독립전쟁 청산리 6일 전투를 끝내고 안도현 황구령으로 철수하였다.

서북간도 한인마을의 경신참변(庚申慘變)

1920년 6월의 봉오동(鳳梧桐) 전투와 그해 10월의 청산리(靑山里) 전투에서 독립군에게 대패한 일본군은 독립군을 토벌한다는 명목으로 북간도와 서간도 일대에 살고 있던 무고한 한국인을 무참하게 학살했던 사건이 경신년 한인 대학살사건, 경신참변(庚申慘變)이다. 만주로 침입한 일본군은 함경도에 주둔하고 있던 일본군까지 합류시킨 대규모 정규군을 투입하여 세계사에서도 그 유례를 찾아볼 수 없는 만행을 저질렀다. 일제는 약 2만여 명의 일본정규군을 동원하여 서북간도의 한인 3,600여명을 살해하는 한편 3,200여 채의 가옥과 수십 채의 학교, 교회 등을 방화 소실시켰다. 경신참변의 참화를 입은 곳은 용정 동성용진 노루바위골, 화룡 백운평, 연길 의란구 구룡평, 왕청현 대감자촌과 백초구, 서간도 삼원포, 관전 하로하 등으로 서북간도 한인촌을 폐허로 만든 뒤에야 일본군은 두만강을 건너 철수하였다.

경신참변 용정 노루바위골 유적

5 항일투쟁의 도시 연길과 용정(龍井)

한인의 자치활동 활발했던 연길시

간민교육회는 북간도 용정(龍井) 명동학교를 중심으로 활동하던 애국지사들이 북간도 한인자치를 위해 설립하려던 간민자치회가 일본의 조직적 방해로 무산될 위기에 처하자, 간민교육회로 이름을 바꿔 중국정부의 허가를 받아 북간도 일대에서 합법적으로 활동을 하였던 항일계몽단체이다. 1909년 9월, 일본은 청나라 정부를 압박하여 간도협약을 체결하였다. 간도협약은 간도의 영토권을 중국에 넘겨주는 조건으로 남만주 철도부설권, 무순탄광 채굴권 등과 간도에 살고 있는 한인들에 대한 보호권을 받아냈다. 이것은 만주에서 항일독립전쟁을 준비하고 있는 독립단체들의 활동을 방해하고, 훗날 일제의 만주 침략의 기회를 만들려는 음모를 숨기고 있었던 것이다.

간민교육회는 구춘선 박찬익 정재면 윤해 이동춘 등이 중심이 되어 조직하였고, 당시 연길 국자가(局子街)에 본부를 두고 북간도 일대 지회를 두었다. 간민교육회 활동은 항일민족 의식 교육, 생산조합과 소비조합 활동, 야학을 통한 문맹퇴치운동 등을 활발하게 전개하였다. 간민교육회는 용정의 명동학교를 중심으로 은진, 창동, 정동, 명신학교 등을 세워 교육을 통한 애국지사 양성에 힘을 기울였을 뿐 아니라 훈춘 나자구(羅子溝)에 사관학교를 세워 독립군을 양성하였다. 1911년 중국의 신해혁명이 일어나 중화민국이 탄생하고 약소민족의 자치권을 인정하자 간민교육회는 간민회로 확대, 발전하여 한인의 자치활동과 독립운동을 보다 활기차게 전개해 나갔다.

간민회 유적지, 연길시 서동호동 연길도윤터

대한국민회(大韓國民會) 군 사령부 유적지

대한국민회군 사령부 유적지, 연길시 의란구 춘흥촌

1919년 3 · 1운동의 영향으로 북간도 지역에서는 많은 항일독립운동의 단체들이 결성되었다. 황병길과 박치환 등을 중심으로 훈춘에서는 건국회가 창립되었고, 최봉설, 임국정이 중심이 된 철혈광복단, 화룡현 태랍자에서는 명동과 정동학교의 직원과 학생들을 중심으로 충열대가 조직되었다. 그리고 최경호를 중심으로 연길현 국자가에서는 자위단이 결성되었고, 김영학을 중심으로는 조선국민의사회가 설립되었으며 간도독립기성회 등 여러 단체가 조직되었다. 이러한 가운데 중국 상해에서 대한민국임시정부가 조직되고 헌법이 공포되자 연길(延吉), 왕청(汪淸), 화룡(和龍), 용정의 대표자들이 왕청현 하마탕에 모여 1919년 11월에 대한국민회(大韓國民會)를 결성하였고, 회장에 구춘선(具春先), 부회장 서상용(徐相庸)이 담임하였다.

항일투쟁의 도시 용정(龍井)과 윤동주 시인

윤동주 생가, 용정시 명동촌

윤동주는 용정시 명동촌에서 태어나 1936년 민족학교인 명동학교를 졸업한 후 광명중학교에 진학하여 시(詩) 작품을 통한 항일민족정신의 기초를 닦았다. 1938년 연희전문학교에 진학한 후 송몽규(宋夢奎) 등과 함께 민족정신과 조국의 독립에 대하여 토론하였으며 〈서시〉, 〈별 헤는 밤〉, 〈무서운 시간〉, 〈또 다른 고향〉 등 많은 항일민족시를 발표하면서 우리 민족의 항일정신을 고취하였다. 1942년 교토에 있는 동지사(同志社) 대학의 영문과에 입학한 후 동지인 송몽규 · 장성언(張聖彦) 등과 만나 일제의 강제적인 징병제를 반대하며 저항정신을 담은 시작품을 발표하는 등의 활동을 하는 한편 민족적 문학관을 확립하는데 힘썼으며 민족문화의 앙양 및 민족의식의 유발에 전념하던 중 일경에게 피체되었다. 그는 1944년 3월 31일 경도지방재판소에서 징역 2년형을 언도받고 옥고를 치르던 중 옥중에서 순국하였다. 정부에서는 고인의 공훈을 기리어 1990년에 건국훈장 독립장을 추서하였다.

용정 대성중학교 윤동주 기념관과 시비

북간도 최초의 신교육의 요람지, 서전서숙

서전서숙 터 기념비(용정시 실험소학 운동장)

항일애국지사 이상설(李相卨) 선생은 용정의 한인들의 교육을 위하여 1906년에 사재를 털어서 이곳에 서전서숙을 세웠다. 서전서숙은 유교식 서당교육을 탈피한 신교육을 도입한 첫 번째 학교였다. 이상설은 1870년 12월 7일, 충청북도 진천군 덕산면에서 태어났다.

25세에 과거에 급제하여 벼슬길에 올랐는데 을사늑약 반대 상소문을 올리고 투옥되었다가 풀려난 후에 비밀리에 가산을 정리하고 1906년 4월 18일 일본경찰의 감사를 피해 이동녕, 정순만 등 동지들과 함께 중국 상선을 타고 상해를 거쳐 러시아 블라디보스토크로 망명하였다. 조국의 독립을 위해서 민족계몽교육의 필요성을 절감한 이상설은 북간도 용정으로 와서 최병익의 여덟 칸 집을 구입하여 서전서숙을 창립하였다. 1907년 헤이그 밀사로 파견되었으나 뜻을 이루지 못하고 돌아와 연해주 일대에서 항일투쟁을 계속하다가 1917년 3월 2일, 동지들은 힘을 합하여 기필코 조국독립을 이룩하라는 유언을 남기고 47세의 나이로 이국땅에서 순국하였다.

용정 3.13만세 시위

용정시 3.13만세운동 오층대 모습

1919년 3월 13일 정오 북간도 용정의 서전대야(瑞甸大野). 이곳에는 수많은 사람들이 모여들어 독립선언식을 알리는 교회당 종소리를 기다리고 있었다. 용정에서 이백 리 거리에 있는 도문, 훈춘, 왕청현에서 달려온 사람들은 전날 밤부터 출발하여 밤새도록 걸어서 이곳에 도착했고, 연길, 두도구, 동불사, 개산툰 등지에서는 새벽부터 집을 나서 이곳에 모인 사람들이었다. 명동학교 학생들은 악대를 앞세우고 달려왔고, 두만강 변에 있는 정동학교 학생들은 밤늦게 출발하여 당일 새벽에 도착하였으며, 용정시내의 은진, 동흥, 대성학교 학생들도 12시가 가까워질 무렵 서전대야로 모여 들기 시작하여 광장에는 어느새 3만 명 이상의 군중들이 인산인해를 이루고 있었다.

서전대야에서 독립선언식을 끝낸 한인들이 태극기를 들고 대한독립만세를 외치며 거리행진에 나섰다. 깃발을 든 학생대표가 제일 앞에 섰고 명동학교 악대가 그 뒤를 따랐다. 태극기를 흔들며 대한독립 만세를 외치던 군중들은 용정 일본총영사관을 향하여 행진하기 시작하였다. 그 때였다. 독립선언을 막을 수 없다고 판단하고 선언식을 지켜보고 있던 중국군 지휘관 맹부덕(孟富德)이 갑자기 발포 명령을 내렸다. 비폭력 평화시위를 벌이던 군중들이 피를 흘리며 쓰러졌다. 중국군의 총에 맞은 사람들을 제창병원으로 급히 옮겨 응급치료를 하였으나 14명이 안타깝게 목숨을 잃었고, 많은 사람들이 심한 총상을 입었다.

6 안중근 의사와 하얼빈 의거

1909년 10월 26일 오전 9시 하얼빈역에서 여섯 발의 총성이 울렸다. 을사늑약의 원흉으로 조선통감부 초대통감을 지냈던 이등방문(伊藤博文)이 안중근(安重根) 의사의 저격을 받고 그 자리에서 즉사(卽死)했다.

대한의군(大韓義軍) 참모중장 안중근은 10월 26일 새벽에 하얼빈역으로 나갔다. 러시아 병사들의 철통같은 경비망을 뚫고 역안으로 들어가 역구내가 환히 바라보이는 찻집에서 이등방문이 도착하기를 기다렸다. 오전 9시가 막 지났을 때 드디어 이토 히로부미가 탄 특별열차가 하얼빈역에 도착하였다. 이토의 하얼빈 방문을 환영하기 위하여 미리 나와서 기다리고 있던 러시아 재무대신 코코프초프는 열차 안에서 이토와 약 30분간 회담을 가졌다. 9시 30분경 코코프초프의 안내로 이토 히로부미가 역 구내에 도열한 러시아 의장대를 사열하였다. 이등방문이 사열을 끝내고 다시 귀빈 열차를 향해 걸어가기 시작할 무렵, 의장대 뒤쪽에서 기회를 노리고 있던 안중근이 브라우닝 권총을 빼들고 앞으로 뛰어나가며 이등방문에게 3발의 총탄을 발사하여 명중시켰다.

안중근 의사가 의거한 하얼빈역의 모습

흑룡강성 하얼빈역의 최근 모습

그리고 함께 온 일본인들을 향하여 3발의 총탄을 더 발사하였다. 이등방문을 수행하던 비서관과 하얼빈 총영사, 만주철도 이사 등 일본인 관리들이 총탄을 맞아 중경상을 입었다. 순식간에 벌어진 총격에 혼비백산한 일본인들을 향해 안중근은 러시아말로 '코레아 우라(대한 만세)'를 외치며 러시아군에 체포되었다.

장부가 세상에 처하여 / 그 뜻이 자못 크도다 / 때가 영웅을 지음이여 / 영웅이 때를 지으리로다 / 천하를 부릅떠 응시함이여 어느 날에 / 업을 이룰 고 동풍이 점점 참이여 / 장사의 의기가 뜨겁도다 / 분개히 한번 감이여 반드시 / 목적을 이루리로다

– 안중근의 장부가 중에서

안중근 의사와 안 의사가 수감되었던 여순감옥

하얼빈역에서 러시아 경찰에 의해 연행되었던 안중근은 러시아 경찰에 조사를 받다가 갑자기 하얼빈 일본영사관으로 신병이 인도되었다.

러시아 경찰이 일본의 강압에 굴복하여 관할권을 포기한 것이다. 안중근은 며칠 동안 하얼빈 일본영사관 지하실에서 가혹한 고문을 당하며 취조를 받았다. 안중근이 일본 경찰의 고문과 협박에도 굴복하지 않자, 일본경찰의 삼엄한 감시 아래 여순(旅順)으로 이송하여 일본 관동도독부 지방법원에 송치되었다. 안중근의 재판은 검사, 판사, 변호사, 통역관이 전부 일본인이었고, 심지어 방청인들조차도 일본인들뿐이었다. 일본경찰의 삼엄한 경계가 펼쳐지는 가운데 일본인들끼리 진행한 재판이었기에 그 결과는 불 보듯 자명한 것이었다. 안중근은 여순 일본관동법원에서 1910년 2월 7일부터 14일에 이르기까지 6회에 걸쳐 재판을 받았다. 일본 법정은 안중근의 요구를 묵살하고, 1910년 2월 14일 재판을 시작한 지 일주일 만에 일제의 각본대로 안중근에게 사형을 선고했다.

여순 감옥내 안중근 의사 기념관

7 대일 항쟁의 두 거봉, 양세봉과 지청천

1930년대 초 만주지역 한인사회의 민족주의 항일세력은 동 · 북만주 일대에서 한족총연합회가 한국독립당을 창당한 후에 당군으로 한국독립군(韓國獨立軍)을 창설하였다. 그리고 남만주의 동변도 지방 일대에서는 국민부가 조선혁명당을 창당하고 조선혁명군(朝鮮革命軍)을 창설하였다. 그리하여 만주지역 항일투쟁단체는 두 개의 당(黨) · 정(政) · 군(軍) 체제로 통합하여 활동하게 되었다. 민족주의 항일단체인 양대 세력은 공화주의적 이념을 표방하며 한인자치 기능을 수행하였는데, 한인(韓人)들의 권익보호 및 교육 · 산업진흥, 반공투쟁과 일제 주구의 숙청, 조국과 민족의 독립과 해방을 위한 무장투쟁 등을 전개하였다.

조선혁명군 총사령관 양세봉과 영릉가 전투

조선혁명군 총사령관 양세봉 장군)과 기념비

1929년 창립된 국민부(國民府)는 성립 초기부터 입법(立法) · 행정(行政) · 사법(司法) 등 3권분립에 입각한 국민정부를 표방하였으며, 중국 상해 등지에서 활동하고 있던 임시정부와는 별개로 남만주 일대 교포사회를 영도하는 정부조직이었다.

조선혁명당의 항일무장투쟁을 위해 창건된 조선혁명군은 1931년 9 · 18사변 이후 남만주 지역에서 봉기한 항일의용군 및 중국공산당 계열의 동북인민혁명군과 연합하여 1938년 9월까지 완강하고도 끈질기게 일제와 투쟁하였다. 조선혁명군은 일본군과의 단독전투와 중국군과의 연합전투를 통해 항일무장투쟁사에 크게 공헌하였다. 특히 1929년 7월 유하현 추가가, 1930년 통화현 전투와 1932년 1월 양기하(梁基瑕)부대의 하로하 연강 대혈전 등은 대단하였다.

그리고 1932년 3월에서 7월에 걸친 흥경현(興京縣 : 현재 요녕성 신빈현) 영릉가(永陵街) 전투는 일본 관동군과 전투를 벌여 일본군을 크게 무찌른 대승첩이었다. 당시 총사령 양세봉은 조선혁명군 병력 1만여 명을 이끌고 중국의용군 총사령 이춘윤(李春閏)의 병력 2만여 명과 연합전선을 펴서 일본 · 만주국의 연합군에 크게 승리했

조선혁명군 본부 유적지 (요녕성 신빈현 왕청문진)

영릉가 전투 유적지 (요녕성 신빈현 영릉가)

다. 그러므로 조선혁명군은 중국 동북 남만주 일대에서 크게 활약한 최후의 민족주의계 독립군이라 할 수 있다.

한국독립군의 전투 유적지, 흑룡강성

김좌진 장군 순국 유적지, 흑룡강성 해림시 산시진 정미소

총사령관 지청천 장군

1929년 국민부(國民府)가 수립되자 북만주 일대에 근거하고 있던 혁신의회, 한족총연합회 계열의 독립투사들은 이에 위기의식을 느끼고 민족주의 진영을 재정비하여 새로운 단체를 조직하기로 결의한다. 당시 만주를 점령하고 있는 일본군과의 대일항전과 함께 새로운 세력으로 부상하고 있는 공산주의자들과의 반공투쟁을 위하여 한국독립당(韓國獨立黨)을 결성하게 되었다. 청산리 대첩의 주역 중에 한 명이었던 김좌진(金佐鎭)이 1930년 1월 공산분자에 의해 피살된 뒤 지청천(池靑天)·황학수·신숙·이장녕·홍진(洪震) 등은 한족총연합회와 생육사 등을 모체로 하여 흑룡강성 위하현(葦河縣)에서 한국독립당을 창당하였다.

한국독립군 동경성 전투 유적지, 흑룡강성 영안시 동경성

한국독립군 쌍성보 전투 유적지, 흑룡강성 쌍성시 승은문(承恩門)

북만주 지역의 유일당으로 조직된 한국독립당은 중앙위원장 남대관, 군사위원장 지청천 등이 활동하였으며, 그 산하에 총사령 지청천, 부사령 황학수가 지휘하는 한국독립군을 창설하여 대일항전을 전개하였다. 1931년 만주사변 이후 민족주의 세력인 한국독립군은 대일항전을 선언하였으며, 한중연합군을 편성하여 쌍성보, 동경성, 사도하자, 대전자령 전투에서 일본군을 대파하는 쾌거를 이룩하였다.

5 천안 독립기념관

겨레의 얼과 정신 서려있는 자랑스러운 역사의 장

독립기념관의 상징탑인 겨레의 탑

충남 천안시 동남구 목천읍 남화리에 위치한 독립기념관은 독립항쟁에 관한 유물과 자료를 수집 · 보존 · 관리 및 전시하고 독립항쟁사를 연구하는 종합 학술전시관이다. 1982년 일본의 교과서왜곡사건을 계기로 독립기념관 건립을 추진하여 독립 기념관 건립 추진 위원회가 발족하고 1987년 개관하였다.

국민의 성금으로 개관된 기념관 안에는 주제별로 꾸며진 7개 전시관 외에 겨레의 탑, 본관(겨레의 집), 원형 극장, 독립항쟁사의 중요 인물과 단체들의 어록비(語錄碑)와 각종 조각물이 있다. 75개 동의 건물에는 국난극복사와 독립항쟁관계 자료 9만여 점을 전시 · 보존하고 있다.

독립기념관은 우리민족의 5천 년 역사 속에서 무수한 외세의 침략에도 굴하지 않고 강인한 독립 의지와 자주 정신으로 오늘의 대한민국을 물려주신 선열들의 빛나는 역사를 기록하고 있는 곳이다.

제1전시관(겨레의 뿌리)은 선사시대부터 조선 후기까지 우리 민족의 뛰어난 문화유산과 국난 극복사를 주제로 하고 있다. 우리 겨레는 수 천 년의 역사를 이어오는 동안 독자적인 문화를 형성하여 발전시켰고 외부의 침략에 맞서 수많은 전투를 치르며 이 땅을 지켜왔다. 자랑스러운 민족문화 전통이 국난극복과 항일독립항쟁의 저력임을 알 수 있다.

제2전시관(겨레의 시련)은 1860년대부터 1940년대, 즉 개항기에서 일제강점기까지를 주제로 하고 있다. 변화의 물결이 들이닥쳤던 개항기와 근대적인 자주독립국가로 발전하기 위한 개혁기를 지나 우리 민족의 긴 역사가 일제의 침략으로 단절되고 국권을 상실한 일제강점기 당시의 시련을 살펴볼 수 있다. 또한 현재까지 계속되고 있는 주변국의 역사왜곡 현장을 목격할 수 있다.

제3전시관(나라지키기)은 의병전쟁과 애국계몽운동으로 대표되는 구한말의 국권 회복운동을 주제로 전시하고 있다. 일제에 항거하여 전국 각 지역에서 양반 유생을 중심으로 전개된 전기와 중기, 후기 의병전쟁을 살펴볼 수 있다. 또한 안중근 의사 의거를 비롯하여 을사늑약 이후 국권회복을 위해 자신의 몸을 희생하면서 매국노와 침략자들을 처단하는 의사와 열사들의 투쟁과정을 볼 수 있다.

제4전시관(겨레의 함성)은 우리 민족 최대의 항일독립항쟁인 3.1 운동을 주제로 전시하고 있다. 3.1 운동은 일제의 무자비한 식민통치에 맞서 우리나라가 독립국이고 우리 민족이 자주민임을 평화적인 만세운동으로 선언한 비폭력 저항운동이다. 3.1 운동의 배경부터 진행과정, 일제의 탄압과 3.1 운동이 세계적으로 미친 영향까지 전 과정을 살펴볼 수 있다.

제5전시관(나라 되찾기)은 일제강점기에 조국독립을 되찾기 위해 국내외 각지에서 전개된 항일무장투쟁을 주제로 전시하고 있다. 만주지역을 근거로 일제와 무장투쟁을 벌인 독립군의 활동과 개인 또는 단체를 이루어 일제의 침략기관과 주요 인물을 처단한 의열투쟁, 그리고 중국 관내에서 조직되어 활동한 조선의용대와 한국광복군의 활동 등에 대해 살펴볼 수 있다.

제6전시관(새나라 세우기)은 일제강점기 민족문화 수호운동과 민중의 항일운동, 그리고 대한민국임시정부의 활동을 주제로 전시하고 있다. 일제의 민족말살정책에 맞서 전개된 국학수호운동, 민족교육 등과 학생 · 여성 · 노동자 · 농민 등 다양한 세력이 주체로 참여한 민족독립항쟁, 독립항쟁의 중추기관이었던 대한민국임시정부의 수립과 활동모습을 만날 수 있다.

제7전시관(함께하는 독립항쟁)은 일제강점기에 조국광복을 위해 국내외에서 전개된 다양한 항일독립항쟁을 주제로 한 체험전시관이다. 이곳에서 관람객은 직접 독립항쟁가가 되어 독립만세를 부르고 임시정부에서 활동하며 항일무장투쟁과 다양한 문화운동 등에 자유롭게 참여해 볼 수 있다.

국민의 성금으로 개관된 독립기념관은 주제별로 꾸며진 일곱개의 전시관 외에도 겨레의 탑, 원형 극장, 어록비, 각종 조각물 등 다양한 전시물이 있다.

독립기념관은 우리민족의 5천 년 역사 속에서 무수한 외세의 침략에도 굴하지 않고 강인한 독립 의지와 자주 정신으로 오늘의 대한민국을 물려주신 선열들의 빛나는 역사를 기록하고 있는 곳이라고 할 수 있다. 특히 일본제국주의의 침략과 식민지 지배로 뼈아픈 고통을 당하면서도 나라를 되찾아 새로이 세우기 위한 애국선열의 독립항쟁순간이 기록된 자료들이 전시돼 있어 기념관을 찾는 가족들에게 애국심을 고취할 수 있는 좋은 기회를 제공하고 있다.

6 국립 현충원

아름다운 용기가 잠들어 있는 곳

국립현충원은 일제강점기 조국의 독립을 위해 희생한 순국선열과 애국지사, 6.25 전쟁으로 전사한 국군장병 등 나라와 민족을 위해 순국한 분들이 묻혀 있는 곳이다. 광복 이후와 6.25 전쟁으로 목숨을 잃은 장병들을 안치할 국군묘지를 설치할 목적으로 서울 동작구 현 위치에 1957년 준공되었다. 1956년 군묘지령으로 제정되어 전사 또는 순직한 군인, 군무원과 함께 순국선열 및 국가유공자의 안장이 이루어졌으나 1965년 국립묘지령으로 재정립되어 애국지사, 경찰관 및 향토예비군으로 대상이 확대되었다. 국군묘지에서 국립묘지로 승격되면서 그 수용범위와 규모 또한 한층 커졌다. 1996년 국립현충원으로 명칭을 다시 변경하고 청사를 준공하였다. 국립현충원의 묘역(墓域)은 국가원수 · 애국지사 · 국가유공자 · 군인 · 군무원 · 경찰관 · 일반묘역 · 외국인 등으로 구분되어 있다. 국립현충원은 현재 서울시 동작구와 대전시 유성구 2곳을 운영하고 있다.

국립서울현충원

서울시 동작구 현충로에 자리한 국립서울현충원은 142만㎡에 이르는 거대한 대지에 조성되어 있으며 주변을 울창한 숲이 고즈넉이 감싸고 있다. 1957년 준공을 마쳤으며 처음에는 국군묘지로 시작하였으나 1965년 국립묘지, 2006년 국립서울현충원으로 이름이 바뀌었다.

국립서울현충원에 들어서면 충성 분수탑이 서 있고, 잔디가 깔린 광장을 지나면 중앙에 현충탑의 출입문인 현충문과 국립서울현충원을 상징하는 현충탑이 위치해 있다. 현충탑 안에는 무명용사의 위패가 봉안되어 있는 위패실과 납골당이 있다. 탑을 중심으로 동서에는 국가원수묘소, 임시정부요인묘역, 애국지사묘역, 무후선열재단, 국가유공자묘역, 장군묘역, 장병묘역, 경찰관묘역, 외국인묘소 등으로 구분된

국립서울현충원을 상징하는 현충탑. 국립현충원의 묘역은 국가원수 · 애국지사 · 국가유공자 · 군인 · 군무원 · 경찰관 · 일반묘역 · 외국인 등으로 구분되어 있다.

9개의 묘역이 들어서 있으며 여기에 5만여 기의 묘소가 조성되어 있다. 국립서울현충원은 묘역이 포화되어 1986년에 안장을 종료하였다가 2006년 영현봉안시설인 충혼당을 마련하였다. 충혼당에는 9천여 기의 납골이 안장되어 있다. 그 밖에 주요 현충시설로는 대한독립군무명용사위령탑, 충열대, 안장식·영결식 등 각종 의식행사를 거행하는 현충관, 조국수난의 역사와 순국선열들의 활약상이 담긴 사진 등을 전살해 놓은 사진전시관, 선열들의 유품과 전리품을 전시한 유품 전시관 등이 있다.

대한민국 임시정부의 주요 직위를 역임한 순국선열 18위가 모셔져 있는 임시정부요인 묘역

구한말과 일제치하 때 의병활동과 독립투쟁을 하며 일제에 항거한 순국선열과 애국지사 214분이 모셔져 있는 애국지사 묘역

일제에 빼앗긴 나라를 되찾기 위해 이름도 없이 독립투쟁을 하며 희생한 무명지사들의 넋을 기리기 위해 설치한 대한독립군무명용사위령탑

국립대전현충원

조국수호와 국가번영을 위해 헌신한 순국선열과 호국영령이 잠들어 있는 국립대전현충원

대전시 유성구 현충원로에 위치한 국립대전현충원은 서울에 마련된 국립현충원의 안장 능력이 다함에 따라 1979년 착공하여 1985년 완공하였다. 1979년 국립묘지관리소 대전분소로 출발하여 1985년 국립묘지, 1991년 국립묘지대전관리소를 거쳐 1996년 국립대전현충원으로 이름이 바뀌었다. 국립서울현충원이 국방부에서 관리하고 있는 것과 달리 국립대전현충원은 국가보훈처에서 관리하고 있다.

조국수호와 국가번영을 위해 헌신한 순국선열과 호국영령이 잠들어 있는 민족의 성지로, 322만 2001㎡에 달하는 부지에는 7만여 기의 묘소가 조성되어 있고 4만여 기의 위패가 모셔져 있다. 묘역은 애국지사, 국가유공자, 장군, 장교, 사병, 경찰관 및 일반묘역으로 조성되어 있으며 주요 시설물로 현충탑과 현충문, 영결식과 호국영화를 상영하는 현충관, 각종 호국사진과 유품을 전시한 호국관 등이 있다.

7 서대문 독립공원

순국선열의 정신 되새겨보는 역사체험의 공간

서울시 서대문구 통일로에 위치한 서대문독립공원은 113,021.7㎡ 규모의 대지 위에 순국선열의 위패를 모신 순국선열 현충사(독립관)를 비롯하여 서대문형무소역사관, 독립협회에서 건립(1895)한 독립문(사적 제32호), 독립문 바로 앞에 있는 영은문주초(사적 제33호), 순국선열추념탑, 3.1독립선언기념탑, 서재필 선생 동상 등으로 이루어진 공원이다.

서대문 독립공원은 순국선열들의 숭고한 독립정신을 되새겨 볼 수 있는 이곳이 역사의 산 교육장이다.

서대문독립공원에는 원래 일제강점기 때 항일투쟁을 벌인 독립항쟁가들과 독재 정권에 맞서 싸운 민주 인사들이 수감되었던 서울구치소(구 서대문형무소)가 있었으나 서울구치소가 1987년 경기도 의왕시로 이전함에 따라 조국의 독립을 위해 항거하다 옥고를 치른 순국선열과 애국지사들의 자주 독립 정신을 기리고 이를 후손에게 알려주기 위해 1992년 8월 15일 독립공원으로 조성되었다. 그 후 공원 이용을 편리하게 하기 위해 재조성 사업을 벌여 2009년 재개장하였다.

청소년 대상으로 한 역사체험 교육의 현장

서대문독립공원은 자연 속 포근한 휴식공간인 동시에 직접 보고 느끼며 공부할 수 있는 역사의 산 교육장소이다. 현재 대한민국순국선열유족회(회장 김시명)가 서대문독립공원 일대를 배경으로 순국정신을 테마로 한 초·중·고 대상 역사체험교육을 실시하고 있다.

순국선열 위패가 봉안된 순국선열 현충사(독립관)

조국 독립에 큰 희생과 공헌을 한 순국선열들의 위패 2,835위가 모셔져 있는 순국선열 현충사

순국선열 현충사는 일제에 항거한 순국선열의 위훈을 기리기 위해 마련된 곳으로 순국선열 위패가 봉안되어 있다. 원래 조선시대 중국사신을 접대하던 모화관이었으나 청일전쟁 이후 사용되지 않고 방치되었던 것을 독립협회가 개수하여 독립관이라 부르고 1897년부터 독립협회의 사무소 및 집회장소로 사용하였다. 현재의 건물은 1997년 다시 지어져 순국선열 위패봉안관으로 사용되었으며 2014년 독립관에서 순국선열 현충사로 이름을 바꾸었다.

1층은 위패 봉안실로서 179m²의 협소한 공간에는 안중근 · 유관순 · 윤봉길 등 2,835위의 순국선열 위패가 빼곡히 모셔져 있다. 지하 1층은 대한민국순국선열유족회 사무실 겸 전시장, 교육장으로 활용하고 있다. 순국선열 현충사는 순국선열유족회가 관리 및 운영을 맡고 있다.

순국선열 현충사는 재정상의 이유로 17년 동안 개방되지 못하다가 2014년부터 순국선열유족회의 회비 등을 기금으로 사용하며 일반에 개방되기 시작하였다. 매년 11월 17일 국가 기념일인 순국선열의 날이 되면 순국선열 현충사에서는 대한민국 순국선열유족회 주최로 순국선열 · 애국지사 영령추모제가 열린다.

순국선열추념탑

독립투사들의 아픔 서린 서대문형무소역사관

서대문형무소역사관(사적 제324호)은 서대문형무소의 옥사와 사형장 등을 보존하고 서대문형무소에 투옥되었던 독립항쟁가들의 각종 자료와 유물 등을 전시하는 박물관이자 국가현충시설이다. 서대문형무소는 1908년 일제에 의해 경성감옥이라는 이름으로 처음 문을 열었다. 일제의 침략에 항거하는 의병전쟁과 애국계몽운동 등 국권운동이 거세게 일어나자 일제가 한민족의 저항을 막기 위해 대규모 수용시설을 지은 것이다. 이후 서대문감옥, 서대문형무소, 서울형무소, 서울교도소, 서울

독립항쟁가들이 투옥된 옥사와 사형장, 독립항쟁가들의 각종 자료와 유물 등을 전시하고 있는 서대문형무소역사관

구치소 등으로 이름이 여러 번 바뀌었다.

1945년 광복을 맞을 때까지 우리나라의 독립을 위해 싸운 수많은 독립항쟁가들이 수감되어 곤욕을 치렀으며 광복 이후에는 민주화를 위해 투쟁한 인사들이 수감되었다. 1987년 서울구치소가 경기도 의왕시로 이전함에 따라 서대문형무소의 역사적 의의를 밝히고 독립과 민주의 현장으로서 대국민 교육의 장으로 만들기 위해 1998년 서대문형무소역사관으로 재탄생하였다.

역사관은 옥사, 사형장, 구치감 청사, 여옥사, 보안과 청사, 중앙사, 공장, 망루와 담장, 병사 등의 시설로 구성되어 있으며 서대문형무소에 투옥되었던 독립항쟁가들의 각종 자료 및 유물 등도 전시하고 있다.

자주독립의 상징물, 독립문

독립문(사적 제32호)은 중국사신을 접대하던 모화관의 정문인 영은문을 허물고 그 자리에 세운 자주독립의 상징물이다. 1896년 미국에서 돌아온 서재필이 조직한 독립협회 발의로 모금운동을 벌여 1897년 완공하였다. 45×30㎝ 크기의 화강암 1,850개를 쌓아 높이 14.28m, 너비 11.48m의 규모로 만들었다. 문 가운데에는 무지개 모양의 홍예문이 있고 내부 왼쪽에는 옥상으로 통하는 돌층계가 있으며 꼭대기에는 난간을 둘렀다. 이맛돌 위 앞뒤에는 한글과 한자로 각각 독립문이라고 썼으며 그 좌우에는 태극기를 조각한 현판석을 달았다. 1979년 원래 자리에서 약 70m 떨어진 지금의 자리로 옮겼다. 독립문 앞에 영은문의 초석(사적 제33호)이 있다.

독립문(사적 제32호)은 중국사신을 접대하던 모화관의 정문인 영은문을 허물고 그 자리에 세운 자주독립의 상징물이다.

제4장

순국선열의 숭고한 삶

순국의 아름다운 여정과 가치를 오늘에 다시 돌아보다

반만년 민족 역사상 최대 오점이었던 국치를 맞아 일본 제국주의의 근세 침략에 맞서 항쟁한 순국선열 독립투쟁은 국권 회복과 광복을 쟁취하기 위한 정의의 투쟁이었다. 15만 명의 희생 속에서 51년간 지속된 독립항쟁을 통해 이루어진 조국 광복은 연합군의 승리와 일본의 패망으로 주어진 것이 아니라, 우리의 순국선열이 피와 목숨으로 쟁취한 자랑스러운 성과인 것이다. 본 장에서는 주요 순국선열의 항일 궤적을 되돌아보며 대한민국의 미래 역사를 새롭게 정립하는 계기로 삼고자 한다.

- **의병항쟁** 이강년, 최익현, 허 위, 강기동, 김하락, 남상덕, 문태수, 민긍호, 신돌석, 연기우, 이은찬, 이인영, 전해산, 정환직, 고광순, 기삼연, 김도현, 노응규, 이남규, 이석용, 이진용, 채응언
- **독립항쟁** 김좌진, 오동진, 김동삼, 남자현, 채상덕, 최석순, 편강렬, 김규식, 박장호, 서 일, 신팔균, 양세봉, 이회영
- **의열투쟁** 강우규, 안중근, 윤봉길, 김상옥, 김익상, 김지섭, 나석주 이봉창, 이재명, 박상진, 백정기, 송학선, 윤세주, 조명하
- **자정순국** 민영환, 조병세, 박승환, 이만도
- **3.1 운동 외** 양한묵, 유관순(3.1 운동), 안창호, 신채호, 최재형(이상 임시정부), 이 준(헤이그), 윤동주(학생운동)

■ 본 장에서는 순국선열 중에서 건국훈장 대한민국장(12명)과 대통령장(25명) 서훈 받은 분, 그리고 독립장에서 23명을 선정, 총 60명을 순국 내용 별로 분류하여 게재하였습니다. 지면상의 제약으로 전체를 다루기에는 한계가 있음을 양지하시고, 차후 별도의 선정기준 및 자료 보완을 통해 더욱 많은 순국선열을 다루도록 하겠습니다.

■ 대한민국장 | 이강년(李康秊)

유림과 농민 모두의 지지 받은 무관 출신 의병장

핵심공적

소백산 지역에서의 의병 활동으로 일본군에게 막대한 피해를 줬다.

주요약력

- 1858년 12월 30일 경상북도 문경 출생
- 1896년 유인석 의진의 유격장으로 활동
- 1907년 백현전투에서 일본군 수비대 대파
- 1908년 10월 13일 서울 평리원에서 사형, 순국
- 1962년 건국훈장 대한민국장

한평생 이 목숨 아껴본 바 없었거늘 죽음 앞둔 지금에사 삶을 어찌 구하랴만 오랑캐 쳐부술 길 다시 찾기 어렵구나 이 몸 비록 간다고 해서 넋마저 사라지랴

– 옥중에서 남긴 시

타오르는 눈빛을 가진 소년, 의병장이 되다

이강년 선생은 철종 9년인 1858년 12월 30일 경상북도 문경군 가은면에서 태어났다. 두 살 때 아버지를 여의고 큰아버지 이기택의 집에서 자랐다. 커갈수록 다른 아이들보다 머리 하나는 더 큰 키와 타오르는 눈빛으로 동네 어른들은 장군감이라 불렀다.

그런 이야기를 듣고 자라서인지 이강년 선생은 23살의 나이에 무과에 급제하여 절충장군 행용양위부사과로 선전관에 임명되어 벼슬길에 올랐으나 4년 뒤 갑신정변이 일어나면서 고향으로 돌아왔다.

10년간 은거 생활을 하던 중 동학농민운동이 일어나자 동학군에 참여했다. 이때 같이 싸웠던 사람들은 후에 의병활동의 귀중한 동료가 된다. 나라는 바람 앞의 등불이 된 듯 청일 전쟁, 명성황후 살해 등의 사건이 일어났고 결국 단발령을 불씨로 전국에서 일제에 대한 대대적인 의병활동이 시작됐다.

이강년 선생은 제천에서 유인석 선생이 의병을 일으켰다는 소식을 듣고 1896년 2월 23일 자신의 재산을 털어 군사를 모집해 고향인 문경에서 의병활동을 시작해 일제의 앞잡이로 활동하며 백성들의 재산을 빼앗은 안동관찰사 김석중 등 3명을 처형했다.

유인석 의병진의 유격장으로 활동하다

그 후, 안동의 창의대장 권세연과 합류하고 며칠 후 제천에서 의암 유인석 선생의 의병과 합류했다. 당시 일어났던 의병들은 대부분 문인을 중심으로 결성되어 있었기 때문에 전투에 고전하고 있었으나 무장 출신이며 실전경험까지 풍부한 이강년 선생이 합류하면서 의병의 사기는 하늘을 찌르게 됐다.

하지만 관군에게 패해 유인석 선생은 요동으로 건너갔고 이강년 선생은 진로가 막혀 소백산으로 후퇴했으나 더이상 의병부대를 유지할 수 없다고 판단해 해산하고 단양으로 피신했다. 1년 후 요동으로 가 유인석 선생을 만난 이강년 선생은 장백, 무송, 즙안, 임강 등에서 이주민 자치단체를 정비했다. 하지만 고국으로 돌아가 직접 적과 싸우면서 국가의 안녕과 왕실의 권위를 찾아야 한다는 소신으로 다시 국내로 돌아왔다.

고국으로 돌아온 이강년 선생은 옛 동지와 덕망 있는 유림의 선비들을 만나며 나라의 앞날에 대해 이야기를 나누며 앞으로의 준비를 해나갔다. 그동안 의병 활동을 하면서 쌓은 실전경험을 바탕으로 「속오작대도」를 저술한다. 「속오작대도」는 의병조직도, 행진법, 진격과 후퇴요령 등이 수록되어 있다.

광무황제의 도체찰사 임명, 의병의 도창의대장 추대

러일전쟁을 승리로 이끈 일본은 본격적으로 대한제국을 식민지화 시켜갔다. 전국각지에서 의병이 활발하게 일어났으며 군대 해산은 본격적인 의병활동의 시작이었다. 해산된 군인 대부분이 의병에 가담했던 것이다.

이강년 선생은 유인석 선생과 상의 후 강원도에서 의병을 일으켰다. 각지의 의병들과 연합한 뒤 제천전투에서 500여 명의 적을 토벌하는 전과를 올렸다. 이강년 선생의 소식을 들은 광무황제는 비밀리에 밀조를 내려 이광년 선생을 도체찰사에 임명했으며 의병들은 그를 도창의대장으로 추대했다.

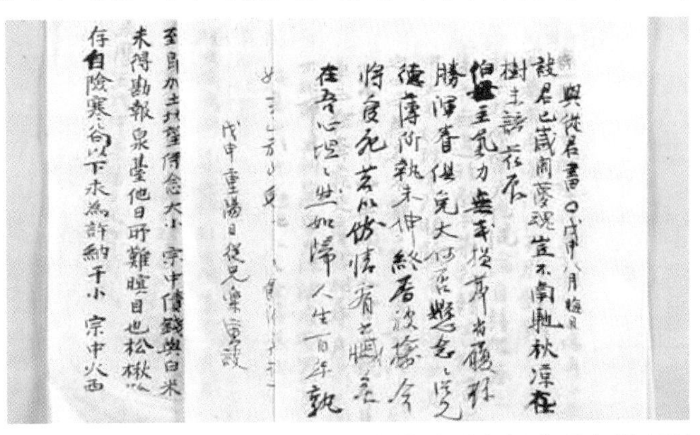

1908년에 쓴 선생의 옥중서한들. 자신이 죽은 후의 일을 아들에게 당부하는 글과 자신이 일본군에게 잡혔을 때 심정을 묘사한 글이 담겨 있다.

7월부터 시작한 전투는 승리와 패배를 거듭해가며 점점 더 큰 승리를 거뒀다. 일제 앞잡이와 일진회 회원을 처단했으며 갈평에서 일본군과 싸워 승리했다. 문경에서는 패배했으나 가을에 들어서는 적 500여 명을 잡는 대승을 거두었다.

그러나 겨울이 되자 전세는 다시 불리해졌다. 이에 굴하지 않고 풍기 백자동에서 적 100명을 사로잡는 등, 전과를 올렸으나 이강년 선생이 과로로 병을 얻어 풍기 복상동에서 대패하고 말았다.

신분을 초월한 지지가 연승의 바탕

이인영과 허위 등의 의병장은 분산적으로 전개되어온 의병활동으론 일제를 막는 데 한계가 있음이 분명해 전국의 의병부대가 연합해 하나의 통합된 지휘부 밑에서 서울을 포위할 계획을 세웠다. 이강년 선생도 서울진공작전에 참여하기로 결정했지만 일본군의 저지로 경기도 초입에서 더이상 서울로 가지 못하고 지역으로 돌아가 의병활동을 계속해나갔다.

2월 용소동 전투에서 적 100여 명을 사로잡은 것을 비롯해 강원도 인제 백담사 전투, 안동 서벽전투, 봉화 내성 전투, 안동 재산 전투 등에서 빛나는 전과를 올렸다. 이강년 선생이 연승을 거듭할 수 있었던 이유는 지역 출신으로 지역 지리에 밝고 동학운동에 참여할 만큼 지역민의 지지를 얻을 수 있어 식량조달, 현지 정보망 구축과 함께 유림, 선비, 농민 등 다양한 각층에서 지지를 얻을 수 있었기 때문이다.

하지만 장마철에 벌어진 청풍 까치성 전투에서 화승총을 쓸 수 없는 상황에서 퇴로가 막혀 안타깝게 적에게 사로잡히고야 말았다. 재판장에서 끝까지 기개를 굽히지 않았던 이강년 선생은 결국 1908년 10월 13일 51세로 의기에 찬 일생을 마쳤다.

운강 이강년 기념관

■ 대한민국장 | 최익현(崔益鉉)

정도와 강직한 성품으로 구국의 대의 천명하다

핵심공적 끝없는 개혁 의지와 일제의 만행을 규탄하고 의병을 일으켜 일제와 싸우다.

주요약력

- 1834년 1월 14일 경기도 포천 출생
- 1905년 을사오적 처단 상소
- 1906년 호남의병 기의, 일본 대마도 유배
- 1907년 1월 1일 대마도 유배지에서 자정순국
- 1962년 건국훈장 대한민국장

신의 나이 75살이오니 죽어도 무엇이 애석하겠습니까. 다만 역적을 토벌하지 못하고 원수를 갚지 못하며, 국권을 회복하지 못하고 강토를 다시 찾지 못하여 4천 년 화하정도가 더럽혀져도 부지하지 못하고, 삼천리 강토 선왕의 적자가 어육이 되어도 구원하지 못하였으니, 이것이 신이 죽더라고 눈을 감지 못하는 이유입니다.

– 최익현 유언 중

위정척사(衛正斥邪)의 사상을 자주적인 민족주의 사상으로

최익현 선생은 1834년 1월 14일 경기도 포천군 가범리에서 둘째 아들로 태어났다. 집안이 가난하여 4살 때 단양으로 이사했고 그 뒤에도 여러 지방을 전전했다. 14살이 되던 때엔 아버지의 말에 따라서 당시 성리학의 거두인 화서 이항로의 문하생이 됐다.

그 밑에서 나라를 걱정하고 백성을 사랑하는 사상을 이어받았으며 나라를 위하는 것이 집을 위하는 것과 같다는 사상과 왕을 숭상하고 오랑캐를 배척하는 대의명분과 결합하며 자주적인 민족 사상으로 발전시켜 나갔다. 최익현 선생은 이항로의 제자 중에서도 수제자로 인정받았다.

23살 때 명경과 갑과에 급제하여 관직생활을 시작했다. 화서 이항로 계열의 위정척사 사상과 공맹의 왕도정치 구현을 이상으로 삼아 부정부패를 배척하는 강직한 성품 때문에 당시 세도 정치가였던 안동 김씨의 견제를 받기도 했다.

비슷한 이유로 대원군 섭정을 그다지 반기지 않았다. 스승인 이항로가 대원군을 정치적으로 지지하고 있었기에 스승의 생전에는 조용히 있었을 뿐이었다. 경복궁 중건을 하는 대원군을 맹렬히 비판하는 상소를 올리다 관직을 잠시 뺏기기도 했다.

구국(救國)의 대의를 천명, 자주적 민족주의 운동 실천

1871년 신미양요를 승리로 이끈 대원군이 서원 철폐령을 내리자 대원군에 대해 더욱 적대적으로 변했다. 1873년 상소를 올려 왕이 성년이 됐으니 대원군이 섭정할 필요가 없다고 주장했다. 대원군 섭정이 끝나고 최익현 선생은 반 흥선대원군파의 선두에 서게 된다.

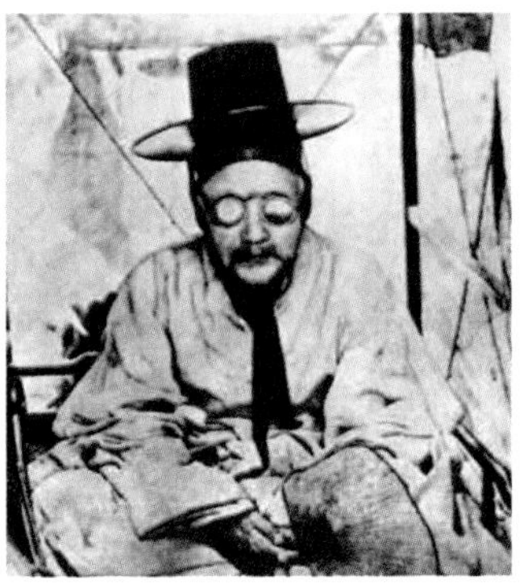
최익현 선생

고종의 신임을 얻은 것도 잠시뿐 조정의 대신들이 일 처리를 제대로 못 한다며 지적하여 대원군계 인사들로부터 규탄을 받았으며 민씨 일족의 폐해도 비판하다가 결국 제주도로 유배되고 말았다. 1876년에는 병자수호조약을 결사반대하며 도끼를 메고 광화문으로 가 개항 불가 상소를 올렸다가 흑산도로 유배당했고 단발령이 내려지자 "내 머리는 잘라도 내 머리털은 못 자른다"며 완강히 버티기도 했다.

일제가 하나둘 조선의 목을 조이는 것을 볼 때마다 상소를 올리고 호소를 했던 최익현 선생은 을사늑약이 체결되자 더이상 상소만으로는 소용이 없다고 생각했다. 을사늑약 체결을 계기로 그는 공개적으로 의병을 모으기 시작했다.

80명으로 시작한 의병이 900명으로

1906년 충남 노성 궐리사에서 유림을 모아 시국의 절박함을 알려 국권회복에 노력해줄 것을 호소했다. 제자의 소개로 만난 임병찬은 "호남의 선비들이 의병을 일으키려고 하고 있으니 그곳으로 가야한다"고 말했다. 최익현 선생은 가족들에게 이별을 고하고 남으로 내려간다.

그해 6월 최제학, 고석진(高石鎭) 등 문인 수십 명을 거느리고 무성서원에 도착해 강연한 뒤에 다시 의병을 일으켰다. 그때 그는 비통한 눈물을 흘리면서 사생을 맹세하였다.

"지금 왜적이 국권을 빼앗고, 적신이 죄약을 빚어냈다. 구신(舊臣)인 나는 이를 차마 그대로 둘 수 없어 역량을 헤아리지 않고 이제 대의를 만천하에 펴고자 한다. 승패는 예측할 수 없으나 우리 모두 한마음으로 나라를 위해 죽음을 무릅쓴다면 반드시 하늘이 도울 것이다."

80명의 사람을 이끌고 정읍을 점령한 선생은 군사를 모집했다. 동시에 일제의 16개 죄목을 들어 국권 침탈과 국제적 배신행위를 통렬하게 지적한 장문의 규탄서를 보냈다.

최익현의 의병은 순창에 들어섰을 때 이미 그를 따르는 의병이 5백 명이 넘었다. 남원의 방비가 너무 강해 잠시 물러났지만, 그의 의병에 합류하고자 하는 사람들이 많았다. 80명으로 시작한 의병은 그때 이미 900여 명에 달했다.

동포와 싸울 수 없어 순순히 잡히다

6월 11일, 광주관찰사 이도재가 사람을 보내 황제의 칙지를 가지고 왔다. 최익현 선생은 큰 기대를 갖고 펼쳐보았으나 그 내용은 "의병을 해산하라"는 것이었다. 최익현은 이를 단호히 거절했다.

일제의 꼭두각시가 된 정부는 전라북도 관찰사에게 진위대를 동원해 의병을 해산시키라는 명령을 내린다. 관찰사는 진위대를 동원해 순창 외곽을 봉쇄하고 읍내를 향해 진격했다. 처음에는 일본군인 줄 알고 방비했으나 동족임을 알고 싸우지 말고 의병에 동참해달라고 호소했다.

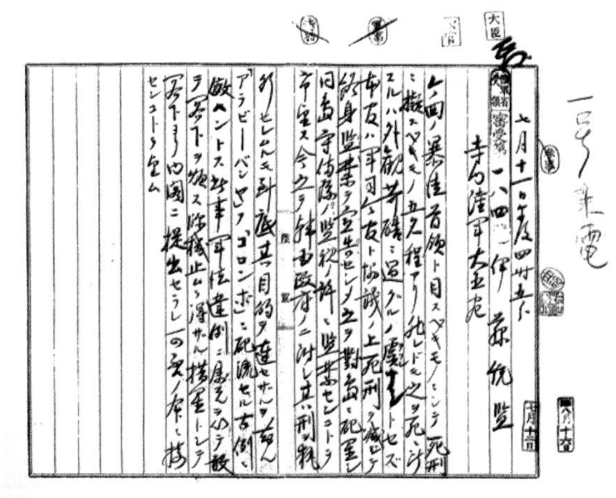

최익현 선생을 대마도로 유배 보내려는 이토 히로부미의 편지

최익현 선생의 호소에도 관찰사는 세 번이나 해산을 종용했다. 동족과 싸울 수 없었던 선생은 응전하지 않다가 중군장 정살해가 전사하는 등 진영이 와해되고 말았다. 최익현 선생은 이곳에서 죽기를 결심하고 모두 해산시켰고 그의 곁을 떠나지 않은 22명과 함께 관군에게 붙잡히고 말았다.

대마도로 유배를 간 최익현 선생은 일제의 협박과 회유를 뿌리치고 단식에 돌입했다. 일본인들은 강제로 음식을 먹였지만 모두 뱉어내 결국 1907년 1월 1일 대마도 유배지에서 자정순국하였다.

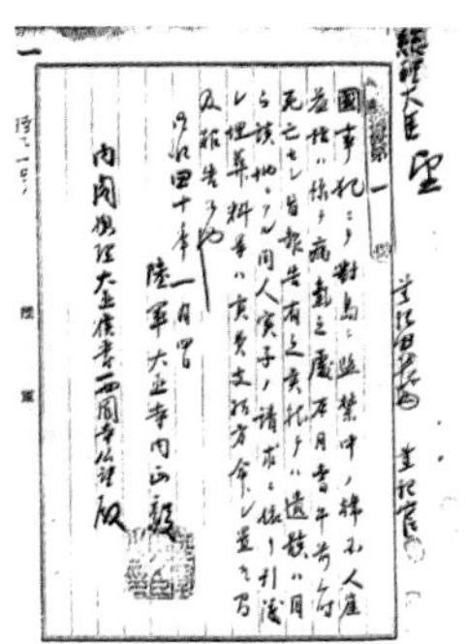

최익현 선생의 사망 보고 서류

■ 대한민국장 | 허 위(許蔿)

곧은 기개의 충절 지닌 구국 애민의 불세출 의병장

핵심공적 명성황후 살해에 분개하여 1896년 경상북도 김천에서 의병을 일으키고, 1907년 군대해산 후 경기도에서 다시 의병을 일으켜 13도 창의군 군사장으로 서울 진공작전을 수행했다.

주요약력

- 1854년 4월 1일 경상북도 선산 출생
- 1896년 경상북도 김천에서 거의, 의병 활동
- 1907년 경기도에서 재차 거의, 의병 활동
- 1908년 13도창의군 군사장으로 서울 진공
- 1908년 10월 21일 서대문형무소에서 사형, 순국
- 1962년 건국훈장 대한민국장

우리 이천만 동포에게 허위와 같은 진충갈력(盡忠竭力) 용맹의 기상이 있었던들 오늘과 같은 국욕(國辱)을 받지 않았을 것이다. 본시 고관이란 제 몸만 알고 나라는 모르는 법이지만, 허위는 그렇지 않았다. 따라서 허위는 관계(官界) 제일의 충신이라 할 것이다.

– 허위 선생에 대한 안중근 의사의 평

초야에 묻혀 살던 선비, 의병을 일으키다

허위 선생은 1854년 4월 1일 경상북도 선산군 구미면 에서 태어났다. 허위 선생의 위로 세 명의 형이 있었는데 둘째 형은 어릴 때 죽었고 첫째 형인 허훈은 퇴계학파를 계승한 성리학자이며 셋째 형 허겸은 독립투사였다.

왕산 허위선생 유허비

허위 선생의 집안은 대대로 이름 높은 학자 집안이었다. 당연히 선생도 어려서부터 한학을 공부했으며 허전, 유주목 같은 당대 최고의 학자 밑에서 공부를 하며 8살 때에 시를 지어 주변을 놀라게 하는 등 어

릴 때부터 재능이 뛰어났다.

선생의 나이 마흔이 되던 1894년, 전국에서 동학농민전쟁이 일어났다. 허위 선생이 살던 구미 인근의 선산과 상주 등지는 동학 세력이 강성하던 지역이어서 환란의 중심에 있었다. 가족들은 전쟁을 피해 지금의 청송 지역에 있었던 진보군으로 일시 피난하였다.

허위 선생이 역사의 전면에 나오게 된 시기는 1896년이다. 전해인 1895년에 명성황후의 살해 사건이 있었던 다음 달에 단발령이 내려지면서 전국에서 항일 의병이 연이어 일어났다. 몇 달간 전국의 의병 소식을 듣던 선생은 본인도 의병으로 나설 마음을 먹게 된다.

의병으로 활동하던 허위 선생, 관직으로 나아가다

인근 지역에 살고 있던 이기찬, 이은찬, 조동호, 이기하 등의 지사들과 협의하여, 1896년 3월 26일 장날에 김천 읍내에서 수백 명의 장정과 함께 항일의병의 기치를 들었다. 허위 선생은 이기찬을 의병대장에 추대하고 본인은 참모장이 되었고 김산의병이라 이름 붙였다.

의병은 무장을 갖춘 후 성주와 지금의 김천인 김산에 진을 쳐두고 대구로 진격하기 위해 각지에 격문을 발송해 의병을 모집했다. 예전에 동학군을 격파한 전력이 있던 지례 군수는 의병을 막기 위해 군내의 군대를 소집하는 한편 대구관찰사에게 의병 봉기를 보고했다.

김산의병은 지례의 군대는 쉽게 격파했으나 공주와 대구에서 출동한 관군에게 참패를 당하고 말았다. 이은찬과 조동호 등의 의병주모자들은 관군에 포로가 되었고, 선생은 잔여 의병 가운데서 포군 1백여 명과 유생 70~80명을 모아 북상을 계속하여 충북 진천까지 진격해 들어갔다. 그러나 해산하라는 임금의 밀지를 받고 의병을 해산할 수밖에 없었다.

허위 선생은 해산 후 큰형의 집에서 학문에 열중했다. 3년 후 신기선 선생의 천거를 받아 관직에 나간 후 성균관박사, 주차일본공사수원, 중추원의관, 평리원수반판사를 거친 뒤, 1904년 8월에는 오늘날의 대법원장서리에 해당하는 평리원서리재판장에 임명됐다.

일제의 침략에 항거해 다시 의병을 일으키다

관직에 있는 동안 항일 언론가이자 개신유학자인 장지연과 교류하게 됐다. 허위 선생은 그동안 전통 유학을 학문 기반으로 삼아왔으나 그와 만나면서 신학문에도 관심을 가지게 됐다. 이는 의정부참찬에 임명되었을 때, 학교 건립, 철도와 전기 증설, 노비 해방, 은행 설치 등을 주장했던 것에서 알 수 있다.

1904년 일제는 한일의정서를 강제로 조인(調印)하게 하면서 대한제국의 식민지화를 더욱 가속화했다. 허위 선생은 이상천, 박규병 등의 동료들과 함께 전국에 배일통문을 돌려 일제 침략을 규탄하고 전 국민이 의병의 대열에 나설 것을 촉구했으나 이 일을 빌미로 일제는 허위 선생을 감옥에 가두고 항일 투쟁을 중단하라고 했으나 허위 선생이 조금도 굽힘이 없자 일제는 헌병의 감시 아래 강제로 고향으로 보냈다.

감시를 받으며 살던 허위 선생은 '을사늑약' 소식을 듣게 됐다. 이때부터 선생은 각 지역을 돌며 의병을 다시 일으킬 준비를 했다. 이어 광무황제가 강제 퇴위 당하고 군대가 강제 해산됨에 따라 허위 선생도 의병을 일으켰으며, 곧 이인영 부대를 추축으로 하는 전국 의병의 연합체인 13도창의군에 참여한다.

경기도 북부에서 유격전으로 일본군을 격파

13도창의군은 전국 각지의 의병장들에게 서울을 향해 진군하자는 내용의 격문을 발송했다. 동시에 한국 주재 각국 영사관에 선언문을 보내 항일전의 합법성을 내외에 공포하였다. 의병전쟁은 광무황제의 칙령에 따른 한국의 독립전쟁임을 강조하고 국제법상 교전단체이므로 전쟁에 관한 모든 법규가 적용되어야 한다고 주장했다.

전국 각지로부터 집결한 의병의 규모는 총 1만여 명에 달했다. 양주에 집결한 의병장들은 이인영을 총대장으로 추대한 뒤 서울 진공작전에 돌입했다. 하지만 총대장 이인영이 부친의 타계소식을 닫고 문경으로 급거 귀향하고 격문 등으로 인해 이미 공격사실이 알려진 뒤라 철저하게 준비된 일본군의 방어를 뚫지 못해 서울진공작전은 실패로 돌아갔다.

이후 허위 선생은 임진강과 한탄강 유역을 무대로 유격전을 시작했다. 일본군의 진지를 기습하고 통신을 마비시키고 부일 매국분자들을 처단하는 등의 활동을 했다. 하지만 1908년 6월 11일 은신처를 탐지한 일제에 의해 잡히고 말았으며 1908년 10월 21일 55세의 나이로 순국했다.

구미시 임은동 왕산 허위 기념공원에 건립된 선생의 동상. 순국 직전까지 일제에 항거한 의병장 허위의 곧은 기개와 충절을 느낄 수 있다.

■ 대통령장 | 강기동(姜基東)

헌병 자리 과감하게 버리고 의병에 투신한 독립투사

핵심공적 고안헌병분견소에 잡혀 온 의병들을 탈출시키고 그 후 의병으로 활동하면서 포천 · 양주 등지에서 일본군을 대상으로 유격전을 펼쳤다.

주요약력
- 1884년 3월 5일 서울 명동 출생
- 1907년 대한제국군 기병부위
- 1908년 일본 헌병보조원
- 1909년 감금된 의병을 탈출시키고 창의원수부 의병가입
- 1911년 4월 17일 서울 용산에서 압송 후 총살로 순국
- 1962년 건국훈장 대통령장

의병전쟁이 소멸해 가던 1908년, 일제는 대대적인 의병 탄압을 목적으로 헌병보조원제도를 도입한다. 전통시대의 병법에 따라 대부대 중심의 의병연합은 산악을 근거로 한 유격전으로 변했다. 이 시기에 다갈색 양복에 헌병보조원 모자를 눌러쓴 의병장이 있었으니 그가 바로 강기동 선생이다.

의병을 탄압하던 헌병보조원, 의병이 되다

1884년 3월 5일 서울 명동에서 출생했다. 일제의 기록에 따르면 한동안 서울에서 살다가 형제간에 불화로 경기도 부평군으로 이사했고 성인이 된 후 기병대에 입대했다고 한다. 일본어가 능통한 것을 계기로 일제가 1908년 6월에 도입한 헌병보조원으로 양주군 고안헌병분견소에서 근무하게 됐다.

당시 일제 헌병은 각지에서 일어나던 의병을 진압하는 것이 임무였다. 강기동 선생도 그런 일제의 헌병으로 근무하고 있었다. 어느 날 길인식 등 2명의 의병이 그가 있던 헌병분견소로 잡혀 오면서 그의 인생이 변하게 된다.

잡혀 온 의병과 대화를 나눈 강기동 선생은 의병의 실상과 조국의 현실에 눈을 떠 의병이 갇힌 감옥문을 열고 총과 탄환을 탈취해 의병장 이은찬이 이끄는 창의원수부에 투신, 의병으로서 대일항쟁의 대열에 동참했다.

당시는 의병전쟁이 거의 소멸해 가던 시기였고 의병들도 속속 일제에 투항하던 상황이었다. 어째서 헌병에서 의병이 되기로 마음먹었는지는 알 수 없지만, 지금까지 그가 해 온 반민족적 행위에 대한 반성을 의미하는 것임과 동시에 자신의 존재가치를 민족으로부터 찾으려는 결단이었을 것이다.

헌병대에서 근무한 정보를 바탕으로 군자금 확보 방법을 건의

강기동이 투신한 창의원수부는 중군장 이은찬을 정점으로 경기 동북지방 최대의 연합의병부대였다. 포천 · 양주지방의 산악을 근거지로 약 27회에 걸친 반일투쟁을 전개하여 일본군에게 적지 않은 타격을 입혔다. 그러나 계속된 전투로 군량미와 탄약이 부족해지고 의병들의 부상과 사망으로 병력도 부족해지는 등 어려움을 겪고 있었다.

이 시기에 창의원수부에 투신한 강기동은 우편물 탈취를 통한 군자금 확보계획을 건의했다. 의병들은 우편물을 단순히 편지로만 생각하고 있었지만 당시 재무서에 납부하는 공금은 우편국에서 취급하고 있었기에 이를 탈취하면 군자금을 확보할 수 있다고 말한 것이다.

그 공금은 대한제국 국민으로부터 징수한 세금이었고 일본의 배를 불리는 용도로 사용되고 있었기 때문에 세금탈취를 통해 일본제국주의와 매판정부에 반대하는 전시효과와 동시에 의병부대의 군자금 확보를 이룰 수 있는 방법이었다.

강기동 선생은 헌병보조원으로 근무한 경험을 바탕으로 일본 헌병대 내부의 정보를 의병장 이은찬에게 제공해 창의원수부의 의병활동에 많은 공헌을 했다. 이러한 공로로 강기동은 투신한 지 불과 1개월 만에 이은찬의 부장으로 임명됐다.

의병 대장으로 활동을 시작해 일제를 괴롭히다

하지만 연일 거듭된 전투로 전력을 거의 소진한 이은찬 의병부대는 결국 일본군에게 토벌되고 창의원수부는 와해되고 만다. 별도로 의병부대를 운영하고 있던 강기동 선생은 이은찬 선생이 잡혔다는 소식을 듣게 된다.

즉시 격문을 띄워 의병을 모집하는 한편, 본격적인 대일항전을 전개할 것을 다짐했다. 하지만 이때는 일제의 의병토벌계획이 진행되는 중이라 직접적 전투보다는 전투는 최대한 피하면서 의복, 식량, 군자금 확보에 집중하고 밀고자를 처단하면서 조직을 정비해나갔다. 9월부터는 소규모 유격전으로 일본군과 전투를 벌였다.

당시의 의병은 소규모 부대로 이동하고 연합작전을 통한 전투, 그리고 다시 흩어져 이동하는 것을 반복했다. 일본군의 토벌작전으로 대규모 전면전을 치를 수 없는 상황이었고 대규모 부대의 이동은 쉽게 노출되기 때문에 일본군을 상대로 후방에서 각기 독립적으로 유격전을 벌이다가 대규모 전투수행 시 상호 연합하는 방법을 택했다.

만주로 이동해 독립투쟁을 하기로 결심하다

일제는 강기동 선생에게 현상금을 내걸고 대규모 의병 토벌작전을 전개했다. 순사와 밀정들을 변장시켜 그가 활동하던 광주 · 포천 · 양주지방을 샅샅이 뒤지는 등 강기동 체포에 혼신을 기울였지만 번번이 체포에 실패했다.

하지만 계속되는 일본군의 공격에 강기동의 좌군 전성서 휘하의 한인수와 김순복이 붙잡히는 등 강기동 의병부대는 상당한 타격을 입게 된다. 더이상 소규모 부대의 유격전으로는 일본군을 궤멸시킬 수 없음을 깨달은 강기동 선생은 군자금을 더 모아 국외로 망명하여 독립군으로 전환하고자 결심했다.

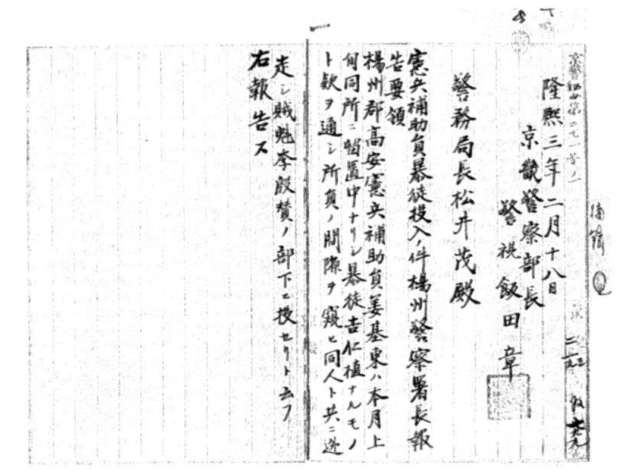
隆熙三年二月十八日
京畿警察部長
警視 飯田章
警務局長松井茂殿
憲兵補助員暴徒投入ノ件楊州警察署長報告要領
楊州郡高安憲兵補助員姜基東ハ本月上旬同所ニ留置中ナリシ暴徒吉仁植ナルモノト欵ヲ通シ所員ノ間隙ヲ窺ヒ同人ト共ニ逃走シ賊魁李殷賛ノ部下ニ投セリト云フ
右報告ス

의병탈주 일제문서

전투를 벌이며 점점 북상하여 가던 중 일제는 1910년 9월 하순부터 40여 일간에 걸쳐 황해도 지역 내 의병 대토벌작전을 시작했다. 더 이상 국내에서 활동하기 힘들어진 강기동 선생은 북간도로 망명하여 무장투쟁을 계속하기로 결심했다.

하지만 이동하던 도중 1911년 2월 함경남도 원산에서 일본군에게 잡혔고 서울로 압송된 강기동은 4월 17일 오전 8시 28세의 젊은 나이로 서울 용산 일본군 행형장에서 순국했다.

■ 대통령장 | 김하락(金河洛)

삶의 마지막 1년을 항일투쟁으로 불사른 의병장

핵심공적 명성황후 살해 사건이라는 민족적 수모를 겪은 이후 국가적 위기가 닥치자 의병을 일으켜 일본군 수비대 180여 명을 사살하는 등 전과를 올림.

주요약력
- 1846년 12월 14일 경상북도 의성 출생
- 1896년 연합의진 이천수창의소 구성
  백현전투에서 일본군 수비대 대파
  남한산성 점거 후 서울진공계획 수립
  이후 비봉산 전투, 경주성 전투에서 승리
- 1896년 7월 14일 자정 순국
- 1962년 건국훈장 대통령장

"우리 오백 년, 예의의 나라가 개나 양같은 섬나라 오랑캐에게 먹힌단 말인가 아! 우리 민족은 과연 이 참화를 면치 못할 것인가 내가 차라리 어복(魚腹)에 장사(葬事)할지라도 도적놈들에게 욕을 당할 수는 없다."

– 김하락 선생이 총상을 입고 강물 속으로 투신 자결하기 전 남긴 말

국가적 위기를 구하기 위해 일으킨 이천수창의소

김하락 선생은 1846년 12월 14일 경상북도 의성에서 둘째 아들로 태어났다. 출생 후 서울로 이주한 선생은 어려서부터 한학을 공부하며 천문, 지리, 병법, 의학 등의 서적을 널리 탐독했다.

김하락 선생이 역사의 전면에 나오게 된 시기는 1895년이다. 1895년에 명성황후의 살해 사건이 있었고 그 다음 달에는 단발령이 내려져 전국에서 큰 항의가 일어났다. 이는 밖으로 개혁의 모양새를 갖춘 것이지만 실제로는 반식민지 체제로 개편하려는 일제의 침략 책동이었기 때문이다.

민족적 수모와 국가적 위기가 닥치자 김하락 선생은 왜적을 몰아내고자 결심했다. 평소 의기투합하였던 이종 동생 조성학과 구연영, 김태원, 신용희 등과 경기도 이천에서 의병을 일으키기로 결정했다.

1895년 11월 17일 이천에 도착한 선생은 전부터 친분이 있었던 화포군(火砲軍) 도영장 방춘식과 협의하여 포군 100여 명을 선발한 뒤 동료들을 각지로 파견해 각 군 소속 포군들을 의병으로 모집했다. 그리고 안성에서 창의한 민승천 의병진과 합세해 1896년 1월 이천수창의소(利川首倡義所)라는 연합의진을 꾸렸다.

강력한 전투력으로 대승을 거두고 다른 의병과 연합

모인 병력은 900명 정도였다. 주로 포군들을 모집하여 조직됐기때문에 다른 의병보다 훨씬 전투력이 강했다. 병력 편성이 끝나자 선생은 곧 친일정권과 일본군 타도에 나섰다. 같은 해 1월 18일 백현에 매복하고 있다가 이천으로 공격해 오는 일본군 수비대 180여 명을 사방에서 협공하여 수십 명을 사살하였고, 패주하는 잔여 병력을 광주 노루목 장터까지 추격하여 괴멸시키는 전과를 올렸다.

이천의병 전적비. 김하락 의병장이 1896년 1월 18일 일본군과의 전투에서 대승을 거둔 곳이다.

첫 번째 전투에서 벌인 대대적인 승리는 의병 봉기가 전국적으로 확산하는데 많은 영향을 줬다. 하지만 2월 12일 새벽 재차 이천으로 공격해 오는 일본군 수비대를 맞아 이현에서 대접전을 벌였지만, 화력이 열세한 상태에서 눈보라까지 몰아쳐 후일을 기약하며 퇴각할 수밖에 없었다.

2월 14일 여주에서 의병을 일으킨 심상희 의병장을 방문해 여주의진과 합쳐 제2차 이천수창의소를 조직했다. 2월 28일 근거지를 이천에서 광주의 남한산성으로 옮겼고 그곳을 중심으로 활동하고 있던 심진원이 이끌던 광주의진, 이석용이 지휘하던 양근의진과 합세하여 남한산성연합의진을 결성해 병력 1,600여 명이나 되는 대병력을 갖추게 됐다.

어려움 속에서도 끝까지 의병 투쟁

이 시기 국내 정국은 돌변하고 있었다. 1894년 6월 일본 군대가 경복궁에 난입하여 민씨정권을 붕괴시켰고 고종은 왕세자와 함께 러시아 공사관으로 피신하는 이른바 아관파천이 일어났다. 그리고는 친일내각의 대신들을 역적으로 규정하여 포살령을 내리는 한편 민심 수습책으로 단발령을 폐지하고 의병 해산조칙을 반포했다.

이와 같은 정국변화와 단발령 폐지라는 명분 상실에 따라 다수의 유생 의병장들이 자진하여 의진을 해산했지만, 김하락 선생은 왜적 구축과 국모 살해에 대한 복수가 이루어지지 않은 상황에서 의병 해산이란 있을 수 없음을 거듭 주장하면서 전투를 계속했다.

서울진공계획을 추진했지만 계속되는 회유와 함께 대규모의 공격으로 남한산성을 빼앗겨 서울진공계획은 실행되지 못하였을 뿐만 아니라 선생이 지휘하던 이천의진도 의병운동의 인적, 물적 기반을 거의 상실했다.

김하락 선생은, 효과적이며 지속적인 의병 활동의 전개를 위해 영남으로 이동할 것을 제의했다.

영남과 인근 지역은 당시 의병부대의 활동이 가장 왕성한 곳이었던 까닭에 이들과 함께하면서 효과적인 투쟁을 위한 것이었다.

"욕을 당할 바에야 물고기 뱃속에서 장사를 지내겠다"

1896년 4월 28일 의성에 도착한 선생의 의진은 금성산에 있는 수정사를 근거지로 정했다. 5월 13일에는 이곳에서 활동 중이던 김상종 의진과 합세하고 이어 청송의진도 가담시켜 의성연합의진을 만들어 대승을 거뒀다.

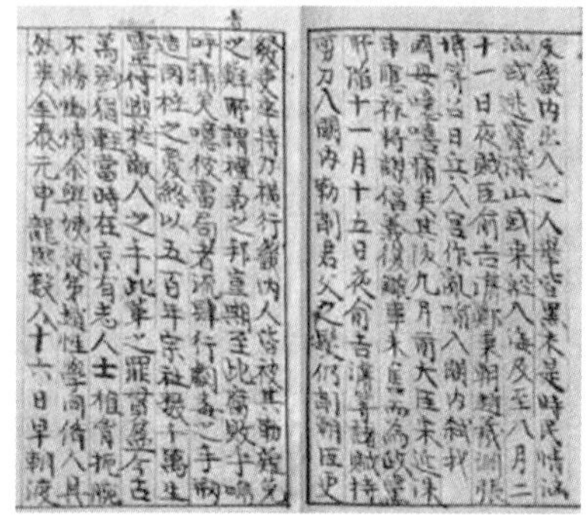

진중일기

이로 인해 각면에서 군수 물자를 보충받고 병사들을 추가 모집하여 의진을 확대 개편할 수 있었다. 5월 20일 비봉산에서 적군 100여 명과 교전해 재차 승리를 거뒀다. 적은 병력을 증원하여 반격을 가해 전세가 불리해지자 퇴각하여 경주로 이동한다.

경주성을 점령한 선생은 각 면 유지들에게 격문을 보내 의병 활동에 적극 호응케 하는 한편 병사들을 성내 곳곳에 배치하여 철통 같은 방어태세를 갖추었다. 하지만 2주간 계속된 전투로 탄약이 떨어지고 병사들 또한 동요함에 따라 결국 경주성을 적에게 내주고 말았다.

이후 선생은 영덕으로 이동해 영덕의진, 영해의진, 안동의진 등과 대규모의 연합의진을 형성했다. 김하락 선생은 연합의진을 이끌고 적군과 싸웠으나 병력과 화력의 열세로 의병들은 사방으로 흩어졌고 선생은 이 와중에 2발의 탄환을 맞아 중상을 입었다. 김하락 선생은 왜놈들에게 욕을 당하느니 차라리 물고기 뱃속에서 장사를 지내겠다고 하며 강물에 투신했다.

경상북도 영덕의 남천수 전경. 1896년 7월 김하락 의병장이 전투를 벌이다 순국한 곳이다.

■ 대통령장 | 남상덕(南相悳)

대한제국 지키는 마지막 불꽃 정미의병의 도화선 되다

핵심공적 일제의 대한제국 군대 해산에 항의하여 일본군과 전투를 벌였다.

주요약력
- 1881년 경상남도 의령 출생
- 1906년 시위대 제2연대 제1대대 보병 참위
- 1907년 군대해산에 반대하여 일본군과 시가전
- 1907년 8월 1일 전사, 순국
- 1962년 건국훈장 대통령장

대한제국군들의 용감한 방어는 심지어 적군도 높이 찬양하였다고 하면서, 적어도 며칠 동안은 일인들은 그들이 이전에 말해온 이상으로 한국과 한국 사람들을 존경하지 않을 수 없었던 사실은 주목할 만한 것이다.

– 영국 데일리 메일 신문, 멕켄지(mackenzie) 기자

일본군이 철통같이 경계하고 있는 가운데 있었던 소집

1907년 8월 1일 오전 7시 군부대신 이병무는 각 시위 대대장을 조선주차군사령관 하세가와의 관저인 대관정에 소집하여 융희황제의 조칙을 하달했다. 이때 사령관 하세가와와 군부고문 노즈가 배석했는데, 조칙 하달 후 맨손체조를 실시한다는 명목으로 오전 10시까지 시위대 장졸들을 훈련원에 모이도록 했다. 당시 대한제국 군대의 편성은 서울에는 시위 제1, 제2연대가 있어 산하에 각기 3개 대대 규모를 두었다. 지방에는 수원을 비롯하여 청주, 원주, 대구, 광주, 해주, 북청, 안주 등 8개의 주요 지역에 진위대를 두는 한편, 각 진위대에는 분견대를 두고 있었다.

구한 말 당시의 대한제국군

훈련원은 조선의 개국과 함께 서울 동대문 운동장 부근에 만들어진 무관시험, 무예연습, 병법에 대한 책을 연구하는 기관이다. 이날 이곳에는 조선주차군 참모장 무다(牟田), 군부고문 노즈 및 한국

병영을 점령한 일본군

군 간부들이 대기하고 있었고 장졸들은 하나둘 모이는 중이었다.

시위대 제1연대 제1대대장 박승환은 미리 병고를 들어 참석지 않았다. 전날부터 흉흉한 소문이 돌았고 서울 요처에는 일본군이 기관총을 설치하는 등 중무장으로 철통같이 경계하고 있었기에 뭔가 심상치 않은 일이 있을 거라 다들 예상은 하고 있었지만 아니나 다를까 이날의 자리는 대한제국군대를 해산 하는 자리였다. 간단한 해산식이 있고 모인 병사들에게 정부로부터 계급에 따라 은사금을 지급했다. 군인들은 더욱 울분에 떨었고, 일부 병사들은 돈을 찢어 버리고 통곡하며 병영으로 되돌아갔다. 그러나 일본군들은 시위대 병사들이 자리를 비운 틈을 타서 총포를 모두 거두어 갔기 때문에 병영은 텅 비어 있었다.

"마땅히 저 적들과 결사 항전하여 나라의 원수를 갚자"

한국군 교관 구리하라(栗原) 대위는 시위 제1연대 제1대대를 정렬시켜 훈련원의 해산식장으로 출발하려고 했다. 그때 시위대 제1연대 제1대대장 박승환과 중대장인 정위 오의선이 자결했다는 소식을 들었다. 두 사람은 해산한다는 이야기를 차마 장병들에게 알리지 못하고 자결했던 것이다.

대대장 자결 소식을 접한 병사들은 울분을 토하며 교관에게 달려들자 구리하라 대위는 병영으로 도망하였다. 같은 시각 인근에 있던 시위 제2연대 제1대대는 일본인 교관 이케 대위의 지휘로 훈련원으로 향하여 영문을 나가려던 중, 시위 제1연대 제1대대의 소식을 듣고 교관에게 폭행을 가하였다. 시위 제1연대 제1, 2대대의 병사들은 곧바로 탄약고를 접수한 뒤 무기를 휴대하고 병영으로 모였다.

남대문 안쪽에 주둔하고 있던 일본군이 오고 있다는 소식에 시위 제2연대 제1대대의 남상덕 참위가 "윗 장교(上將)가 나라를 위해 죽음으로 의로움을 보였는데, 내가 어찌 홀로 살기를 바라겠는가? 마땅히 저 적들과 결사 항전하여 나라의 원수를 갚자"며 일본군과의 항전을 주장했다.

조선 건국 이후 처음이자 마지막이었던 서울 시가전

시위대의 병영을 접수하려고 한 일본군 제9, 10중대와 시위대 병사들 간에 사격전이 시작됐다. 이로써 일본군과 시위대 사이에 격렬한 시가전이 벌어졌는데 이 사건이 바로 남대문 전투다.

한국군 시위대의 저항이 예상외로 맹렬하다는 보고를 받은 일본군 제13사단장은 보병 제51연대 제3대대장 사카베(坂部義男) 소좌에게 남대문 병영에 있는 2중대와 기관총 3문으로 남대문 수비병 및 소의문 수비병과 협력하여 시위 제1연대 제1대대 병사들의 항쟁을 속히 진압하도록 지시했다.

이후의 전투상황은 더욱 치열해졌다. 양측이 맞붙어 전투를 벌일 때, 오오타(太田) 공병소위는 수류탄을 영내에 던져 다수의 시위대 병사들을 전사시켰다. 이 틈을 노려 일본군 제12중대 또한 영내에 돌입함으로써 백병전이 전개되었다. 그리하여 시위대 병사들은 영내로 침투한 일본군과 치열한 백병전을 벌였다. 일본군이 병영을 넘어들어오자 남상덕 참위는 칼을 빼 들고 크게 소리치며 앞장서 대항했다. 러일전쟁 중 여러 차례 용맹을 떨쳐 도깨비대장이란 별명을 가지고 있던 가지하라 대위가 이때 시위대에게 사살됐다. 하지만 남상덕 참위도 일본군의 총탄을 맞아 27세의 젊은 나이로 장렬하게 전사했다. 시위대는 중과부적으로 다수의 사상자를 내고 밖으로 탈출할 수밖에 없었다.

정미 의병의 도화선이 된 남대문 전투

병영을 탈출한 다수의 시위대 병사들은 민가로 숨어들어갔고, 일부는 계속 일본군 남대문 수비병들을 공격함으로써 항쟁 의지를 불태웠다. 이날 전투의 한국군 시위대의 피해는, 전사자가 장교 11명, 준사관과 하사 57명, 부상자 100명, 포로 516명이었다. 탈출한 시위대는 500명 이상으로 파악하고 있다.

영국의 '데일리 메일(Daily Mail)'의 신문기자 멕켄지(mackenzie)는 이날의 전투에 대해 "그들의 용감한 방어는 심지어 적군도 높이 찬양하였다고 하면서, 적어도 며칠 동안은 일인들은 그들이 이전에 말해온 이상으로 한국과 한국 사람들을 존경하지 않을 수 없었던 사실은 주목할만한 것이다"라고 기록했다.

송상도의 「기려수필」에서는 "당일의 서울 시가전 이후 나머지 군인들은 각자 흩어져 정미(丁未)의 팔로(八路) 의병으로서 다시 일어섰다"고 기록하고 있다. 1881년 경남 의령에서 태어나 대한제국군으로 복무했던 남상덕 참위가 주도한 남대문 전투는 대한제국을 지키는 마지막 불꽃이었다고 해도 과언이 아닐 것이다.

〈르 프티 주르날〉에 실린 태극기와 '남대문 전투' 장면.

■ 대통령장 | 문태수(文泰洙)

영웅적 항전으로 큰 성과 올린 덕유산의 호랑이

핵심공적

지리산에서 의병을 일으켜 덕유산을 근거로 삼남 일대에서 의병활동을 했다.

주요약력

- 1880년 3월 16일 경상남도 함양 출생
- 1905년 지리산에서 의병을 일으킴
- 1907년 13도연합 호남창의대장
- 1913년 2월 4일 대구 감옥에서 옥중 자결 순국
- 1962년 건국훈장 대통령장

"원수 왜적은 우리 민족을 없애려고 배로 나르고 차로 날라 바다 속에 넣으려 하니, 우리 백성이 무슨 죄가 있단 말인가! 오호라! 저들이 있고 우리가 없어지든 우리가 살고 저들이 없어지든 사생을 결단해야 하니, 이 형세를 장차 어찌하리오? 전국의 신민이 모두 창의(倡義)하는 마음으로 뭉쳐 있으니, 4천 년 역사와 5백 년 종사, 이 어찌 소중하지 않겠는가!"

– 문태수 선생이 1908년 2월에 쓴 격문 중

구국을 위한 준비로 금강산에 들어가 전술, 전략 연구

문태수 선생 생가

문태수 선생은 1880년 3월 경상남도 함양군 서상면 상남리 신기마을에서 태어났다. 선생의 조부 문주욱이 순조대의 가선대부에 증직(贈職)되고, 부친 문병현은 인격과 덕망을 갖춘 유생 신분이었다고 하니 문태수 선생은 향촌사회에서 상당한 기반을 가진 가문 출신인 것으로 보인다.

선생이 장성해 가던 무렵, 일제의 침탈로 인해 국운은 날로 기울어 가고 있었다. 문태수 선생은 이러한 상황을 결코 좌시할 수 없어 구국을 위한 거사를 준비했다. 지인의 소개로 금강산으로 들어가

박처사라는 병법 전문가를 만나 항일전에 필요한 전술, 전략을 익혔다고 한다.

1905년 러일전쟁에서 승리한 일제는 11월 을사늑약을 체결했다. 전국적으로 을사늑약 반대투쟁이 불길처럼 번져 곳곳에서 의병이 일어나 항일투쟁의 선봉에 섰다. 최익현이 이끌었던 태인의병과 민종식이 주도한 홍주의병이 일어난 것도 이 무렵이다. 을사늑약의 비보를 들은 선생은 금강산을 떠나 서울을 거쳐 호서지방을 돌아 고향으로 내려왔다. 항일의 거두인 면암 최익현을 만나 구국의 방책을 논의한 것도 이 무렵으로 전해진다.

항일전의 선봉에 서다

1906년 봄, 문태수 선생은 덕유산 일대에서 동지들을 모으고 포수를 규합하여 덕유산 영각사에서 의병을 일으켰다. 이곳에서 전열을 정비한 후 곧 원통사로 이동해 이곳을 거점으로 삼아 항일전에 들어갔다.

1906년 9월, 박춘실(본명 박동식)이 거느린 부대와 규합해 의진의 전력을 증강한 선생은 9월 하순 장수로 들어가 그곳에 주둔 중이던 일본군 수비대를 기습하여 이들을 전멸시키는 쾌거를 올렸다.

이 전투 후 근거지를 무주 구천동의 덕유산으로 이동했고 1907년에 들어 선생은 구천동의 근거지를 신탁광에게 맡긴 뒤 주력부대를 거느리고 무주군 부남면에 주둔했다. 이때 선생의 의병을 탄압하기 위해 일본군이 출동하자 기습하기에 유리한 고창곡에 매복한 후 일본군을 이곳으로 유인하여 기습하였다. 일본군 전사자만 43명에 달할 정도였다.

수차의 항일전에서 대승을 거두게 되자 선생의 명성은 전국으로 퍼졌다. 이에 따라 선생의 휘하에 지원해온 자가 2백 명에 이르렀을 정도였다.

서울 진공 작전에 참가하다

1907년 하반기는 전국적으로 의병전쟁이 최고조에 올랐지만, 의병들은 전국 각지에서 각각 활동하고 있었다. 이에 중부지방에서 활동하던 허위, 이인영, 이은찬 등 의병 지도자는 전국의병을 규합하여 서울에 있는 일본군을 공격하기로 결정한다.

호남을 주 무대로 영남, 호서 일대에 걸쳐 활동하며 명성이 자자하던 선생에게도 연합부대 결성에 동참해 달라는 격문이 도착했다. 문태수 선생은 즉시 이에 호응해 정예병 100여 명을 선발해 이들을 거느리고 집결지인 양주로 향했다. 이동거리가 멀어 소수의 정예부대를 거느리고 참가했던 것이다.

양주에 집결한 의병장들은 13도창의대진소를 구성했다. 하지만 사전에 정보가 노출된 상태였고 지휘 계통을 세우기 어려워 허위가 거느리는 3백 명의 별동대는 1908년 1월 말 서울 동대문 밖 30리 지점까지 깊숙이 공격했지만, 결국 전력의 열세로 패퇴하고 말았다. 서울진공작전에서 쓰라린 실패를 경험하고 덕유산으로 귀환한 선생은 심기일전하여 다시 항일전의 기치를 드높이 세웠다.

망국의 한을 품고 옥중에서 자결

1908년 2월 28일 이종성을 선봉으로 60명의 의병을 이끌고 일제의 무주 헌병주재소를 습격, 적 5명을 사살하는 전과를 올렸다. 하지만 외곽에 주둔 중이던 적의 반격을 받아 선생은 적에게 체포되고 말았지만, 구사일생으로 사지를 탈출하는 데 성공했다.

전남 무주군 설천면 삼공리에 있는 문태수 의병장 순국비

무주에서 퇴각한 선생은 이후 흐트러진 전열을 재정비하고 인근 부대와 연합전선을 형성하며 항일전을 지속했다. 1908년 4월 10일에는 일제 주재소와 관공서 등을 공격했으며 1909년 10월 30일 선생이 이끄는 의병은 이원역에서 일본군이 군수물자를 화물열차에 적재하는 광경을 목격하고 이를 습격했다.

1909년 하반기가 되자 일제는 집중적인 공격에 나선다. 문태수 선생의 의병은 계속되는 전투로 피로가 누적되고 있었다. 1911년 여름, 80여 명의 부하를 이끌고 장수로 들어가 헌병대를 기습한 끝에 10여 명의 일제 군경을 사살하고 다수의 무기를 노획했다. 그러나 추격해온 일제 군경의 파상적 공격으로 전력 대부분을 상실하고 말았다. 선생은 이때 겨우 탈출에 성공하여 덕유산을 넘어 함양 안의 방면으로 피신할 수밖에 없었다.

여러 곳에 몸을 숨기며 피신을 하던 선생은 1911년 8월 17일 일시 고향을 찾았다가 일제의 사주를 받은 지인들의 흉계에 속아 체포되고 말았다. 이로써 5년간에 걸친 선생의 항일전은 종막을 고하게 됐다. 문태수 선생은 시종 기개를 굽히지 않다가 1913년 2월 4일 34세를 일기로 자결 순국했다.

■ 대통령장 | 민긍호(閔肯鎬)

일제의 군대 해산에 맞서 싸운 원주의 대한제국 군인

핵심공적 대한제국군 특무정교로 군대 해산에 불응 원주에서 의병으로 활동해 혁혁한 전과를 올렸다.

주요약력
- 1865년 서울 출생
- 1907년 원주진위대 특무정교로 군대해산에 항거, 의병 활동 개시
- 1908년 2월 29일 원주 치악산 밑 강림에서 피살, 순국
- 1962년 건국훈장 대통령장

"국권을 빼앗기고 국민이 도탄에 빠져있는 때에 내가 일본에 투항하면 일본 치하에서 지위가 높아지고 부귀가 8역적과 어깨를 나란히 할 수 있음을 모르는 바 아니다. 그러나 나의 뜻은 나라를 찾는 데 있으므로 강한 도적 왜와 싸워서 설혹 이기지 못하여 흙 속에 묻히지 못하고 영혼이 망망대해를 떠돌게 될지라도 조금도 후회하지 않는다."

– 강원도 관찰사의 귀순 권유에 대한 선생의 거부 답신 중에서

1897년 입대, 군인의 길을 걷다

민긍호 선생은 명성황후를 배출한 여흥 민씨의 일족으로 1865년 서울에서 태어났다. 1897년 선생은 진위대에 입대해 군인의 길에 들어섰으며 이후 강원도 원주 진위대 산하의 고성분견대에 배속됐다가 춘천분견대로 옮겨 근무했다.

1900년 정교(오늘날 상사)로 진급했고 1901년에는 특무정교(특무상사)로 발탁되어 원주진위대 본부로 전근했다. 이 시기 일제의 식민지화는 본격화되어 1904년 한일의정서, 1905년에는 을사늑약이 체결되어 대한제국의 외교권과 재정권이 장악되기에 이르렀다.

1907년 대한제국 군대의 강제 해산이 감행되자 서울의 시위대는 일본군과 격렬한 총격전을 벌였고 그중 상당수 병력이 서울을 빠져나가 의병부대에 합류했다. 서울에서 시작한 군인들의 봉기는 전국적으로 퍼져나갔고 유림 중심의 의병운동은 이제 해산 군인과 평민들까지 동참한 국민전쟁으로 발전했다.

민긍호 선생도 서울 시위대의 봉기 소식을 듣고 조국과 민족을 위해 무장봉기하기로 결심하고 있

었다. 원주진위대의 대대장 홍유형이 군부의 전보 명령을 받아 상경 길에 오르자 해산명령을 받으러 가는 것으로 판단해 병사들과 함께 본격적으로 봉기 준비에 착수했다.

군대해산에 항거하여 의병부대 조직

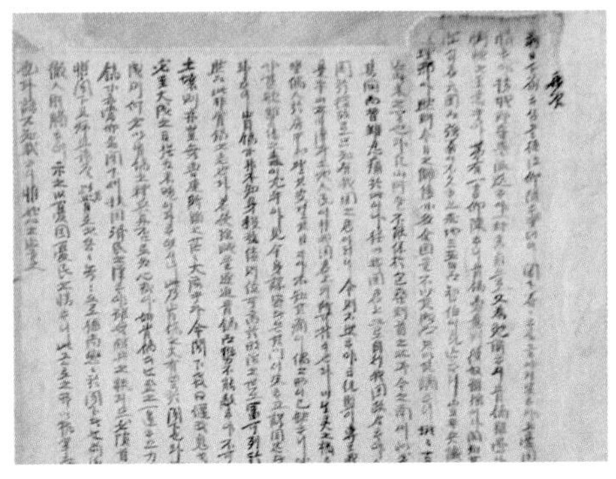

강원도 관찰사 황철이 당시 횡성군수를 통해 전달한 귀순 요청에 대한 민긍호 의병장의 2차 답서

민긍호 선생은 대대장 홍유형의 지휘 아래 서울로 진격할 것을 구상하고 상경 길에 있던 그를 본대로 데려와 부대를 지휘하여 서울로 진군할 것을 요구했다. 홍유형이 도망하자 자신이 원주진위대 병사들을 지휘해 봉기하기로 하고 거사일을 원주읍 장날로 정했다.

8월 5일, 민긍호 선생은 비상 나팔을 불게 하여 장병들을 모두 집합시켰다. "나라에 병사가 없으면 무엇으로 나라라 할 수 있겠는가. 군대를 해산하라는 명령에 복종할 수 없다"고 하면서 무장 봉기를 선언했다.

무기고를 열어 병사들은 물론 봉기에 호응한 일반 민중들에게 총기와 탄약을 분배해 의병부대를 편성했다. 우선 우편취급소, 군아, 경찰분견소 등을 습격해 원주읍을 완전히 장악하고 군수물자를 조달했다.

원주읍을 점령하기 위해 급파된 일본군 충주수비대 부대와 치열한 접전을 벌여 십여 명의 적군을 사살함으로써 그들을 격퇴했다. 원주진위대의 봉기 사실을 보고받은 일본군 사령부는 긴급히 진압부대를 파견했다. 하지만 지형을 잘 아는 주민들의 후원으로 일본군을 저지하였다.

백여 회의 유격전으로 상당한 전과를 올리다

민긍호 선생은 전략적 차원에서 의병부대를 소부대로 나누어 편성한 뒤, 일본군과의 유격전을 전개하도록 했다. 과거 원주진위대의 관할 지역을 중심으로 신출귀몰하게 일본군을 공격해 큰 성과를 올렸다. 특히 선생의 의병부대는 해산 군인들이 중심이 된 부대로 화력과 전투력이 뛰어났을 뿐만 아니라 활동지역이 과거 이들의 관할 지역이었기 때문에 지형지물에 익숙하여 70여 차례 일본군과의 전투를 성공적으로 수행할 수 있었다.

일본군 사령부는 대전, 수원 주둔 일본군 수비대와 서울 주둔 일본군을 증파하여 민긍호 선생의 의병부대를 진압하도록 했다. 선생의 의병부대는 이강년 의병부대와 함께 8월 23일 충주를 양방향에서 협공하여 적에게 큰 피해를 줬으나 충주를 점령하지는 못했다.

9월 7일 선생의 의병부대는 6백여 명의 병력을 2개 부대로 나누어 홍천읍을 습격하는 한편 일본군 창고 등 군용 시설물들을 소각시켰다. 9월 23일에는 횡성 갑천에 있는 봉복사부근에서 일본군과 전투를 벌여 큰 전과를 올리는 등 지속적으로 일본군을 공격해 큰 성과를 거뒀다.

치악산 강림 전투에서 순국

1907년 12월 이인영, 허위, 이강년 등이 중심이 되어 13도창의군을 결성했고, 해산 군인들을 중심으로 조직되어 전투력과 화력이 가장 탁월한 부대를 이끌고 민긍호 선생도 참가했다. 1908년 1월 13도창의군이 곧 바로 서울 진공작전을 수행하자 선생의 의병부대는 경기도 가평을 거쳐 서울 근교까지 진출하여 지원했다.

하지만 전투 중 총 36회의 전투로 탄환이 소진되고 전력을 상실한 상태에서 더 이상의 희생을 막기 위해, 총대장인 이인영이 모든 책임을 안고 부친상을 이유로 귀향하자 서울진공작전은 좌절되었고 1908년 1월 28일 선생의 의병부대는 본래의 활동 지역인 강원도로 돌아왔다.

1908년 2월 27일 선생이 직접 지휘하는 의병부대는 원주의 강림 박달치 부근에서 일본군 수비대와 치열한 전투 끝에 이를 격퇴했지만, 다음날 충주에서 출동한 일본군 수비대와 경찰의 공격으로 민긍호 선생은 적에게 사로잡히고 말았다. 나머지 병사들은 그날 밤 선생을 구출하기 위하여 다시 일본군 숙영지를 공격했다. 다급해진 일본군은 악랄하게도 민긍호 선생을 그 자리에서 사살하고 말았다.

일제의 군대해산 조치에 반대하여 1907년 8월 5일 봉기한 선생은 항일 무장투쟁을 통한 국권회복의 길을 개척하다 1908년 2월 29일 일본군에 의해 피살, 순국했다.

항일 무장투쟁을 통한 국권회복의 길을 개척하다 순국한 민긍호 의병장의 묘소 및 민긍호 의병장 기념 동상(사진 우측)

■ 대통령장 | 신돌석(申乭石)

신출귀몰한 전략 펼친 '태백산 호랑이' 평민 의병장

핵심공적 평민의병장으로서, 그 높은 명성과 전과는 일반 농민들의 항일 민족의식과 민중의식을 고양해 평민의병장들을 대거 출현하게 한 기폭제가 됐다.

주요약력

- 1878년 11월 3일 경상북도 영해 출생
- 1896년 경상북도 영해의진 중군장으로 활동
- 1906년 영덕에서 영릉의병장으로 거의
- 1907년 13도연합의병진의 교남의병 대장
- 1908년 평해 등지에서 일군 격파
- 1908년 11월 18일 피살, 순국
- 1962년 건국훈장 대통령장

1896년 전국에서 일어난 의병전쟁은 처음에는 유림과 양반이 중심이 돼 활동을 펼쳤다. 당시에 활동한 의병장 중 신돌석 선생은 얼마 없는 평민 출신 의병장으로 신출귀몰한 전략을 펼쳐 명성이 높아 농민들은 그의 명성을 따라 의병활동에 속속 참여했고 유림 중심의 의병운동을 국민전쟁으로 확대 발전시켜 간 요인이 됐다.

동학농민운동으로 반일 민족의식 확고하게 다지다

신돌석 선생은 1878년 경상북도 영해군에서 태어났다. 이곳은 이필제 난의 중심지였다. 1870년부터 약 1년 동안 동학교도와 농민들이 합세해 일으킨 이필제의 난은 삼남민란 이후 최대의 반봉건 농민운동이었다. 농민들의 반봉건 의식이 유독 드높은 고장이었기 때문에 선생은 태어나면서부터 그 영향을 받았을 것이다.

경상북도 영해군에 위치한 신돌석 장군 생가

선생의 가문은 고려시대에는 개국공신인 신숭겸의 후예였지만, 조선시대에는 중인신분으로 하락

하여 대대로 영해부의 아전 노릇을 하는 형편이었다. 더욱이 선생 대에 와서는 평민 신분으로까지 전락했다고 하니, 반봉건 의식이 남달랐으리라 짐작할 수 있다.

선생이 태어난 시기는 개항 직후 외세의 침탈이 고조되고 일제가 조선을 식민지화하기 위해 혈안이 되었던 시기였으므로 반봉건 의식과 함께 반일 민족의식을 가지게 된 것 같다.

부친의 지도와 격려 아래 일찍이 마을 서당에서 글을 익혔다. 그리하여 15세가 되자 선생은 정세를 파악하고, 뜻을 펴기 위해 전국 각지로 지사, 명인들을 찾아다니며 친분을 쌓았다. 그러던 중 선생은 1894년 동학농민운동과 그를 빌미로 한 일제의 침략 야욕을 목격하게 되었고, 그를 경험하면서 자신의 반일 민족의식을 확고하게 다져갔다.

강대국 이권 싸움에 휘말린 조선

1894년 동학농민운동이 일어나자 일제는 일본공사관과 일본 거류민의 보호를 명목으로 이해 5월 7일 한국에 군대를 파병하는 등 청나라와 일제 사이에 긴장감이 감돌았다. 한반도가 청일 양국 군대의 전쟁터가 되는 것을 원하지 않았던 동학농민군은 전주화약을 체결해 파병의 빌미를 제거했지만, 일제는 군대를 철수시키지 않았다.

각종 협약을 강제 체결해나가던 일제는 명성황후 살해 사건을 일으켰고 단발령을 강요했다. 이와 같은 상황이 전개되자 신돌석 선생은 1896년 19세의 나이로 그동안 사귀어온 동지들과 함께 고향에서 의병을 일으켰다.

타고난 용기와 담력으로 선생은 일본군과 대적할 때마다 큰 전공을 세웠고, 영해의병진의 중군장이 됐다. 남한산성에서 용맹을 떨친 김하락 의진과 연합작전을 벌였다. 김하락 의병장은 전투 중에 중상을 입고, 왜놈들에게 욕을 당하느니 차라리 고기 뱃속에 장사를 지내겠다고 하면서 강물에 투신, 순국하고 말았다. 이에 신돌석 선생을 비롯한 의병들은 훗날을 기약하고 사방으로 흩어져 재기를 준비했다.

일제가 두려워 한 '태백산 호랑이'의 명성

1904년 한일의정서가 체결됐고 1905년에는 을사늑약이 체결됐다. 나라가 망해가는 상황이 펼쳐지자 신돌석 선생은 1906년 3월 13일 영해 북평리에서 아우 신우경과 함께 활빈당이란 이름을 걸고 3백여 명의 농민들과 함께 의병을 일으켰다. 거병 직후 선생의 명성을 듣고 온 많은 사람들이 지원해 의병부대의 규모는 3,000여 명으로 커졌다.

먼저 영해부근에 주둔해 있던 일본군을 격파한 뒤, 그해 4월에는 울진 장흥관으로 이동하여 정박 중이던 일본 선박 9척을 격침했다. 이후 선생의 의병부대는 동해안 일대, 경북 내륙지방, 강원도 등지에서 일본군수비대를 격파해 일본군은 선생의 이름만 들어도 두려워 감히 접근하지 못했다고 한다.

신돌석 의병장 전투도

이듬해 봄에는 백남수와 김치헌 등의 휘하 장병들과 함께 일진회를 비롯한 친일 세력들을 대거 처단해 농민들 사이에 명성을 더욱 높였다. 신돌석 선생의 명성은 영남에만 한정된 것이 아닌, 전국적인 것이어서 이해 11월 경기도 양주에서 전국 의병연합부대로 13도창의군이 결성될 때, 신돌석 선생은 영남지방을 대표하는 교남창의대장으로 임명됐다. 하지만 일제의 방해로 서울진공작전에 합류하지 못하고 영남으로 되돌아 왔다.

현상금을 노린 옛 동료의 손에 안타깝게…

1907년 말 경상북도 일월산 등지에서 휴식하며 전력을 보충한 선생의 의병부대는 1908년 초부터 활동을 재개했다. 안동의 유시연 의병부대와 긴밀한 연계를 취하면서 의병부대를 몇 개의 소부대 단위로 편성하여 산간벽지를 근거지로 하는 유격전을 수행했다.

강화된 일본군의 추격을 피하고, 수시로 여러 곳에서 동시다발적으로 일본군을 공격하기 위한 전술이었다. 이 전술은 효과를 발휘하여 일본군은 선생의 의병부대가 활동하는 지역에서는 군경 분파소를 설치하지 못했고, 정찰활동도 낮에만 하는 형편이었다.

일제는 여러 작전이 모두 실패하자 회유로 방법을 바꿨다. 경상북도 관찰사의 서약서, 통감의 편지 등을 통해 귀순을 권유했지만, 신돌석 선생은 이를 모두 불살라 버렸다. 겨울이 다가오자 그동안의 전력 손실을 보충해 다음 해 봄에 재기할 것을 기약하고 잠시 의진을 해산했다.

이후 가족을 산중으로 피신시키고 여러 곳의 동지들을 찾아다니던 중, 옛 부하였던 김상렬을 만나 그의 집에 묵었다. 그날 김상렬은 동생 김상근과 함께 선생에게 술과 고기를 권해 만취하게 한 뒤, 깊은 잠에 빠진 선생을 무참하게 살해했다. 신돌석 선생에게 걸린 현상금을 노렸던 것이다. 신돌석 선생은 굳게 믿었던 사람의 손에 살해되어 1908년 11월 18일 31세의 나이로 순국하고 말았다.

■ 대통령장 | 연기우(延基羽)

지혜와 용기 뛰어난 의병장 서울로 진격하여 일제 몰아내자

핵심공적 대한제국군 강화진위대 부교로 복무하던 중 군대해산에 격분해 의병을 일으켜 이인영 등과 13도연합의진의 서울진공작전에 참여했고 경기북부 지방에서 의병으로 활동했다.

주요약력
- 일자 미상 경기도 연천 출생
- 일자 미상 강화진위대 부교(현 중사) 근무
- 1907년 무장 봉기
- 사망 일자 미상
- 1962년 건국훈장 대통령장

"우리가 연기우의 말을 듣지 않다가 이렇게 참패하였노라 연기우는 3일 천기를 보는 사람이라 적을 맞아 패함이 없고 용병술이 신과 같아서 충국애민하는 지성이 참으로 놀라운데 우리 대한에 연기우 같은 사람 셋만 있으면 나라를 찾을 수 있다"

– 강기동 의병장의 연기우에 대한 평

강화진위대에서 근무하던 평민 출신 부교

연기우 선생의 성장에 대해서는 제대로 알려진바 없다. 경기도 삭령(지금의 연천)에서 태어나 대한제국군에서 강화진위대 부교(현 중사)로 근무했다는 사실만 알려져 있다. 이 시기는 외세의 침략이 강해지고 일제의 식민지화가 진행되던 때였다.

강화도는 서울을 방비하는 최전선으로 배로 서울로 진입하려면 반드시 강화도를 지나게 마련이라 전략상 가장 중요한 곳이다. 실제로 이곳에서는 외세와의 전투가 여러 번 일어나기도 해 이곳에 배치된 연기우 선생은 평범한 사람은 아니었을 것이라 짐작할 수 있다.

일제는 1904년 한일의정서를 강제로 체결토록 하더니 1905년에는 을사늑약을 체결케 한다. 광무황제는 헤이그에 특사를 보내 을사늑약의 부당성을 알리고자 했으나 일제는 헤이그 특사 사건에 대한 책임을 물어 광무황제를 퇴위시킨다.

1907년 광무황제의 양위가 확정되자 서울에서는 대한제국군의 격렬한 반대시위가 일어났고 일제는 시위를 막는 동시에 한국을 완전히 식민지화하기 위해 대한제국군을 해산하기로 하고 정미7조약의 부속 각서에 대한제국군 해산에 관한 비밀각서를 교환한다.

대한제국군 해산으로 의병의 깃발을 세우다

연기우 의병대장이 강화도에서 근무하던 당시에 서울에서는 이런 일이 일어나고 있었다. 결국 1907년 8월 일제에 의해 대한제국군이 해산당하자 서울에서는 일본군과 시위대에 의한 교전이 일어났고 그 소식을 듣고 각지의 수비대들은 무장봉기를 일으켰다. 강화진위대의 연기우 선생도 이 소식을 듣고는 부하를 이끌고 일본군을 공격했다.

일본군과 격렬한 전투를 벌이면서 강화도를 빠져나온 선생은 임진강 유역과 연천 보개산을 근거지로 삼아 의병 활동을 펼쳤다. 이 인근은 선생의 고향으로 지원을 받을 수 있을 뿐만 아니라 지리를 잘 알고 있으며 산악이 펼쳐져 있어 전략적으로도 유리한 위치였기 때문이다. 그래서 다른 의병장과는 비교할 수 없는 장기간의 의병활동을 지속할 수 있었다.

당시 대한매일신보 기사에는 "연기우 대장은 지용을 겸비해 헌병과 교전하여도 패하는 바가 없어 헌병들이 감히 범접지 못하고 민간에 폐를 끼치는 일이 없어 인민들의 동요가 없었다"고 적고 있다.

서울진공작전 실패 후 경기 북부 의병전쟁을 주도하다

1907년 8월 군대 강제해산 이후 대한제국군 출신이 대거 의병에 참가하면서 의병의 전투력이 크게 올랐다. 당시 경기 지방 의병의 구심점은 허위와 이인영이었다. 연기우 선생은 허위 부대와 연합해 더욱 성과를 올렸다.

1908년 1월, 13도창의군이 서울진공작전을 펼칠 때 연기우 선생은 허위부대의 선봉으로 서울로 진격했다. 하지만 지원부대가 제시간에 도착하지 못해 전투 중 부상을 입고 후퇴하고 말았다.

서울 진격작전 모형. 연기우 선생은 13도창의대진소의 대대장의 직책으로 서울진공작전에 참가하였다.

설상가상으로 의병진영의 상징적 구심의 이인영이 부친상을 이유로 고향으로 내려가고 허위는 항쟁을 계속하다 1908년 6월에 일제에게 잡혀 교수형을 당하고 만다. 경기도 지방의 의병은 연기우 선생과 이은찬에 의해 재편되었는데 몇 달 후 이은찬이 일본군에게 잡히면서 중부 지방의 실질적인 의병활동은 연기우 선생에 의해 주도 된다.

일제는 연기우 선생의 뛰어난 전략에 고전을 면치 못하고 징세 수입에도 타격을 받고 있어 특히 주목하고 있었다. 일제의 수배지에 따르면 연기우 선생은 신장은 5척 4촌(약 162cm) 정도로 얼굴 왼쪽 관자놀이와 왼쪽 팔에 화상을 입었다고 한다. 평범한 조선식 복장에 붉은색 모자를 쓰고 권총과 검을 찼다는 증언도 있다.

일제의 경기 북부 총공세 이후 행적이 묘연

연기우 의병장 전사 보도기사. 그가 전사했다기에 더 이상의 후속기사는 찾을 수 없다.

1909년 경기 북부의 의병전쟁은 몇 년간 일제와 격전을 벌인 연기우 선생과 헌병보조원으로 근무하다 의병에 투신한 강기동에 의해 주도된다. 두 사람은 군인 경력을 살려 소규모 부대로 유격작전을 벌이거나 연합하여 대규모 작전을 수행하면서 일본군을 공격한다.

1910년 2월에 들어서자 일제는 강제 합병을 추진하고 이에 걸림돌이 되는 경기 북부 의병을 전멸시키기 위해 총공세를 펼친다. 더 이상 견딜 수 없게 된 의병장들은 만주나 러시아로 이동해 독립군으로 활동하기로 한다.

이때 강기동 의병장은 이동 중 원산에서 잡히고 만다. 강기동은 법정과 임종 전에 "우리가 연기우의 말을 듣지 않다가 이렇게 참패하였노라. 연기우는 3일 천기(天氣)는 보는 사람이라 적을 맞아 패함이 없고 용병술이 신과 같아서 충국애민하는 지성이 참으로 놀라운데 우리 대한에 연기우 같은 사람 셋만 있으면 나라를 찾을 수 있다"고까지 말할 정도였다.

그 후 연기우 대장은 어디로 갔는지 어떤 활동을 했는지 기록이 없다. 1914년 6월 강원도 인제에서 아버지와 함께 체포되었다는 매일신보 기사가 있는데 재판기록이나 처형기록이 없어 오보일 가능성이 크다. 일제의 기록에서도 그가 블라디보스토크나 미국으로 망명한 것이 아닌가 하는 추측만 할 뿐이었다.

연기우 의병장 공적비

■ 대통령장 | 이은찬(李殷瓚)

13도 전국의병연합 탄생시킨 유생 출신 의병대장

핵심공적

13도창의군을 조직해 서울진공작전을 기획한 대한제국 시기의 의병장이다.

주요약력

- 1878년 강원도 원주 출생
- 1986년 경상북도 김천에서 의병 거의
- 1907년 강원도 원주에서 의병 거의, 13도창의대로 구성
- 1908~1909년 의병장으로 임진강유역에서 일군과 교전
- 1909년 일본 경찰에게 사로잡힘
- 1909년 6월 27일 경성지방법원에서 사형, 순국
- 1962년 건국훈장 대통령장

1907년, 일제는 헤이그 특사를 빌미로 광무황제를 강제 퇴위시켰다. 이 일로 전국 각지에서 의병을 일으켜 일제에 대항했다. 하지만 일제는 전면적인 공격으로 초 · 중기 의병전쟁의 중추적 역할을 했던 유림세력을 서서히 제거해 나갔다. 이런 시기에도 경기 북부에서 최대의 연합 의병을 이끌고 활약한 유생 출신의 의병장이 바로 이은찬 선생이다.

한 번의 실패로 멈추지 못한 구국의 신념

이은찬 선생은 1878년 강원도 원주군에서 태어났다. 아쉽게도 선생의 성장과정이나 학통은 알 수 없다. 다만 선생의 활동 무대와 의병 동지들을 고려할 때 화서 학통의 인물로 여겨질 따름이다.

을미의병 당시 원주는 의병들이 일시 주둔하거나 혹은 2~3개월 유진하는 장소였다. 이때 의병들의 주둔지로 남아있는 곳이 바로 의병뜰로 알려진 곳이다.

선생이 처음 의병을 일으킨 시기는 명성황후 살해 직후인 1896년으로 국모보수의 기치를 내걸고 이기찬, 조동호, 이기하 등과 경상북도 김천에서 의병을 일으켰다. 각지에 의병 모집 격문을 발송하고 금릉의 무기고를 습격해

무장한 뒤 대구 진격을 준비했다. 하지만 관군의 공격을 받고 조동호와 함께 사로잡혀 전기 의병전쟁에서는 크게 활약하지 못했다.

이은찬 선생은 군대해산 직후인 1907년에 다시 의병을 일으켰다. 선생은 그해 9월 이구채와 함께 해산군인 80여 명을 포함한 500여 명의 의병을 불러 모아 원주에서 의병을 일으켰다. 이후 경북 문경에 은거하고 있던 이인영을 창의대장으로 추대하여 관동창의대를 결성하고, 자신은 중군장이 되었다. 그리고 경기도 연천의 허위 의병부대가 원주에 이르자 선생은 그와 함께 전국의병연합체 결성을 적극 추진했다.

13도창의대의 서울진공작전 계획의 핵심

서울진공작전 기념비

박은식의 「한국독립항쟁지혈사」에는 전국 의병 연합체인 13도창의대 결성이 이은찬 선생의 지략으로 이루어졌으며 각 군의 장령 임명도 모두 선생이 한 것이라고 기록하고 있다. 선생의 주도로 그해 11월 각 도의 의병부대는 경기도 양주로 집결하여 전국 의병 연합체인 13도창의군을 편성했으며 동시에 서울진공작전을 수립했다.

1907년 12월부터 두 달여 동안 13도 창의군은 서울 근교에서 일본군과 전투를 벌이면서 동대문 밖 30리까지 진격하는 성과를 냈지만 창의대장 이인영이 아버지의 사망으로 귀향하고 의병부대끼리 유기적인 협조 체제가 이루어지지 않아 서울 진공작전은 실패했다.

이후 선생은 의병부대를 이끌고 1908년 2월 임진강 유역으로 활동 근거지를 옮겼다. 여기서 선생은 허위를 중심으로 조인환, 왕회종, 김진묵 의병부대와 김수민, 박종한 의병부대를 규합해 임진강 연합의병을 결성한다. 이들 연합 의병은 그해 4월 21일 전국에 의병봉기를 호소하는 통문을 발송했으며 5월에는 통감부 폐지, 외교권 반환 등 30개 요구조건을 제시하면서 재차 서울 진격 작전을 추진했다.

유격전과 연합전으로 일제의 허를 찌르며 공격

경기 북부에서 의병전쟁이 격화되자 일제는 일본군 수비대, 헌병대, 경찰대 등을 동원해 임진강 연합 의병부대에 대한 대대적인 탄압작전을 감행했다. 임진강 연합 의병부대를 이끌던 허위가 그해 6

월 11일에 잡히고 선생의 의병부대에서도 임운명 등 120명의 의병이 일본군 수비대에 투항하는 등 내부적 동요가 있었다.

그럼에도 불구하고 선생은 임진강 연합 의병부대를 소부대로 나누어 유격전을 펼치고 필요할 때는 대규모 연합전을 펼쳐 일제는 지속적인 피해를 입고 있었다. 이에 일제는 전력을 보충하고 통신시설을 정비해 경기 강원 ,황해 지방에 걸쳐 가장 성망이 높고, 오랫동안 세력을 유지하고 있는 선생의 연합 의병부대를 목표로 본격적인 탄압 작전을 감행했다.

이은찬 의병장 추모비

오랜 기간의 전투로 선생의 의병부대는 군량미와 탄약이 부족해진 상태였는데 이때 헌병보조원 출신으로 의병에 가담한 강기동이 "재무서에서 납부된 세금은 우편물과 함께 서울로 운송된다"는 이야기를 한다. 선생은 우편물 습격을 계획하고 동시에 각 면, 동장에게 격문을 배포하면서 군자금을 모았다.

중국 만주로 망명하여 재기를 도모하려 했으나…

여러 차례 전투에서 패배하였던 일본군은 군 · 경 합동토벌대를 편성해 대대적인 수색 작전을 폈다. 선생의 의병부대는 포천과 양주로 옮겨 다니며 이들의 수색 작전을 피했으나 3월 4일 포천군 무림리에서, 3월 6일 양주군 현암리에서 이들의 공격을 받고 전투력을 거의 상실해 의병부대는 해산한 것으로 보인다.

이후 선생은 중국 만주로 망명하여 재기를 도모하려고 했다. 이러한 사실을 탐지한 친일 밀정 박노천, 신좌균 등은 과거 선생의 동지였던 조수연을 보내 군자금을 제공한다는 명목으로 선생을 서울로 유인했다. 이들의 함정에 빠진 선생은 3월 31일 박노천, 신좌균을 만나기 위해 용산역으로 갔다가 미리 잠복하고 있던 일본 경찰에게 잡히고 말았다.

선생은 재판정에서 의병활동은 한국의 독립 보존은 물론 동양 평화를 위한 것임을 당당하게 밝혔다. 1909년 5월 10일 선생은 일제가 사법권을 행사하던 경성지방법원에서 교수형을 선고받았다. 이은찬 선생은 옥중시를 남기고 6월 27일 형 집행으로 순국하고 말았다.

국립서울현충원 애국지사 묘역에 안장된 이은찬 의병장 묘소

■ 대통령장 | 이인영(李麟榮)

서울 탈환 시도한 전국 연합의병부대 총대장

핵심공적 13도창의군을 조직해 일제로부터 서울을 탈환할 계획을 수립하고 실행한 서울진공작전을 추진했다.

주요약력
- 1868년 9월 23일 경기도 여주 출생
- 1895년 여주의병 거의
- 1907년 13도 창의대진소 의병 총대장
- 1908년 서울 탈환작전 개시
- 1909년 8월 13일 경성 감옥에서 사형, 순국
- 1962년 건국훈장 대통령장

동포들이여! 우리는 함께 뭉쳐 우리의 조국을 위해 헌신하여 우리의 독립을 찾아야 한다. 우리는 야만 일본제국의 잘못과 광란에 대해서 전 세계에 호소해야 한다. 간교하고 잔인한 일본제국주의자들은 인류의 적이요, 진보의 적이다. 우리는 모두 일본놈들과 그들의 첩자, 그들의 동맹인과 야만스런 제국주의 군인을 모조리 죽이는 데 힘을 다해야 한다.

–광무 11년(1907년) 9월 25일 대한관동창의대장 이인영

높은 학문과 견식으로 문인들의 큰 신망을 받던 젊은이

이인영 의병장 생가. 정미의병에서 관동창의대장 및 13도창의대장으로 활동한 이인영 의병장이 태어난 곳이다.

1868년 9월 23일 경기도 여주군 군북면 교곡동에서 4남매 중 맏아들로 태어났다. 어려서부터 높은 학문적 성취로 전국의 많은 문인들이 그를 칭송했다. 27살 때인 1895년, 일제가 명성황후를 살해해 사람들의 분노가 높은 가운데 그다음 달에 내려진 단발령은 전국의 유생들이 들고 일어나는 도화선이 됐다.

단발령 소식을 들은 이인영 선생은 여주에서 의병을 일으켜 5백여 명을 규합해 춘천과 양주 등지

에서 일본군과 전투를 시작한다. 하지만 유생이 주도가 된 의병의 전투력으로는 관군과 일본군을 당해내기 어려웠고 1896년 여름 광무황제로부터 해산령이 내려지면서 이인영 선생은 의병을 해산하고 경상북도 문경 산중에서 은둔 생활을 했다.

그로부터 10년 후인 1905년, 을사늑약이 체결되고 일제가 헤이그 특사를 빌미로 광무황제를 폐위하자 전국에서 다시 의병이 일어났고 강제 해산된 대한제국군 출신이 속속 의병에 참여하면서 예전의 의병전쟁과는 양상이 사뭇 달라졌다. 유생들로 조직되어 전투 경험이 부족해 고전을 면치 못했던 예전과 달리 해산군인들이 참여하면서 실전 능력이 상당히 올랐던 것이다.

병든 부친에게 작별인사한 후 관동창의군의 대장이 되다

이때 강원도 원주에서 의병 2천여 명을 일으킨 이은찬, 이구채 등이 선생을 지휘자로 모시기 위해 찾아와 간곡히 권유하였으나 부친의 병이 깊을 때여서 쉽게 허락하지 못했다. 이은찬은 "이 천붕지복(天崩地覆)의 날을 당하여 국가의 일이 급하고 부자의 은(恩)이 경한데 어찌 자자로서 공사를 미루리오"라며 4일 밤낮을 가리지 않으며 선생의 결단을 촉구하자 1907년 7월 25일 선생은 마침내 이를 허락한다. 언제 돌아가실 줄 모르는 부친에게 작별 인사를 하고 즉시 원주로 가 의병원수부를 설치한 뒤 관동창의대장이 되었다.

이인영 선생은 곧 곳곳에 격문을 보내 "일제는 인류의 적이므로 분쇄해 조국의 국권을 찾자"고 호소했고 서울 주재 각국 영사관에도 통문을 보냈다. 특히 「고재상항동포(告在桑港同胞)」라고 쓰여진 격문은 1908년 3월 22일 미국 샌프란시스코에서 장인환, 전명운 의사가 친일 미국인 스티븐슨을 저격하는데 결정적인 동기가 됐다.

국내외에 배포된 격문은 많은 이들로 하여금 구국의지를 불태우게 했으며 사람들은 이 격문에 감동해 의병에 참가했다. 선생은 이때부터 1907년 11월까지 원주, 철원 등 강원지역에서 38차례나 일군과 교전했다.

13도 연합의병 총대장으로 서울진공 시도

이인영 선생은 지방에서 일군과 싸워도 서울을 장악하고 있는 일제를 몰아내지 않으면 국권회복은 불가능하다고 판단했다. 이때 이은찬이 전국의 의병을 모으자고 권유한다. 선생은 각자 싸우기보다는 대규모 연합의병부대로 편성하여 통일된 지휘 아래 서울로 진격하여 일거에 일군을 패퇴시키려는 계획을 수립한다. 1907년 11월 각 의병대장에게 경기도 양주로 집결할 것을 촉구하고 13도창의대진소원수부(13道 倡義大陣所元帥府)를 설치했다. 그리고 모인 의병장들은 만장일치로 이인영 선생을 총대장에 추대했다.

서울 진격일을 12월 말(음력)로 정한 선생은 예하 의병대장들에게 경기 양주군 수택리 일대에 진주토록 하고 각 의병진에서 결사대원 3백여 명을 선발한다. 공격개시에 앞서 김세영에게 격문원고를 작성하고 서울에서 인쇄해 서울주재 각국 영사관에 전달하도록 지시했다.

13도의진과 일본군의 전투가 벌어진 것으로 추정되는 망우리 고개

선생은 이 격문에서 을사늑약의 폐지와 13도 창의대진소를 교전단체로 인정해 줄 것을 요구한 뒤 2천여 명의 의병을 이끌고 동대문 밖 30리 지점까지 진격했다. 그러나 이때 이미 일군은 수천 명의 보병과 기마병으로 망우리 일대 군사요충지를 선점하고 기다리고 있었다.

무기 · 병력 열세로 일제에 패배, 부친 사망소식까지 접하다

결사대원이 앞장서 싸웠음에도 빈약한 화승총으로는 기관총과 잘 훈련된 군대를 이기기는 힘들었다. 설상가상으로 각도 의병들은 일본군에게 막혀 시간 안에 도착하지 못해 고립무원의 처지에 놓이게 됐다.

이인영 선생은 의병대에 후퇴명령을 내리고 진영을 재정비할 무렵, 1907년 12월 25일(음력) 부친의 사망소식을 접하게 된다. 선생은 아들의 도리를 다하지 못한 일 등을 통곡하며 자책한 후 허위에게 군무를 위탁하고 총대장직을 사임한다. 하지만 1908년 5월 14일 포천 영평에서 허위가 사로잡히는 바람에 서울 공략계획은 이로써 무산됐다.

선생은 이후 시영(時榮)으로 이름을 바꾸고 경상북도 상주에서 노모를 모시고 살며 삼년상이 끝나는 대로 다시 의병을 일으키려고 마음먹었다. 그러나 부친의 묘를 성묘하는 것이 단서가 돼 1909년 6월 7일 충북 황간 금계동에서 일본군 헌병에게 붙잡혔다.

선생의 마지막 소원은 일왕과 만나 담판을 짓는 것이었으나 받아들여지지 않은 채 1909년 8월 13일 경성지방법원에서 교수형을 선고받았고 그해 9월 20일, 42세의 나이로 서대문 형무소에서 순국했다.

■ 대통령장 | 전해산(全海山)

의리와 명분을 중요시 하는 호남 의병의 정신적 지주

핵심공적 호남지역에서 의병을 일으켜 일군경과 70여 차례 교전하고 호남지역 의병들의 정신적 지주로 활동했다.

주요약력

- 1879년 10월 18일(음) 전라북도 임실 출생
- 1908년 대동창의단 조직 의병장으로 활동
- 1910년 7월 18일(음) 대구감옥소에서 사형, 순국
- 1962년 건국훈장 대통령장

서생이 무슨 일로 갑옷을 입었나 / 본래 세운 뜻이 이처럼 틀려지니 한숨만 나오고 / 조정에서 날뛰는 꼴 통곡하겠네 / 바다건너 들어온 적 차마 말도 못하겠소
대낮에 소리 삼키고 강물이 멀어지고/ 푸른 하늘도 오열하며 실버들에 비 뿌리고 / 이제는 영산강으로 다시 못 가리니 / 두견새 되어 피눈물 흘리며 돌아갈거나.

– 전해산 선생이 옥중에서 쓴 시 –

어린 시절 시가와 문장에 영특함 보여

전해산 선생은 1879년 전라북도 임실군에서 2남 2녀 중 장남으로 출생했다. 해산(海山)은 그의 호이고 본명은 수용이다. 선생의 가문은 양반이었으나 계유정난으로 전라도 진안에 내려와 정착했고 그 이후 수 대에 걸쳐 벼슬길이 막혀 향반으로 남아 빈한한 가세를 유지하고 있었다.

전해산 선생은 불의를 보면 의기가 북받쳐 분개하는 마음이 남달리 강하였다. 어릴 때부터 아버지와 함께 밭을 일구며 당천 이한용의 밑에서 학문을 틈틈이 연마해 시가와 문장에 영특함을 보여 주위 사람들로부터 칭찬을 받았다. 이한용은 영남의 대유학자인 곽종석의 제자로 그 부근 고을에 널리 알려진 학자다.

전해산 의병장의 모습

유학 경전 중에서도 선생이 특히 심취했던 책은 의리와 명분을 양대 지주로 하는 춘추좌씨전이었으며 월남망국사와 같은 외국 역사와 관련된 책에도 관심을 가졌다. 이름 높던 선비들인 송병선, 기우만과 면암 최익현 등이 인근 마을인 익산군의 낙영당에서 강회를 열 때 동향인 이석용과 함께 참가하여 우국충정 어린 강연을 듣고 깊은 감명을 받는다. 전해산 선생은 견문과 학식을 바탕으로 하여 실천 유학자로 자라났다.

창의동맹단에서 본격적인 의병 활동을 시작

당시 을사늑약 체결에 대한 반발로 최익현이 창의토전소를 올려 의병을 일으킬 뜻을 밝히고 호남 유림지사와 문하생들을 규합해 1906년 6월 태인 무성서원에서 의병을 일으켰다.

이때 전해산 선생도 이석용과 함께 최익현을 만났으나 전력과 전술면에서 일본군과 맞서 싸우기에는 너무나 빈약해 실망하고 귀향하고 말았다.

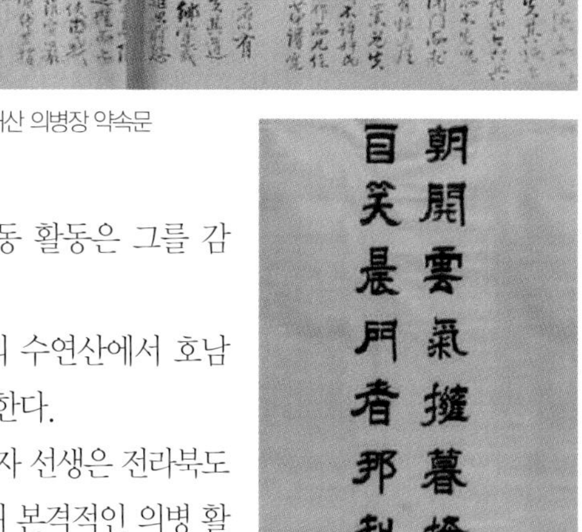

전해산 의병장 약속문

전해산 의병장이 쓴 8폭 병풍용 묵서

그러나 백성으로부터 추앙받던 최익현의 항일운동 활동은 그를 감화시켜 의병을 일으키는 계기가 된다.

1907년 9월 기삼연, 김용구 등이 전라남도 장성의 수연산에서 호남창의회맹소를 조직하자 전해산 선생도 여기에 참가한다.

이후 김용구 의병부대의 패전으로 회맹소가 없어지자 선생은 전라북도 임실 등지에서 이석용이 조직한 창의동맹단에 합류해 본격적인 의병 활동을 시작한다. 선생은 진안과 임실을 중심으로 경찰서, 헌병분파소 등의 건물을 습격하고 일군 토벌대와도 여러 차례 격전을 벌이는 맹활약을 했다. 하지만 그해 3월과 4월 일본군과의 여러 차례 전투에서 패해 의병 활동이 크게 위축되고 동료들이 하나 둘 잡히거나 순국했다. 남은 의병을 모아 재기를 준비할 때 시위대 참위출신인 정원집이 해산당한 군인을 이끌고 선생을 찾아왔다.

대동창의단을 일으켜 일군경과 70여 차례 교전하다

그동안 의병을 지도해 달라는 요청을 거절하고 낮은 위치에서 활동하기를 원했으나 정원집이 이끄는 해산 군인까지 합세하자 결국 요청을 받아들여 1908년 7월 25일(음)에 대동창의단을 조직했다. 그러나 의병 구성원의 정체가 발각되면 마을 전체가 보복대상이 될 수 있고 훈련부족으로 일본군과 정면 대결은 힘들어 소규모의 병력으로 공격하는 게릴라식 전법을 사용했다.

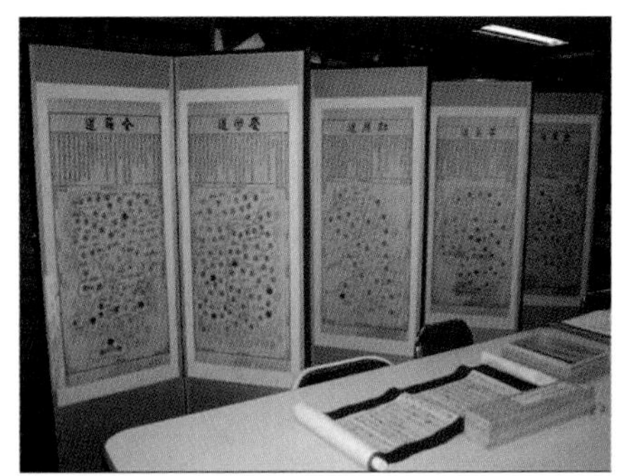
전해산 의병장 작전지도로 만든 병풍

또 밀정에 의해 의병진의 위치가 파악되는 것을 방지하기 위하여 의병들이 있는 곳에서는 마을 어귀에 파수를 세우고 종사원들에게 줄을 세워 계속 말을 전달하게 하는 연환식 전달제도를 운용했다. 훈련이 부족한 의병, 빈약한 무기와 군수에도 불구하고 지리적 이점을 최대한 이용해 유격전을 수행하면서 호남 중서부 지방을 장악할 수 있었다.

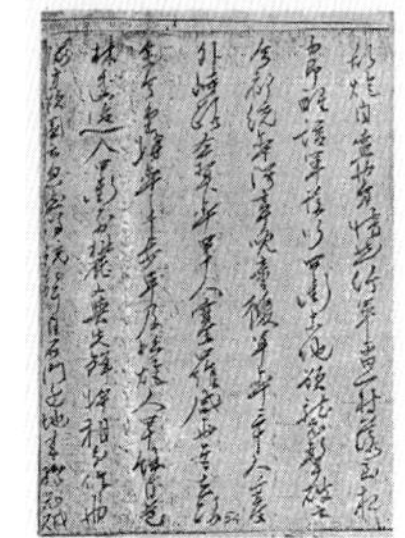
전해산 선생의 진중일기. 일본의 침략에 항거한 구한말 의병들의 투쟁 모습을 잘 보여주는 기록 중 하나로 손꼽힌다.

대동창의단의 활동이 활발해질 무렵인 1908년 겨울, 호남의병장들이 여러 차례 상의한 끝에 호남동의단을 조직하고 선생을 의병대장으로 선출했다. 이 호남동의단의 의병장들이 활동했던 지역은 전라도 전역이었고 선생은 호남의병의 정신적 지주가 되어 활동했다. 전해산 선생은 호남지역에서 의진을 규합하여 일군과 투쟁을 벌이는 한편 포악한 관리, 일진회원, 헌병보조원 등의 횡포를 징계하고 가짜의병을 처단했다.

호남의병의 정신적 지주로 활동하다

전해산 선생의 활동을 막기 위해 일제는 몇 만 명의 병력을 동원해 의병을 '토벌'했다. 시간이 지날수록 의병들의 활동은 크게 위축될 수밖에 없었다. 영광 오동과 덕흥 전투에서의 연패로 수많은 사상자를 내고 겨우 탈출했으나 의병의 사기는 급격히 떨어져 전투능력을 상실하고 말았다.

이에 선생은 최후의 방편으로 만주로 떠나자고 했으나 부하들 중에 동의하는 자가 없었다. 게다가 순종황제의 의병 해산령이 내려오자 영광 오동촌에서 부대의 지휘권을 박영근에게 넘겨주고 의병부대를 떠났다.

그 후 전해산 선생은 남원 고래산에서 서당을 열었다. 하지만 같이 의병으로 활동하던 조두환이 일제가 내건 현상금에 눈이 멀어 선생을 밀고했다. 수십 명의 일본 경찰에게 둘러싸인 선생은 가족을 만나고 싶다 요청하고 가족들에게 다시 돌아오지 못한다며 마지막 인사를 남기고 떠났다.

1910년 6월 3일 광주지방법원에서 사형을 언도 받은 후 대구 감옥소에 이감되어 대구공소원과 고등법원에 상고하였으나 기각되고 말았다. 7월 18일(음) 교수형으로 순국한 선생을 따라 부인이 자결했고 쌍상여로 장례를 치렀다고 한다.

■ 대통령장 | 정환직(鄭煥直)

광무황제의 명을 받아 서울진공작전 추진한 의병장

핵심공적 광무황제의 명을 받아 영남지역에서 산남의진을 만들어 의병 활동으로 대일 투쟁을 전개했다.

주요약력

- 1843년 경상북도 영천 출생
- 1888년 의금부 금부도사, 삼남관찰사
- 1900년 아들 정용기의 산남의진 의병 봉기
- 1907년 아들의 전사로 산남의진 대장에 오름
- 1907년 11월 16일 영천 남쪽 교외에서 총살, 순국
- 1963년 건국훈장 대통령장

몸은 죽으나 마음은 변치 않으리/ 의리가 무거우니 죽음은 오히려 가볍다
뒷일은 누구에게 부탁할꼬 / 말없이 앉아 오경을 넘기노라

– 정환직 선생이 마지막으로 남긴 시–

청일전쟁을 바라보며 싹튼 항일 의지

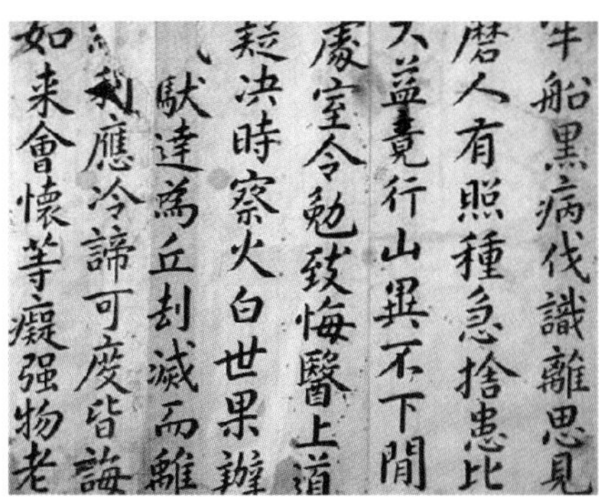
「등루부(登樓賦)」등의 한시를 적어 놓은 정환직 선생 유묵첩

정환직 선생은 1843년 경상북도 영천군에서 태어났다. 원래 이름은 치우(致右)였으나 1900년 고종이 이름과 호를 하사해 이름을 환직(煥直)으로 바꿨다. 고려 중기부터 중앙 관직에 나간 조상이 많은 이름 있는 가문 출신이다.

어릴 때부터 신동으로 소문이 나 12살 때인 1855년 향시에서 장원을 차지했다. 그러나 집안 형편이 어려워 의술을 익혀 각지를 다니던 중, 서울에서 의술로 명성을 얻었다. 44살인 1887년, 같은 집안사람인 형조판서 정낙용의 추천으로 태의원 전의로 관직을 시작할 수 있었다.

1888년에 충무위사용행의금부도사겸중추원의관으로 벼슬에 올랐고 동학농민운동이 일어나자 남

부지방에 삼남참오령으로 파견되어 토벌작전에 참여했다. 이어 청일전쟁이 발발하자 당시 군무대신 조희연과 동행하여 청일양군의 전투를 직접 관전했다.

청일전쟁에서 승리한 일제가 내각재편과 내정개혁을 진행하자 각지의 동학농민이 항일구국을 표방하며 봉기가 일어난다. 이에 조선정부는 동학농민군 토벌에 일본군의 개입을 허락했으나 정환직은 '일병의뢰반대상소'를 올려 일본군의 개입을 반대하지만 조정은 선생을 선유사겸토포사로 임명해 황해도의 동학농민군 진압을 명령한다.

광무황제의 명을 받아 의병을 일으키러 떠나다

1895년 정월 정환직 선생은 진주에서 을미사변의 소식을 듣고 관직에서 물러난 뒤 은거했다. 이듬해에는 전국적으로 의병이 일어났고 아관파천으로 전 국민의 반일감정은 한층 높아졌다. 1897년 8월 대한제국이 수립되자 선생은 시종관에 임명돼 다시 관직에 나오게 된다.

그 후 삼남시찰사, 삼남도찰사 등 남부 지방을 담당하면서 부정을 뿌리 뽑는 깐깐한 관리로 광무황제의 신임을 받고 있었다. 1901년 11월 20일 밤 종묘에서 불이 났을 때 황제와 태자를 피신케 한 공로로 이름과 자호(字號)를 하사받아 이름을 정치우에서 정환직으로 바꿨다.

관직에 있던 그가 의병활동에 본격적으로 뛰어들게 된 것은 1905년이었다. 을사늑약이 체결되자 광무황제는 선생에게 "경(卿)이 화천(華泉)의 물(水)을 아는가. 짐망(朕望)하노라" 밀지를 내렸고 선생은 의병을 일으킬 준비를 하게 된다. 1905년 12월 30일 고종의 밀지를 받은 정환직은 관직을 사퇴한다. 큰아들 정용기에게 의병을 일으킬 것이라 이야기하고 고향으로 떠나려 했다. 정용기는 자신이 직접 나서겠다고 해서 부자는 같이 의병을 일으키기로 한다.

서울진공을 위해 세운 산남의진

정환직 선생 순국지 및 산남의진비. 산남의진은 1906년 3월 경상북도 영천에서 조직된 항일의병부대이다.

큰아들 정용기는 영남지방으로 내려가 의병을 모집하고 무기를 수집하여 의병을 일으켜 강원도를 거쳐 서울에서 합류하는 진공 계획을 세웠다. 이 계획은 13도창의병이 실현하려 했던 서울진공작전의 모체가 됐다.

1906년 1월 아들 정용기는 영남에서 의병을 일으킬 준비를 하고 선생은 영남 일대를 순회하며 동지를 모으고 이한구와 함께 1월말 서울로 돌아왔다. 정환직 선생은 의병을 일으키기 위한 군자금으로 고종의 하사금 5만 냥, 전 참찬 허위 등 동료들의 모금 2만 냥을 확보했다. 그 돈으로 정환직은 청나라 사람 왕심정을 통해 양식총 500정과 기타 군수품을 구입하기로 한다.

1906년 3월 정용기는 영천에서 산남의진을 결성했다. 삼남의진은 처음부터 목표가 서울진공작전이었기에 지역부대에게 강원도 오대산에서 회합하자고 연락하고 북상을 시작했다. 서울에 있던 정환직 선생은 직접 모집한 의병 100명을 강릉 남쪽의 금광평으로 보내 산남의진을 맞이할 준비를 했다. 하지만 정용기는 신돌석의병진이 영해에서 토벌군에게 패했다는 소식을 듣고, 이를 돕기 위해 수백 명의 병력으로 영해를 향해 진군했다가 사로잡히고 만다. 아버지의 도움으로 석방은 되었으나 서울 진공작전은 미뤄지게 된다.

결국 서울에 입성하지 못하고…

영천으로 돌아온 정용기는 1907년 초여름부터 다시 의병투쟁을 재개한다. 영해, 청하, 청송, 포항 등지에서 일본군과 전투를 벌였지만, 북상은 계속 지연되고 있었다. 정환직 선생은 서울진공작전을 실행하기 위해 독자적인 의병부대를 편성한다.

정환직 선생과 그의 장자 정용기의 애국정신을 기리기 위해 묘 근처에 세운 재실

9월 1일 산남의진은 입암을 공격했으나 일본군의 역습으로 대장 정용기를 비롯하여 중군장 이한구, 참모장 손영각 등 수십 명의 장령들이 전사하는 참변을 당했다. 입암전투에서 참패한 산남의진은 정환직을 대장으로 추대하고 새로 만드는 수준으로 재편해 다시 활동을 시작했다.

재건한 산남의진은 청송 보현산 일대와 영일 동대산 일대를 중심으로 활동했다. 그러나 증파된 일본군이 안상, 기계 등 동해안 일대에서 기습전을 전개했고, 그 때문에 의병진의 탄약과 장비의 소진은 심각한 상황이었다.

정환직은 관동 진출을 위한 최후의 방책으로 진용을 분산하여 북상한다는 계획을 세웠다. 그러나 정환직 선생은 11월 6일 청하면 각전에서 일본군에게 잡히고 만다. 일제는 귀순할 것을 권유했으나 선생은 끝내 거부했고 영천으로 돌아오던 중 남쪽 교외에서 1907년 11월 16일 총살, 순절하였다.

■ 독립장 | 고광순(高光洵)

일제조차 고충신(高忠臣)이라 감탄한 호남의 의병장

핵심공적 1906년에 의병을 일으켰고 노구의 나이를 이끌고 일제와 싸워 호남지역의 의병활동에 큰 영향을 끼쳤다.

주요약력

- 1848년 2월 7일 전라남도 담양 출생
- 1895년 광주의진 참여
- 1906년 창평에서 거의, 의병장으로 활동
  남원 · 화순 · 능주 · 화개 전투에서 승전
- 1907년 10월 16일 지리산 연곡사에서 전사, 순국
- 1962년 건국훈장 독립장

"한 번 죽어 나라에 보답하는 것은 내가 평소 마음을 정한 바이다. 여러분은 나를 위해 염려하지 말고 각자 도모하라." 이에 부장 고제량이 죽음을 함께 할 것을 맹약했다. "당초 의(義)로써 함께 일어섰으니, 마침내 의로써 함께 죽는 것이 당연하다. 죽음에 임해 어찌 혼자 살기를 바라겠는가!"

임진왜란 때의 의병장 고경명의 후손

고광순 선생은 1848년 2월 7일 전라남도 담양군에서 태어났다. 그의 집안은 임진왜란 당시 의병을 일으켜 충청도 금산에서 순국한 고경명, 고종후, 고인후 삼부자의 가문이었다. 고광순은 그 가운데서도 고인후의 제사를 모시고 있는 후손이었으니 태어나면서부터 절개와 의리가 높은 선비의 기운을 타고났다.

어려서부터 고광순은 재능이 뛰어나고 행동이 남달랐다. 외조부에게 학문을 배웠는데 얼마 후 그가 종가의 양자로 가게 되자 외조부는 외손들 가운데 제일가는 아이를 빼앗겼다며 아쉬워했다고 전해진다. 선생은 학문에 전념하면서도 효성이 지극하고 우애가 남다른 데다 가난하고 억울한 사람들을 도와줌으로써 덕을 좋아하는 군자로 칭송됐다. 고광순은 젊은 시절 과거에 응시한 적이

있었으나 비리와 부정이 가득한 과거장의 모습을 보고 크게 실망해 그대로 귀향하고 말았다.

고광순 선생은 을미사변이 일어나자 국왕에게 상소를 올려 "국사를 그르친 괴수를 죽여 국법을 밝히고 나라를 망치는 왜적을 빨리 무찔러 원수를 갚아야 한다"고 하면서 을미사변의 원흉들을 단죄할 것을 통렬하게 주창했다.

을미사변으로 호남의 유림인사와 함께 의병을 일으키다

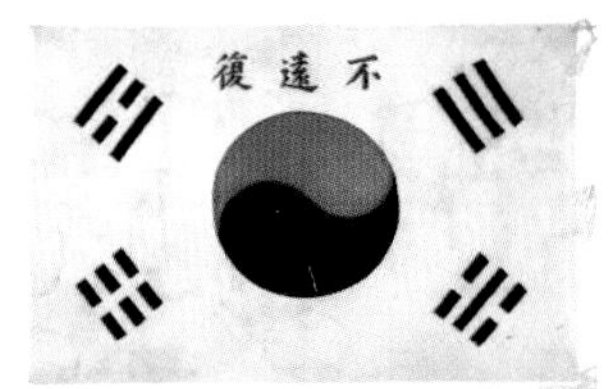

고광순 의병장이 사용하던 '불원복기'

을미사변에 뒤이어 단발령이 내려지자 사람들 사이에 일제에 대한 적개심이 더욱 커졌고 전국에서 의병이 일어났다. 고광순은 호남지방 유림계의 명사들인 송사 기우만, 성재 기삼연 등과 연락을 취하며 각 고을로 격문을 보내 의병 규합에 나섰다.

1896년 2월(음) 광주와 나주 등지에서 사람들이 몰려와 의병에 속속 참가했다. 기우만을 주축으로 광주향교에 집결해 규칙을 정하고 앞으로의 전략을 논의했다. 기삼연도 이때 3백여 명의 의병을 이끌고 광주로 합세했다.

하지만 영남지역의 의병을 격파한 여세를 몰고 호남으로 행군해 온 이겸제가 거느린 관군의 공격을 받아 의병 측에 가담한 해남군수 정석진이 희생됐고 선유사 신기선이 해산 칙령을 가지고 오자 의병들은 더 이상 항거할 명분을 잃고 자진 해산하고 말았다.

국왕의 명령인지라 의병을 해산하기는 했지만, 그 명이 국왕의 본심이 아니고 일제와 매국대신의 협박 때문에 내려진 것임을 알고 있었기에 고광순과 기우만 등의 선비들은 전국 각지를 돌며 재기의 기회를 노리고 있었다.

광무황제로부터 애통조를 받고 복수를 다짐하다

고광순 선생은 의병을 일으킨 이후 집안일은 접어둔 채 오직 의병을 재기하겠다는 일념으로 밤낮을 가리지 않고 뛰어다녔다. 선생의 나이 58세 때인 1905년에 러일전쟁에서 승리한 일제는 대한식민지화에 박차를 가해 을사늑약을 강제로 체결했다.

그 일로 다시 전국에서 항일 투지가 크게 불타올랐으며 각지에서 다시 의병이 일어났다. 1906년 6월 태인의 무성서원에서 일어난 최익현 의병이 정읍을 거쳐 순창으로 들어갔다는 소식이 전해지자, 고광순은 고제량과 함께 여기에 동참하기 위해 달려갔지만, 이미 출동한 진위대에 의해 최익현은 체포당하고 의진이 해산된 뒤였다.

고광순 선생은 그해 11월에 다시 백낙구, 기우만 등과 함께 구례의 중대사(中大寺)에 모여 각지의 군사들을 모아 11월 6일 순천읍을 공략하기로 하고 의병을 일으켰다. 하지만 이날 모인 사람이 얼마 없어 오히려 주모자들이 체포되고 말았다.

이런 와중에 광무황제로부터 비밀리에 의병을 독려하는 애통조(哀痛詔)를 받았다. 선생은 감격해 하며 1907년 1월 24일 고제량 등의 지사들과 함께 인근지역의 장정들을 모아 놓고 담양군의 전주 이씨 제각에서 의병을 일으켰다.

오랜 기간 대항을 위해 지리산에 근거지를 마련하다

그 후 고광순 선생은 고령의 나이로 오로지 충의에 의지하여 고군분투했다. 일제조차 그를 호남의병의 선구자 혹은 고충신(高忠臣)이라 부르며 감탄할 정도로 호남지역의 의병활동에 큰 영향을 끼쳤다.

지리산 연곡사는 임진왜란에 이어 의병 근거지로, 구한말 일제에 의해 다시 불태워진 수난의 절이다.

1907년 9월 임기응변식의 즉흥적인 전투방식을 탈피하여 새로운 근거지를 구상하고 장기지속적인 항전태세를 갖추고자 지리산 피아골에 사람들을 모았다. 피아골 계곡 아래에 있는 연곡사를 본영으로 삼고 태극기를 군영 앞에 세워 장기항전의 채비를 갖췄다.

지리산이 영 · 호남 의병 활동의 본거지로 변모하자 일제 군경은 대대적인 탄압작전에 돌입했다. 1907년 10월 16일 새벽, 연곡사를 포위한 채 일제 군경이 공격을 개시했고 의병들은 연곡사 구석으로 몰렸다. 의병은 우세한 인원을 바탕으로 완강히 저항했지만, 워낙 무기의 차이가 컸다.

이 전투로 의병장 고광순과 부장 고제량 이하 25~6명이 연곡사 일대에서 장렬히 전사 순국했다. 일제 군경은 연곡사 안팎을 모두 불사르고 퇴각해 연곡사가 다시는 의병의 근거지로 이용될 수 없게 하고 말았다.

고광순 의병장 사적비

■ 독립장 | 기삼연(奇參衍)

붉은 해 삼킬 수 있다 믿었던 호남창의회맹소 수장

핵심공적 호남지역에서 의병장으로 활동하면서 항일투쟁을 벌이고 장성, 고창, 영광 등지에서 활약을 했다.

주요약력
- 1851년 1월 18일 전라남도 장성 출생
- 1896년 전라남도 장성에서 의병을 일으킴
- 1907년 호남창의회맹소를 설치, 의병장으로 활동
- 1908년 2월 3일 광주시 서천교 백사장에서 피살, 순국
- 1962년 건국훈장 독립장

기삼연 선생이 의병을 일으킬 준비를 하고 있을 때였다. 잠자리에 든 선생은 붉게 타오르는 해를 삼키는 꿈을 꾸었다. 일어난 선생은 그 꿈이 붉은 해로 상징되는 일제를 소탕하는 꿈임을 확신하고 이를 사람들에게 알렸다.

성리학에만 얽매이지 않고 다양한 분야를 공부한 선비

기삼연 선생은 1851년 1월 18일 전라남도 장성에서 진사 기봉진의 4남으로 태어났다. 선생은 어린 시절 당대의 호남 유림을 대표하던 기정진의 문하에서 글을 배웠다. 기정진은 이항로와 함께 위정척사 사상을 대표하던 인물이다.

선생은 일반 유생들과는 달리 이론적이고 사변적인 성리학에만 얽매이지 않고 도교, 불교의 경전과 패관, 야사에 이르기까지 많은 책을 탐독했다. 특히 병서도 연구하는 한편, 실제 여러 가지 병법을 시험해 보기까지 했다. 훗날 선생이 의병을 일으켜 군사들을 조련할 때, 주위 사람들이 "글이나 읽던 선비가 군사의 일을 언제 익혔을까"하고 궁금해했다고 한다.

젊어서 가족의 권유로 과거에도 응시하였지만, 과거 시험장은 비리와 부정으로 가득해 실패하고 말았다. 다시 집에서 공부하고 있던 중 1985년에 명성황후 살해 사건이 발생하고, 이어 10월에는 단발령이 시행되자 전국에서 본격적으로 의병 봉기가 일어나기 시작했다.

기우만이 광주향교에서 같이 공부한 동문을 중심으로 의병을 일으키자 선생도 장성에서 300여 명의 의병을 모집해 광주에 가서 기우만의 의병과 합류한 뒤 스스로 군무를 자원했다. 각 고을에서도 의병 부대에 동참하는 사람들이 몰려들었다.

"이 군사가 한번 파(罷)하면 우리 모두는 왜놈이 될 뿐이다."

하지만 진주의 노응규 의병부대를 격파한 친위대장 이겸제가 그 여세를 몰아 진격해 오는 동시에 남로선유사로 파견된 신기선이 광무황제의 해산 명령서를 가지고 왔다. 이에 기우만은 의병부대를 해산했고 선생은 의병부대의 해산에 극력 반발했다.

"선비와는 함께 일할 수 없구나. 장수가 밖에 있을 때에는 임금의 명령도 받지 아니하는 수가 있거늘 하물며 강한 적의 협박을 받은 것이요, 우리 임금의 본심이 아님에서야. 이 군사가 한번 파(罷)하면 우리는 모두 왜놈이 될 뿐이다."

그 뒤 선생은 집으로 돌아왔는데 의병을 일으켰다는 죄목으로 전주진위대의 군사에게 잡혀 약 보름 동안 감금되었다가 평리원장 이용태의 배려로 석방되어 귀향했다.

이후 조국의 운명은 더욱 빠르게 기울어져 갔다. 1904년 2월 8일 러일전쟁 발발에 이어 2월 23일에는 전쟁에 필요한 정치적, 군사적 지점을 제공한다는 한일의정서가 강제 체결됐다. 그리고 제1차 한일협약이 맺어지면서 재정권을 박탈당했다. 1905년에는 마침내 을사늑약이 체결되면서 사실상 식민지 상태가 됐다. 결국 1907년 8월 한국 군대가 일제에 의해 강제 해산되어 전국에서 다시금 의병 운동이 들불같이 일어났다.

영광 법성포를 공격해 큰 승리를 거두다

고향에서 조용히 살던 기삼연 선생도 전국의 의병봉기 소식을 듣고 동지를 모아 1907년 음력 9월 영광 수록산에서 의병봉기의 깃발을 들었다. 거기에 그치지 않고 호남 각지에서 봉기한 의병부대들을 규합하여 호남창의회맹소라는 연합 의병 지휘부를 결성했다.

동시에 선생은 각지에 격문을 보내 의병 항쟁을 촉구하면서 병사를 모집했다. 그리고 광무황제에게 상소를 올려 봉기 사실을 알리고 대한매일신보사에도 글을 보내 의병항쟁을 후원하고 지지할 것을 적극적으로 호소했다.

기삼연 의병장의 주둔지였던 문수사

호남창의회맹소는 단위부대로 편성한 뒤 분산 활동했다. 그러다가 작전 목표가 정해지면 집결지와 집결일시를 각 부대에 통보해 집결지에 모여 일시에 작전을 수행하고는 다시 각처로 분산하는 작전을 반복했다. 그 때문에 일본군은 좀처럼 의병부대의 실체를 파악할 수 없었다.

1907년 10월 29일 고창 문수사에서 선봉장 김태원이 거느린 의병부대가 일본군을 격파하고, 주민들로부터 군량 등 군수물자를 지원받아 영광 법성포로 나갔다. 법성포에는 일본인들을 위한 경찰주재소와 우편취급소, 상점 등도 갖추어진 곳이었다. 12월 7일, 영광 법성포를 공격해 일본인 건물을 불태우고 곡식을 주민들에게 나누고, 일부는 군량미로 노획했다.

금성산성에서 벌어진 치열한 전투

기삼연 선생이 지휘하는 호남창의회맹소 의병부대가 장성, 고창, 영광 등지에서 기세를 떨치게 되자, 일본군 광주수비대는 병력을 총동원해 1908년 1월 24일부터 의병부대를 추적하기 시작했다.

호남창의회맹소 전투지 – 금성산성

선생의 의병부대가 금성에 도착하여 대오(隊伍)를 정비하던 중, 담양 주둔 일본 군경이 습격했다. 이에 선생의 의병부대는 이들과 치열한 교전을 벌였지만, 30여 명의 의병이 전사하는 등 큰 피해를 당했다. 참패를 당한 선생의 의병부대는 복흥산에 숨었다. 군수품도 모자라고 혹한으로 항전이 곤란해지자 선생은 의병들을 귀향시키고 정월 보름에 다시 집결하도록 했다. 선생은 그 부근에 살던 기구연의 집에서 잠시 휴식을 취했으나 일본군에게 발각돼 설날 아침에 붙잡히고 말았다.

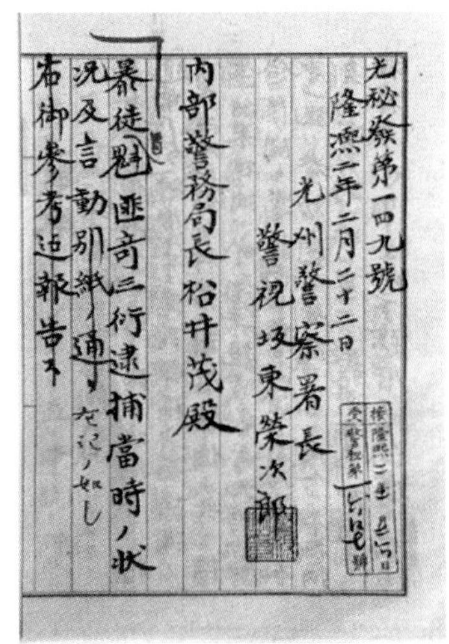
光秘發第一四九號
隆熙二年二月二十二日
光州警察署長
警視 坂東榮次郎
內部警務局長 松井茂殿
暴徒魁匪奇三衍逮捕當時ノ状
況及言動別紙ノ通 左記ノ如シ
布御參考迄報告ス

기삼연 선생 체포기사

선생이 잡혔다는 소식을 들은 김태원은 사람들을 이끌고 일본군을 추격했다. 곧바로 광주로 호송된 선생은 다음날인 1908년 음력 1월 2일, 일제는 선생을 광주 서천교 백사장에서 사살했다. 선생이 구출되어 다시 의병 활동을 하는 것을 두려워했기 때문이었다. 기삼연 선생은 58세를 일기로 순국하고 말았다.

■ 독립장 | 김도현(金道鉉)

국권 회복의 염원을 동해의 천길 물 속에 던지다

핵심공적 영양에서 의병을 일으켜 활동했으며 영흥학원으로 지역 계몽운동을 펼쳤다.

주요약력

- 1852년 경상북도 영양 출생
- 1895년 영양 검산에서 의병을 일으켜 청량산에서 모병 활동
- 1896년 안동 유시연 의진 등과 합세하여 안동부 공략
- 1896년 경상북도 지역에서 을미의병 중 최장수 활동
- 1905년 상소 투쟁
- 1906년 삼남지역의 의병 활동 촉구
- 1909년 영흥학교 설립
- 1914년 12월 22일 동해(영해)바다에 투신, 순국
- 1962년 건국훈장 독립장

"집집마다 칼을 갈고 사람마다 원수를 갚기 위해서는 마음을 합하고 힘을 모아 일제히 소리 질러 왜노(倭奴)들과 한번 싸워야 할 것이다. (중략) 지난날에 성취하지 못했던 일을 통탄하며 장래 광복할 것을 맹세하나니 금년 11월 7일 동지(冬至)에는 동해에서 죽어 왜적을 기어코 멸망케 할 것이다."

–김도현 선생이 마지막으로 남긴 '동포들에게 드리는 글' 중

영양에서 의병을 일으키다

김도현 선생은 1852년 경상북도 영양군에서 태어났다. 어릴 적의 기록은 불분명하다. 선생이 역사에 등장한 때는 1896년 1월이다. 1894년 갑오년에 안동에서 처음 의병이 일어났지만 다른 지역은 아직 조용할 때였다. 하지만 1895년 을미사변과 단발령이 내려지자 전국에서 의병을 일으키려는 움직임이 분주하게 일어났다.

김도연 선생은 사촌 동생 김한현으로부터 영양에서 백성들에게 단발을 강요한다는 일과 안동에서 의병이 일어날 것이라는 소식을 들었다. 그때부터 의병을 일으킬 준비에 나선 선생은 1월 23일 영양 읍내에서 통문을 돌리고 이튿날 영양지역의 유력한 유생들과 의병에 대한 일을 논의했다. 그 자리에 모인 영양 유림은 안동과 예안의 상황을 살펴본 뒤 의병을 일으키자고 의견을 모아 김도현 선생은

조영기와 안동으로 갔다.

안동의 안동의진과 예안의 선성의진을 둘러본 선생은 며칠 후 있을 대향회에서 의병을 일으키기로 마음먹고 집으로 돌아왔다. 하지만 안동의진이 패했다는 소식에 격분하여 바로 통문을 돌리고 의병을 조직하고자 했으나 주변의 만류로 중지하고 말았다. 그때의 영양 유림은 의병에 적극적이지 않았다.

의병을 일으킨 후 예안 선성의병에 합류

주변의 만류에 의병을 일으키지 못하고 있던 김도현 선생은 1896년 2월 13일 안동의진에 필요한 사람과 물자를 공급하던 류시연으로부터 청량산에서 의병을 일으켜보라는 이야기를 들었다.

김도현 의병장의 창의검과 의병부대의 무기고 자물쇠

선생이 청량산에 가보니 선성의진이 조직돼 있었다. 예안에서 수백 명의 사람과 물자를 모은 선생은 영양으로 돌아와 조승기를 창의장으로 추대해 의병을 일으켰고 선성의진으로부터 중군을 맡아달라는 부탁을 받아 선성의진에 합류했다.

선성의진은 태봉을 공격할 계획을 짰다. 상주에 있는 태봉은 부산에서 서울로 이어지는 일본군의 중요 병참선으로 일본군이 주둔하고 있었다. 3월 29일 아침, 태봉공격이 펼쳐졌다. 첫 전투였기에 경험이 없고 무기도 열악하며 조직력도 부족했다. 의기만으로는 전투에서 이길 수 없어 후퇴할 수밖에 없었다.

그 후 내부 갈등으로 선생은 의병장을 그만뒀지만 강릉의진에서 그를 불러 선봉장이 됐다. 강릉의진은 서울에서 온 관군과 대공산성에서 전투를 펼쳤으나 화력이 우세한 관군의 공격에 의병들은 사방으로 흩어져 선생은 겨우 10명 남짓한 사람과 함께 영양으로 돌아갈 수밖에 없었다.

을사늑약에 항거해 의병 일으키지만 여의치 않아

재기하려 했지만, 주변의 상황이 매우 급하게 돌아갔다. 선생은 인근 지역 의병들이 연이어 패했다는 소식을 들었다. 안동의진과 김하락의진의 잔여 병력과 힘을 합쳐 영양의 관군을 공격하려 했으나 의견이 맞지 않았다. 을미년에 일어난 의병은 대부분 해체되고 선생의 의병만 남아, 하는 수 없이 모두를 집으로 돌려보내고 마침내 의병부대를 해산했다.

그 후 김도현 선생은 5읍도집강 자리에서 지역 치안 유지에 힘쓰고 있었다. 하지만 1905년 외교권이 박탈당하자 선생은 서울로 가서 조약이 무효라는 것과 을사5적을 처단하라는 요구를 담아 상소를 올리고, 각국 공사관에 '포고서양각국문'을 보냈다.

선생은 고향으로 돌아와 투쟁의 깃발을 올리며 다시 한 번 의병을 일으켰다. 그러나 영양군수 이범철의 요청에 따라 안동에서 진위대와 일본군이 몰려들어 의병의 군비로 쓰고자 했다는 죄목으로 재산을 압류하고 선생을 잡아갔다. 이러한 소식이 신문을 통해 전국에 알려지는 바람에 이범철 군수의 탐학 행위가 만천하에 드러났고, 비난의 목소리가 커졌다. 이 때문에 선생이 붙잡혀 고생한 기간은 그리 오래지 않은 것으로 짐작된다.

동짓날 아침 해를 바라보며 동해에서 생을 마감하다

광무황제가 각지에 의병을 일으키라는 밀지를 내렸고 가까운 태백산맥을 중심으로 신돌석 의병을 비롯해 여러 의병이 활동하고 있었지만, 선생은 더이상 의병을 일으킬만한 여유가 없어 그 대신 각지에 의병을 일으키라고 설득하는 '의격고삼남각군문'를 지어 보냈다.

경북 영덕의 산수암 위에 만들어진 김도현 선생 도해단 기념비

나라를 위한 다른 방안을 찾던 중 안동에서 신식학교인 협동학교가 문을 열었다는 소식을 듣고 선생도 계몽운동에 앞장서기로 하고는 영흥학교를 세워 교장으로 취임했다. 하지만 이 학교를 세울 때 친일파 윤필오와 일본군 헌병대장의 후원도 받아 선생의 마음은 편치 않았다.

1910년 9월, 선생의 스승인 이만도가 단식으로 자결을 시도한다. 많은 사람이 이만도를 찾았다. 선생은 스승을 따라가겠다고 했지만 이만도는 아버지보다 먼저 죽으면 안 된다며 말렸다. 선생은 뒷날 따라가겠다고 이야기한 후 이만도를 따라 자결한 사람들을 지켜볼 수 밖에 없었다.

그 후 고향에서 영흥학교를 꾸려가던 선생은 1914년 아버지의 상을 마치자 동해로 떠났다. 심상치 않다고 생각한 가족들이 뒤쫓아 왔으나 선생은 자신의 의지를 알렸다. '동포들에게 드리는 글'과 '절명시'를 남기고 김도현 선생은 떠오르는 동짓날 아침 해를 바라보며 동해 바다로 걸어 들어가 생을 마감했다.

■ 독립장 | 노응규(盧應奎)

경남에서 올린 의병의 기치 구국의 대의를 역설하다

핵심공적 1896년 경상남도 안의에서 의병을 일으켜 진주성을 점령하고 1906년 충북 황간에서 다시 의병을 일으켜 일본군 시설을 파괴하는 등 항일 의병 활동을 전개했다.

주요약력
- 1861년 3월 15일 경상남도 안의 출생
- 1896년 경상남도 안의에서 의병을 일으켜 진주성 점령
- 1906년 충북 황간에서 의병을 일으켜, 일본군 척후대 및 일제 시설물 공격
- 1907년 1월 4일 경성 경무 감옥에서 옥사, 순국
- 1977년 건국훈장 독립장

"나라에 난신(亂臣) 적자(賊子)가 있으되 임금이 토벌하지 못하고 방백이 토벌하지 못할 경우에는 비록 미천한 선비라도 토벌에 나서지 못할 이유는 없는 것이니, 대개 적을 토벌하는 대의가 임금의 명령을 받는 것보다 더 급하기 때문입니다."

– 1897년 10월 올린 선생의 지부자현소(持斧自見疏) 중에서

경상남도 안의에서 거의, 진주성 점령

노응규 선생은 1861년 3월 15일 경상남도 안의에서 태어났다. 어려서부터 한학을 익혔고 특히 김해 부사를 역임한 성재 허전의 문하에서 유학을 공부했다. 1876년 개항 이후 일제와 외세가 물밀듯이 밀려와 내정 간섭과 경제적 침탈하는 것을 보면서 우국충정의 마음을 키웠다.

복원된 노응규 의병 생가

30세 전후에 위정척사론 거두인 화서 이항로의 제자인 면암 최익현을 찾아 가르침을 받으며 그의 위정척사 사상과 성리학적 민족의식을 발전시켜 나갔다. 또

노응규 의병이 주둔한 진주성 선화당 터. 지휘소를 설치한 곳이다.

연재 송병선과 입재 송근수 문하에 드나들면서 학문을 연마했다.

1895년 10월 일제는 명성황후를 살해하고 뒤이어 을미개혁의 하나로 단발령을 강제 시행했다. 이렇게 되자 선생은 국모의 원수를 갚고, 국왕을 보위하며, 성리학적 사회 질서를 수호하기 위해 1896년 2월 19일 경상남도 안의에서 서재기, 정도현, 박준필, 최두원, 최두연, 임경희, 성경호 등의 지사들과 함께 의병을 일으켰다.

곧바로 경상남도의 행정 중심지이자 요충지인 진주로 진격해 새벽에 진주성을 탈환했다. 선생의 의병이 진주성을 함락시켰다는 소식을 들은 진주부민들 또한 봉기해 정한용을 의병장으로 추대하고 성 밖에 진을 쳤다.

일제의 침략 거점인 부산 개항장 공략 개시

여러 곳에서 사람들이 의병을 거느리고 와서 합세해 진주의병진의 규모는 수천 명으로 불어났다. 노응규 선생을 총대장으로 하는 진주의병진은 진주성을 거점으로 삼아 인근의 여러 지역을 장악하면서 활동영역을 넓혀 갔다.

선생은 2월 27일 선봉장 서재기를 파견하여 단성을 장악하게 하였고, 뒤이어 하동, 고성, 함안 등으로 세력을 뻗쳤다. 대구로 도망가 있던 경무관 김세진이 대구진위대 병사들과 일본군을 이끌고 공격해 오자 이를 두 차례에 걸쳐 격퇴했다. 진주의병진은 일제 침략의 거점인 부산 개항장을 공격하기로 결정한다. 부산 공략을 위해 먼저 부산 옆의 김해를 장악했다.

4월 11일 김해에서 구포로 건너가는 선암 나루터에 집결했지만, 사정이 여의치 않아 김해로 귀환하기로 했다. 다음날 일본군 수비대가 증원군을 파견해 공격해 오자 창원 방면으로 일시 퇴각했다가 김해에서 구포로 돌아가던 일본군 수비대를 습격해 적군 4명을 살상하는 전과를 올렸다. 하지만 진주의병진도 4명이 전사하고, 20여 명이 부상을 입어 부산진공 계획을 포기하고 진주로 돌아갈 수밖에 없었다.

망할 뻔한 가문을 살리고 관료로 활동

4월 중순 다른 의병들이 타지에 나가 있는 사이에 진주성이 공격받게 된다. 진주성에는 선생과 불과 50~60명이 의병이 있었을 뿐이었다. 4월 24일 밤 700여 명의 적군이 성벽을 넘어들어오자 선생은 병력을 이끌고 성을 탈출해 삼가에 주둔하던 정한용 의진으로 갔다.

그러나 선생이 삼가에 도착하기도 전에 정한용은 의진을 해산했고, 안의에 있던 서재기마저 살해되자 선생도 의병을 해산하고 새로운 항전 방안을 모색할 수밖에 없었다. 이 와중에 노응규 선생의 부친과 형이 살해되고 가산이 몰수되는 등 멸문의 위기에 빠지게 됐다.

이를 피해 각지를 전전하던 선생은 학부대신 신기선과 법부대신 조병식의 주선으로 궐내에 들어가 상소를 올렸다. 상소는 광무황제의 마음을 움직여 사면을 받을 수 있었지만 안의의 서리들은 자신들에게 화가 미칠까 두려워 선생의 귀향과 아버지와 형의 장례도 막았다.

게다가 노응규 선생까지 살해하려 하자 조병식, 이유인, 민영준 등의 협조로 왕명을 받아 1898년 4월 부형을 살해한 안의의 서리들을 제거할 수 있었다. 이후 선생은 합천 청계에 머물면서 흩어진 가족을 모아 집안을 일으켜 세웠고 규장각 주사에 임명돼 관료로 활동하기 시작했다. 그 뒤 경상남도 사검 겸 독쇄관, 중추원 의관, 동궁 시종관 등을 역임했다.

충북 황간에서 다시 의병을 일으키다.

1905년, 일제가 을사늑약으로 국권을 강탈하자 선생은 관직을 버리고 국권회복을 위한 항일 무장투쟁을 위해 의병을 일으키고자 했다. 광무황제는 선생에게 비밀리 시찰사의 부인(符印)과 암행어사 마패를 하사해 거의를 독려했다.

노응규 선생은 스승인 최익현이 의병을 일으킨다는 소식을 듣고 합류했다. 최익현 의진은 태인읍을 점령한 뒤 정읍과 순창을 공략했다. 하지만 순창에서 관군과 일본군의 공격을 받아 최익현 의병장을 비롯한 13명의 의병지도부가 잡혀 의진이 해산되고 말았다.

선생은 경상남도 창녕으로 피신했고 1906년 늦가을 충북 황간군에서 의병을 일으켰다. 황간의진은 경부철도와 열차, 그밖에 일제 시설물 등을 파괴해 전과를 올렸다. 두 차례에 걸쳐 일본군 척후대를 괴멸시켰다.

그러나 일본군 밀정에 의해 지도부의 위치가 발각돼 1906년 12월 8일 선생을 비롯한 서은구, 엄해윤, 김보운, 오자홍 등 의병지도부가 충북경무서 황간분파소 소속 순검들에게 잡혀 의병부대는 해산되고 말았다. 선생은 경무청 감옥으로 압송되어 심문을 받았으나 끝내 굴복하지 않고 항일 구국의 대의를 역설하다가 1907년 1월 4일 47세를 일기로 옥중에서 순국했다.

■ 독립장 | 이남규(李南珪)

선비는 죽일 수 있을지언정 욕보일 수는 없다

핵심공적 일제의 침략을 비판하고 대비하자는 상소를 올려 사람들에게 항일 운동의 상징으로 추앙받았으며 홍주의병을 지원했다.

주요약력
- 1855년 11월 3일 서울 출생
- 1893년 일제 침략을 대비하자는 상소를 올림
- 1905년 일제와 격전을 주장한 상소를 올림
- 1906년 홍주의병 지원 및 민종식 의병장을 은신시킴
- 1907년 9월 26일 서울로 압송중 피살, 순국
- 1962년 건국훈장 독립장

"불의로 존재함은 의로움에 망하는 것만 같지 못하고, 불의로 사는 것은 의로움에 죽는 것만 같지 못합니다. 하물며 의(義)가 틀림없이 망했는데도 죽지 않고, 불의(不義)가 틀림없이 존재하는데도 죽지 않겠습니까. 엎드려 바라건대 폐하께서는 매국 무리의 죄를 다스리시고, 원수의 나라(일제)가 맹약을 어긴 죄를 동맹 각국에 포고하고, 군신 상하가 일치단결하여 (일제와) 일대 결전을 벌이게 하여 주십시오."

–을사늑약 직후 올린 선생의 「청토적소」 중

고려 시대부터 이름 높은 명문가 출신

이남규 선생은 1855년 11월 3일 서울 미동에서 맏아들로 태어났다. 어려서부터 동부도사(東部都事)를 역임한 부친으로부터 한학을 배웠다. 선생의 집안은 고려 시대부터 이름 높은 유학자와 재상을 배출한 명문가다.

충남 예산의 이남규 선생 기념관. 옆에 생가가 보존되어 있다.

그래서 선생은 후손들에게 문장에 대한 근원을 다른 곳에서 구할 것 없이 집에서 내려온 글을 연구하라고 할 정도로 대대로 내려온 학문적 전통에 대해 자부심을 가지고 있었다. 선생은 7살 때부터 당시 기호유림의 대표적 성리학자인 성

재 허전의 밑에서 공부했다.

선생의 학문은 대의명분을 중시하면서도 국가와 민족의 문제 해결에 깊은 관심이 배어있는 실학적인 학문이었다. 아마도 선생의 투철한 현실인식과 위정척사적 민족의식은 바로 이 시기에 배양됐고 외세 및 일제의 침략을 경험하면서 더욱 심화됐다.

선생은 개항 직전인 1875년 향시에 급제했고, 임오군란이 일어난 해인 1882년 4월에 시행된 정시에서 문과에 급제했다. 그 다음해인 1883년에 외교문서를 관장하던 승문원의 권지부정자에 임명되어 벼슬길에 들어섰다. 이후 선생은 1894년 갑오경장 직후 지방직인 영흥부사로 나가기까지 중앙의 중요한 직책을 두루 거쳤다.

일제의 야욕을 파악하고 이를 막아야 한다는 상소를 올림

이때의 조선은 일제와 청나라가 누가 조선의 주도권을 쥐는지 암투가 벌어지고 있던 시기였다. 임오군란 이후 일제는 한반도에서의 영향력을 강화하기 위해 근대화를 꿈꾸던 급진 개화파 인사들을 부추겨 1884년 10월 갑신정변을 일으키게 했다.

하지만 청나라의 간섭으로 실패해 이후 청나라 세력이 더욱 강해졌다. 일제는 약해진 세력을 만회하기 위하여 기회를 노리고 있었다. 이런 시기에 동학농민혁명이 일어나자 일제는 이를 기회로 군대를 파견했고 동학농민군이 정부와 화약을 맺었어도 군대를 철수시키지 않았다.

일제의 침략정책이 노골화되자 선생은 일제의 침략 야욕을 꿰뚫어 보고는 '논비요급왜병입도소'란 이름의 상소를 올려 일제에 대한 방비와 대비책을 마련해야한다고 했다. 선생이 예견한 대로 그해 6월 21일 일제는 군대를 동원해 경복궁을 점령한 뒤, 민씨 정권을 전복하고 친일정권을 수립했다.

일제가 무력을 동원해 내정에 간섭하고 임금을 능멸하자 선생은 다시 한 번 상소를 올린다. 일제가 내정개선이란 이름을 내세워 자행하던 정치 군사적 침략을 정확히 짚어냈다. 일제가 침략책동을 철회하지 않는다면 관문을 닫고 수호조약을 폐기하여 절교하고, 나아가 동맹국들과 연대하여 일제를 토벌할 것을 주장했다.

명성황후 살해와 폐서인 조치를 강력하게 규탄하다

당시는 일제의 비호 아래 친일정권이 성립되어 있던 시기였다. 일본군을 도성에서 몰아내자는 선생의 단호한 상소는 일제와 친일정권으로부터 미움을 샀다. 그 결과 임금을 보필하던 우승지 자리에서 밀려나 영흥부사로 임명돼 지방으로 파견됐다.

일제는 조선에서의 영향력을 강화하기 위해 청일전쟁으로 청나라 세력을 한반도에서 쫓아냈다. 동시에 다시 일어난 동학농민군을 무력으로 탄압했다. 하지만 일제의 대륙진출에 위협을 느낀 러시아, 프랑스, 독일 등의 삼국간섭으로 일제는 청나라로부터 받은 요동반도를 반환할 수밖에 없었다.

일제의 약점을 간파한 민씨 세력은 러시아를 이용해 일제를 한반도에서 몰아내려는 계획을 추진했다. 일제는 이를 막기 위해 일본 배척의 핵심인물인 명성황후를 살해하고 이를 합리화하기 위해서 친일정권을 통해 황후의 자격을 박탈하는 폐서인 조치를 내리게 한다.

선생은 일제의 명성황후 살해와 일제의 사주 아래 이루어진 왕후의 폐서인 조치를 규탄했다. 동시에 선생은 왕후의 위호를 우선 복위시킨 뒤, 일제의 만행을 세계만방에 널리 알리고 동맹국들과 함께 일제를 쳐 국모의 원수를 갚자고 주장했다.

항일 운동의 상징적 존재로 의병을 뒤에서 지원

그해 11월 15일 소위 을미개혁의 하나로 단발령을 내리자 선생은 영흥부사의 직을 사퇴하고 충남 예산으로 갔다. 이후 안동부 관찰사, 중추원 의관, 비서원승, 궁내부 특진관, 함경남북도 안렴사 등에 임명됐으나 전부 거절해 일제와는 같이 일할 수 없다는 뜻을 보였다.

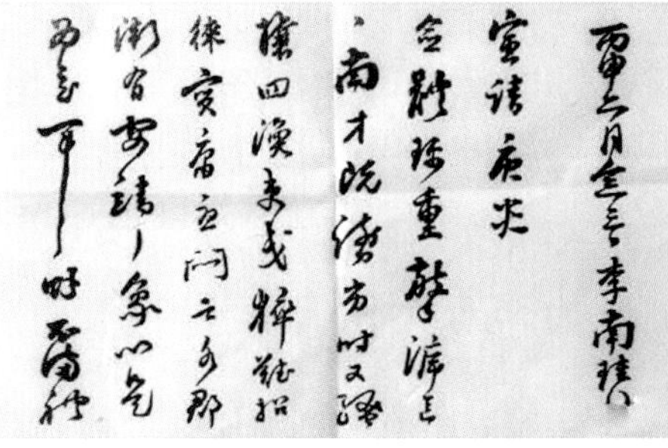

이남규 선생의 글(1896)

일제는 러일전쟁 승전 직후 마침내 을사늑약을 체결해 우리나라의 국권을 강탈했다. 나라가 망해가는 상황이 되자 선생은 청토적소란 상소를 올려 매국노의 처단과 일제와의 일대 격전을 주장했다. 투철한 반일 민족의식을 토대로 지속 전개된 상소투쟁은 사람들에게 선생을 항일운동의 상징적 존재로 받아들이게 했다.

이남규 선생의 시(1906)

위정척사 유림의 신망을 한몸에 받은 선생은 최익현으로부터 의병 동참을 부탁받게 된다. 부탁을 거절하고 의병 활동은 하지 않았지만 전 참판 민종식이 충남 홍성에서 의병을 일으켜 홍주성을 탈환하자 선생은 협조를 아끼지 않았다. 민종식 의병장이 패한 후 선생은 그를 숨겨주고 뒤에서 많은 도움을 줬다.

이에 일제는 이남규 선생을 없애야겠다는 마음을 품는다. 1907년에 광무황제 퇴위와 군대해산으로 인해 다시 의병이 일어나자 선생이 구심점이 될까 염려했다. 1907년 9월 26일 선생의 집을 포위하고 회유하려 했지만 회유될 기미가 보이지 않자 칼로 선생을 죽이고 만다.

■ 독립장 | 이석용(李錫庸)

외로운 신하 만 번 죽어도 마음 변치 않으니

핵심공적 진안에서 의병을 일으켜 전라북도를 중심으로 항일투쟁을 벌였으며 비밀 결사 임자밀맹단을 결성했다.

주요약력

- 1878년 11월 29일 전라북도 임실 출생
- 1907년 진안 마이산에서 의병을 일으킴
- 1912년 임자밀맹단을 결성해 남원, 전주, 임실 등지에서 활약
- 1914년 4월 4일 대구형무소에서 사형, 순국
- 1962년 건국훈장 독립장

천고의 강상을 짊어짐은 중요하고 / 삼한의 해와 달은 밝게 비치는데
외로운 신하 만 번 죽어도 마음 변치 않으니 / 사람으로 머리 숙여 사는 것보다 훨씬 낫다네

– 이석용 선생이 마지막으로 남긴 시

나라가 위급한 상황에선 효보다 충의를 중시한 선비

이석용 선생은 전라북도 임실에서 태어났다. 그의 선조 중에서 이목과 그의 아들 이세장이 급제해 관직에 진출해 이름을 알렸으나 그 이후에 관직에 나간 사람을 배출하지 못하고 임실의 향반으로 살아갔다. 선생은 1878년 음력 11월 29일 갑술일에 태어났다고 어려서 갑술이라 불렸고 손아래 누이 2명과 함께 3대 독자로 성장했다.

어려서부터 총명했던 선생은 옛사람들이 충의를 위해 목숨을 바친 일들을 즐겨 들었다고 한다. 부친이 도박으로 시간을 보내자 어린 선생이 '아버지가 잡기를 하면 자식은 어찌하란 말입니까?'라고 말해 도박을 그만뒀다는 이야기가 있을 정도로 직언도 서슴지 않는 비범함을 보였다. 8세에 비로소 글을 읽기 시작했는데, 한 번 읽으면 대부분 암송할 정도로 영특했다.

1895년에는 명성황후 살해 사건과 단발령이 내려 전국에서 의병이 일어났고 선생도 학업을 중단하고 분통해 했지만, 스승의 "마음만으론 위급함을 구할 수 없다"는 말에 마음을 잡고 다시 공부를 시작했다.

선생은 각지를 돌며 고명한 학자들을 만나 학문과 시대를 이야기했다. 그중에서도 연재 송병선, 면암 최익현의 사상적 영향을 크게 받았다. 선생은 국가가 위급한 상황에서는 부모에 대한 효(孝) 보다는 국가를 위한 충(忠)을 우선실해야 한다는 송병선의 가르침을 마음에 새겼다.

마이산에 울려 퍼진 의병의 함성

1905년 을사늑약 강제 체결로 전국 각지에서 의병이 크게 일어났다. 최익현과 임병찬이 주도한 태인의병이 일어서자 선생은 태인의병에 가담하려 했지만 약 열흘 만에 해산했고 최익현과 임병찬 등은 잡혀가고 말았다. 이에 선생은 독자적으로 의병을 일으킬 결심을 굳혔다.

이석용 선생이 의병을 일으킨 마이산

1906년 가을부터 1년 동안 의병을 일으킬 준비를 하고 1907년 8월 하순 아버지께 하직인사를 올렸다. 선생은 만약을 대비해 가족들을 여러 곳에 나누어 피신시키고 가산을 정리했다. 마침내 1907년 음력 9월 12일 마이산에서 의병을 일으켰고 선생은 의병장에 추대됐다. 기삼연이 호남창의회맹소를 결성해 전라남도 후기 의병의 기폭제 역할을 했다면 전라북도에서의 그러한 역할은 이석용 선생이 담당했다.

선생이 세운 호남창의소는 임실을 비롯한 전라북도 동부지역에 거주하는 가난한 유생들이 지휘부를 구성했고 병사는 주로 농민과 일부 천민으로 구성됐다. 창의동맹단이라는 깃발을 내걸고 주위 산봉우리마다 파수를 세우고 고천제를 지냈는데 인근 주민과 장정 등 1천여 명이 집결해 일본군조차 섣불리 행동하지 못했다.

고난과 역경을 딛고 나선 의병활동

이석용 선생은 의병을 결성한 다음 날 진안읍을 공격해 헌병분파소와 우편취급소를 점령하여 파괴했으며 일본 상품을 불사르고 통신망을 사용할 수 없도록 전선을 끊었다. 아울러 일진회원 스스로 사무소의 깃발을 내리게 했다.

첫 번째 출진으로 커다란 성과를 거두자 이석용 의진의 명성이 전라북도 지방에 곧바로 퍼졌다. 며칠 후 김동신의 의병부대가 부대를 합치자고 요구했다. 지휘권 문제로 의견 충돌이 있던 중 일본군의 기습을 받아 크게 패했다.

그 후 선생의 의병진은 좀처럼 초기의 세력을 회복하지 못하고 결국 의병을 해산했다. 1907년 음력 11월 중순 그는 다시 의병을 규합하고 군자금을 확보하여 의병을 재정비했다. 전의 실패를 거울삼아 전투 능력 향상에 집중했고 성능을 향상한 화승총을 개발함과 동시에 군대와 같은 제도를 갖췄다.

이를 바탕으로 이석용은 전라북도를 중심으로 항일투쟁을 재개했다. 다시 일진회원을 처단하고 세무서 등을 공격했다. 하지만 이석용 선생의 의병부대는 장기항전으로 인해 전력이 크게 약화한 데다 일제 군경의 공격이 날이 갈수록 심해졌다. 일본군의 회유와 공격에 결국 이석용 선생은 3년에 걸친 의병활동을 접고 후일을 기약할 수밖에 없었다.

의병의 시신을 수습해 추모하며 결의를 다지다

1910년 8월, 나라를 잃은 선생은 전투 중 사망한 의병들의 시신을 수습해 묻고 애도하는 글을 지어 추모하며 결의를 다졌다. 임실군 지의동과 동룡동에 은밀히 의령단을 설치해 전사하거나 잡혀서 순국한 장졸의 위패를 모셨다.

1911년 3월 동지들과 함께 일왕 암살계획을 세웠으나 실행하지 못했다. 1912년 겨울에는 조국의 광복을 위한 비밀결사 임자밀맹단을 결성했다. 이석용 선생은 밀맹단을 중심으로 을사5적과 정미7적의 처단, 일본 도쿄와 오사카 등지의 방화 그리고 중국 망명을 추진했다. 그러나 군자금 후원을 약속했던 친구의 배반으로 1913년 음력 10월에 일본 경찰에 잡히고 말았다.

이석용 선생은 재판에서 사형을 선고받았다. 사형이 확정된 후 이석용은 15세의 아들과 최후 면회를 했다. 이 자리에서 그는 아들 부부와 2명의 누이 앞으로 쓴 유서를 아들에게 전달하고 〈창의일록〉과 〈불망록〉을 남겼다. 〈창의일록〉은 의병을 조직한 후의 진중일기고 〈불망록〉은 후원을 받은 내용을 남긴 기록이다. 그는 대한만세를 세 번 부르고 왜적을 멸하겠다고 맹세한 후 당당하게 죽음을 맞았다. 1914년 4월 4일, 그의 나이 37세였다.

이석용 선생 외 28명의 의사들을 모셔놓은 임실군의 소충사

■ 독립장 | 이진룡(李鎭龍)

왜적 때려잡는 것이 나의 직업 신출귀몰한 해서의 명장

핵심공적

1905년 을사늑약이 체결되자 의병을 일으켜 일본군에 맞서 수년간 치열한 유격전을 벌였다. 이후 남만주에서 이주민을 규합하고 군사 훈련을 하고 군자금을 모았다.

주요약력

- 1879년 황해도 평산 출생
- 1907년 황해 평산 의병장으로 항일활동
- 1911년 중국 관전에서 포수단 조직
- 1916년 군자금 확보위해 운산광산 송금마차 습격
- 1918년 5월 1일 평양지방법원에서 사형, 순국
- 1962년 건국훈장 독립장

이진룡 선생은 서간도에서 조맹선, 이종협과 더불어 독립부대를 조직하고 수시로 국내로 들어와 일제주재소를 습격했다. 하루에 백 리를 날듯 신출귀몰하며 민첩하게 공격하고 후퇴해 사람들은 그를 비모퇴(飛毛腿: 날아다니듯 빠른 사람)라 불렀다.

지, 덕, 용이 합쳐진 문무를 겸비한 인물

이진룡 선생은 1879년 황해도 평산군에서 독자로 태어났다. 대대로 명문이던 유림가문 출신인 선생은 주변 사람들이 평가하기를 천성이 질박하고 정직하며 의를 존중하고 힘이 남보다 뛰어났다고 한다.

15살에 경서를 통달할 만큼 영특해서 지(智), 덕(德), 용(勇)이 합쳐진 문무를 겸비한 사람이었다. 의암 유인석의 제자로 위정척사 사상을 바탕으로 한 항일 민족의식을 굳혀 갔다. 선생이 26살이 던 1905년 을사늑약이 강제체결 됐다는 소식이 평산으로 전해졌다.

이진룡 의병장 어록비

선생은 그 즉시 사람을 모아서 장인 우병렬 등과 더불어 의병을 일으켰다. 선생은 평산 지역의 화서, 의암계 유학자인 변석현, 채홍두, 박기섭 등과 함께 평산군 궁하면 산두재에서 의병 거의를 논한 후 깊은 산 속인 도평산에서 평산의병부대를 조직했다.

그 후 사방에 격문을 돌리자 격문을 보고 농민, 포수, 해산 군인 등 4~5천 명의 의병이 모였다. 평산의병부대는 전판관 우병렬이 실질적으로 부대를 총 지휘하는 가운데 돌격장, 유격장 그리고 7명의 중대장이 각기 소부대를 편성했고 선생은 유격대를 맡았다. 의병들은 유리한 산악지형을 배경으로 항일 무장투쟁을 시작했다.

거의 마지막까지 국내에서 활약한 평산의병대

이진룡 선생은 유달수, 한정만 등과 함께 군사를 이끌고 일본군 토벌대를 소탕해 황해의병 활동에 사기를 북돋았다. 평산의병대가 황해지역을 장악하자, 일제는 1907년 말 특별 부대를 구성해 선생의 부대를 공격한다.

공격해오는 일본군을 차례로 격퇴했지만 계속된 공격으로 의병부대는 점점 약해졌다. 선생이 부대장을 맡은 이후에는 비교적 적은 병력으로 일본 침략군과 친일 무리를 응징했다. 하지만 국내의 의병들은 해체되거나 만주로 떠나, 황해도에서는 이진룡 평산의병부대만이 활약하고 있었고 일제는 현상금까지 걸고 선생의 체포에 전력을 다했다.

소규모 부대의 유격전으로 항전을 계속했지만, 국내 여건은 날이 갈수록 악화됐다. 그때 스승 유인석이 연해주 블라디보스톡에 망명, 새로운 항전 기지를 찾아 북상하자 선생은 스승을 따라 연해주로 건너가 새로운 항일의병 작전계획을 수립하고 군자금과 신무기를 구한 뒤 다시 귀국했다.

강화된 무장을 갖춘 평산의병부대의 항일 무장투쟁은 조금도 누그러들지 않고 더욱 강렬하게 공격을 휘몰아쳤다. 선생은 안중근 의사의 하얼빈 의거 자금을 조달하고 다시 새로운 무기를 확보해 1910년 경술국치 이후에도 국내에서 의병활동을 지속할 수 있었다.

경술국치 이후에도 쉼 없는 항일의병 무장투쟁 전개

1910년 3월 3일, 평산의병부대는 경의선을 지나는 열차를 전복시킨다. 열차 전복사실의 급보를 받아 출동한 일본군 부내 평산, 개성 연합수색대를 격퇴시켰다. 그 후에도 지속해서 철로 파괴를 시도해 평산 주재 헌병은 철도경비를 전담해 병력을 분산시킬 수 밖에 없었다.

그러나 국권회복을 위한 의병무장투쟁은 군사상의 약점과 여러 조건으로 그 한계에 부딪혀 점차 항전의 기세가 위축되어 갔다. 한편 연해주로 망명한 유인석은 연해주 각지에 분산되어있는 의병세력을 통합, 단일 군단을 이룩한 십삼도의군을 편성했고 이진룡 선생도 여기에 참여했다.

하지만 의군이 편성되어 활동하기도 전에 나라가 망하자 십산도의군도 해산했고 결국 이진룡 선생은 황해도 일대에서 독자적으로 대일항전을 계속할 수밖에 없었다. 경술국치 이후 국가체제가 일제에 편입되어 국민적 지원도 구조적으로 불가능한 상황에서도 이진룡 평산의병부대는 소부대 단위의 유격전을 지속했다.

이후 일제는 병력을 총동원해 평산의병부대를 공격했다. 1910년 11월 하순부터 4개월간, 1911년 9월 하순부터 약 한 달간에 걸친 대공격으로 평산의병부대는 수백 명의 사상자를 내는 큰 타격을 받고 말았다.

신출귀몰한 솜씨로 송금마차를 공격해 군자금 확보

이후 조직적인 의병항쟁이 불가능해 지면서 결국 선생은 부대의 지휘권을 중대장 한정만에게 위임하고 압록강을 건너 만주 서간도로 향했다. 조맹선, 박장호, 윤세복, 차도선 등과 함께 장백현 무송에서 포수단을 조직하는데 포수단은 이후에 만주독립군의 모태가 된다.

중국 라오녕성 단동시에 있는 항일민족영웅 이진룡 선생의 기념공원

이진룡 선생은 다시 조맹선, 이종협과 더불어 독립부대를 조직해 수시로 국내로 들어와 일제주재소를 습격했다. 민첩하게 공격하고 후퇴해 사람들은 그를 비모퇴(飛毛腿: 날아다니듯 빠른 사람)라 불렀다. 선생은 운산금광 송금마차를 습격하는 등 군자금 확보를 위한 활동을 벌였다.

이진룡 선생 기념공원 입구

신출귀몰하는 선생을 체포하기 위해 일제는 임곡이란 사람에게 선생을 찾게 한다. 임곡은 의사로 위장해 압록강 근처를 3년간 조사해 결국 이진룡 선생의 거처를 알아냈다. 이진룡 의병장은 관전현 청산구 자루골에서 1917년 5월 일제에 잡히고 말았다. 이전에도 잡힌 적이 있으나 세 번이나 탈출했기에 일본군은 만반의 준비를 한다. 구출작전도 실패해 선생은 평양까지 압송되고 말았다. 이진룡 선생은 마지막 유언으로 "장남에게 큰 은혜 있는 선생(유인석)의 사당에 참례하여 아비 죽은 것을 고(告)하라고 전하여 달라"고 남기곤 1918년 5월 1일 평양감옥에서 순국했다.

■ 독립장 | 채응언(蔡應彦)

소수 정예 게릴라전으로 일제 타격한 마지막 의병장

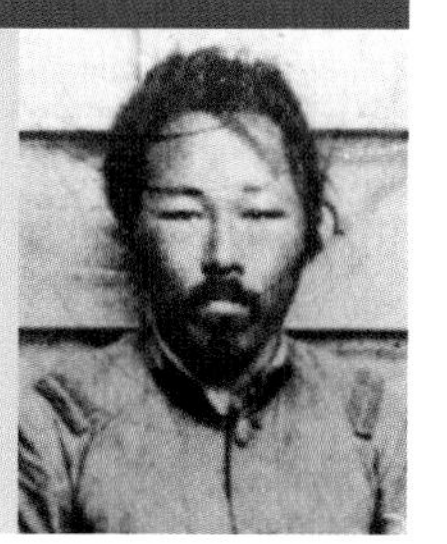

핵심공적 평안남도, 강원도 일대를 무대로 엄정한 군율을 강조함과 동시에 소수 정예의 게릴라전술을 전개하며 일제에 대해 적극적인 무력항쟁 전개

주요약력
- 출생미상
- 1907년 군대해산 후, 의병부대 부장으로 활약
- 1908년 황해도 안평순사주재소 · 수안헌병분견소, 함경도 마전동순사주재소 공격
- 1911년 의병 해산을 거부하고 의병대장으로, 북한지역에서 항일 무장투쟁
- 1915년 11월 4일 평양형무소에서 사형 집행으로 순국
- 1962년 건국훈장 독립장

1915년은 대한제국기 의병사에서 매우 주목되는 해이다. 의병이 종식된 해로서 올해로 100주년에 해당하기 때문이다. 물론 그 이후에도 의병활동이 전혀 없지는 않았다. 하지만 1915년에는 일본에 의해 자행된 경복궁침범 사건과 을미사변 그리고 단발령을 계기로 시작된 의병항쟁이 약 20년의 대단원을 내리는 상징적 사건이 있었다. 바로 의병장 채응언의 체포가 그것이다.

1907년 군대해산령으로 통분 이기지 못해 의병 투신

의병장 채응언은 평안남도 성천의 가난한 농가에서 태어나 황해도 곡산으로 이사하여 화전을 전전할 정도로 가난한 농민이었다. 하지만 건장한 체력과 용기를 바탕으로 협객적 농민으로 성장하여 불의를 보면 참지 않고 저항하였다. 19세기 후반 외세의 침탈로 위태로워진 국가와 민족의 장래를 걱정하는 우국적 지사로 변모하였다.

일제의 정치 경제적 침탈이 본격적으로 자행되던 1907년 중반, 대한제국의 육군보병부교(陸軍步兵副校)로 복무하던 그는 1907년 군대해산령이 내리자 통분을 이기지 못하고 일제의 침략을 저지하고자 의병에 투신하였다. 처음에는 유인석 계열의 의병부대에서 잡일을 하다가 능력을 인정받아 소모장으로 활약하였다. 그러던 중 의병장이 전사하자 그가 의병장에 추대되었다.

엄정한 군율 강조, 소수 정예의 게릴라전술 전개

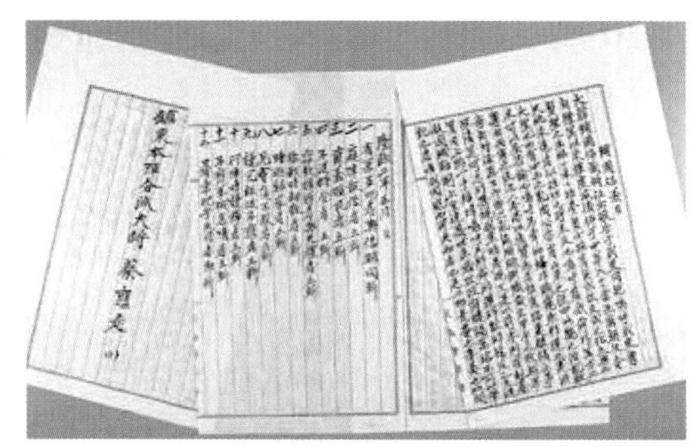
채응언 의병장 격문

이때가 1908년 5월을 전후한 시기로서, 평민출신 의병장들이 의병항쟁을 주도하던 시기와 일치된다는 점에서 주목된다. 그는 진동본진분파대장의 이름으로 보국구민의병을 표방하였는데, 국가와 동포를 사랑하는 한결같은 자세를 견지하였다. 이들은 반봉건적, 반침략적 성격의 의병을 지향하였는데, 엄정한 군율을 강조함과 동시에 소수 정예의 게릴라전술을 전개하였다.

1908년에는 황해도 안평(安平)의 순사주재소와 수안(遂安) 헌병분견소를 습격하여 일본 헌병을 사살하였고 또한 함경남도의 마전도 순사주재소를 급습하여 많은 무기를 노획하였다. 그 뒤 1911년 김진묵(金溱默)의병장의 부장으로 각 지역에서 활동하면서 일본군과 전투를 계속하여 다대한 전과(戰果)를 거두었다. 이후로는 부하 3~400여 명을 휘하에 두고 의병장이 되어 경기도 · 강원도 · 황해도 · 평안도 · 함경도 등 각도를 신왕귀래(神往鬼來)하면서 항일전을 전개한 바 있다. 1913년 6월 3일 밤에는 황해도 대동리 헌병분견소를 습격하여 일본군을 사살하고 일본수비대를 불질러 일본군 수명을 부상케 하였다.

한편 오승태(吳承泰)와 합세하여 선암(仙岩) 헌병분견소를 습격하기도 하였다. 1915년에는 평안남도 성천군 옥정리(玉井里) 산기슭에 근거지를 두고 신출귀몰한 게릴라전을 전개하면서 군자금을 조달키 위해 7월 초에 부유한 한인에게 항일독립사상을 고취시켜 군자금 조달에 협조하도록 하는 데에도 힘을 기울였다.

일제, 채응언 체포를 위한 특별수색대 조직

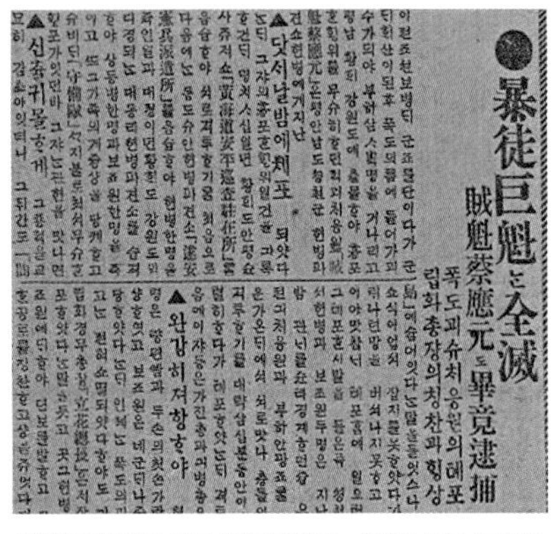
暴徒巨魁는 全滅
賊魁蔡應元도 畢竟逮捕
폭도괴슈채응원의톄포
립화총장의칭찬과횡상
▲닷새날밤에톄포
▲신출귀몰ᄒᆞᆫ계
▲완강히저항ᄒᆞ야

채응언 의병장이 체포되었음을 알리는 <매일신보> 보도기사

이렇게 격렬한 항일 게릴라전을 전개하는 채응언의 활약으로 인해 20여 명 이상의 일본헌병과 일제에 아부하던 부일한국인 밀정 등이 처단 당하자, 일제는 그를 체포하고자 소위 「적괴 채응언수색대」를 조직하였다. 이 조직은 평양 헌병대에서 일년 전부터 일본 헌병 상등병과 보조원 4명을 1대로 하여 5개 대를 편성하여 오오하시(大橋)대장의 직속하에 두어 그의 체포에 진력케 하는 한편 현상금 280원을 걸어 일반인에게 밀고하도록 독려하는 등의 조치를 취하게 되었다.

그런데 마을 사람(일설로는 채응언의 처남이라고도 한다)이 밀고하여 평양 헌병대 성천(成川)분대와 파출소장 다나까(田中滯雄) 등이 출동하였다. 이런 사실을 모르고 채응언은 약속한 군자금을 받으러 안광조를 데리고 밤 11시쯤 산을 내려오다가 잠복 중이던 일본 헌병과 격투가 벌어져 권총을 발사하였으나 적중하지 못하고 단도로 육박전을 전개하여 30여 분 동안 격렬히 싸우다가 체포당하였다.

그리하여 전중 상등병은 많은 부상을 입고 현상금 250원을 탔고 그의 보조원으로 그의 체포에 힘쓴 박성빈(朴聖彬)과 강태규(康泰奎)가 각각 50원, 20원씩을 받았다. 그 후 7월 8일에 경무부의 전전(前田) 보안과장과 전중 상등병 등에게 호송되어 평양 헌병대에 구금되었는데 이 때 그의 체포 소식을 듣고 달려나온 사람들이 무수히 많아 평양 시내는 일대 혼잡을 이루기도 하였다. 일본 헌병중위에게 호된 심문을 받은 뒤 21일 평양 지방법원으로 송치되어 평양형무소에 수감되었다.

항전 끝에 체포된 채응언 의병장. 그는 흔적없이 활동하였기 때문에 이것 외에 어떤 얼굴 사진도 찾을 수 없다.

나라와 민족을 위해 싸웠을 뿐, 강도가 아니다

수감된 뒤 일인 검사에게 취조를 받고 소위 살인 및 강도죄목으로 기소되어 8월 31일 사형언도를 받은 후 분개하여 "나는 나라와 민족을 위해 목숨걸고 싸웠는데 강도란 당치 않다"로 항변하였다. 감옥에서 자신의 옷으로 끈을 만들어 목을 매고 자결코자 하였으나 사전에 발각되어 뜻을 이루지 못하자 판결에 불복하고 상고하였다. 9월 21일 평양 복심법원(覆審法院)에서 사형이 확정되어 그 해 11월 평양형무소에서 형이 집행되었다. 한평생 항일전을 전개한 독립투사로서 일생을 마치고 장렬히 순국하였다.

채응언은 마지막 의병장답게 자신의 의병활동이 정당하였음을 일제가 교수형에 처할 때까지 계속 주장하였다. 그가 가난한 농가에서 태어나 협객적 농민과 우국지사를 거쳐 보국구민의 의병장으로의 성장을 통해서 우리 근대사상의 민족운동의 심화과정을 확인하였다는 점에서 그 역사적 의의가 크다고 하겠다. 이에 정부에서는 고인의 공훈을 기리어 1962년에 건국훈장 독립장을 추서하였다.

■ 대한민국장 | 김좌진(金佐鎭) 장군

조국 독립을 가장 큰 가치로 청산리대첩의 최고 주역

핵심공적

대한광복회 부사령으로 활동하고 대한군정서 사령관으로 1920년 한국독립군 전투사상 최대의 성과인 청산리대첩의 승리를 이끄는 등 항일 무장투쟁을 전개했다.

주요약력

- 1889년 12월 16일 충청남도 홍성 갈산 출생
- 1908년 호명학교 설립 계몽운동
- 1917년 대한광복회 부사령
- 1920년 대한군정서 사령관으로 청산리대첩
- 1925년 신민부 총사령 겸 군사부 위원장
- 1929년 한족총연합회 결성
- 1930년 1월 24일 (40세) 피살, 순국
- 1962년 건국훈장 대한민국장

일제는 만주에 있던 독립군이 한반도에 진출하면 식민통치가 불가능해진다는 판단에서 사건을 조작해 2만여 명에 달하는 군단급 병력을 만주로 파견한다. 독립군 3천~4천여 명, 일본군 3만~3만 5천여 명이 벌인 전투에서 독립군은 일본군에게 대승을 거뒀다. 그때 독립군 사령관이 김좌진 장군이다.

김좌진 장군 동상

어릴 때부터 가지고 있었던 평생의 신념

김좌진 장군은 1889년 12월 16일 충남 홍성군 갈산면 행산리에서 김형규의 둘째 아들로 태어났다. 유년시절 공부보다는 활쏘기와 말타기 등의 병정놀이를 즐겼는데 대장기에 "억강부약(抑强扶弱)"이라고 썼다. "강한 것은 누르고 약한 것은 돕는다"는 뜻이다.

병정놀이에서만 내세운 말은 아니었다. 다 떨어진 옷을 입은 친구를 보면 자신의 옷과 바꿔 입고 들어오는 경우가 많았으며,

거지를 보면 밥을 먹이고 자신의 옷을 입혀 보냈다고 한다. 평생을 지킨 신념은 어려서부터 가지고 있었다.

이런 신념은 무럭무럭 커서 청년이 된 후 실천에 옮기기로 결심했다. 가장 먼저 자신의 집에서 거느리던 30여 명의 노비를 모아 노비 문서를 불태우고 전답을 나눠주었다. 그리곤 어릴 때부터 관심이 있었던 무관학교에 입학해 정식으로 군사교육을 받았다. 그는 무관학교에서 대한제국이 일제의 식민지가 되어가던 조국의 현실을 생생하게 겪었다.

일제의 방해에도 멈출 수 없었던 독립항쟁에 대한 의지

무관학교를 졸업한 후 홍성으로 귀향했다. 고향에 도착한 그는 호명학교를 설립했다. 호명학교의 교명은 "호서지역을 밝게 한다"는 뜻으로 개화와 신학문 교육으로 기울어져 가는 국운을 회복하기 위해 노력했다. 하지만 1910년 경술국치로 일제에게 국권을 빼앗긴 모습을 본 김좌진은 군자금 모집과 대한광복회 활동을 시작으로 항일 항쟁에 뛰어들었다.

서울 관수동에 이창양행이라는 위장상점을 차려 항일운동의 근거지로 삼는 한편 신의주에 염직회사를 차려 해외와의 연락거점으로 삼았다. 하지만 의병들과의 관계로 인하여 수시로 조사를 받았다.

국내에서는 독립항쟁이 불가능하다고 판단해 서간도 지역에 독립항쟁기지를 마련하고자 서울의 부호들을 대상으로 군자금 모집에 착수했다. 몇 번이나 일제에 의해 체포되고 풀려나기를 반복했지만, 결코 그를 멈출 수는 없었다. 결국, 1917년 독립군 양성을 위해 만주로 떠나게 됐다.

청산리 전투의 주역을 배출한 사관연성소

일제의 압박은 날로 심해져 독립항쟁의 중심은 국내에서 만주로 옮겨졌다. 김좌진 장군은 1919년 3월 중순 길림군정사를 조직했다. 길림군정사는 군사전문가들이 중심이 된 무장투쟁 조직이다. 그 해 가을쯤에 대한정의단과 연합했다. 대한정의단은 항일무장투쟁을 준비하고 있었으나 군사전문가가 없었고 길림군정사는 조직을 뒷받침해줄 기반을 가지고 있지 못했기에 이루어진 연합이었다. 1919년 대한군정서로 이름을 바꾸고 본격적인 무장투쟁을 하는 조직이 됐다.

군사 조직에서 가장 중요한 것은 지휘관이다. 김좌진 장군은 1920년 2월 초 왕청현 서대파 십리평에 사관연성소를 설치해 독립군 간부를 양성했다. 또한 사관연성소 교장이 되어 미래의 독립군 간부에게 역사 · 군사학 · 병기사용법 · 부대지휘법 등과 함께 민족정신을 함양시켰다.

제1회 사관연성소 졸업생을 중심으로 300여 명의 교성대를 만들었다. 교성대는 잘 훈련된 최정예 부대로서 이후 김좌진과 함께 일본군을 섬멸시킨 청산리전투를 승리로 이끈 대한군정서군의 주축이 됐다.

마지막 순간까지 조국독립을 위해 헌신하다

3.1 운동 직후 만주와 연해주 일대에서 많은 독립군 부대들이 편성되어 국내진입작전을 감행하기 시작했다. 일본군은 독립군을 토벌할 목적으로 '훈춘사건'을 일으켜 2만 명의 병력을 만주에 파견했다. 4천여 명의 독립군은 총 3만여 명의 일본군과 1920년 10월 21일, 청산리 일대에서 치열한 전투를 벌였다.

청산리전투 승전기념 사진. 김좌진이 이끄는 대한군정서군은 전장을 누비며 청산리대첩을 승리로 이끌었다

김좌진이 이끄는 대한군정서군은 청산리대첩을 승리로 이끌었다. 대한군정서의 서일 총재는 임시정부에 "김좌진 부하 600명과 홍범도의 부하 300여 명이 일본군 1,300여 명을 격살"하였다고 보고했다. 청산리 전투는 간도 출병을 저지시켰으며 독립전쟁을 승리로 이끌 수 있다는 확신을 심어준 전투였다.

일제는 이때의 패배로 중국 정부에 압력을 넣는 한편 만주에 거주하는 조선인들을 학살하기 시작했다. 독립군은 어쩔 수 없이 러시아 등지로 흩어질 수밖에 없었다. 김좌진 장군은 흩어진 독립군을 다시 모아 대한독립군단을 만들고 북만주 지역에서 활동하던 독립항쟁단체을 통합해 신민부를 조직했다. 신민부는 무장활동, 교육 및 홍보활동, 산업활동 등 자치활동을 통해 한인동포들의 생활향상에 주력했다.

신민부 조직 이후 조선총독 암살을 계획했으며 특수공작대를 국내에 파견해 국내의 작전지도 등을 작성하기도 하였다. 청산리 전투를 승리로 이끌며 평생을 조국독립을 위해 헌신했던 김좌진은 영안현 일대 동포들의 생활안정을 위해 1930년 1월 24일 중동선 산시역(山市驛) 부근에 설치한 금성정미소에서 고려공산당 청년회원인 박상실이 쏜 흉탄을 맞고 순국했다.

광복회 · 대한군정서 · 신민부 · 한족총연합회 등에서 활동하였고, 1920년 청산리전투를 승리로 이끌었던 김좌진 장군이 태어난 곳이다.

■ 대한민국장 | 오동진(吳東振)

평생 항일 투쟁으로 일관한 독립군의 3대 맹장

핵심공적 독립 무장 항쟁 단체의 사령장으로 부하를 이끌고 일제에 대한 공격을 감행 혁혁한 전과를 올려 독립군 3대 맹장으로 불렸다.

주요약력
- 1889년 평안북도 의주 출생
- 1920년 광복군총영 총영장(중국 관전현)
  대한통의부, 정의부, 고려학명당 군사위원장
- 1927년 장춘에서 피체(무기징역)
- 1944년 12월 1일 공주교도소에서 옥사, 순국
- 1962년 건국훈장 대한민국장

"나는 세계평화를 완성하기 위하여 조선독립군 사령이 되었다"고 말한 오동진 선생. 일제의 기록에 따르면 오동진 선생은 연인원 1만여 명이 넘는 부하를 이끌고 일제 관공서를 백여 차례 습격했고 사상자는 900여 명에 달한다고 적고 있다. 이런 전과로 그는 김좌진, 김동삼과 함께 독립군 3대 맹장으로 불렸다.

3.1 운동 후 만주에서 광제청년단 조직

1889년 평안북도 의주군 광평면 청수동에서 출생했다. 오동진 선생은 어릴 때부터 온후하고 정의심이 강했다. 강한 자에게는 강하고 약한 자에게는 온순한 사람이었으나 기쁠 때나 슬플 때나 그 기분을 얼굴에 드러나는 일이 드문 소년이었다.

19살에 도산 안창호 선생이 세운 평양 대성학교 사범과를 졸업한 후 고향에 돌아와 일신학교를 설립하고 지역 청소년의 교육 계몽 운동에 앞장섰다. 일신학교 설립자 중 한 명인 유여대가 3.1운동의 민족대표 33인의 한사람으로 참여하면서 오동진 선생은 의주와 평양의 만세 운동에 동참했다. 의주와 서울을 중심으로 격렬한 만세운동이 벌어지자, 일제는 만세운동에 참가한 사람들에 대해 체포령을 내렸는데 오동진 선생도 그 중 한 명이었다.

만주로 피신한 후 윤하진, 장덕진, 박태열 등의 사람들과 함께 비밀결사인 광제청년단을 조직했고 대한독립청년단 활도에 적극 참여하였다. 같은 해 5월에는 중국 안동에 있는 이륭양행 2층에 대한민국 임시정부의 연락 사무소를 설치하고 안동교통사무국을 두어 평안남북도와 황해도를 관할했다.

지역에 흩어진 조직들을 통합해 광복군총영을 만들다

당시 독립항쟁조직은 여러 곳에 흩어져 있었다. 작은 조직으로 활동하면 활동 범위와 할 수 있는 일이 제한적이라 독립항쟁의 추진력이 약해질 수밖에 없었다. 그래서 각 독립항쟁조직들은 통합을 위한 협의가 이루어지고 있었다.

오동진 선생은 인근 지역의 대한의용군사의회와 한족회, 기원독립단, 민국독립단, 대한청년단연합회 등에 참여했다. 통합된 조직은 1920년 6월 6일 대한민국 임시정부에서 파견된 이탁을 중심으로 독립항쟁을 위한 실질적 단체로 변모했다. 광복군사령부 사령관에 조맹선, 참모부장에 이탁, 경리부장에 조병준이 임명되고 오동진 선생은 총영장이 됐다.

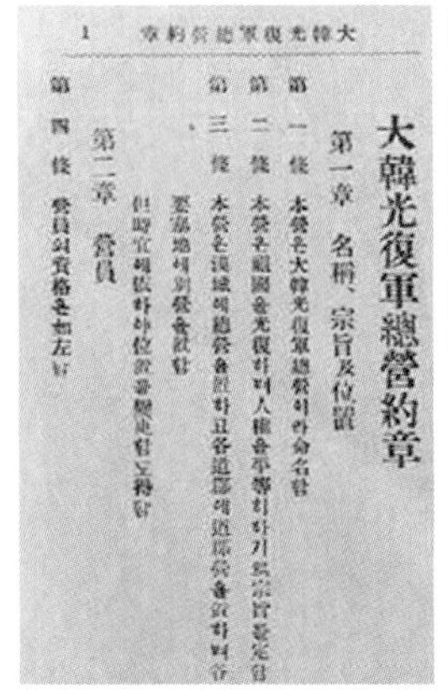
1 大韓光復軍總營約章

大韓光復軍總營約章

第一章 名稱、宗旨及位置

第一條 本營은大韓光復軍總營이라命名함

第二條 本營은祖國을光復하며人權을平等히하기爲하야宗旨를定함

第三條 本營은滿洲에總營을置하고各道郡에支部營을置하며 要籍地에別營을設함

但時宜에依하야位置를變更할도有함

第二章 營員

第四條 營員의資格은如左함

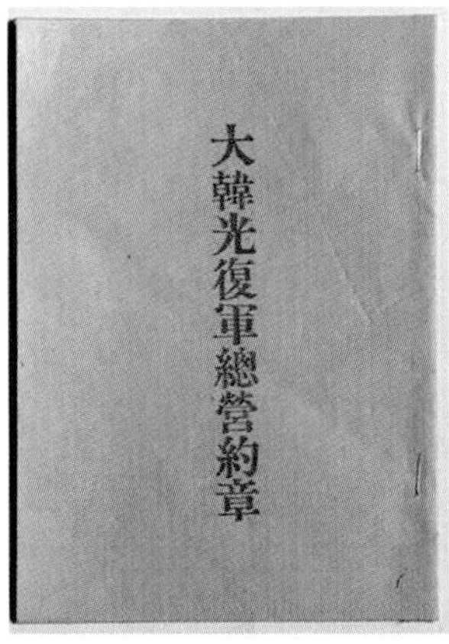
大韓光復軍總營約章

오동진 선생이 총영장으로 활동한 대한광복군총영의 약장(1920년 7월 1일). 대한광복군총영의 명칭 · 목적 · 위치 · 단원명 등이 수록되어 있다.

일제에 대한 공격을 준비하고 있을 즈음 미국의회 동양 시찰단인 모리스의원 등 상원의원 일행이 8월 14일 서울에 온다는 정보를 얻었다. 광복군총영은 이 기회를 이용해 독립의지를 세계에 호소하고, 국내에 있는 일제의 주요 기관을 파괴하기로 결정했다. 김영철, 장덕진, 안경신 등 비밀 요원을 평양, 신의주, 선천, 서울로 보내 미 의원단 일행이 그 지역을 통과할 때 일제관청을 파괴하고 일제 요인들을 사살하는 등의 성과를 거두었다.

일제 관공서 습격 143회, 밀정과 관리 등 900여 명 사살

오동진 선생은 1922년 6월 양기탁이 제안하는 동삼성 내 독립항쟁단체 통합에 적극 찬성하고 양기탁, 김동삼, 현정경, 이상룡, 이탁 등과 광복군총영, 서로군정서, 한교민단, 광복단, 독립단대한청년 연합회를 통합해 통군부를 만들었고, 2개월 후 대한통의부로 발전시켰다. 이듬해 6월 신팔균 사령장이 전사함에 따라 사령장을 겸직하고 소속 독립군을 총지휘하게 됐다.

1925년 1월 25일경에는 통의부의 고문인 양기탁 등과 통의부를

獨立新聞

1920년 1월 13일자 『독립신문』에 실린 「대한청년단연합회 취지서」, 「대한광복군총영 약장」, 「광복단 무장활동 보고서」에 관한 것이다.

중심으로 길림주민회, 의성단, 대한독립단, 광정단동친목회, 변론자치회, 고본계, 대한독립군단, 학우회 등 지방자치단체를 총망라, 통일회의를 개최하고 정의부를 조직했다. 산하 의용군 사령장에 오동진 선생이 겸무했는데 8개 중대에 무장한 7백여 명의 병력으로 군사활동을 전개해 상당한 전과를 올렸다.

이듬해에는 각계 인사들이 모여 고려혁명당을 조직했다. 좌우익이 힘을 합해 독립항쟁을 추진하기 위한 단체다. 당원 수는 1천 5백여 명에 이르렀으며 선생은 정의부 군사위원장으로 총사령을 겸임하고 일제에 대한 공격을 이끌었다. 기록에 따르면 1927년까지 부하 연인원 14,149명을 지휘하여 일제관공서 습격 143회, 일제관리 살상 149명, 밀정 등 살상 765명이라는 전과를 올렸다.

옛 동지의 배신으로 신의주에서 잡히다

한창 일제에 대한 공격이 가열차게 진행되고 있을 무렵 옛 동지 김종원이 "삼성 금광주인 최창학이 선생을 만나 뵙고 싶어한다"는 연락을 받았다. 장춘 시내에 있던 약속장소로 나가보니 만나자는 사람은 없고 신의주의 고등계 형사인 김기덕이 기다리고 있었을 뿐이었다. 김종원이 배신하고 선생을 밀고했던 것이다.

不屈의 鬪士
吳東振氏追悼會
서울劇場
文化的

오동진 선생의 순국과 관련한 추모기사

일제에 잡힌 오동진 선생은 일제의 재판을 거부하고 1929년 11월 11일부터 33일 동안 단식했다. 1932년 3월 5일 강제로 재판정에 서게 됐지만 미쳤다는 이유로 퇴장 당했고 오동진 선생이 없는 재판장에서 검사는 무기징역을 내려야 한다고 요청했다. 신의주 지방법원에서 무기징역을 선고받아 항소했지만 2심에서도 마찬가지였다. 오동진 선생은 더이상 재판을 받을 필요가 없다고 판단하고는 항소를 포기했다.

경성형무소로 이감된 오동진 선생은 1934년 6월 11일부터 48일간의 제2차 단식을 벌였다. 일본인 의사가 '형무소 정신병'이라는 진단을 내려 정신질환자들이 수용되는 공주형무소로 옮겨졌다. 일평생 일제에 대해 무장항쟁을 했던 오동진 선생은 해방이 되기 고작 한 해 전인 1944년 12월 1일 옥중에서 순국하고야 말았다.

■ 대통령장 | 김동삼(金東三)

조국 독립 위해 온 몸 바친 독립군의 거성

핵심공적

1911년 서간도에 경학사와 신흥강습소를 세워 독립군 기지를 구축, 독립군을 양성하고 신흥무관학교, 서로군정서, 대한통의부를 조직하여 항일 무장투쟁을 펼쳤다. 상해 국민대표회의 의장, 정의부 대표로 삼부통합회의 등을 주도하며 독립항쟁세력 좌우 통합의 화신이었다.

주요약력

- 1878년 6월 23일 경상북도 안동 출생
- 1907년 협동학교 설립 계몽운동
- 1911년 경학사와 신흥강습소 설립 독립군 양성
- 1914년 백서농장장주(독립군 군영지)
- 1919년 신흥무관학교, 서로군정서 조직 항일 무장투쟁, 무오독립선언
- 1923년 대한통의부 조직, 국민대표회의 의장 (상해 임정)
- 1924년 정의부 조직 (참모장), 군사위원장
- 1927년 유일당 운동, 농민호조사 설립
- 1928년 정의부 대표로 3부 통합운동
- 1937년 4월 13일 서대문 감옥에서 옥사, 순국
- 1962년 건국훈장 대통령장

"나라 없는 몸 무덤은 있어 무엇하느냐. 내 죽거든 시신을 불살라 강물에 띄워라. 혼이라도 바다를 떠돌면서 왜적이 망하고 조국이 광복되는 날을 지켜보리라."

– 김동삼 선생 옥중 유언

보수 유림의 고장 안동에서 신식 교육을 시작하다

김동삼 선생은 1878년 6월 23일 경상북도 안동에서 태어났다. 장남인 그의 본명은 긍식이고 종식이 라는 이름도 사용했다. 김동삼이라는 이름은 그가 만주로 망명한 뒤에 동북 삼성 지명을 딴 이름이다. 그가 태어난 내앞마을은 5백 년을 이어오면서 많은 인물을 배출한 곳이고, 일제 침략기에는 이 마을에서만 20명이 넘는 독립유공자가 배출됐다.

김동삼 선생이 본격적으로 독립항쟁에 뛰어든 시기는 만 29세가 되던 1907년이었다. 어린 나이에 의병항쟁을 목격했고 1900년대에 들어 서울에 있으며 급격한 변화를 목격했다. 유인식, 김후병 선

생이 교육 구국운동을 펼치자 거기에 적극 동참했다. 안동에서 계몽운동을 시작한 지 3년 만에 중등 과정인 3년제 협동학교를 1907년 설립할 수 있었다.

협동학교는 영남사회가 변하는 교두보였다. 유림의 압력과 예천의병의 공격도 있었지만, 협동학교 는 신지식인, 젊은 지성을 육성하는 데 힘을 기울였다. 전국에서 주목받는 학교였으므로 어려움을 겪을 때 서울의 신문에서 격려하는 글이 게재되기도 했고 신민회에서는 교사들을 파견했다.

만주에서 경학사, 신흥강습소와 신흥무관학교

김동삼은 협동학교를 경영하는 한편, 비밀결사인 신민회와 대동청년단에서 활동했다. 겉으로는 협동학교에서 인재를 키우고 속으로는 독립군 양성을 위한 방향을 모색하고 있었다.

1910년 8월, 한일병합조약으로 나라가 망하자 김동삼 선생은 만주로 이주해 독립군 기지를 건설하고 독립군을 키워 국내로 들어오겠다는 계획을 세운다. 먼저 족제(族弟) 김만식과 함께 만주로 가서 독립군기지 건설에 필요한 조사를 하였고, 좋은 장소를 물색한 김동삼 선생은 가족과 친지, 사돈 집안 등 150여 명을 이끌고 만주로 향했다. 남만주 유하현 삼원포에 도착한 그는 우선 신흥강습소를 설립하고 경학사 결성에 참가했다. 독 립군 기지 건설을 위해서는 경제와 교육기반이 다져져야 했기 때문이다.

경제 기반을 닦는 곳이 경학사이고 인재를 양성하는 기관이 신흥강습소였다. 김동삼은 1913년에 신흥학교, 1914년에 백서농장을 건립하고 신흥학교 1~4회 졸업생들과 분교의 노동야학 졸업생 등 385명을 인솔해 통화 현 팔리초에서 독립군 군영을 창설했다. 백두산 서쪽에 자리 잡았다고 '백서'라는 이름을 붙이고, 군사 기반이라는 사실을 감추기 위해 '농장'이라고 위장했다.

무오독립선언서를 시작으로 본격적인 독립단체로 변모

1919년 2월 1일 길림에서 '무오독립선언서'가 발표됐는데 김동삼 선생은 민족대표 39인 가운데 한 사람으로서 서명했다. 그와 동시에 독립항쟁전선이 새롭게 정비됐다. 부민단을 한족회로, 신흥중학교를 신흥무관학교로 개편하는 등 군정부를 구성했다.

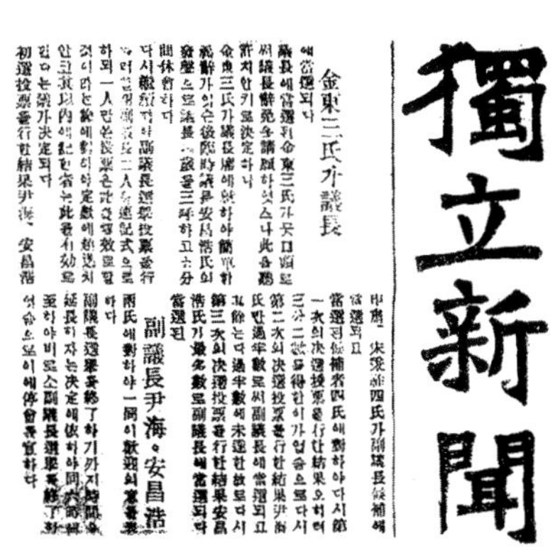
獨立新聞

金東三氏가議長

副議長尹海ㆍ安昌浩

김동삼 선생이 국민대표회의 의장에 선임되었다는 기사
(독립신문, 1923년 1월 31일)

처음에는 정부조직으로 추진됐으나 임시정부에서 파견된 안정근과 김병헌의 제의로 군정부는 대한민국임시정부 관할하의 서간도 군사기관인 서로군정서로 개편했다. 서로군정서는 다른 독립군과 연계해 만주로 침공해온 일본군과 맞서 싸우기 위해 선도적 역할을 하며 청산리전투에서 대승을 거뒀다. 하지만 일본군의 보복으로 서간도나 북간도지역 한인사회는 참변을 겪었고 선생의 가족도 큰 피해를 당했다. 김동삼 선생은 이때의 참변으로 붕괴된 한인동포사회를 다시 일으켜 세우고 분산된 독립군 조직을 통합하기 위해 동분서주했다. 1923년 1월 흩어진 독립 세력을 통합할 국민대표회의가 상해에서 열려 의장이 되었지만, 결론을 내지 못하고 국민대표회의는 결렬되고 말았다.

1927년 이후 김동삼 선생은 국내외에 걸쳐 전개 된 유일당 운동에 힘을 기울였다. 이것은 독립군 단체 위에 하나의 지도 정당을 만들자는 계획이었다. 김동삼 선생의 독립단체통합 운동은 번번이 실패했지만 통합을 위한 행동은 멈추지 않았다.

독립투사들이 모두 손꼽아 존경한 인물

이런 와중에 김동삼 선생은 1931년 항일 공작을 추진하기 위해 하얼빈에 잠입했다가 하얼빈 주재 일본영사관 경찰에 잡히고 말았다. 그는 모진 고문을 받고 국내로 압송돼 평양지방법원에서 10년의 중형을 받고 평양감옥에 투옥됐다. 그 후 서울 서대문형무소로 옮겨졌고 만 59세가 되던 1937년 4월 13일, 옥중에서 순국했다.

일송 김동삼 선생은 한국독립항쟁의 최고의 지도자임에도 30년 동안 그가 세상에 남겨놓은 기록은 거의 없다. 만주에 정착한 후 고향집 안부를 묻는 편지와 마지막 형무소에서 집안 걱정을 하면서 종반에게 쓴 편지가 있는 정도다. 사진도 1923년 상해 국민대표 회의의 의장으로 활동할 때 누군가 촬영한 것과 하얼빈영사관 감옥과 서울서대문형무소 수형사진 정도다.

자신을 밝히지 않으려고 한 그의 내면세계는 본인의 임종을 예견하고 후세에 남긴 독특한 유언에서도 알 수 있다. 그 유언 몇 줄은 보는 사람마다 눈시울을 뜨겁게 만든다. 독립투사들도 이념과 지역을 초월해 선생만은 공 · 사(公 · 私)간에 흠이 없는 사람이라고 증언할 정도다.

장례는 평소에 그를 존경하던 한용운이 주선하여 치러졌다. 한용운은 자신이 머물던 성북동 심우 장에서 장례를 치른 뒤, 김동삼 선생의 유언대로 화장하여 유해를 한강에 뿌렸다. 한용운 선생이 일생에 눈물을 흘린 적이 이때 한번뿐이라고 전해진다.

경북독립항쟁기념관에 전시 중인 만주항일독립항쟁의 3거두. 왼쪽부터 우당 이회영 선생, 석주 이상룡 선생, 일송 김동삼 선생

■ 대통령장 | 남자현(南慈賢)

나라 가슴에 품고 만주 누빈 조선 독립의 어머니

핵심공적 상해임시정부와 독립군의 지원에 주력하고 사이토 마코토 총독과 무토 노부요시 대사의 주살을 시도했다.

주요약력
- 1872년 12월 7일 경상북도 안동 출생
- 1925년 조선총독 사이토 마코토(齊藤實) 주살 시도
- 1932년 국제연맹조사단에 독립호소
- 1933년 주만주국 일본전권대사 무토 노부요시(武藤信義) 주살 기도
- 1933년 8월 22일 일본 영사관에서 옥사, 순국
- 1962년 건국훈장 대통령장

"만일 너의 생전에 독립을 보지 못하면 너의 자손에게 똑같은 유언을 하여 내가 남긴 돈을 독립축하금으로 바치도록 해라." 일평생을 오로지 조국의 자주독립과 민족의 존영을 위하여 싸우다 옥고로 순국한 남자현 여사의 유언이다.

의병의 부인에서 독립군의 어머니로

남자현 여사는 1872년 12월 7일 경상북도 안동군에서 영남의 석학인 부친 남정한의 3남매 중 막내딸로 태어났다. 어릴 때부터 품성이 단정하고 총명했으며 7세 때부터 국문에 능통하였고 부친의 가르침을 받아 소학(小學)과 대학(大學)을 통달했다.

19세에 경상북도 영양군 석보면 지경동에 사는 김영주에게 시집을 갔는데 일제의 만행이 점차 극성을 부리자 남편은 1896년 여사에게 "나라가 망해 가는데 어찌 집에 홀로 있을 것인가. 지하에서 다시 보자"며 결사보국을 결심하고 영양의병장 김도현 의진에 들어간다. 하지만 왜군과 전투 중 전사하고 말았다.

남편의 전사소식을 들은 여사는 복수심에 밤잠을 이루지 못했지만 3대 독자인 아들을 대신해 시부모를 봉양하지 않을 수 없

어 누에를 키우며 손수 만든 명주를 팔아 가계를 이어나갔다. 여사의 나이 46세가 되던 1919년, 3.1 운동이 일어났고 남자현 여사는 이를 지켜보며 일제와 싸우는 것만이 남편의 원수를 갚는 길임을 깨닫는다. 그해 3월 9일 아들과 함께 압록강을 건너 중국 요녕성 통화현에 도착해 서로군정서 독립군 군사들의 뒷바라지를 하기 시작했다.

남자현 여사의 가족사진(앞줄 왼쪽에서 두번째)

사이토 마코토(齋藤實) 총독을 주살하려 하였으나 실패

남자현 여사는 북만주 일대의 농촌을 누비며 12개의 교회를 건립했으며, 여성계몽에도 힘써 10여 개의 여자교육회를 설립하여 여권신장과 자질향상에 주력하였다.

망명생활 6년을 맞은 1925년, 조선총독부 사이토 마코토(齋藤實) 총독을 주살하기 위해 채찬 등과 함께 국내에 잠입, 거사를 추진했으나 삼엄한 경계로 뜻을 이루지 못하고 본거지로 되돌아가야 했다. 돌아가던 도중 의성단장 편강렬, 양기탁 등이 각 독립항쟁단체의 통합을 추진하고 있음을 알고 독립항쟁단체들을 찾아다니며 통합을 독려했다.

1927년 봄 상해 임시정부요인인 안창호 선생이 길림에 있는 조양문 밖에서 정의부 중앙간부와 각 운동단체 간부와 지방유지 5백여 명이 참석한 가운데 나석주 의사 추도회 겸 민족장래에 대한 강연회를 성황리에 개최했다. 이에 일제는 중국 헌병사령관을 협박하여 안창호, 김동삼 선생 등 3백 명을 체포하게 하고 주요 간부급 50인의 신병을 인도하도록 했다.

당시 여사는 투옥 중인 안창호 선생 등 많은 애국지사들이 석방될 때까지 정성껏 옥바라지를 했다. 중국 정부는 우리 측의 항의에 따라 일본의 요구를 무시하고 체포한 인사들을 보석으로 석방했다.

국제연맹조사단에 혈서로 한국의 독립을 호소

1931년 9월 일제는 소위 만주사변을 일으켜 요녕성뿐만 아니라 길림성까지 침략의 손길을 뻗치자 김동삼 선생은 길림성을 떠나 하얼빈으로 이동하여 그곳에서 정인호의 집에 묵고 있다가 일경에게 붙잡혀 투옥되었다.

아무도 김동삼 선생과 접촉을 하지 못하고 있을 때 여사는 그의 친척으로 위장, 면회를 허가받고 연락책 역할을 했다. 김동삼 선생의 지시내용을 동지들에게 전달하는 동시에 그가 국내에 호송될 때 구출하기 위하여 치밀한 계획을 세웠으나 동지들의 행동지연으로 인하여 실패하고 말았다.

1932년 9월 국제연맹조사단(단장 리틀경)이 침략진상을 파악하기 위해 하얼빈에 파견된다는 소식을 접하고 일제의 만행을 조사단에게 직접 호소하기 위해 왼손 무명지 2절을 잘라 흰 천에다 "조선독립원(朝鮮獨立願)"이라는 혈서를 쓴 뒤 잘린 손가락 마디와 함께 조사단에 전달해 민족의 강인한 독립정신을 인식시키면서 일본인들에게 속지 말도록 호소했다.

"독립은 정신에 있다"라는 유언을 남기고 순국

1933년 초, 남자현 여사는 이춘기 등과 소위 만주국 건국일인 3월 1일 행사에 참석할 예정인 주만주국 일본전권대사 무토 노부요시(武藤信義)를 제거하기로 하고 동년 2월 29일 거지로 변장, 권총 1정과 탄환, 폭탄 등을 몸에 숨기고 하얼빈에서 장춘으로 가기 위해 떠났다. 그러나 하얼빈 교외 정양가를 지나던 중, 미행하던 일본영사관 소속 형사에게 붙잡히고 말았다.

여사는 동년 8월 마침내 죽기로 결심하고 옥중에서 15일 동안의 단식투쟁을 벌이자 6개월간의 고문과 옥중 생활로 사경을 헤매게 되었다. 사태가 이에 이르자 일경은 보석으로 석방했다. 여사는 적십자병원에 입원하였다가 다시 하얼빈에 있는 조 모 씨의 여관으로 옮겼으나 임종이 다가오고 있음을 스스로 깨달았다.

여사는 아들 김영달에게 중국 화폐 248원을 내놓은 뒤 "우리나라가 독립되면 독립축하금으로 이 돈을 희사하라"고 말했다. 그리고 "사람이 죽고 사는 것이 먹는 데 있는 것이 아니고 정신에 있다. 독립은 정신으로 이루어지느니라"라는 최후의 유언을 남기고 1933년 8월 22일 향년 60세의 일기로 세상을 떠났다.

斷食한지九日만에
人事不省되여出監
保釋出監한武藤大將謀殺犯
新京南慈賢의近況
波瀾重疊한過去와

남자현 지사의 단식으로 순국한 내용을 다룬 보도기사(조선중앙일보, 1933년 8월 26일)

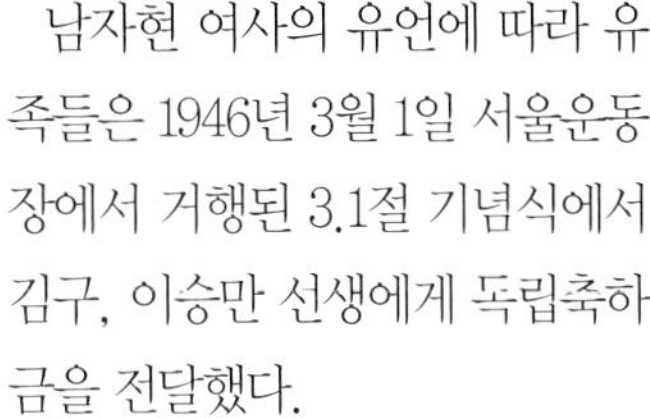

남자현 여사의 유언에 따라 유족들은 1946년 3월 1일 서울운동장에서 거행된 3.1절 기념식에서 김구, 이승만 선생에게 독립축하금을 전달했다.

경상북도 영양군에 위치하고 있는 남자현 지사의 생가

■ 대통령장 | 채상덕(蔡相悳)

후대 위해 많은 인재를 양성한 독립투사의 정신적 아버지

핵심공적

만주지역 독립단체 통합 조직인 대한통군부 총장, 대한 통의부 부총장으로 활동하며 독립항쟁을 주도하고 독립투사를 양성했다.

주요약력

- 출생 미상
- 1895년 을미의병 참여
- 1922년 대한통군부 초대 총장, 대한통의부 초대 부총장
- 1925년 일본경찰의 기습으로 자결, 순국
- 1995년 건국훈장 대통령장

고구려의 수도가 위치한 길림성은 독립군이 활발하게 활동한 지역이다. 이곳에서 채상덕 선생은 후사를 기르며 독립을 준비했다. 1895년 의병에 참가한 선생은 1920년대가 되자 나이가 많다는 이유로 일선에서 물러나 이수흥, 최석순 등의 독립투사를 양성했다.

을미의병에서부터 시작된 항일 의지

채상덕 선생은 황해도 사리원에서 태어났다는 것 이외에 성장에 대해 자세하게 알려진 바가 없다. 유학을 공부하던 그는 1895년 명성황후 살해와 이후 내려진 단발령으로 충북 제천에서 시작해 전국적으로 항쟁을 시작했던 을미의병 때 의병으로 참여했다.

을미의병은 고종이 내린 해산령으로 상당수가 해체됐는데 채상덕 선생도 그때 고향으로 돌아간 것으로 추측할 뿐이다. 하지만 기록에만 없을 뿐이지 계속 항일항쟁을 했던 것으로 생각되는데 이는 1910년 일제에 의해 조선이 강점되자 남만주로 건너가 독립항쟁을 준비했기 때문이다.

그 후 채상덕 선생은 본격적으로 역사의 전면에 나서게 된다. 1905년부터 철도 시설을 보호한다는 명목 아래 주둔하고 있던 일본군은 군벌과 연합해 만주에서의 세력을 산해관 안쪽인 요동까지 진출해 본격적인 만주 지배를 시작했다.

선생은 일본군의 만주 출병을 보고는 분산된 독립군을 통합시켜야 한다고 생각했다. 당시 독립군은 만주 각지에 흩어져 활동했으며 일본과 대항한다는 것 이외에는 사상도 이념도 체계도 전혀 다른 각자의 조직들이었기 때문이다. 이래서는 독립전쟁을 제대로 수행할 수 없다고 판단했다.

만주 각지에 분산된 독립군 통합을 위한 노력

1922년 남만주지역에서 활동하던 서로군정서를 비롯한 대한독립단, 벽창의용대, 광복군총영, 광한단, 보합단 등 각 군단의 대표들이 압록강 인근인 관전현(寬甸縣, 단둥시 인근)에 모여 남만통일회의를 개최했다.

1922년 2월 한족회, 서로군정서, 대한독립군이 연합하여 결성된 대한통군부 대원의 훈련 모습. 선생은 여기서 총장에 취임한다.

회의를 거듭하여 1922년 2월에 대한통군부가 조직되고 채상덕 선생은 최고 책임자인 총장에 취임했다. 하지만 대한통군부에 참여하지 못한 독립항쟁단체들이 많아 그해 여름에 다시 통합운동이 전개된다. 1922년 8월에 남만한족통일회가 개최됐다. 이 회의에서 6개 항목의 결의문을 채택하고 통군부는 정부조직에 어울리지 않는 이름이라며 대한통의부로 이름을 바꿨다. 선생은 여기서 부총장으로 활동한다. 하지만 통의부는 간부 간의 순조로운 발전을 보이지 못하고 시작 초기부터 분열의 조짐을 보였다. 분열의 발단은 국내에서 온 양기탁, 전덕원과의 인사와 조직 등의 문제에 따른 의견 대립으로 생긴 불화에서 비롯됐다.

대한통의부의 활동지 환인현 훈강의 전경

복벽주의 단체인 의군부에 참여

이 일은 단순히 두 사람 간의 개인적인 문제나 인선, 조직 등의 표면적인 문제가 아니었다. 1920년 이래로 계속되어 온 공화적 민주주의 계열과 복벽적 민족주의 계열의 이념투쟁이 밑바탕에 깔려있었다.

공화제를 주창해 민주정부를 수립하려는 신파와 조선왕조를 복구해 대한제국을 부활시키려는 구파의 대립이었던 것이다. 연호를 뭘 쓰느냐 하는 문제로 대립했다는 기록에서 이를 알 수 있다.

전덕원은 참모부 감독에 선임되었으나 공화주의적 정치노선에 반대하여 취임을 거부했다. 그런 가운데 제5중대장 김명봉과 부대장 조태빈이 통의부를 불신한다는 혐의로 피살되고 제5중대의 무기가 타중대에 의하여 강제로 압수되는 불상사가 발생한다.

이 사건을 계기로 전덕원은 1923년 2월 왕조 재건을 목표로 하는 새로운 항일군단인 의군부를 조직해 대한통의부에서 분리를 선언한다. 채상덕 선생은 의군부 총장으로 활동했는데 유학자로 1895년 을미의병에 참여했던 만큼 그가 조선왕조의 복원을 원하는 복벽주의자였던 것은 당연할 것이다.

후대의 독립항쟁을 위해 젊은 독립투사를 키우다

의군부는 융희 연호를 사용하고, 통의부를 적대시하며 통의부에서 관할하던 각 지방을 점령하고 항일활동을 전개했다. 채상덕 선생은 의군부 총재로 취임했으나 금방 은퇴했다.

대한민국 임시정부 육군주만참의부 대원들. 1920년대 중반으로 추정된다. 참의부는 사이토 총독을 저격하고 국내 진공작전을 주도했다

이후 선생은 참의부 활동에 관여한 것으로 보인다. 참의부는 대한통의부의 분열 상황에서 만들어진 임시정부 산하의 직할 부대다. 당시 선생은 "나는 늙고 기력이 쇠퇴하여 활동할 수 없으니 장래가 있는 청년들에게 독립을 위해 일해 달라"며 후대 양성에 힘을 기울였고, 참의부 간부 중에 선생의 제자와 부하들이 많았다.

참의부는 무장독립항쟁단체로 일제에 대한 파괴 활동과 함께 5월 19일에는 사이토 마코토(齋藤實) 총독이 국경지방 치안상태를 시찰하기 위해 경비정으로 압록강 하류로 내려올 때 이를 기습 공격하기도 했다. 1925년 3월 16일에 만주 집안현(輯安縣) 고마령에서 간부 회의를 하던 중에 밀고자에 의해 위치가 발각되어 일본 경찰대에게 습격을 받아 간부 29명이 전사하는 막대한 희생을 당했다.

가까스로 살아 돌아온 이수흥으로부터 소식을 들은 선생은 분통을 감추지 못하고 "내 부하가 다 죽었으니 나 혼자 살아 있으면 면목이 어디 있겠느냐"고 하며 이수흥의 만류에도 불구하고 자결 순국했다.

■ 대통령장 | 최석순(崔碩淳)

남만주에서 무장투쟁 주도 조선 총독에게 총격을 가하다

핵심공적 삭주에서 만세시위운동을 주도한 후 만주에서 독립군을 지휘해 사이토 마코토 총독 저격 작전 등 항일 무장 투쟁을 수행했다.

주요약력

- 출생 미상
- 1919년 평안북도 삭주에서 3.1 운동 참여
- 1920년 대한독립단 집서지단장으로 활약
- 1922년 대한통의부 의용군 제2중대장으로 활동
- 1924년 참의부 참의장 겸 제2중대장으로 무장투쟁
- 1925년 2월 25일 고마령전투에서 전사, 순국
- 1995년 건국훈장 대통령장

조선 총독 사이토 마코토(齋藤實)는 경비선을 타고 압록강 일대 국경지대를 순시하고 있었다. 제2중대 1소대 소속의 장창헌(張昌憲) 이하 대원 8명은 사이토 일행이 탄 배에 총격을 가했고 뜻밖의 기습공격을 받은 배는 제대로 응사도 하지 못한 채 전속력으로 도주하고 말았다.

동생 최석준과 함께 고향에서 3.1 운동 주도

상세한 기록이 없어 선생의 유년기, 청년기의 행적을 알 수 없다. 함께 독립항쟁에 앞장섰던 동생 최석준이 1891년 평안북도 삭주에서 태어났기 때문에 그보다 몇 년 앞서 삭주에서 출생한 것으로 추정한다. 일제의 자료에는 1892년 6월 17일 평안북도 삭주군에서 출생한 것으로 나오지만, 출생지 외에는 신빙성이 별로 없는 것으로 보인다.

동생 최석준은 1919년 3.1 운동 때 고향인 삭주군의 만세 항쟁에서 크게 활약한 인물이었다. 따라서 선생도 고향의 3.1 운동에 앞장섰을 것으로 보인다. 삭주의 만세 운동은 3월 5일 3,000여 명의 시위 군중들이 헌병대 청사까지 몰려가 독립만세를 외치며 시위를 시작했다. 일본 헌병대의 발포로 4명이 현장에서 사망하고 20여 명이 체포됐다. 하지만 며칠 간격으로 다시 만세 시위운동을 벌였다. 일제 당국은 이웃의 창성과 선천 수비대 병력까지 동원해 시위 군중을 탄압했다.

일제에 대한 반발로 시위는 점점 커져 학교는 휴교에 들어갔고 일본 시설에 대한 공격도 있었다.

일제는 보복으로 읍내의 교회를 불태우는 등 강력한 탄압을 시행해 많은 사람이 산속으로 피신하거나 만주로 망명했고 선생 형제도 고향을 떠나 만주로 이주했다.

만주 망명과 1920년대 초 독립항쟁

일본 경찰의 정보문서에 따르면 1919년 4월 3일 남만주 집안현 서취보 화전자에 거주하는 예수교도 최석준, 이상근 외 6명의 한인이 한족회를 조직하고 독립만세를 연호하며 시위를 벌였다고 한다. 이 기록으로 볼 때 3월 말에서 4월 초에 집안현으로 망명하여 독립항쟁에 투신한 것으로 추정된다.

아우 최석준은 남만주의 독립항쟁단체인 광복군총영에 가입하여 크게 활약했다. 하지만 상해 임시정부에 다녀오다가 일경에게 잡혔으며 동료가 고문당하는 것에 항거하는 과정에서 이호영과 함께 일경이 쏜 총을 맞고 사망하고 말았다.

최석순 선생은 친지들을 통해 동생의 사망 소식을 전해 들었다. 때문에 일제에 대한 적개심이 더욱 강해졌다. 남만주 지역에서는 대규모 독립항쟁조직인 대한독립단이 조직되자 선생은 대한독립단에 적극 참가하여 집서지 단장으로 집안현 서부지역의 민족운동을 총괄하게 됐다.

1922년 1월경 한족회, 독립단, 광한단, 대한교민단, 청년단연합회, 광복군총영 등 대표들이 환인현에 모여 대한통군부를 결성하였다. 같은 해 8월 다른 독립단체와 다시 통합을 시도해 대한통의부로 이름을 바꾸었다. 선생은 통의부 산하 독립군인 의용군 제2중대장을 맡았다.

통의부와 참의부 의용군 중대장으로 큰 활약

南滿通信

南滿各團體大統

一別報

機關組織

獨立軍襲擊頻頻

北間島通信

韓國王等

馬賊과連絡

獨立軍活動

四百名의獨立軍

대한통의부 발족 기사

대한통의부는 금주, 금연, 혼인 시 재산을 논하는 것, 헛된 제사 등을 금지하는 규정을 발포하여 어려운 처지에서 생활하는 한인동포들의 생활을 개선하려 했으며 계몽 사업을 구상하고 추진하려고 했다. 하지만 통의부는 공화파와 복벽파의 대립으로 조금씩 흔들리고 있었다. 선생이 거느린 통의부 제2중대는 대한독립단 계열의 인사들이 주로 참여한 조직이었지만 중대별로 구성원이나 이념이 약간씩 다른 연합부대의 성격을 띠었다.

결국, 벽복 이념을 가진 전덕원 등의 인사가 통의부에서 분리해 의군부를 세우는 등 대한통의부는 내분으로 분열되고 말았다. 이 사태를 지켜보던 독립군 지도자들은 임시정부의 직할부대로 만주의 독립군을 통합할 필요성을 느끼고 임시정부의 요인과 만나 육군주만참의부를 만들었다.

최석순 선생은 참의부에서도 제2중대장과 참의장 등의 중요한 직책을 맡아 적극적으로 활동했다. 당시 상해 임시정부는 민주공화제를 지향했는데 복벽파이던 대한독립단에서 활동한 전적에 비춰보면 그간의 사건이 선생의 생각을 크게 바꾼 것으로 보인다.

참의부 참의장 겸 제2중대장으로 회의 도중 전사

1924년 5월 19일 12시 30분경 선생 휘하 참의부 제2중대 1소대 소속의 장창헌 이하 8명의 대원은 평안북도 위원군 건너편의 언덕인 마시탄에서 경비선을 타고 압록강 일대 국경지대를 순시하던 조선총독 사이토 마코토(齋藤實) 일행이 탄 배에 총격을 가했다.

독립신문

조선총독 사이토 저격사건을 다룬 독립신문 기사(1924년 5월 31일)로 머리기사는 '적괴(敵魁) 사이토를 습격'이란 제목이었다. 이때 '독립신문이 '우리 의용군 제1중대의 용투'라는 중제목을 뽑은 이유는 참의부가 대한민국 임시정부 산하였기 때문이다.

참의부 독립군의 사이토 총독 저격사건은 만주 독립군단체를 크게 고무시킨 반면, 일본 정계에는 상당한 파장을 불러일으켰다. 이 사건으로 조선총독 사이토는 일본 제국의회에서 질책을 당하는 수모를 겪었다. 이후 일제는 만주 독립군에 대한 대대적인 탄압정책을 추진한다.

조선총독부 군경은 밀정을 동원하는 등 온갖 수법으로 독립군에 대한 정보를 수집하기 시작했다. 밀정을 통해 독립군 간부들이 고마령에서 회의를 연다는 정보를 입수한 일제는 일본군 초산수비대 120여 명과 경찰대 65명을 합동으로 출동시켜 무단으로 국경을 넘어 회의장소를 급습했다.

갑작스러운 공격에도 현장의 독립군 간부들은 침착하게 대응했지만, 결국 최석순 선생을 비롯한 참의부 간부의 상당수가 사망하고 말았다. 고마령 참변은 참의부 역사상 최대의 참사였으며 독립군에게 엄청난 타격이었다.

■ 대통령장 | 편강렬(片康烈)

나 죽거든 나라 찾기 전에 고국으로 이장하지 말라

핵심공적

의병으로 항일활동을 시작하여 의성단을 조직해 만주에서 항일무장투쟁을 진행했다.

주요약력

- 1892년 2월 28일 황해도 연백 출생
- 1907년 이강년의병진의 소집장 겸 선봉장으로 참전
- 1919년 황해도에서 군사주비단을 조직
- 1923년 의성단 단장으로 의열투쟁 전개
- 1928년 1월 16일 신의주 감옥에서 옥사, 순국
- 1962년 건국훈장 대통령장

"양양한 압록강수는 밤낮으로 흘러가는 곳 어디메뇨 유유한 나의심사 너를 따라 거지 없다" 젊을 때 의병에 투신한 편강렬 선생은 평생을 항일 운동에 매진하다 결국 일제에 잡혔고 고문으로 생긴 병마에 시달리며 죽음에 직면하고도 독립과 자유에 대한 열망을 잃지 않았다.

약관의 나이에 의병활동, 서울 진공작전 참가

편강렬 의사는 1892년 2월 28일 황해도 연백군에서 4남매 중 셋째로 태어났다. 1905년 11월 일제가 을사늑약을 강제로 체결하자 전국 각지에서는 토왜복수를 외치며 의병이 일어났다. 1907년 의사는 연고지인 경상도 지방에서 일어난 이강년 의병진의 소집장 겸 선봉장으로 참전해 경상 · 충청도 일대에서 큰 공적을 세웠다.

1908년에 전국의 의병이 경기도 양주에 집결하여 13도창의대진소를 결성하고 서울 진공작전을 결행하게 되자 의사는 군사장 허위의 휘하에서 동대문 밖 30리 지점까지 진출하여 싸웠으나 부상을 입고 고향으로 돌아갔다.

그 뒤 일경의 감시를 피하여 평양의 숭실학교에 진학하였으나, 1910년 한일병합이 강제 체결되자 다시 국권회복운동에 나섰다. 비밀결사 신민회에 가입한 의사는 황해도 지회에서 은밀한 활동을 벌인다. 그때 일제가 날조한 '사내(寺内)총독암살모의사건'에 연루되어 무죄 석방을 받을 때까지 2년여 동안 서울 서대문 감옥에서 옥고를 치렀다. 출옥 후에 영남일대의 동지들과 함께 대한광복회에 가입해 항일활동을 벌였다.

의성단 조직, 만주벌 항일무장투쟁

1919년 3월 1일을 기하여 거족적인 독립만세운동이 일어났다. 편강렬 의사는 동료들과 함께 이 지방의 만세시위를 계획했다. 그러나 일본 경찰의 심한 감시 때문에 계획이 순조롭게 진행되지는 못하였고 3월 15일 이후에야 여러 곳에서 산발적인 시위를 할 수 있었다.

義誠團의大活動

각디에지단을설치하고서지

片氏의活動

南滿鐵路沿線에서活

의성단과 편강렬 선생의 활동 보도 기사

3.1 독립운동이후 의사는 동생인 편덕렬을 상해의 임시정부에 파견했고, 같은 해 가을에는 안악에서 최명식, 간병제 등과 군사주비단을 조직해 안악군 대표를 맡았다. 군사주비단 '군립군의 국내 진입 시 원조를 목표'로 광범위한 활동을 전개했다.

그러나 이듬해 5월 어느 매국노의 밀고로 이 사실이 일경에게 알려지게 된다. 황해도 경찰부에서는 각 군에 비상경계망을 펴고 체포해 1919년 9월 해주지방법원에서 징역 1년 2개월의 형을 받고 다시 옥고를 치렀다.

1921년 쇠약한 몸으로 출옥한 의사는 고향으로 돌아왔으나 가족들은 일제의 탄압으로 뿔뿔이 흩어졌고 점포는 채권자에게 탈취당한 뒤인지라 미련 없이 중국으로 떠났다. 북경과 상해에서 옛 동료들과 조국광복의 방법을 논의한 끝에 무장항쟁이 최선의 수단이라고 판단하고 만주에 정착했다.

의성단을 조직해 창춘성 내 일본 영사관 습격

그 후 1923년 10월경 산해관에서 강진지, 양기탁, 남정 등과 의성단을 조직한 의사는 단장에 추대됐다. 1924년 의사는 단원들과 함께 창춘성내의 일본 영사관을 습격, 7시간에 걸친 교전 끝에 적 60여 명을 살상하는 큰 성과를 거뒀으며 대낮에 봉천(현재의 심양) 시내 만철병원을 습격해 다수의 적을 사살하는 전과를 올렸다.

총독부는 크게 당황해 만주에 있던 경찰력과 밀정들을 총동원하고 총독부 사무관이던 홍모(洪某)를 특파하여 의사를 체포코자 했으나 의사는 장춘 시내에 '아사홍생 아생홍사(我死洪生 我生洪死 : 홍가와 나와 죽기 아니면 살기 내기다)'라는 야유 섞인 벽보를 붙였다.

1924년 의사는 만주지역에 독립항쟁단체들이 수없이 난립하여 그 실행방법과 활동방법이 달라 일반 동포들이 오히려 많은 곤란을 겪게될 뿐 아니라 독립항쟁전선에 약화를 가져온다 생각하고 통합운동을 추진했다.

1924년 7월 길림에서 전만통일의회주비회의를 개최해 서로군정서, 길림주민회, 광정단, 대한독립단, 통의부, 노동친목회 등의 대표들과 함께 독립군 조직의 통합을 논의했다. 이 회의는 김동삼 선생을 의장으로 선출한 후 협의를 거듭한 끝에 정의부를 결성했다.

고문과 옥고로 큰 별이 지다.

8월에는 부하 10여 명을 거느리고 전가전(傳家甸)으로 가서 군자금 4~5백 원을 모집하고 하얼빈으로 들어갔다. 이곳에서 독립항쟁단체의 대표들과 만나 통일회를 조직할 계획이었다. 그러나 이러한 사실을 탐지한 일경이 비상소집되어 하얼빈에서 포위를 당했고 장시간의 총격전 끝에 마침내 일본 경찰에게 잡히고 말았다.

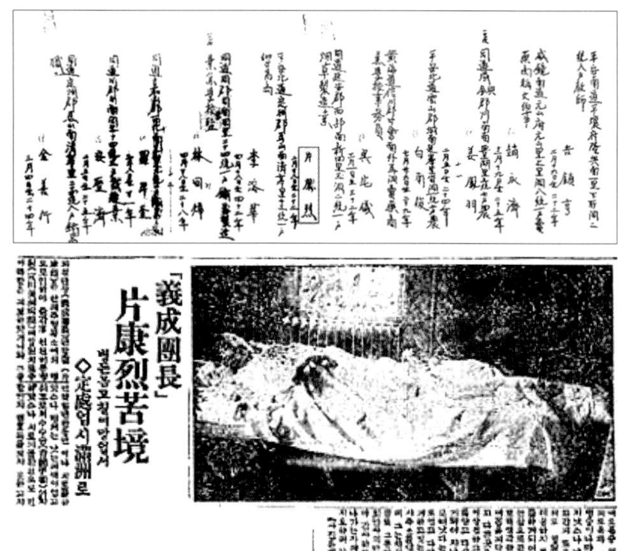
「義成團長」
片康烈苦境

편강렬 선생 판결문(상)과 투병중인 편강렬 선생(하)

1924년 8월 22일 신의주로 압송된 의사는 1925년 3월 30일 고등법원에서 징역 7년형이 확정되었는데 판결이 있은 후 의사는 크게 웃으며 의연하게 돌아서 재판장을 떠나 사람들이 의사의 호기를 놀라워했다.

그 후 2년 이상을 신의주 감옥에서 고문과 옥고로 시달린 의사가 피골이 상접해 죽기 직전인 상태가 되자 일제 법원은 1926년 9월 28일 병보석으로 선천 미동병원에 입원하도록 허가했다.

그러나 장기간의 입원에도 불구하고 오랜 시간에 걸쳐 골병에 이른 몸은 나을 기미를 보이지 않았다. 가족과 친지들은 의료시설이 갖춰진 일본인 병원으로 옮길 것을 권했으나 "죽어도 왜놈에게는 치료를 받지 않겠다"고 완강히 거절했다. 1928년 1월 16일 마침내 "나 죽거든 유골을 만주땅에 묻어 줄 것이요, 나라를 찾기 전에는 고국으로 이장하지 말라"는 유언을 남기고 일생을 마감했다.

■ 독립장 | 김규식(金奎植)

청산리에서 적 섬멸 항일투쟁사의 빛나는 한획

핵심공적 만주 왕청현에 설립한 연성사관학교에서 독립군을 양성하고 북로군정서 대대장으로 청산리전투 승전의 주역이다.

주요약력
- 1882년 1월 15일 경기도 양주 출생
- 1930년 한국독립당 부위원장
- 1928년 고려국민당 군사부위원
- 1926년 고려혁명당 중앙위원
- 1925년 신민부 참여
- 1931년 3월 23일 만주 주하현에서 암살, 순국
- 1963년 건국훈장 독립장

살다 보면 동명이인을 종종 만나게 된다. 독립항쟁가 중에도 동명이인이 있다. 그중 김규식이란 분이 세 분 있는데 북만주와 동만주에서 활약한 김규식 선생은 북로군정서에서 대대장을 맡아 청산리 전투에 직접 참전해 일본군을 거의 전멸시켜 한국 무장독립항쟁사에 빛나는 한 획을 그었다.

의병 활동과 만주에서 독립항쟁을 한 대한제국군 출신

김규식 선생은 1882년 1월 15일 경기도 양주에서 태어나 의병항쟁에도 참여했고, 북로군정서에서 대대장까지 역임하며 청산리전투에 참전한 사람이다. 김규식 선생은 의병활동과 더불어 만주지역 활동에서 볼 수 있듯 무장투쟁을 기본 수단으로 한 독립을 추구한 사람이었다.

선생은 대한제국의 장교로서 부위, 오늘날의 중위로 근무했다. 그에 관한 언급이 처음 나오는 자료는 1908년 의병항쟁에서다. 아마도 1907년 일제에 의해 대한제국의 군대가 해산당하자 의병항쟁에 뛰어들었을 것으로 추측된다. 주요 활동지역은 강원도 철원 일대였다.

일제의 사료를 보면 1908년 4월 '강원도 춘천' 출신으로 '철원 지방을 횡행'하던 '전 육군참령 김규식'이 인천에서 체포되었다고 나온다. 활동지역으로 보아 양주 출생의 김규식 선생에 관한 설명인 것으로 보인다. 그렇다면 일본 경찰에 체포되어 한때 감옥에 갇힌 적도 있다는 이야기다. 의병항쟁 중 부상을 당해 은신했다는 설명도 있다.

김규식 선생은 1912년 3월 만주로 망명한 이후, 몇 년간의 행적을 알 수 있는 자료가 아직 발견되

지 않았다. 김규식 선생이 만주로 건너간 이후 그의 행적을 다시 확인할 수 있는 때는 1919년 북로군정서에서의 활동이다.

청산리전투에서 일본군을 전멸시킨 북로군정서의 주역

1919년 3.1 운동의 영향을 받은 만주지역의 독립항쟁단체들은 독립전쟁을 적극 준비하기 시작했다. 동부 만주 지역의 한인사회에 여러 무장단체가 출현했는데 그 가운데 하나가 1919년 8월 정의단에서 명칭을 변경한 군정회다. 군정회는 이후 대한군정서로 다시 이름을 바꿨는데 남부 만주 지방에서 활동하던 서로군정서와 구분하기 위해 대한북로군정서라고 불렀다. 김규식 선생은 북로군정서에서 중대장으로 근무하면서 사관연성소의 교관으로 활동했다. 연성소는 1920년 9월, 289명의 제1회 졸업생을 배출했다. 졸업생의 대다수는 교성대로 편성되어 북로군정서군과 함께 이동하던 중 화룡현 청산리 일대에서 일본군과 만나 접전을 벌였고 선생은 제2연대 제1대대장으로 청산리전투에 참전했다.

북로군정서의 독립군들이 사용했던 태극기(위)와 장총

청산리전투 이후 일제는 만주 지역 한인기지촌의 민간인을 무차별 공격하였고, 독립군의 대부분은 일제의 공격을 피하고 러시아의 지원을 받기 위해 연해주로 건너갔다. 그곳에서 활동하던 부대와 통합하며 사할린의용군이 만들어지는데 선생은 참모부원으로 임명된다. 하지만 자유시참변으로 인해 다시 만주로 돌아올 수밖에 없었다.

군사 활동 중심에서 자치 활동 중심으로

김규식 선생은 1922년 말, 목릉현 마교하에서 김좌진 이범석 등과 활동하기 시작했다. 하지만 중국 지방관헌에게 무장 해제를 당해 영안현 영고탑에서 재기를 모색했다. 그러나 여기에서도 주민들의 반발과 중국 지방관헌에 의해 다시 흩어질 수밖에 없어 선생은 동만주지역으로 활동거점을 옮겼다.

1923년 5월 연길에서 고려혁명군이 조직될 때 총사령으로 활동하면서 경제활동과 군사활동을 동시에 하는 둔경제를 실살해 조선인 사회에 부담을 더는 동시에 장기적인 항일투쟁 운동기반을 마련해 나갔다. 만주 독립항쟁의 주류가 무장투쟁에서 자치적 독립항쟁으로 넘어가던 과도기 때였다.

고려혁명군은 대한군정서가 조직되자 흡수됐으며 김규식 선생은 대한군정서의 총사령에 선출됐다. 1925년 3월 대한군정서를 중심으로 신민부를 결성했다. 신민부를 비롯한 정의부와 참의부는 독

중국 왕칭현(汪淸縣)에 세워졌던 북로군정서의 사령부 터

립전쟁을 위한 조직이었다기보다는 관할 구역 내에서 치안을 담당하는 사실상 자치기능을 수행하는 조직에 가까웠다.

그래서 무장활동 우선이냐, 자치가 우선이냐는 논쟁으로 군정파와 민정파로 갈리는 갈등이 생겼다. 김규식 선생은 그동안의 활동과는 다르게 2세를 교육해 장기적인 항일투쟁에 대비하여야 한다는 입장에서 독립군 인재양성에 주력했다.

일선에서 물러나 자치 기반을 닦는 데 주력

1920년대 후반에 들어 만주지역에 흩어져 있는 독립항쟁단체를 통합하는 민족유일당을 결성하려는 활동이 있었다. 그동안 몇 번의 통합 시도가 있었고 어느 정도 정리가 됐지만, 아직 참여하지 않은 곳이 많았다. 김규식 선생도 민족유일당 운동에 동참해 통합을 주도했지만 완전한 통합엔 실패했다.

민족유일당 결성운동이 실패한 직후 김규식 선생은 연수현에서 교육과 자치 활동에 집중하고 있었을 것으로 추정된다. 선생은 1930년 7월경 위하현에서 결성된 한국독립당의 부위원장으로 취임했다. 선생은 명예직에 가까운 비상임 부위원장이었으며 표면기관인 한국자치연합회의 간부도 아니어서 일선에서 한발 물러나 활동하고 있었던 것으로 보인다.

1931년 3월경 선생은 한족자치연합회의 본부가 있던 주하현 하동농장을 방문했다. 지청천, 신숙 등과 만나 장래 운동을 협의하고 연수현에서 운영하고 있던 학교문제를 상의하기 위해서였다. 그런데 하동농장에서 부정을 저지르던 백운봉과 최호 등은 김규식 선생이 자신들을 처벌하기 위해 왔다고 오해하여 선생과 일행이 머물던 한족자치연합회 주하지방 집행위원장인 이붕해의 집을 습격하여 그를 살해하고 말았다. 그의 나이 52세 때였다.

■ 독립장 | 박장호(朴長浩)

대한독립단 도총재로 조국의 독립전쟁 지휘하다

핵심공적 국권 침탈에 대항해 강원도 홍천에서 관동의병을 일으켰으며 한일강제합병 이후 만주로 건너가 활동하다가 대한독립단을 창설하고 도총재에 취임해 많은 항일 투쟁을 지휘했다.

주요약력

- 1859년 황해도 장연 출생
- 1906년 관동의병 의병장
- 1919년 대한독립단 창설, 도총재 취임
- 1921년 7월 유하현 서구 대화사에서 피살, 순국
- 1962년 건국훈장 독립장

공전절후한 대한독립항쟁이여! 주력이 그때를 얻고 동기가 그 세를 승한지라. 각국이 합체하여 만방에 정을 표하여 국기와 특사가 파리평화회의 공인을 얻음은 전 지구가 우레같이 귀를 기울이는데 아주 한 모퉁이에 홀연히 고립하여 국교와 여론을 불고하며 정의와 인도를 무시하는 저 야만 왜놈의 존립이 몇 날이나 갈까?

– 대한독립단 선언문 중

박장호 선생이 1977년에 쓴 친필

급변하는 정세 속에서 자란 위정척사 사상의 유학자

박장호 선생은 1859년 황해도 장연에서 태어났다. 선생의 어린 시절은 잘 알려지지 않는다. 하지만 선생의 행적을 보면 화서학파의 전통을 이어받았고 청년이 될 때쯤에 병인양요와 신미양요가 일어났으니 자연스럽게 위정척사적인 사상을 가지고 있는 유학자로 자랐다.

1875년 운양호 사건으로 일본에 의해 강제로 개항되고, 1876년에는 강화도 조약이 체결된다. 이때 선생은 위정척사파인 유인석, 홍재학 등의 유생들과 함께 개화정책에 반대하는 상소를 여러 차례 올린다.

그러나 선생과 유생들의 잇따른 상소에도 불구하고 일제의 침략은 하나씩 대한제국의 목을 졸라갔고 결국 1905년 을사늑

약이 체결되어 국권이 침탈된다. 곳곳에서 의병이 일어났는데 선생은 강원도 홍천에서 1906년 관동 의병을 일으킨다. 선생은 끊임없이 일본군을 괴롭혔고 1907년에는 이강년과 연합해 강원도와 충청도 일대에서 일본군과 결전을 벌인다.

하지만 결국 1910년 한일강제합병으로 국권이 상실됐고 일본은 국내에 남아있던 의병들을 제거하기 위해 총력을 기울인다. 이전과 달리 물질적 정신적 지원을 받지 못하게 되자 상당수 의병은 만주로 떠나는데 선생도 마찬가지로 만주에서 의병투쟁을 계속한다.

항일망명지사의 통합 독립단체 '대한독립단' 창설

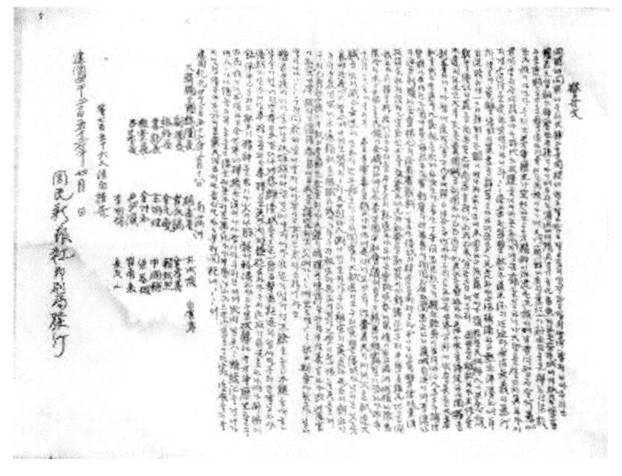

대한독립단의 경고문

1919년, 국내에서 3.1 운동이 일어나자 일제의 탄압을 피해서 혹은 일제와 맞서 싸우기 위해서 만주로 망명해온 사람들이 줄을 이었다. 수십만 명의 청년이 일본과 맞서 싸우기를 원하자 그해 4월 13일 각지에 흩어져 있던 의병장과 유림 그리고 독립단체 대표들이 유하현 삼원포 대화사에 모인다.

박장호 선생은 그 자리에서 "지금까지의 개별적인 행동보다는 하나의 단체로 모여 적극적인 독립투쟁을 해야한다"라고 강조했다. 선생의 말에 동감한 대표들은 항일망명지사들과 함께 대한독립단(大韓獨立團)을 창설하고 박장호 선생은 도총재에 취임한다.

동시에 젊은 청년들을 모아 독립군을 편성한다. 1919년 9월 단원 20명이 함경북도 갑산 동인면 금정의 주재소와 면사무소를 파괴하였다.

하지만 선생은 단순히 투쟁활동만 벌인이 아니라 국내외 각 지역 100여 개소에 대한독립단 지단을 설치하고 항일투쟁을 전개하는 한편 보민회, 강립단 등 친일단체 박멸과 친일반민족행위자를 제거하는 데 노력했고 만주시익에서는 서류 한인 마을에 100가구를 하나의 구로 묶어 그것마다 구관을 두고 자치행정을 실시할 수 있게 지원했다.

대한독립단의 활동과 분열

지단 조직은 국내 총지단장에 홍제업, 만주지방 총지단장은 유일우였다. 각 도에는 담당자를 둬서 지단을 운영했다. 이들은 3, 4명씩 결사대를 조직해 평안남북도의 조선총독부 예하 경찰을 습격하고 부호들을 상대로 군자금을 모금하면서 조직망을 확대했다.

8월에는 최고 1,500명의 병력을 유지하면서 하얼빈, 노령, 시베리아 등지에서 군사훈련을 받게 하면서 무기 구입에 주력했다. 12월 본부 밑에 4개 중대를 편성해 남만주 제1사단이라 하고, 무송현에 사단본부를 설치했다.

1919년 12월 대한민국 임시정부의 연통제 실시에 따라 조병준이 평안북도 독판(督辦)이 되어 자금을 모을 공채를 모집하기도 했다. 이렇게 외부적으로는 독립항쟁활동을 활발하게 전개하며 성과를 올렸지만, 내부적으로는 점차 균열이 생기기 시작했다.

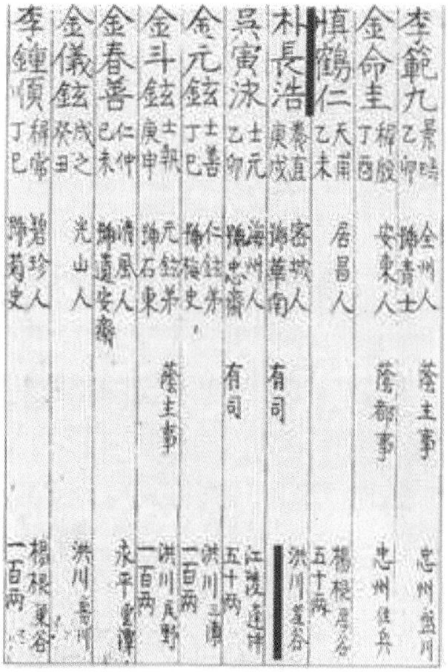

의병활동을 한 유생 출신의 중장년들과 3.1 운동 이후 참가한 청년들의 이념문제였다. 생각 차이를 바로 보여주는 일이 연호 문제였다. 의병출신들은 대한제국 융희 연호 사용을 주장한 반면, 청년들은 대한민국임시정부 연호 사용을 주장한다. 결국 장년 중심의 기원독립단과 청년중심의 민국독립단으로 분리되고 만다.

박장호 선생의 홍천세거 기록

독립단은 분리됐어도 독립항쟁에는 한마음

독립단은 분리됐지만, 박장호 선생은 조국광복의 길에는 이념이나 노선이 중요한 문제가 아니란 것을 실천했다. 선생의 지휘로 1920년에는 결사대를 조직해 평안도 신의주 · 의주 등에서 친일세력을 처단하였다. 3월에는 평안북도 벽동군의 주재소와 면사무소를, 4월에는 영유군(永柔郡)에서 우편소와 면사무소를 습격한다.

5~7월에는 평안북도 철산 · 삭주 · 강계 · 벽동 등지의 주재소와 면사무소를 습격하고, 9월에는 의주 · 운산 · 영변 등지에서 일본 경찰대와 교전을 벌여 많은 전과를 남겼다. 특히 독립군 파견대장 이명서는 은율군의 친일파 군수를 사살하고 주재소를 습격했다.

항상 성과만 올린 것이 아니라 일본군의 반격으로 대원이 전사하거나 폭파 계획이 들켜 실패하기도 했다. 하지만 선생의 지휘아래 일사불란하게 움직이는 단원들의 공격으로 일제는 참기 어려운 곤란을 겪게 된다.

일제는 독립단의 활동을 막기 위해 정보를 입수한 끝에 독립단을 지휘하는 박장호 선생을 제거하기로 마음먹는다. 선생에게 쉽게 접근하기 위해 조선인인 김헌을 파견한다. 1921년 7월 봉천성 무성현에서 선생은 일제의 앞잡이 김헌이 쏜 총에 맞아 순국한다.

■ 독립장 | 서 일(徐一)

청산리대첩 주도한 북로군정서 총재 겸 종교인

핵심공적 중광단을 조직해 독립군을 양성하고 중광단이 개편 · 확대된 북로군정서의 총재로 청산리 일대 일본군과의 전투에서 승리했다.

주요약력

- 1881년 2월 26일 함경북도 경원 출생
- 1912년 대종교 입교, 북간도일대 의병들을 규합하여 중광단 조직
- 1920년 북로군정서(대한군정서) 총재, 대한독립군단 총재 등 역임
- 1921년 8월 27일 밀산현 당벽진 마을 뒷산에서 자결, 순국
- 1962년 건국훈장 독립장

서일 선생은 교육자이자 종교인 그리고 언론인이기도 했다. 그는 만주지역에서 항일무장투쟁을 가장 적극적으로 전개해 북로군정서의 총재로 청산리대첩을 지휘하기도 했다. 일제를 깨부술 수 있는 것은 힘뿐이라고 믿었던 젊은 혁명가, 그 힘은 강고한 정신력과 무장을 바탕으로 나온다고 생각했다.

교사로서 후학을 양성하며 계몽운동에 앞장서다

서일 선생은 1881년 2월 26일 함경북도 경원군에 있는 농가의 아들로 태어났다. 원래 이름은 기학(夔學)이었지만, 나중에 일(一)로 바꿨다. 18살까지 집 근처의 서당에서 한학을 배우다가 신학문에 뜻을 두고 서울에 있던 성일사범학교를 졸업했다.

독립기념관의 서일 선생 어록비

그 후 망명할 때까지 기록이 발견되지 않고 있는데 아마 교사로 일했으리라 짐작된다. 당시에 조국 광복을 위해서는 교육이 필수

라 생각한 선각자들이 많아 국내외에는 수많은 사범학교가 설립됐다. 서일 선생도 그때 세워진 학교 중 하나에서 학생들을 교육했을 것이다.

그의 20대 시절 나라의 분위기는 어두웠다. 조국은 을사늑약과 경술국치 등으로 망국을 향해가고 있었다. 교사로서 후학들을 양성하고 젊은이들에게 투지를 불러 넣고 있었으나 그것으로는 부족하다고 생각하지 않았을까?

결국 계몽과 교육으로는 조국 독립의 한계를 느꼈으리라 생각한다. 선생의 나이 31세 때 당시 독립지사들이 많았던 동부 만주지역에서 그의 활동은 교육에 정신과 힘을 결합해 무장투쟁에 나섰다는 것에서 짐작할 수 있다.

계몽운동에서 무력항쟁으로 바꿔 독립군 양성

1911년 서일 선생은 동부 만주 지역의 왕청현에 도착했다. 그의 항일투쟁 역사 10년의 시작이었다. 선생은 먼저 한승점이 설립한 대종교 계통의 명동학교에서 한인 자녀들을 가르치며 젊은이들에게 조국독립의 의지를 불붙여 줬다. 1912년에 대종교에 귀의한 선생은 홍익인간의 이념을 추구하고 실행하는 대종교의 정신을 독립군에게 심어준다. 선생이 단순한 독립항쟁가가 아니었던 이유는 교육자이자 종교인이며 언론인이었기 때문이다.

많은 젊은이가 만주로 모이자 서일 선생은 북만주 왕청현 덕원리에서 중광단을 조직했다. 중광단 단장에 취임한 선생은 무력항쟁의 기틀을 잡기 위한 체제 구축에 심혈을 기울이는 한편 대종교의 이념계승에도 몰두했다. 대종교에 귀의한 사람 중에서 젊은이들은 독립군으로 편입시키고 이외의 교인에게는 군량조달 등 다른 직무를 부여했다. 그래서 그런지 나중에 선생이 총재로 지휘한 북로군정서의 장병은 거의 대종교인이었다.

항일투쟁단체 규합 대한군정서 총재로

서일 선생은 교도들을 중심으로 독립군 양성에 주력했는데 '신도 1만 5천 명을 모아놓고 독립군 양성기금으로 1인 1원씩 거뒀다'는 기록이 있는 것으로 미루어 대종교를 독립항쟁의 기지로 삼았던 것 같다. 당시 선생은 조직한 중광단 등을 통해 대일무장투쟁을 추구했으나 재정문제 등 조직체계가 잡히지 않아 실제적인 대일무장투쟁은 수행하지 못했다. 이후 실제적인 무장투쟁을 하고자 만주에 흩어져 있는 수많은 독립단체의 결집을 시도했다.

1918년 김좌진, 김동삼, 신팔균, 손일민, 신채호 등 39인이 '무오대한독립선언서'를 발표하면서 독립항쟁에 활기를 불어넣었고 강도 높은 전투 훈련을 시작했다. 동시에 '일민보', '신국보' 등의 신문을 발간해 "일제와의 항쟁은 혈전을 벌이는 피의 전투밖에 없다"고 주장했다.

이듬해엔 중광단을 확대 개편해 대한정의단을 만들고 이는 대한군정부 그리고 다시 북로군정서로 조직 개편과 함께 이름을 바꾸어 나가면서 임시정부의 산하 무력단체로 활동하게 된다. 여기서 그는 정규병력 1천 5백 명을 사관으로 양성하고 러시아와 체코군으로부터 3만여 정의 무기도 확보했다. 이처럼 군정서가 힘을 갖추기 시작하자 일제는 상당히 주목하기 시작했다.

북로군정서의 총재로 청산리전투에서 승리하다

일제는 만주 내에 일본인을 보호한다는 명분으로 만주 일대에 군대를 파견한다. 만주 지역의 독립군들은 일본과의 전투가 불가피함을 알고 서로 협조를 함과 동시에 전투 준비를 했다. 일본군은 독립군의 이동 상황을 탐지하고 청산리를 중심으로 약 1만여 명의 병력을 파견했다.

獨立軍總裁徐一氏自戕

興凱湖附近에서軍務를整理하다가
九月二十八日紅衣賊에게包圍되여
그部下와村民이慘殺되는것을보고
呼天號地하다가悲壯한最後를遂함

大韓獨立軍總裁元軍政署總裁徐一氏는지난九月二十八日密山縣興凱湖邊一村家에서部下士卒과村民이胡匪의亂에慘殺되는것을보고憤然히呼號하다가마츰내自殺하엿다더라

서일 선생이 자결, 순국했다는 소식을 알린 보도기사(독립신문, 1921년 12월 6일자)

독립군 연합은 일본군과 맞서 싸웠으며 북로군정서의 김좌진 장군은 청산리대첩에서 일본군에게 전멸에 가까운 타격을 준다. 하지만 일본군은 패배의 보복으로 만주 지역 내의 민간인들을 학살했고 독립군은 10개 부대가 통합한 대한독립군단을 조직하고 이듬해 정월 우수리강을 건너 시베리아로 이동했다. 그러나 일본공사 요시자와가 '러시아영토 안에서 일본에 대적하는 독립군을 육성하면 양국 간 우호관계에 큰 지장을 초래할 것'이라며 위협해 러시아는 독립군의 무장해제를 강요하는 한편, 자유시참변을 획책하여 러시아로 건너간 독립군은 힘을 잃고 말았다.

수많은 동포가 희생을 당하자 비분강개한 선생은 8월 28일 마을 뒷산 산림에서 "조국광복을 위해 생사를 함께 하기로 맹세한 동지들을 모두 잃었으니 무슨 면목으로 살아서 조국과 동포를 대하리오. 차라리 이 목숨을 버려 사죄하는 것이 마땅하리라"며 자결 순국했다.

중국 길림성에 위치한 대종교의 삼종사 서일 선생과 나철 선생, 김교헌 선생의 묘. 첫번째 무덤이 서일 선생의 무덤이다.

■ 독립장 | 신팔균(申八均)

독립군 3,000명 배출한 대한통의부 의용군 사령관

핵심공적 신흥무관학교에서 독립군 간부를 양성하고 대한통의부 사령관 겸 군사위원장으로 활동했다.

주요약력

- 1882년 5월 19일(음력) 서울 중구 출생
- 1909년 대동청년당 조직
- 1919년 신흥무관학교에서 독립군 간부 양성
- 1922년 대한통의부 사령관 겸 군사위원장
- 1924년 7월 2일 왕천문 이도구에서 전사, 순국
- 1963년 건국훈장 독립장

조국독립을 위해 많은 순국선열이 자신의 목숨을 바쳤다. 그중 가족 모두가 조국독립을 위해 목숨을 바친 신팔균 장군은 일제하에서 만주를 무대로 조국독립을 위해 항일독립투쟁을 했던 대표적인 무장투쟁가다. 지청천, 김경천과 함께 독립군 인재의 삼천(三天)으로 불리던 지휘관이다.

독립항쟁최전선에서 싸운 명문가의 아들

신흥무관학교 교관을 맡았던 신팔균 선생

신팔균 선생은 1882년 5월 19일(음력) 서울 정동 현재의 영국 대사관 자리에서 태어났다. 부친 신석희는 병마절도사, 포도대장 등을 거쳐 한성부판윤, 내부협판 등을 역임했으며 조부와 고조부도 중요 직책을 맡아 대대로 고위 무관을 맡아온 명문가였다.

신팔균 장군은 천성적으로 무관의 기질이 있었으며 어려서부터 유학과 병법서에 능통했다. 1900년 대한제국의 육군 무관학교 보병과에 입교해 1903년 9월 육군 참위로 임관해 서울 방위를 담당하던 시위연대 제3대대에서 복무했다.

1907년 8월 대한제국 군대가 강제로 해산당하자 황실 경위와 의장대의 성격을 띤 근위보병대에서 복무했다. 1909년 7월 육군 정위로 진급했지만, 이름뿐인 군대와 날로 기울어져

가는 조국을 보고 부하 장병들을 이끌고 일제에 대항코자 하였으나 불가항력임을 깨달아 군복을 벗어버렸다.

그 후 충북 진천으로 내려가 청소년의 민족혼을 일깨워주고 항일애국사상을 일깨우기 위해 사립 보명학교(현 이월초등학교)를 설립해 교육운동을 전개하는 한편 각 지방의 의병부대 및 전국 각지의 동료들과 긴밀한 연락을 취하면서 적극적인 항일독립항쟁을 준비하였다.

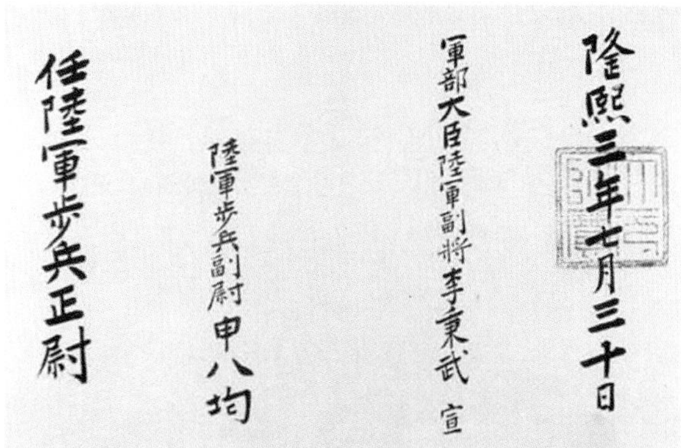

隆熙三年七月三十日
軍部大臣陸軍副將李秉武 宣
陸軍步兵副尉 申八均
任陸軍步兵正尉

육군 보병 부위인 신팔균 선생을 육군 보병 정위로 임명한다는 대한제국 임명장

전국 애국청년들을 규합하여 대동청년당을 조직

1909년 애국 동료들과 힘을 합해 대동청년당이라는 항일 비밀결사를 조직했다. 근대적 교육을 받은 80여 명의 애국청년이 참가해 조직한 단체였으며, 국권회복을 위한 지하독립항쟁을 전개하여 광복할 때까지 존속한 비밀단체였다.

하지만 청년들의 의지와는 상관없이 1910년 8월 마침내 대한제국은 일제의 강압으로 국권을 빼앗기는 경술국치를 당한다. 나라의 패망을 지켜본 선생은 앞으로 해야 할 일은 오직 한가지임을 깨닫는다. 민족의 남은 힘을 모두 결집해 무력을 키운 다음 일제를 한 번에 처단하는 것이었다.

선생은 그와 같은 힘을 키우고 결속을 지키는 일이 국내에서는 어렵다고 판단했다. 고국을 떠나 만주로 망명해 북간도 일대의 대종교 지도자인 서일과 함께 중광단에 가입해 활동했다. 선생은 동삼성의 민족지도자 39인 중 1인으로 대한독립선언서에 서명, 발표하기도 했다.

만주의 각 지역을 다니던 선생은 서간도에 정착한다. 이 지역은 국외 독립항쟁기지를 건설코자 하는 많은 애국지사들이 집결하고 있었으며 국경과 가까워 국내외 애국청장년을 모집해 독립군을 양성하기에 최적지였다. 선생은 이후 한족회 소속의 독립군단인 서로군정서에 가입해 1918년경부터 신흥무관학교교관으로 독립군을 양성하는 데 집중한다.

신흥무관학교 교관으로 독립군 3,000여 명을 배출

1919년 3.1 독립 만세 운동이 일어나자 적극적인 독립전쟁을 실현하기 위해 그해 11월 서로군정서 내에 속성 훈련기관을 설치했다. 졸업생 대부분은 서로군정서를 비롯한 만주 내 각 독립군단에 소속되어 직접 독립항쟁에 참가했고 특히 청산리(靑山里) 독립전쟁에서 주도적인 역할을 맡았다. 일부는 만주에 설립된 각지 민족학교 교원으로 애국청년들을 양성했다.

선생은 서로군정서의 독립군을 이끌고 수시로 압록강, 두만강을 넘어 일제의 주재소, 헌병대 등을 습격하고 친일 매국노를 숙청하는 등 활발한 활동으로 명성을 떨쳤다. 그러던 중 1920년 봉오동과 청산리에서 참패한 일본군은 보복으로 간도의 조선인 마을을 습격해 무차별 학살을 자행했다.

일본군의 대규모 병력이 간도로 들어오자 독립군들은 남북만주 및 연해주지역으로 이동했다. 대다수 독립군이 연해주로 옮겼으나 서로군정서, 광복군 총영, 대한독립단, 광복단 등 나머지 독립군 병력은 장백, 안도, 안동, 임강, 홍경 등 남만주 지역으로 이전해 새로운 기지를 세웠다. 선생도 남만주의 홍경현으로 옮겨 재기를 준비했다. 홍경현의 한인 수는 2만여 명이 넘어 새로운 기지를 건설하기에 적합한 장소였다.

대한통의부 사령관 겸 군사부위원장으로 활동

1922년 봄 여러 독립군단 대표들이 모여 각 독립군단의 통합 문제를 논의했다. 그 결과 통일회를 결성하고 통합된 대한통군부를 결성했다. 2개월 뒤에는 통군부 설립 때 불참했던 단체들과 통합해 대한통의부로 재결성했다.

1923년에는 의용군 사령관에 임명되어 대한통의부의 독립군을 지휘하게 됐다. 이어 대한통의부 중앙기구로서 군사적 행정을 총괄하는 군사부위원장직까지 맡아 활동하게 되었다. 신팔균 장군은 지시하고 명령만 내리는 지휘관이 아니라 항상 부하와 함께 훈련하며 지휘관으로서 솔선수범했다.

조국독립을 위해 항일 무장투쟁을 했던 신팔균 선생

통합단체로 결성된 대한통의부는 오래지 않아 신진세력과 구세력간의 두 개로 분리되고 말았다. 이런 상황 속에서도 장군을 비롯한 김동삼, 오동진 등 독립군 지도자들은 대한통의부를 끝까지 지키려는 노력을 계속하는 한편 일제와의 무장투쟁을 전개했다.

하지만 1924년 7월 2일 야외 군사훈련을 하고 있던 중, 일제의 사주를 받은 중국 마적 300여 명에게 불의의 기습공격을 당했고 선두에서 지휘하던 장군은 적탄에 맞아 쓰러졌다. 중대장 김하석이 달려들어 장군을 등에 업고 포위망을 탈출했으나 신팔균 장군은 향년 42세로 끝내 운명하고 말았다.

■ 독립장 | 양세봉(梁世奉)

조선혁명군 총사령관 지낸 독립군 최후의 맹장

핵심공적

사이토 마코토에 대한 공격을 주도했으며 조선혁명군 총사령관이 된 후 중국 무장 단체와 연합해 영릉가 전투 등에서 일제에 큰 타격을 입혔다.

주요약력

- 1896년 6월 5일(음력) 평안북도 철산 출생
- 1922년 천마산대에 가입 무장활동
- 1932년 조선혁명군 총사령에 취임
- 1930년 만주지역 최후의 독립군 명장
- 1934년 8월 12일(음) 만주 태랍 지구에서 피살, 순국

친애하는 동지들, 이번 전투는 동포 동지들의 생사를 담판하는 결전입니다. 나를 따라 생명을 각오하는 동지들은 손을 들어주십시오. (중략) 조국광복군과 동만 백만 동포들의 생명을 두 어깨에 짊어진 우리는 일당백의 용감한 정신과 아울러 이번 전투에 승리의 믿음을 선포합니다.

– 1932년 초 홍경현 대회전을 앞두고 장군이 연설한 대목의 일부분 –

어릴 적 안중근 의사의 이토 히로부미 처단에 크게 감동

양세봉 장군은 1896년 평안북도 철산군에서 5남매 중 장남으로 태어났다. 장군은 어려서 가정이 매우 어려워 근처 서당에서 소사로 일하며 천자문, 동몽선집, 명심보감 등을 어깨너머로 배웠다.

일제의 침략행위로 의병 활동이 들불같이 일어났고 일본군과 목숨을 바쳐 싸우는 의병을 보고 장군의 어린 가슴에도 항일 의식이 싹텄다. 특히 1909년 10월 안중근 의사가 하얼빈 역에서 일제의 원흉인 이토 히로부미를 처단하였다는 소식을 듣고 안 의사의 기개에 경탄하고 존경하는 마음을 가졌다.

16살이 되던 1912년에 부친이 사망하자 집안 살림을 맡게 된다. 그러나 가세가 기울어 더이상 국내에서 생활하기가 곤란해 1917년 가족과 같이 압록강을 건너 중국 영릉에서 중국인의 소작농으로 가족의 생계를 연명했다.

1919년이 되자 국내에서 3.1 운동이 일어났다는 소식을 듣고 흥동학교 교장 이세일과 함께 주민들을 규합하여 만세시위운동을 주도했다. 그때부터 독립항쟁에 대한 열망이 다시 피어올랐고 독립항쟁에 참여하기 시작한다.

천마산대 가입으로 본격적인 무장 투쟁의 길에 들어서다

1922년이 되자 독립단 소속 지방공작원이 되어 식량을 공급하는 등의 독립항쟁지원을 시작했고 그해 겨울에는 천마산대에 가입해 경찰서, 금광사무소 등을 기습해 군수물자와 금괴 등을 노획해 군자금으로 충당하는 활동도 했다.

1923년 초 천마산대에 대한 일제의 토벌계획으로 독립군의 근거지는 물론 그 일대에 거주하고 있던 한인들을 공격하자 국내에서는 더 이상 활동이 불가능해 최시흥은 천마산대를 이끌고 만주 유하현으로 이동하여 광복군총영에 합류했다.

이때 장군은 광복군총영의 검사관으로 임명되어 군기 확립을 다지는 한편 훈련을 강화하여 의용군을 정규군 수준으로 끌어올려 총영장인 오동진 장군으로부터 크게 신임을 받았다. 광복군총영은 임시정부의 직할부대로 조선총독부 기관을 폭파하는 활동을 했다.

國民府員梁世奉等
重大陰謀를計劃
新賓縣中心○○團體
關東軍討伐을決意

만주에서 활약하는 양세봉 장군의 기사

1922년 8월 만주의 독립군 단체의 대표들이 모여 하나로 통합한 대한통의부를 결성했다. 하지만 이념 갈등으로 독립군끼리 무력충돌이 일어났고 결국 복벽주의 일파가 의군부를 조직해 분리했다. 남은 독립군은 임시정부 직할 군단인 참의부를 조직했고 장군은 참의부의 소대장으로 임명됐다.

국경 순시 온 조선 총독 사이토 마코토 저격을 지휘

참의부 소속 제3중대 소대장으로 임명된 장군은 조선 총독 사이토 마코토(齋藤實)가 국경지역인 압록강을 순시한다는 정보를 입수하자 참의부 제2중대 제1소대와 합세하여 일제의 경비가 미치지 못한 만주 쪽 강변인 마시탄 절벽에 정예병을 배치했다.

사이토는 압록강에서 경비선을 타고 국경을 시찰했다. 경비선이 다가오자 장군의 지시로 사격이 시작됐으나, 생각보다 너무 멀어 총알이 제대로 닿지 못했다. 경비선은 빗발치는 탄환을 피해 전속력으로 도주했다.

이 사건을 계기로 일제는 1925년 조선총독부 경무국장과 만주의 봉천성 경찰청장 간에 소위 삼시협정이라는 재만한인취체법을 체결했고 중국 당국은 독립항쟁을 탄압할 의무를 갖게 되어 독립군 활동에 적지 않은 타격을 가했다.

일제의 만주 진입으로 흩어진 독립단체들은 통합의 필요성을 느끼고 이념을 초월한 통합운동을 추진한다. 순조롭지는 않았지만 조금씩 결실이 이루어졌다. 장군은 어떤 단체에 소속되던지 조직을 지휘해 일제기관을 습격하고 일제 밀정을 처단하는 데 앞장섰다. 하지만 일제의 공격은 더욱 거세져 독립군만으로도 대항이 점점 힘들어지는 상황이었다.

독립군 최후의 맹장, 일본 밀정에 의해 최후를 마치다

1931년 9월 18일 일제가 중국 동북지방을 침략한 만주사변이 일어나자 장군은 중국단체인 요녕농민자위단과 연합부대를 편성했다. 이듬해에 조선혁명당·군의 주요 간부들이 일제에 잡히는 치명적인 사건이 일어났고 조선혁명당은 조직을 재정비하면서 총사령이 된 장군은 일제와의 결전을 준비했다.

중국 요녕성에 위치한 양세봉 장군 순국지(표시 지점)

요녕민중자위군과 조선혁명군의 연합군은 일본군과 2백여 차례의 전투를 치렀다. 지리를 잘 알고 있는 점을 이용해 한·중 연합작전으로 영릉가 전투에서는 대승을 거둔다. 하지만 공군력이 없고 병력 부족 등으로 열세를 면하기 어려웠다.

일제는 양세봉 장군을 제거하기 위해 혁명군을 직, 간접으로 후원하던 중국인 왕명번을 매수한다. 중국 항일군과 연합을 논의하자는 구실로 장군을 환인현 소황구의 골짜기로 유인했고 장군은 부관 등과 함께 왕 씨를 따라나섰다.

남만주 신빈현에 세워진 항일명장 양세봉 장군의 조각상

일행이 대랍자구(大拉子溝)로 가던 도중 돌연 좌우 수수밭에서 수십 명의 괴한이 뛰쳐나와 일행을 포위하고 왕 씨는 일본군에게 항복하라고 고함을 쳤다. 장군은 위엄 있게 꾸짖었으나 끝내 밀정 박창해와 중국인 왕 씨 등 배신자들의 저격을 받아 장렬히 전사했다.

■ 독립장 | 이회영(李會榮)

노블레스 오블리주를 지킨 위대한 혁명가

핵심공적

신민회를 조직했으며 서전서숙과 장훈학교를 설립해 계몽운동에 앞장섰다. 일가족이 만주에 정착해 경학사와 신흥강습소를 설립한다. 항일구국연맹에서 흑색공포단을 지휘해 일제와 무장투쟁을 벌였다.

주요약력

- 1867년 3월 17일　서울 출생
- 1907년　신민회 조직
- 1911년　교민자치단체 경학사 조직, 신흥강습소 설립
- 1924년　재(在)중국조선무정부주의자연맹 조직
- 1932년 11월 17일　뤼순감옥에서 고문으로 순국
- 1962년　건국훈장 독립장

선생은 명문가에서 태어났음에도 세상을 보는 시각과 선각자적인 안목이 뛰어났다. 신지식을 받아들여 평민적 사고와 행동으로 우리의 독립항쟁사에 획기적인 업적을 남겼다. 역사는 선생을 독립항쟁가 또는 아나키스트로 평가하고 있지만, 위대한 사상가이며 혁명가로 기록되는 것이 더욱 타당하다.

신라에서부터 조선시대까지 이어온 명문가 자손

북경에서 활동하던 시절의 이회영 선생과 아이들

이회영 선생은 1867년 서울 남산골(현 저동)에서 넷째 아들로 태어났다. 그의 10대조는 임진왜란 이래 다섯 번의 병조판서, 세 번의 좌·우정승과 영의정을 지낸 백사 이항복이다. 그 이후 선생의 아버지인 이유승에 이르기까지 9대조를 제외하고는 모두가 정승, 판서, 참판을 지냈고 신라, 고려 시대에도 많은 문무 관료를 배출한 손꼽히는 명문가다.

이회영 선생은 개방적이고 호탕한 성격이었다. 어려서 한학을 배웠지만 일찍부터 개화사상

을 받아들였고 감리교에 몸을 담은 후에는 당시의 양반 출신이라면 생각하기 어려운 인간 평등사상도 받아들인다.

선생은 스무 살이 지나면서부터 집안의 노비에게도 존댓말을 썼고 아버지 이유승이 사망하자 집안의 노비들을 모두 해방해 평민으로 만들었다. 특히 과부가 된 여동생의 거짓 부고를 낸 다음에 다시 결혼시킨 일은 당시 유력가문이라면 생각도 할 수 없던 행동이다.

이회영 선생의 개방된 사상과 큰 인물다운 행동은 만주 망명 후는 물론 마지막까지 일관되게 나타났다. 선생의 사고 전환과 실천은 오늘에서 되돌아볼 때 당시 상황을 비추어보면 정말 위대한 선각자라고 할 수 있다.

독립을 위한 국내 계몽활동과 신민회 조직

이회영 선생은 21살 때 독립협회에 참가한다. 이상재, 이상설, 이범세, 서만순, 조한평, 여규형, 이강연 등과 교류하면서 민중 계몽, 신진 정치가 간의 협력, 내치와 외교정책의 수립 등 기울어져 가는 나라를 수습하려 힘썼다. 당시 계몽운동의 하나로 공옥학교 교사로 활동했다.

하지만 1905년 을사늑약이 체결되자 고관이었던 이상설과 당시 외무부 교섭국장이었던 동생 이시영과 함께 을사늑약 철회 운동을 벌였으나 상황은 나아지지 않았다. 평화적인 방법으로는 해결되지 않겠다고 생각한 선생은 나인영, 기산도 등과 함께 을사오적 암살을 모의했으나 실패하고 만다.

동시에 형제들과 함께 해외에서 독립항쟁계획을 추진했다. 1906년에 재산을 처분하고 노비를 해방시킨 다음 만주에 서전서숙을 세우고 그곳의 교장으로 이상설을 초빙한다. 하지만 이상설의 헤이그 특사 파견과 일제의 방해로 서전서숙은 다음해 문을 닫고 말았다.

국내에서는 공옥학교에서의 인연으로 안창호, 신채호, 이시영 등과 함께 1907년 4월 비밀결사인 신민회를 조직한다. 선생은 중앙위원에 취임하고 교육, 계몽, 강연 활동을 했다. 이 활동의 하나로 그해 11월에 사립경성장훈학교를 설립하는 등 국내외에서 독립을 위한 활동을 벌였다.

만주로 떠나 독립항쟁의 기반을 닦다

하지만 이런 활동으로도 조국의 몰락은 막을 수 없었다. 1910년 한일병탄의 국치를 당하자 이회영 선생은 국내에서의 명성을 포기하고 형 건영, 석영, 철영과 아우인 시영, 호영 등 일곱 형제 중에 6명의 형제와 60여 명의 가족이 모두 만주로 떠난다.

선생은 경학사와 신흥강습소를 설치하고 독립항쟁기반 닦기에 들어간다. 선생은 국내를 오가며 비밀리에 여러 인사와 접촉해 다양한 계획을 추진했다. 그중 하나가 광무황제 망명이다. 아들 이규학이 광무황제의 조카딸과 결혼을 하는 기회를 틈타 광무황제와 접촉했다. 그러나 실행만 남겨둔 상황에서 황제의 갑작스러운 사망으로 중단된다.

1921년 임시정부에 내분이 일어났을 때 선생은 신채호와 함께 조정 역할을 맡았다. 하지만 세 개의 파로 나뉘면서 통합은 실패했고 선생은 실망해 임시정부를 떠났다. 그 뒤로는 무정부주의 활동을 펼친다.

1924년 조선무정부주의자연맹 설립에 참여했고 이듬해인 1925년에는 비밀결사 다물단을, 1931년에는 한 · 중 · 일 아니키스트 합작으로 항일구국연맹을 결성해 의장으로 취임하고 산하에 일제 요인 제거와 기관 폭파를 위한 단체인 흑색공포단을 설립했다.

일제기관 파괴활동을 하는 흑색공포단 지휘

선생이 지휘한 흑색공포단은 일본, 대만, 중국인 등도 참여한 범국가적인 행동단체였다. 흑색공포단은 경제부, 정보부, 선전부 등으로 구성되어 있었는데 정보부와 행동 대원은 1930년에 선생이 조직한 남화한인청년연맹 단원이 수로 맡고 있었다.

흑색공포단이 가장 처음으로 한 일은 중국 국민당 내에 있던 친일 그룹 리더인 왕정위 저격이었다. 그 후 천진과 복건성의 일본총영사관 관저에 폭탄을 던졌고 이어 천진에 군수물자를 싣고 입항한 11,000톤급의 일청기선에 폭탄을 던져 선체 일부를 파손하고 많은 사상자를 냈다.

이회영 선생의 유품

1932년 이회영 선생은 활동범위를 넓히기 위해 만주의 다렌으로 가려고 했다. 당시 만주는 일제의 지배에 있었기에 모두 말렸으나 선생의 고집을 꺾지 못했다. 다렌에 간 선생은 항구에서 일본 경찰에게 잡히고 만다. 조선인의 제보와 일본 밀정의 첩보로 이미 선생이 다렌에 왔다는 정보가 알려졌던 것이다.

일본 경찰의 고문은 노인의 몸으론 감당할 수가 없었다. 일본 경찰은 고문으로 사망했다는 사실을 숨기기 위해서 감옥에서 자살했다고 발표했으며 증거를 숨기기 위해서 서둘러 시신을 화장했다. 1932년 11월 17일, 선생의 나이 65세 때였다.

■ 대한민국장 | 강우규(姜宇奎) 의사

독립 위해 죽음도 불사했던 65세 애국지사의 용기

핵심공적 일제통치의 최고 책임자 사이토(齋藤實) 총독을 처단하기 위해서 남대문역 앞에서 열린 환영행사에서 그를 향해 폭탄을 던졌다.

주요약력
- 1855년 7월 14일 평안남도 덕천 출생
- 1910년대 만주에서 동광학교(東光學校) 등을 설립, 민족교육 실시
- 1919년 노인동맹단에 가입
  남대문역에서 조선총독 사이토 마코토 폭살 기도
- 1920년 11월 29일 (65세) 서대문형무소에서 사형, 순국
- 1962년 건국훈장 대한민국장

1919년 9월 2일 남대문역 앞에서 천지를 진동시키는 큰 폭음이 울렸다. 그해 조선 총독부 총독으로 부임해 온 사이토 마코토가 탄 마차를 향해 날아간 폭탄은 미처 마차까지 도달하지 못하고 몇 미터 앞에서 터졌다. 그 폭탄을 던진 이는 환갑이 넘은 강우규 선생이었다. 노령의 나이에 실행한 강우규 선생의 의거는 전국에서 수많은 비밀결사가 조직되는 자극제가 되었다.

평생을 몸 바친 민족 교육과 계몽운동

강우규 선생은 1855년 7월 14일 평안남도 덕천군 무릉면 제남리에서 농가의 4남매 가운데 막내로 태어났다. 일찍이 부모를 여의고 누나의 집에서 자라며 친형에게 한학과 한의학을 배웠다. 근대화의 물결을 바라보면서 점차 개화사상에 눈을 뜨고 기독교에도 몸 담아 집안 어른들과의 갈등으로 1883년 함경남도 홍원으로 이주했다.

홍원에서 한약방을 연 선생은 상당한 재산을 모았고, 이 재산으로 교회와 학당을 세워 아이들에게 한문을 가르치며 함경도 일대에서 민족 교육과 기독교를 통한 민족 계몽 운동에 앞장섰다.

서울역 앞에 강우규 선생 동상이 있다.

쉰이 넘는 나이로 계몽 운동을 펼치던 강우규 선생의 마음에 독립항쟁의 불을 지핀 사건이 있었다. 안중근 의사의 이토 히로부미 저격이

었다. 이후 강우규 선생의 행적을 보면 젊은 청년 안중근과 같은 일을 하고자 하는 마음이 엿보인다.

경술국치를 맞이하게 된 강우규 선생은 독립항쟁에 참여하기로 결심하고, 1911년 두만강을 건너 북간도에 있는 화룡현 두도구로 옮겼다. 만주와 연해주 일대를 순방하며 애국지사들과 만나 독립항쟁방도를 모색했다.

사립광동학교의 설립으로 민족의식과 동포애 고취

독립항쟁의 산실을 마련하고자 했던 강우규 선생은 1915년 길림성 요하현으로 이주했다. 이곳에 사람들을 불러 모아 신흥동이라 명명하고 본격적인 독립항쟁거점으로 성장시켜 나갔다.

독립항쟁의 기반은 교육. 선생은 광동학교(光東學校)를 설립했다. 광동학교는 청소년들의 민족의식을 고취하고 동포애를 심어줬다. 1년 만에 100여 가구가 사는 마을이 된 이곳은 만주 각지의 독립항쟁세력을 연결하는 거점으로 성장해 나갔다.

몇 년 간 차분히 독립항쟁을 준비하던 강우규 선생은 3.1 운동 소식을 들었다. 그 소식을 듣고 바로 사람들을 학교에 모아서 인근 지역에서 만세 운동을 벌였다. 하지만 그 정도의 시위로는 독립이 이루어지리라곤 생각하지 않았다.

진정한 독립을 위한 방법을 고민하던 그는 3월 26일 블라디보스토크에서 대한국민노인동맹단에 가입하여 요하현 지부장을 맡게 되었다. 대한국민노인동맹단은 실전에 참여하는 청년들을 지원하는 단체였다. 하지만 의사를 꿈꾸는 강우규 선생에게 뒷자리는 답답하기만 했다.

미리 준비한 폭탄으로 총독 제거를 결심

강우규 선생은 3.1 운동이 일어나기 몇 주 전, 언젠가 사용하리라 생각하며 폭탄을 하나 사들였다. 폭탄을 쓸 일은 금방 생겼다. 일본은 3.1 운동을 계기로 무단통치에서 문화통치로 식민 정책을 바꾸었다. 그는 우리나라를 영구히 식민지로 삼으려는 술책이라 생각해 새로 부임하는 조선 총독인 사이토 마코토를 사살하기로 결심했다.

강우규 선생 의거지(현 서울역 광장)

6월 14일, 가지고 있던 폭탄을 가지고 블라디보스토크를 출발해 원산항을 통해 국내에 들어왔고 다른 독립항쟁가의 도움으로 8월 5일 서울에 도착했다. 신임 총독이 9월 2일에 부임한다는 사실을 알고는 남대문역 부근에서 숙식하며 거사를 준비했다.

강우규 선생은 환영행사를 마치고 관저로 떠나는 사이토의 마차를 향해 폭탄을 던졌다. 거사에 성공하면 자작시를 읊으며 체포될 계획이었다. 하지만 노령의 나이라 힘이 모자랐던 탓일까? 폭탄은 마차에 도달하지 못하고 폭발했다. 현장에서 몸을 피한 선생은 도피 중 잡혀 수감됐다. 그는 옳은 일을 했기에 재판을 받는 동안 항상 당당했다.

강우규 선생 수형기록 카드

죽음에 이르는 순간도 굽히지 않았던 독립항쟁

강우규 선생의 묘(국립현충원)와 묘(상단) 비석 하단부에 새겨진 詩

65세의 애국지사의 용기는 독립항쟁을 하는 이들에게 큰 감동과 존경심을 심어줬다. 가장 혼란했던 시기를 경험한 그는 청년들에게 독립을 안겨주고자 노력했으며 청년들에게 독립의 꿈을 심어주기를 원했다. 11월 죽음을 앞두고 청년들에게 남긴 글에서 이를 엿볼 수 있다.

"내가 죽는다고 조금도 어쩌지 말라. 내 평생 나라를 위해 한 일이 아무것도 없음이 도리어 부끄럽다. 내가 자나 깨나 잊을 수 없는 것은 우리 청년들의 교육이다. 내가 죽어서 청년들의 가슴에 조그마한 충격이라도 줄 수 있다면 그것은 내가 소원하는 일이다. 언제든지 눈을 감으면 쾌활하고 용감히 살려는 전국 방방곡곡의 청년들이 눈앞에 선하다." 1920년 11월 29일 서대문감옥에서 사형이 집행되었다. 사형이 집행되기 직전 일제 검사가 "감상이 어떠냐?"고 묻기에 선생은 한수의 시를 읊었다. "단두대상 유재춘풍 유신무국 기무감상(斷頭臺上 猶在春風 有身無國 豈無感想)", '단두대위에 홀로 서니 봄바람이 감도는구나, 몸은 있어도 나라가 없으니 어찌 감상이 없으리오'

마지막까지 기개를 굽히지 않았던 강우규 선생에게 대한민국 정부는 의사의 공훈을 기려 1962년에 건국훈장 대한민국장을 추서하였다.

■ 대한민국장 | 안중근(安重根) 의사

민족독립의 염원으로 일제 침략 원흉 심장을 쏘다

핵심공적

일제침략의 원흉인 이토 히로부미(伊藤博文)를 사살했다.

주요약력

- 1879년 9월 2일 황해도 해주 출생
- 1907년 사립학교를 건립, 민족교육 실시
- 1908년 연해주에서 의진 결성, 의군중장으로 국내 진공
- 1909년 단지 동맹 결성, 의열 투쟁, 침략원흉 이토 히로부미 처단
- 1910년 옥중에서 동양평화론 저술
- 1910년 3월 26일 여순감옥에서 사형, 순국
- 1962년 건국훈장 대한민국장

만주 하얼빈 역에 특별 열차가 도착했다. 일본의 이토 히로부미가 러시아의 재무대신 코코프초프와 회담을 하기 위한 열차였다. 이토 히로부미는 역 구내에 도열한 러시아 의장대를 사열하고 열차로 돌아가던 중 안중근 의사가 쏜 3발의 총탄을 맞고 절명했다. 대한제국에 을사늑약을 강제하고 헤이그에 특사를 보냈다는 이유로 광무황제를 강제 퇴임시켰기에 안중근 의사가 그를 쏜 것이다.

개혁 성향의 아버지 밑에서 자란 민족청년

안중근 의사는 1879년 9월 2일 황해도 해주부 광석동에서 태어났다. 대대로 해주에서 살아온 지주 집안이었다. 부친인 안태훈은 어려서부터 신동으로 해서(海西) 일대에서 이름이 알려진 사람이었으나 전통적인 유학에 머물러 있던 보수 유림은 아니었다.

신문물 수용이 필요하다 생각해 근대 문물의 수용과 개혁 정책의 실행을 위한 도일 유학생 선발에 뽑히기도 했었다. 그러나 그해 12월 발생한 갑신정변의 실패로 뜻을 이루지 못하고 귀향했고 해주를 떠나 신천군 두라면 청계동으로 이사했다. 안중근 의사는 청계동에서 자라며 한학과 조선역사

를 배우고 말타기와 활쏘기 사격술 등을 익히며 무예를 연마했다.

1894년 동학농민전쟁이 발생하자 안중근 의사의 부친은 개화정책을 펴던 갑오내각을 지키기 위해 군대를 조직하여 반동학군 투쟁에 나섰다. 안중근 의사도 16세의 나이로 부친이 조직한 군대에 참여하여 선봉장으로 활약하면서 처음으로 역사에 그 모습을 드러냈다.

안중근 의사의 평생 지표, '박애주의'

사형 직전에 어머니가 준 옷을 입고 있는 안중근 의사

1896년 2월 아관파천으로 개화파 정부가 전복되고 친미·친러 연립내각이 성립되며 신변의 위협을 느낀 안중근 의사의 부친은 인근의 천주교당으로 피신했고 이때의 인연으로 가족이 전부 천주교에 입교했다. 안중근 의사는 이때부터 천주교의 핵심 교리인 박애주의를 평생의 지표로 삼았다.

1906년 평안남도 진남포로 이사하면서 민족의 실력양성을 위해 삼흥학교와 돈의학교를 설립하여 교육 계몽운동을 전개하고, 다른 한편으로는 석탄을 채굴하여 판매하는 삼합의라는 광산회사를 평양에 설립하여 산업 진흥에 힘썼으며 국채 보상 운동에도 참여했다.

이듬해 일제는 헤이그 특사 사건을 빌미로 광무황제를 강제로 퇴위시키고, 이어 정미7조약을 강제하여 대한제국 군대까지 해산시키며 대한제국을 식민지화하여 갔다. 이런 상황을 본 안중근 의사는 1907년 북간도를 거쳐 노령 연해주로 망명했다.

노령 일대에서 펼친 의병 활동

안중근 의사는 노령 일대의 한인촌을 유세하며 의병을 모집하고, 최재형의 재정적 지원으로 1908년 봄 의병부대를 조직했다. 의병부대의 규모는 3백 명 정도로 두만강 부근의 노령 연추를 근거지로 군사훈련을 실시했고 1908년 6월 의병부대를 이끌고 함경북도 경흥군 노면 싱리에 주둔하고 있던 일본군수비대를 급습했다.

같은 해 7월 함경도 일대에서 맹활약하고 있던 홍범도 의병부대와 긴밀한 연락을 취하면서 함경북도 경흥 부근과 신아산 일대의 일본군 수비대를 공격했다. 이때 사로잡은 일본군을 석방했는데 만국공법과 천주교의 박애주의에 따른 것이었다. 하지만 그 때문에 부대의 위치가 알려져 일본군의 공격을 받아 대패하고 말았다.

이후 의병부대의 재조직을 모색했지만, 일본군 포로를 석방한 일 때문에 군자금을 대는 사람도 지원하는 사람도 없었다. 그 뒤 블라디보스토크에 머물면서 대동공보 기자, 대동학교 학감, 한인민회의 고문 등을 맡았다. 그러던 중 이토 히로부미가 만주에 온다는 소식을 듣고 즉각 그를 사살할 준비를 시작했다.

민족의 원수 이토 히로부미 사살

많은 사람의 도움으로 자금과 권총을 마련한 안중근 의사는 10월 26일 새벽 역 안의 찻집에서 이토의 도착을 기다렸다. 이토 히로부미가 회담을 끝내고 러시아 의장대를 사열하고 돌아가려는 순간 안중근 의사의 권총 3발을 맞고 쓰러졌다. 러시아군에 의해 체포될 때 의사는 "코레아 우라(대한 만세)"를 연호했다.

안중근 의사가 1910년 3월 10일 뤼순감옥 면회실에서 면회 온 빌렘신부를 바라보며 유언을 하고있다.

이후 안중근 의사는 1910년 2월 7일부터 14일에 이르기까지 6회에 걸쳐 재판을 받았다. 이 재판은 판사도 검사도 변호사도 통역관도 방청인도 전부 일본인으로 구성된 형식적인 재판이었다. 2월 14일 공판에서 의사는 일제의 의도대로 사형을 선고 받았다.

"사형이 되거든 당당하게 죽음을 택해서 속히 하느님 앞으로 가라"는 모친의 말에 따라 의사는 이후 공소도 포기한 채, 여순감옥에서 「안응칠역사」와 「동양평화론」의 저술에만 심혈을 쏟았다. 「안응칠역사」는 자서전이고, 「동양평화론」은 거사의 이유를 밝힌 책이다. 안중근 의사는 「동양평화론」을 완성할 때까지 만이라도 사형 집행을 연기해 주기를 요청했으나 일제가 이를 무살해 1910년 3월 26일 여순감옥에서 순국하고 말았다.

안중근 의사의 유서

내가 한국독립을 회복하고 동양평화를 유지하기 위하여 3년 동안을 해외에서 풍찬노숙하다가 마침내 그 목적을 달성하지 못하고 이곳에서 죽노니, 우리들 2천만 형제자매는 각각 스스로 분발하여 학문에 힘쓰고 실업을 진흥하며, 나의 끼친 뜻을 이어 자유 독립을 회복하면 죽는 여한이 없겠노라.

–순국 직전 동포들에게 남긴 의사의 마지막 유언

■ 대한민국장 | 윤봉길(尹奉吉) 의사

임시정부에 생기 불어넣은 천지를 뒤흔든 폭발

핵심공적 훙커우 공원에서 시라카와 대장, 노무라 중장 등을 폭살하여 중국 국민당의 지원을 이끌어 냈다.

주요약력
- 1908년 6월 21일 충청남도 덕산 출생
- 1927년 「농민독본」 저술
- 1928년 부흥원 설립
- 1932년 훙커우 공원 의거로 시라카와 대장 등을 폭살
- 1932년 12월 19일 (24세) 일본 가나자와 형무소에서 사형, 순국
- 1962년 건국훈장 대한민국장

일제는 상하이 훙커우 공원에서 일왕 생일연과 상하이 전승 기념행사를 열었다. 11시에 일본군 총사령관이 등장했고 상하이에 있는 외교관과 내빈이 자리를 잡았다. 행사가 끝나자 외교관과 내빈은 돌아갔고 일본인만 남아 일본 상하이 교민회의 축하연이 벌어졌다. 일본 국가가 울려 퍼지는 순간 단상에 물통 하나가 날아들었고 그 물통은 곧 폭발했다. 폭탄을 던진 윤봉길 의사는 일본 제국주의를 타도하자고 외치며 일본 헌병대에게 잡혀갔다.

충남 덕산에서 태어나다

윤봉길 의사는 1908년 6월 21일 충남 예산군 덕산면 시량리에서 5남 2녀 중 장남으로 태어났다. 11세 때인 1918년 덕산공립보통학교에 입학하였으나 3.1 운동을 겪은 후 학교를 자퇴하고 오치서숙에서 한학을 공부했다. 서당에서 공부하던 윤봉길 의사의 인생을 바꾼 사건이 일어난다. 산책길에 공동묘지에서 무덤 주인의 이름을 적어놓은 묘표를 여러 개 뽑아들고 아버지의 무덤을 찾아달라는 청년을 만났던 것이다. 묘표를 뽑아 무덤 위치조자 알 수 없게 만든 무지가 나라를 잃게 한 원흉임을 깨닫고 농촌계몽 운동에 앞장서기로 결심했다.

야학당을 개설하여 한글 교육과 민족의식을 가르쳤다. 야학에서 끝내지 않고 3권으로 구성된 「농민독본」도 썼다. 1928년에는 부흥원을 만들어 농가부업장려와 공동판매, 공동구입을 위한 조합, 국산품 애용, 생활 개선 등에 힘썼고 친목과 체력향상 등을 위한 활동도 함께 펼쳤다.

독립항쟁을 위해 중국으로 망명하다

농민계몽, 농촌개혁 운동의 성과가 드러나기 시작했다. 그러나 어느 날 함흥수리조합에 소속된 일본인이 조선인 3명을 살해한 소식을 들었다. 그는 독립해야만 한국인의 진정한 행복을 찾을 수 있다는 것을 깨달았다.

몇 달의 고민 끝에 윤봉길 의사는 '대장부가 집을 떠나 뜻을 이루기 전에는 살아서 돌아오지 않는다'라고 적은 글을 남기고 중국으로 떠났다. 윤봉길 의사의 고뇌는 중국 청도에서 어머니에게 보낸 편지에 잘 적혀 있다.

"보라! 풀은 꽃이 피고 나무는 열매를 맺습니다. 만물의 영장인 사람, 저도 이상(理想)의 꽃이 피고 목적의 열매가 맺기를 자신합니다. 그리고 우리 청년시대는 부모의 사랑보다도, 형제의 사랑보다도, 처자의 사랑보다도 일층 더 강의(强毅)한 사랑이 있는 것을 각오하였습니다."

상해에 도착한 윤봉길 의사는 세탁소에서 일하고 채소 장사를 하며 독립을 앞당길 방법을 찾았다. 상해에 도착한 지 1년이 넘은 1931년 겨울 임시정부 지도자인 백범 김구 선생을 만나게 되고 본인이 독립항쟁에 몸 바칠 각오임을 호소했다.

1932년 4월 29일 훙커우 공원에서 의거를 결행하다

"1932년 4월 29일 일왕의 생일인 천장절을 일본군의 상해사변 전승 축하식과 합동으로 상해 홍커우 공원(虹口公園)에서 거행할 예정이다"라는 소식이 상해 일일신문에 보도된다.

임시정부는 이 행사에 참석하는 군 지휘관을 공격할 계획을 세웠으며 윤봉길 의사가 폭탄을 투척하기로 결의했다. 의거 3일 전 윤봉길 의사는 이 의거가 한민족 전체의사의 대변이라는 점을 세계에 알리기 위해 한인애국단 단원으로서 단장인 백범 김구 선생의 입회 아래 태극기 앞에서 선서했다.

4월 29일 아침, 윤봉길 의사는 백범 선생과 마지막 아침을 먹은 후 서로의 시계를 바꾸고 홍커우 공원으로 향했다. 행사장

김구 선생과 함께한 윤봉길 의사

단상 위에는 시라카와(白川) 대장과 해군 함대 사령관인 노무라(野村) 중장, 우에다(植田) 중장, 주중공사 시게미쓰(重光), 일본거류민단장 카와바다(河端), 상해총영사 무라이(村井) 등 침략의 원흉들이 도열해 있었다.

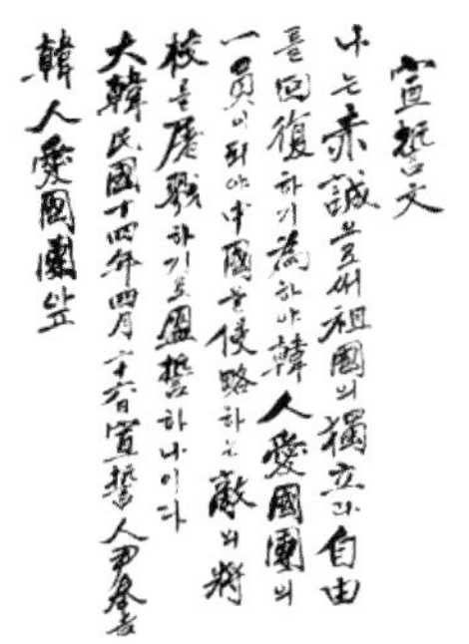

宣誓文
나는 赤誠으로써 祖國의 獨立과 自由를 回復하기 爲하야 韓人愛國團의 一員이 되야 中國을 侵略하는 敵의 將校를 屠戮하기로 盟誓하나이다
大韓民國十四年四月二十六日 宣誓人 尹奉吉
韓人愛國團 앞

거사 3일 전의 태극기 앞 선서(왼쪽)와 선서문

“중국의 백만 대군도 못한 일을 일개 조선 청년이 해냈다”

오전 11시 40분쯤, 참석한 외교관과 귀빈들이 떠나고 단상엔 일본 측 인사만 남았다. 축하연이 시작되기 전 일본 국가가 시작됐다. 11시 50분, 윤봉길 의사는 물통형 폭탄의 안전핀을 빼서 단상 위로 폭탄을 투척했다. 천지를 뒤흔드는 폭발음으로 식장은 순식간에 아수라장이 됐다.

윤봉길 의사의 의거는 전 세계의 이목을 집중시켰다. 특히 중국 국민당의 장개석 총통은 “중국의 백만 대군도 못한 일을 일개 조선 청년이 해냈다”고 감격하며 대한민국임시정부에 전폭적인 지원을 약속했다. 침체일로에 빠져있던 임시정부가 다시 독립항쟁의 구심체가 된 계기를 마련하게 된 것이다.

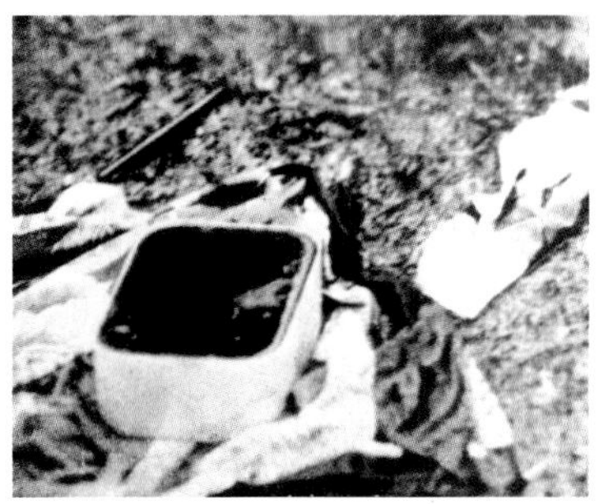

윤봉길의사가 투척한 도시락 모양의 폭탄

일본 이시가와현 가나자와시에 있는 윤봉길 의사 순국비

윤봉길 의사는 가혹한 고문 끝에 그해 5월 25일 상해 파견 일본군법회의에서 사형을 선고받았다. 이후 일본 오사카로 호송된 뒤 1932년 12월 19일 가나자와(金澤)육군형무소 공병 작업장에서 십자가 형틀에 매어 총살, 25세의 젊은 나이에 순국했다.

의사의 유해는 일제에 의해 가나자와 노다산 공동묘지 관리소로 가는 길 밑에 봉분도 없이 묻혔고 광복 후인 1946년에야 조국 품으로 돌아와 효창공원에 안장되었다.

■ 대통령장 | 김상옥(金相玉)

독립항쟁가 탄압의 상징이던 종로경찰서를 태운 불꽃

핵심공적

독립항쟁가 탄압의 상징이었던 종로경찰서에 폭탄을 던져 폭파했다.

주요약력

- 1889년 1월 5일 서울 동대문 출생
- 1913년 경상북도 풍기에서 비밀결사 광복단을 조직
- 1920년 암살단을 조직하고 일제 고관 처단 등을 추진
- 1923년 종로경찰서에 폭탄 투척
- 1923년 1월 22일 일경과의 전투 끝에 자결 순국
- 1962년 건국훈장 대통령장

1923년 1월 12일 오후 8시경, 서울 시내 한복판에 위치한 종로경찰서 서편 유리창으로 폭탄이 날아들어 폭발했다. 종로경찰서는 일제 식민통치의 골간을 이루었던 경찰력의 대표적인 본산이자 수많은 독립항쟁가를 탄압했던 곳이다.

3.1 운동을 보고 화려하게 꽃피운 독립에 대한 의지

김상옥 의사는 1889년 1월 5일 서울 동대문 어의동에서 4남매 중 2남으로 출생했다. 8살 때 체그물 공장 직공으로 14살 때는 말발굽제조 직공 등으로 생계를 도왔던 가난한 집안의 소년이었다.

17살에 기독교에 몸 담아 동대문교회 부설 신군야학교에서 공부를 했는데 학교가 재정난으로 폐교하자 직접 동흥야학교를 설립하여 배움에 대한 열정을 이어갔다. 23살 때는 약행상을 하여 전국을 돌며 견문을 넓혔고 이어 영덕철물상점을 경영하며 경제적인 독립을 이룰 수 있었다.

1913년에 경상북도 풍기에서 채기중, 유창순, 한훈 등과 함께 비밀결사 광복단을 조직했다. 1916년 전라남도 보성의 조성헌병대를 기습하고 친일 분자 2명을 처단했다. 1919년 3.1만세운동을 겪으면서 전국 각지에서 울려 퍼진 독립만세의 함성은 한 청년에게 인생의 목표를 독립항쟁이라 정하는 커다란 계기가 됐다.

그해 4월 1일 동대문교회 내 영국인 피어슨 여사의 집에서 박노영, 윤익중, 신화수, 정설교, 전우진 등 청년 동지들과 함께 비밀결사 혁신단을 조직했고 첫 작업은 항일지하신문 〈혁신공보〉 발행이었다. 김상옥 의사는 신문제작의 재정지원을 맡는 한편 배포책임자로 독립항쟁의 일선에서 활동했다.

평화적 노선에서 무력투쟁을 통한 독립 쟁취로

재정적인 어려움과 인쇄시설 압수로 신문발행은 11월 경 중지된다. 그 중간에 김상옥 의사는 일본 경찰에게 잡혀 고문을 받았으나 증거불충분으로 풀려났다. 이때 의사는 평화적인 방법의 독립항쟁이 가지는 한계를 절감하고 무력투쟁을 통한 독립 쟁취를 실행하고자 결심한다.

마침 1920년 1월 초순, 만주에 있는 독립군단체인 북로군정서에서 파견된 김동순과 상해에서 온 광복단 결사대 한훈을 만나 무력투쟁의 구체적인 방안을 협의하면서 그의 결심은 더욱 굳어져 갔다. 같은 해 4월, 김동순, 윤익중, 서대순 등과 함께 암살단을 조직하고 실행행동책, 무기공급책, 재정책, 비밀문서책, 집총대장 등의 부서를 갖췄다.

김상옥 의사는 군자금 모집에 힘쓰는 한편, 별도의 의열투쟁을 계획해 권총 40정, 탈환 3천 발을 휴대하고 입국한 광복단결사대의 한훈과 1920년 8월 24일 미국의원단의 방한을 계기로 조선총독을 비롯한 일제고관의 주살과 적의 기관 파괴 등을 실행하여 국제여론을 환기하는 활동을 진행하기로 계획했다.

칩거보다는 적극적 활동을 위해 서울로 돌아오다

그러나 거사 당일 오전 가택수색을 당하고 한훈이 일본 경찰에 잡혀 뜻을 이루지 못한 김상옥 의사는 일본 경찰의 추격을 피해 그해 10월 중국 상해로 망명의 길을 떠나게 된다. 상해 임시정부에서 자신의 안목을 넓혀갔고 의열단에 가입했다.

상해에서의 생활은 의미 있었지만, 칩거보다 밖에서의 활동을 더 원했던 김상옥 의사에게는 맞지 않았다. 적극적으로 활동하며 때를 만들어가기를 원해 동지들과 상의한 끝에 1922년 11월 말, 안홍한과 함께 나무 상자에 권총 4정과 탄환 8백발 그리고 항일문서 등을 가지고 상해를 출발 12월 1일 서울로 돌아왔다.

귀국 목적은 암살단의 숙원인 종로경찰서 폭파에 조선총독 사이토 마코토(齋藤實) 주살에 있었다. 동지들과 작별할 때 의사는 "생사가 이번 거사에 달렸소. 만약 실패하면 내세에서나 봅시다. 나는 자결하여 뜻을 지킬지언정 적의 포로가 되지는 않겠소"라는 말을 남겼다 한다.

서울에 온 뒤 옛 동지인 전우진 및 이혜수의 집에서 정설교, 윤익중 등과 회의를 거듭하며 거사준비를 갖추어 갔다. 우선 필요한 것은 활동자금이었다. 이들은 항일문건과 독립항쟁자금영수증, 인장 등을 제작하는 한편 거사용 폭탄을 마련하는 등 준비를 서둘렀다.

종로경찰서 폭탄 투척 후 일경 4백여 명과 총격전 끝에 자결

1923년 1월 12일 밤 8시경 의사는 종로경찰서 서편 간판집의 모퉁이에서 경찰서 서편 창문을 향해 폭탄을 투척했다. 폭탄의 굉음은 마치 일제의 탄압에 억눌린 민족혼을 일깨우는 우렁찬 함성과도 같았다.

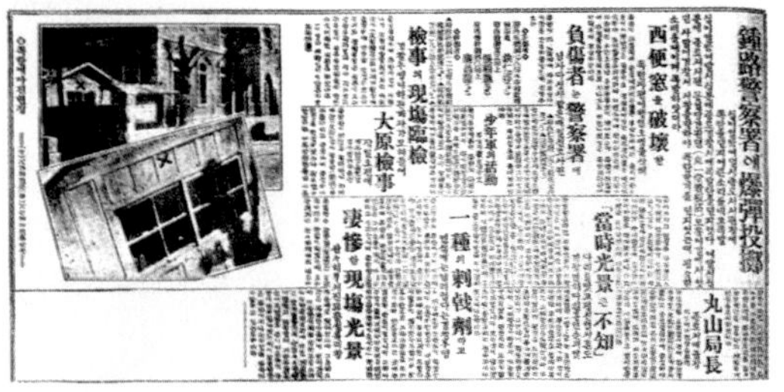

鍾路警察署에爆彈投擲

西便窓을破壞

負傷者는警察署

當時光景은不知

丸山局長

檢事의現場臨檢

大原檢事

凄慘한現場光景

종로경찰서 폭탄투척 보도 기사(『동아일보』 1923년 1월 14일)

김상옥 의사는 폭탄 투척 후 용산 삼판동(현 후암동)에 있는 매부 고봉근 집에 몸을 숨겼다. 사이토 마코토가 일본 제국의회에 참석하기 위해 서울역을 지날 때 저격을 계획했으나 동대문서 한인순사 조용수에 의해 은신처가 발각되고 만다.

무장한 순사 21명이 고봉근의 집을 포위했지만, 김상옥 의사는 다무라(田村長七) 형사를 사살하고 이마세(今瀨金太郎) 경부와 우메다(梅田新太郎) 경부보에게 중상을 입히고 남산을 넘어 효제동 지인의 집에 숨었다.

구본웅 화백이 등굣길에 목격한 김상옥 의사와 일본경찰간의 총격전 장면을 묘사한 그림. 구화백의 시화집 '허둔기'에 수록됐다.

하지만 그곳도 금방 발견되어 약 1천여 명의 경찰과 헌병에게 포위되었고 김상옥 의사는 양손에 권총을 들고 인근 가옥의 지붕을 타고 넘으며 무장한 경찰과 접전을 벌였다. 3시간의 전투 끝에 16명 이상의 일경을 사살했으나 탄환이 다하고 말았다. 상해에서 말했던 것처럼 남은 한 발의 권총을 머리에 대고 쏘아 스스로 자결, 순국했다. 그의 나이 34세였다.

■ 대통령장 | 김익상(金益相)

식민통치의 심장에서 폭발한 독립에 대한 의지

핵심공적 조선총독 처단위해 총독부에 폭탄투척 후 북경으로 탈출, 상해에서 일본 전 육군대신 처단 시도(황포탄 의거) 사형을 선고 받고 20여 년간 복역했다.

주요약력

- 1895년 서울 마포 출생
- 1919년 광성연초공사 근무
- 1921년 광성연초공사 봉천지점 기계감독
- 1921년 총독부에 폭탄 투척, 육군대신 처단 시도
- 1943년 일본 고등경찰 연행 후 암살로 추정, 행방묘연, 순국
- 1962년 건국훈장 대통령장

9월 12일 오전 10시 20분경 전기시설 수리를 한다며 조선총독부 청사에 들어온 사람이 있었다. 그는 2층에 올라가 폭탄을 던졌고 폭탄은 굉음을 내며 폭발했다. 몰려온 헌병들에게 "2층으로 올라가면 위험하다"라는 말을 남기고 걸어 나왔다. 그가 바로 김익상 의사다.

가난한 청년의 삶 궤적을 크게 바꾼 중국행

김익상 의사의 정확한 출생일은 알 수 없다. 다만 1922년 상해 황포탄 의거 당시의 나이가 28세로 보도된 사실을 고려하면 1895년생으로 생각된다. 의사의 본적은 경기도 고양군 용강면 공덕리로 지금의 서울시 마포구 공덕동이다.

성장 환경은 넉넉하지 못했다. 부친은 일본사람과 함께 목재 장사를 하다가 그에게 속아서 재산을 탕진했고 그 때문에 다니던 삼호보성소학교를 졸업하지 못하고 철공소 견습공으로 취직한다.

1919년경에는 서울 교북동에 있던 담배 회사인 광성연초공사에서 근무하게 됐다. 인생을 크게 바꾸게 된 시기는 1921년이다. 그는 봉천지점의 기계감독으로 발령이 나 중국으로 가게 됐다. 어릴 때부터 비행사가 되는 것이 꿈이었는데 중국의 비행기 학교에 입학하기 위해 자금을 마련한 후 천진과 상해를 거쳐 비행학교가 있는 광동으로 갔다.

하지만 당시 광동의 호법정부는 북벌에 치중하느라 비행학교 운영을 일시 중지하고 있었으므로

입학하지는 못했다. 김익상 의사는 낙담하여 북경으로 갔다. 여기서 그의 인생을 크게 바꾼 의열단 단장 김원봉을 만나게 된다.

의열단에 가입한 김익상 의사, 총독부 공격을 위해 귀국

의열단은 1919년 11월 창단된 이후 본격적으로 대규모 파괴 투쟁을 수행하고 있었으며 1921년에는 더욱 대담하게 일제 식민통치의 심장부인 조선총독부 폭파 계획을 꾸미고 있었다. 김원봉은 "조선의 독립은 2천만 민족의 10분지 8 이상이 피를 흘리지 아니하면 아니 된다. 우리는 이때 선두에 나아가 희생이 됨이 마땅하다"는 말에 감복 받아 의열단에 가입했고 조선총독부 폭파 임무를 맡게 됐다.

김익상 의사는 1921년 9월 9일에 김원봉으로부터 폭탄 2개와 권총 2정을 건네받고 즉시 조선총독부 폭파 의거를 실행하기 위해 북경을 떠나 서울에 도착했다. 의사는 일본 경찰의 눈을 속이기 위해 아이를 데리고 가는 일본 여자와 이런 말 저런 말을 하면서 교묘히 부부행세를 하여 기차 안에서 검문을 피했다.

폭탄과 권총을 몸에 지니고 있어 여러 가지로 행동이 불편했지만, 남대문 역에서는 동행하던 일본 여자의 3살짜리 아이를 안고 무사히 나올 수 있었다. 서울에 도착한 뒤 아우 김준상의 집을 찾아가 하루를 묵었다. 다음 날 아침 의사는 일본 전기 수리공 차림으로 남산 왜성대의 조선총독부 청사로 갔다.

조선총독부에 폭탄을 던지고 유유히 빠져나오다

9월 12일 오전 10시 20분경 전기시설 수리를 위해 온 것처럼 대담하게 조선총독부 청사로 들어가 먼저 2층에 있는 비서과에 폭탄을 던지고, 이어 회계과에 폭탄을 던졌다. 비서과에 던진 폭탄은 폭발하지 않았으나 회계과에 던진 폭탄은 일시에 광음을 내며 폭발했다.

회계과에 던진 폭탄이 맹렬하게 폭발하여 15센티나 되는 깊이로 마루바닥이 파였고, 파편은 벽과 아래층으로 튀어 응접용 탁자가 부서지고, 유리창이 깨지고 여러 개의 책상과 걸상이 파손되는 등 식민통치의 심장부인 조선총독부 청사는 온통 아수라장이 됐다.

일제가 3.1 운동 이후 소위 '문화통치'를 펴 식민통치체제가 안정되어 가고, 더 나아가 식민통치에 대한 한국인들의 반감이 수그러져가고 있다는 선전과는 다르다는 것을 만천하에 알렸다. 범인을 잡기 위해 몰려든 헌병에게 의사는 "2층으로 올라가면 위험하다"는 말을 남기고 유유하게 조선총독부 청사를 빠져나왔다.

의거 직후 의사는 이태원의 아우 집으로 돌아왔고 이튿날 평양으로 몸을 피했다. 여기서 다시 일본 의복으로 변장해 국경을 벗어난 뒤, 9월 17일에 북경에 도착하여 약산 김원봉을 만나 의거 사실을 보고했다.

일본 육군 대장 다나카 기이치 사살 시도

조선총독부 폭파에도 불구하고 일제의 변화는 전혀 없었다. 김익상 의사는 재차 의거를 결심했다. 마침 일본 육군대장 다나카 기이치(田中義一)가 필리핀을 방문한 뒤 3월 28일 상해로 온다는 보도가 있었고 의사는 다나카를 처단하기로 했다.

3월 28일 오후 3시 30분에 오성륜과 김익상 의사 그리고 이종암이 차례로 다나카를 공격했으나 실패하고 말았다. 의거 직후 오성륜은 현장에서 체포됐고, 의사는 추격하던 영국 경찰이 쏜 총탄에 맞고 중국 순경에 붙잡혔다. 이종암은 안전하게 피신할 수 있었다.

金益相은 遂死刑

륙일댱긔공소원에서언도

김익상의공소공판(金益相控訴公判)은륙일오후한시에댱긔공소원(長崎控訴院)에서 개뎡하고 쳔판즁무긔징역을 취소하고사형을언도하얏다리 (댱긔지급뎐보)

사형언도를바든

◇김익상◇

김익상 의사의 판결을 보도한 동아일보 기사

이송 중 오성륜이 감옥을 탈출하자 일제는 김익상 의사를 곧바로 상해에서 나가사키로 압송했는데 이는 탈출을 막기 위한 조치였다. 김익상 의사는 재판정에서 "제2 김익상, 제3 김익상이가 뒤를 이어 나타나서 일본 대관 암살을 계획하되 어디까지든지 조선독립을 이루기까지는 그치지 아니할 것이다"라고 말하며 주눅 드는 바 없이 재판을 받았다.

결국, 김익상 의사는 나카사키 공소원에서 사형을 선고받았다. 이후 의사는 무기징역으로 감형되고, 다시 20년 징역으로 감형되어 21년의 오랜 옥고를 치르고 2차 대전이 한창이던 때에 50세의 나이로 귀향했다. 하지만 얼마 안 있어 일본인 고등경찰이 연행해 가더니 어디선가 암살되고 만 것인지 종적이 묘연해졌다.

1922년 6월 30일 일본 나가사키의 재판정에 선 김익상 의사

■ 대통령장 | 김지섭(金祉燮)

일본 열도를 뒤흔든 의거로 참략 만행 알리다

핵심공적 일왕이 있는 왕궁에 폭탄을 투척했고 재판장에서 일제의 학정 사실을 일본 전역에 밝혔다.

주요약력

- 1884년 7월 21일 경상북도 안동 출생
- 1922년 상해에서 의열단 가입
- 1924년 일본궁성에 폭탄투척(이중교 의거)
- 1928년 2월 20일 일본 지바 형무소에서 옥사
- 1962년 건국훈장 대통령장

일본 왕궁에 폭탄을 던진 김지섭 의사를 보기 위해 재판장은 초만원이었다. 의사는 재판장에서 총독정치의 악랄성과 비인간성을 폭로하고 동양척식의 착취와 동포생활의 빈곤을 들어 일제의 학정을 비판했다. 한국 사람은 한국의 독립을 위하여 독립선언서에서도 명시한 바와 같이 최후의 일인 최후의 일각까지 항쟁할 것이라며 1시간 20분 동안이나 열변을 토했다.

부인과 함께한 김지섭 의사

어려서 사서삼경에 능통했던 천재, 대나무처럼 곧은 성품

김지섭 선생은 1884년 7월 21일 경상북도 안동군에서 2남 중 장남으로 출생했다. 재주가 뛰어나 주변에서 천재라는 평가가 자자했는데, 어릴 때 이미 사서삼경에 능통했고 2개월 만에 일본어를 습득했을 정도다. 불의를 보면 참지 못하는 대쪽 같은 성격이 남달리 강해 독립항쟁을 하는 바탕이 되었다.

21살이 되던 해에 상주보통학교 교원과 금산 지방법원 서기 겸 통역으로 재직했다. 하지만 1910년 8월, 경술국치로 나라가 망하자 공직을 사직하고 고향으로 내려왔고 1919년 3.1 운동이 일어나자 김응섭과 함께 대구에서 독립항쟁을 계획했다. 하지만 일제의 탄압으로 국내에서 더는 활동이 어렵게 되자 국외에서 독립투쟁을 전개하기로 마음먹는다.

1920년 5월 혼자서 국경을 넘어 만주로 망명했다. 만주와 시베리아 등 각지를 다니면서 독립을 위한 방법을 연구하고 함께할 동료를 찾았다. 1922년 4월경 의열단원인 장건상과 러시아로부터 막대한 거사자금을 지원받기로 상의하고 그해 여름에 상해에서 일제에 대한 무력 투쟁 조직인 의열단에 가입했다.

중국에서 의열단 가입. 대대적인 국내 폭탄 의거 추진

의열단에 가입한 김지섭 선생은 서울로 돌아와 김시현 등과 함께 총독부 등 일제기관을 파괴하고 일제 고관들을 제거해 민족의식을 고취할 것을 계획한다. 국내에서 의거를 결행하고자 폭탄 36개를 국내에 반입하기로 했다.

하지만 국경지대의 삼엄한 경계로 폭탄을 들여오기 어려웠다. 그래서 안동현에 중계소를 설치해 김시현, 유석현 등과 함께 국경 경계망을 뚫고 폭탄의 일부를 신의주로 반입시켰고 나머지는 의열단에 입단한 황옥이 직접 서울로 운반했다.

황옥은 폭탄을 상자에 넣은 뒤에 총독부 물품이란 딱지를 붙여 대량의 폭탄을 국내에 반입했다. 황옥은 경기도 경찰부의 한인 경부였고 국경시찰이라는 공용출장의 허가를 받아 상해에서 김시현 등과 동지가 되어 의열단에 가입했다. 그 후 김시현과 의형제를 맺었다.

김지섭 의사와 벗들

반입된 폭탄으로 3월 15일을 기하여 총독부, 경찰서, 재판소, 동양척식회사, 매일신보사 등을 동시에 폭파하기로 했으나 사전에 탐지한 일경에 의해 김시현 등 3명이 붙잡혔고 김지섭 의사를 비롯한 김원봉, 장건상 등은 삼엄한 일제의 감시망을 피해 겨우 상해로 건너갔다.

동경에서 열리는 제국의회에 폭탄 투척 결의

의거를 성사시키지 못한 김지섭 의사는 친일 부호를 상대로 군자금을 모집하기 시작한다. 하지만 군자금 확보 계획마저 뜻대로 되지 않자 의사는 빼앗긴 나라를 되찾기 위해서는 일왕을 타도하는 길밖에 없다고 생각했다.

이런 때에 1924년 동경에서 제국의회가 개최되고 이때 일제 총리를 비롯한 여러 대신과 함께 조선총독이 참석한다는 정보를 신문보도를 통해 입수한다. 김지섭 의사는 의열단장 김원봉에게 "본인은 일본말에 능숙하고 일본인과 비슷하게 생겨서 최적임자"라며 일본파견에 자원했다.

그러나 폭탄을 지니고 일본에 잠입하는 일부터 쉽지 않았으며 일본에는 들어간다고 하더라도 적의 심장부인 동경 국회의사당에 들어가는 것은 더 어려웠다. 일본 동경으로 가서 불확실한 거사계획을 성사시키기 위해 윤자영은 일본인 친구인 고바야시 히라쿠(小林開)를 소개해줬다.

일본인의 도움을 받는다는 것이 꺼림칙했지만, 고바야시 히라쿠의 소개로 그의 형이 선원으로 있는 배에 아편을 밀수하는 일본인으로 위장해 탑승했다. 하지만 오랜 항해로 몸이 쇠약해졌고 여비도 거의 떨어졌다.

일본 왕궁에 던진 폭탄, 일본 전국에 일제의 만행을 알리다

자신의 시계, 외투 등을 모두 전당포에 맡겨 마련한 교통비로 동경에 가던 의사는 오사카에서 의회가 휴회했다는 신문보도를 봤다. 언제 다시 개최한다는 정보를 얻을 수 없었고 여비도 떨어져 때를 기다릴 여유도 없었다.

하지만 일본인들이 숭배하는 왕궁 부근에 폭탄을 던지면 일제의 침략상을 국제적으로 널리 알리고 한국의 독립 의지를 세계만방에 호소하는 지름길이라고 생각했다. 성공한다면 제국의회의 거사보다 더 큰 목적을 달성할 수 있다고 판단했다.

동경에 도착한 의사는 근처를 답사한 후에 왕국을 향해 폭탄을 던졌으나 불발되고 말았다. 몰려오는 경비병들을 보고는 자폭하고자 남은 폭탄을 발치에 떨어트렸으나 그것마저도 불발이었다. 비록 거사는 성공하지 못하였지만, 이 사건이 일제에 주는 충격은 실로 엄청나, 당시 신내각 조직을 중단했고 내무차관을 견책했으며 경시총감 등 경찰 수뇌부를 경질했다.

안동 영호루 옆에 세워져 있는 김지섭 선생 기념비

재판장에서 총독정치의 악랄성과 비인간성을 폭로하고 동양척식의 착취와 동포생활의 빈곤을 들어 일제의 학정을 통박한 다음 한국 사람은 한국의 독립을 위하여 독립선언서에서도 명시한 바와 같이 최후의 일인 최후의 일각까지 항쟁할 것이라며 열변을 토했다. 3차에 걸친 공판 후 동년 11월 6일 동경지방재판소에서 무기징역을 받았다. 지바 형무소에서 복역 중 1928년 2월 20일 감옥에서 순국하니 당시 향년 44세였다.

■ 대통령장 | 나석주(羅錫疇)

민족혼 피워 올린 열사 조국의 자유를 위해 싸웠다

핵심공적 식산은행과 동양척식회사에 폭탄을 투척하고 추적해오는 일경을 사살했다.

주요약력
- 1892년 2월 4일 황해도 재령 출생
- 1920년 황해도에서 결사대를 조직하여 군자금모집, 친일파 처단 활동
  중국으로 망명, 이후 의열단 등에 가입하여 군자금 모집 활동
- 1926년 식산은행 폭파기도, 동양척식회사 폭탄 투척 후 일경과 총격전
- 1926년 12월 28일 자결, 순국
- 1962년 건국훈장 대통령장

동양척식회사는 한반도를 식민지로 만들고 경제적 수탈을 자행하는 일제의 기관이다. 1926년 12월 28일 이곳에서 총소리가 울렸다. 경찰과 총격전을 벌이던 청년은 이렇게 외쳤다. "나는 조국의 자유를 위해 싸웠다. 2천만 동포들아 분투하라, 쉬지 마라."

"조국 독립을 위해 군자금을 마련하러 온 젊은이들입니다"

나석주 열사는 1892년 황해도 재령군 북률면 진초리에서 외아들로 태어났다. 이곳은 당시 애국계몽운동단체인 신민회의 서북지방 책임자인 백범 김구가 설립한 양산학교가 있었다. 서당에서 한문을 배운 소년 석주는 양산학교를 거치며 독립투사로 다져진다. 청년이 된 나석주는 1919년 독립만세운동이 이 지방까지 번지면서부터 독립항쟁사에 큰 획을 그은 활동을 시작했다.

3월 하순 황해도 봉산군 사리원의 부호 최병항의 집에 6인조 권총강도단이 들었다. 이들은 모두 복면을 하고 있었다. 이들은 강도답지 않게 모두 최 부자에게 엎드려 절을 했다. "저희는 일반 강도가 아니라 조국의 독립을 꾀하기 위해 군자금(軍資金)을 마련하러 온 젊은이들입니다."

최 부자는 그들이 누군지 알고는 당시로는 엄청난 거액인 무려 630원(圓)을 내 주었다. "저희가 떠나면 즉시 일경에 연락하여 권총 강도를 당했다고 신고하십시오. 일경이 눈치채면 봉변을 당하십니다"

6인조 강도단은 신출귀몰하게 다른 부자들에게도 들이닥쳤고 수사망이 좁혀오기 시작하자 나석주 열사는 1920년 11월 22일 중국 망명길에 올랐다.

횃불을 올려 잠자고 있는 민족혼을 깨우자

열사는 상해에서 은사인 백범을 다시 만난다. 당시 백범은 대한민국 임시정부 경무국장(警務局長)이었다. 나석주 열사는 다시 스승의 지도를 받으며 독립항쟁을 계속했는데, 대한민국 임시정부 경무원, 의정원 근무와 함께 의열단에 가입해 폭파 활동과 군자금 모집 활동에 나섰다. 뿐만 아니라 이동휘가 세운 무관학교 등에서 전략전술을 연마했다.

그해 5월 김창숙 선생과 김구 선생은 국내외 정세를 토론하며 독립항쟁의 방향을 함께 모색했다. "지금 횃불을 올리지 않으면 잠자고 있는 민족혼을 영원히 깨우지 못한다. 일정기관과 친일부호를 박멸하여 국내 동포의 잠자는 정신을 일깨워야 한다"는 의견에 일치를 보았다.

실행할 인물에 대한 이야기가 오갔다. 신중에 신중을 기해야 할 일이었다. 김구 선생이 먼저 나석주와 이화익을 추천했다. 김창숙 선생은 천진으로 떠나 두 명의 조선 청년과 만나 계획을 설명했다. 두 사람 모두 자신이 하겠다며 나섰지만, 김창숙 선생은 나석주 열사를 선택했다.

"백범도 그대의 장도를 학수고대하고 있소. 민족의 고혈을 빨고 있는 식산은행과 동양척식회사가 그대의 손에 폭파되는 날 일제의 간담이 서늘할 것이며, 잠자고 있는 조선의 민족혼이 불길처럼 다시 타오를 것이오. 대의를 위해 무운을 비는 바이오."

단신으로 귀국하여 서울로, 식산은행에 폭탄 투척

나석주 열사는 예전에 한마디 말도 하지 못하고 고향을 떠난 것을 아쉬워했다. 거사를 치르기 전 고향을 방문하고자 했지만, 그 인근은 일제의 경비가 삼엄한 곳이라 방문하지 못하고 발길을 서울로 향했다.

열사는 마중덕이라는 중국인으로 위장해 남대문 근처에 있는 동춘잔(同春棧)에 투숙했다. 고국으로 돌아온 마지막 밤이었다. 1926년 12월 28일 날씨는 투명했으나 겨울바람은 차가웠다. 나석주는 아침밥을 든든하게 먹고 낮이 될 때까지 거리를 배회했다. 그날 오후 2시 5분. 나석주는 식산은행으로 들어가 대부계 철책 너머의 뒷벽 기둥에 폭탄을 던졌다.

하지만 아무런 소리가 들리지 않았다. 불발탄이었다. 오랜 기간 보관하면서 뇌관에 녹이 슬었던 것인지 폭탄이 던져졌다는 것조차 아무도 눈치채지 못 해 나석주 열사는 식산은행의 정문을 걸어 나왔다.

서울 을지로에서 일본 경찰들과 총격전 끝에 장렬하게 자결

동양척식회사로 향한 나석주 열사는 들어서자마자 일본인 1명을 권총으로 사격하고, 2층으로 뛰어 올라가 또 다른 일본인에게 총을 쐈다. 놀라 도망가는 토지개량부 간부들을 쓰러트리고 기술과

東亞日報

號外

揭載禁止 今日解禁

白晝突發한近來初有의大事件

東拓과殖銀에爆彈을投擲

拳銃을亂射하야一擧에七名狙擊

昨年十二月二十八日午後二時黃金町에一大慘劇

脫出한犯人은街上에서自殺

街頭에서警部射擊

다음은自己胸中

御天作地의犯人의最後

暗憺한現場과

鐵筒가튼警戒

爲先殖銀에一彈!

突發直前에殊常한中國人

犯人은載寧出生

卅五歲羅錫疇

第二次로東拓突入

上下層의六名狙擊

出其不意로猛烈히射擊

당시 동아일보 호외

장실에 나머지 폭탄 1개를 힘껏 던졌다. 하지만 그 폭탄조차 불발이었다.

몰려오는 일본 경찰을 피해 동양척식회사 옆의 조선철도회사 건물로 건너간 다음 지금의 을지로1가인 황금정으로 피했다. 자신을 뒤쫓아 온 일본 경찰을 쏘아 쓰러트렸지만 이미 일경들의 포위망이 완전히 좁혀진 상태였다.

교전으로 몸을 숨기는 군중을 향해 나석주 열사가 외쳤다. "나는 조국의 자유를 위해 투쟁했다. 2천만 민중아, 분투하여 쉬지 마라!" 추격하는 일본 경찰과 격렬한 접전이 벌어졌다. 일본 경감 다하타 유이지(田畑唯次) 등을 사살한 후 탄알이 떨어져가자 본인의 가슴에 대고 총을 쐈다.

아직 숨이 붙어 있을 때 일본 경찰이 열사의 신분을 물었다. "나는 나석주다. 공범은 없다. 나 혼자 한 일이다"고 말하며 나석주 열사는 숨을 거뒀다.

■ 대통령장 | 이봉창(李奉昌)

일왕에게 폭탄 던져 세계에 알린 대한독립의 의지

핵심공적 일왕에게 수류탄을 투척해 한국 독립항쟁의 강인성과 지속적인 저항성을 세계에 과시했다.

주요약력
- 1901년 8월 10일 서울 용산 출생
- 1931년 상해에서 김구 선생과 거사 준비
- 1932년 일왕에게 수류탄 투척
- 1932년 10월 10일 이치가야 형무소에서 사형, 순국
- 1962년 건국훈장 대통령장

1932년 1월 8일 일본 제국주의의 심장부인 도쿄에서 삼엄한 경호를 받으며 궁성으로 돌아가던 일왕에게 수류탄이 날아든다. 궁내 대신의 마차가 뒤집혔고 일본은 큰 충격에 휩싸인다. 그 수류탄을 던진 이가 이봉창 의사다.

이 모든 수모와 설움은 나라를 빼앗겼기 때문

이봉창 의사는 1901년 8월 10일 서울 용산구 효령대군 후손의 집안에서 둘째 아들로 태어났다. 의사의 말에 따르면 그의 아버지는 건축청부업과 우차 운반업으로 자신이 자산을 모은 신흥자본가였다. 어릴 때는 집에서 글자를 배우고 10살이 되자 근처 문창보통소학교에 입학했다. 하지만 아버지가 방탕한 생활로 본처를 버리고 첩과 생활하게 되면서 가정 형편이 매우 나빠졌다고 한다.

이봉창 의사의 마음속 깊이 새겨진 독립항쟁은 안중근 의사의 모습이었다. 1909년 10월 26일 안중근 의사가 이토 히로부미를 처단했던 비장한 구국정신이 선생의 어린 가슴을 흥분하게 했던 것이다.

학교를 졸업한 이후 일본인이 경영하는 제과점 종업원으로 취직했으나 주인으로부터 가혹한 학대를 받았고, 만주로 옮겨 남만 철도회사 용산정거장에서 운전 견습으로 일했으나 역시 일본인 직원들로부터 조센징이라는 굴욕적인 수모와 설움을 받았다. 의사는 부모와 이웃 그리고 자신이 받은 민족적인 수모와 설움이 모두 나라를 일본에 빼앗겼기 때문이라고 생각했다.

건달처럼 살던 그, 상해의 임시정부를 찾아가다

1925년, 철도국을 그만둔 일본인 지인이 조선인 식모를 구해 일본으로 데려가고 싶다고 이야기 하자 이봉창 의사는 자신의 조카딸인 이은임을 식모로 주선하며 여비를 받았고 그 일본인과 조카 이은임 등과 함께 배편으로 일본으로 건너간다.

그는 오사카에서 일본인의 양자가 되었고, 기노시타 쇼조(木下昌藏)라는 일본 이름을 얻었다. 이후 일본인으로 살며 노동과 장사 등에 종사했다. 20대 말에는 다른 사람들과 경쟁하기 싫다는 이유로 수시로 일을 그만뒀다. 결혼을 주선해 주겠다는 이야기도 거절하고 도쿄, 오사카 등지를 돌아다니다가 1931년 상하이의 명선철공소에 입사했으나 임금이 너무 낮아 그곳도 그만둔다.

그 뒤 상하이에서 수소문 끝에 안중근의 동생 안공근을 만나 그로부터 임시정부 통신처의 주소를 전해 듣고 바로 그곳으로 찾아갔다. 당시 임시정부 통신처 2층에서는 비밀회의를 하고 있었다.

임시정부 사무실에서는 갑자기 허름한 일본 옷을 입고 일본어가 섞인 한국어를 하는 사람이 나타나자 긴장하고 있었다. 들여보내 달라고 간청하자 사람들은 그를 더욱 의심했다. 임정 요인들은 그를 왜늙은이라 불렀다.

상해임정서 백범 면담 독립사상에 큰 감명

김구는 그의 이야기를 듣고 임정 사무원인 김동우를 시켜 이봉창의 뒷조사를 하게 한다. 조사를 들은 김구는 이봉창이 단순히 건달이 아니라 생각하고 여러 차례 비밀 면담을 가진다. 이 과정에서 이봉창 의사는 백범의 투철한 애국심과 확고한 독립사상에 큰 감명을 받는다.

"선생님, 제 나이 이제 서른하나입니다. 앞으로 서른 한 해를 더 산다 해도 지금보다 더 나은 재미가 없을 것입니다. 인생의 목적이 쾌락이라면 지난 31년 동안 쾌락이란 것을 모두 맛보았습니다. 이제부터 영원한 쾌락을 위해 목숨을 바칠 각오로 상하이로 온 것입니다. 저에게 세상을 깜짝 놀라게 할 성업을 완수하게 해주십시오."

김구는 그가 일본으로의 출입이 자유롭다는 것을 알고 일왕 제거를 계획한다. 거사 준비는 꼬박 1년이 걸렸다. 백범이 자금과 수류탄을 준비하는 동안 선생은 일인 철공소에서 일하며 술과 음식으로 일본 경찰과도 친분을 쌓고 일제 영사관도 자유롭게 출입했다. 백범은 1931년 12월 13일 선생을

大不敬事件突發

御鹵簿에爆彈投擲

陛下께옵서는無事御還幸

◇宮相의馬車에撫指大의損傷

犯人은京城生의李奉昌

不敬事件犯人

反戰檄文으로

釜山署活動

奧地에서滿鐵沿線에

避亂同胞萬名突破

十八重要都市의收容者統計

客月보다約二倍의激增

零下卅餘度의酷寒

小兒死亡率激增

八割以上發病呻吟

水道料減下

今春부터實施

五名이溺死

十六名檢擧

十名은送局

天圖鐵道의

機關庫燒失

鍾路署秘社

三名又檢擧

檢事는起訴

豫審엔免訴

妙齡女爭奪劇

1932년 1월 10일자 동아일보 이봉창

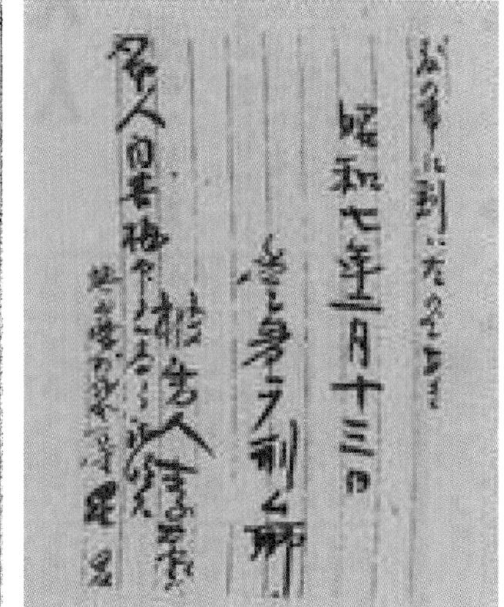

이봉창 의사의 옥중수기

안중근 의사의 아우인 안공근(安恭根)의 집으로 데려가 선서식을 거행했다.

"나는 적성(赤誠)으로서 조국의 독립과 자유를 회복하기 위하여 한인애국단(韓人愛國團)의 일원이 되어 적국의 수괴를 도륙하기로 맹세하나이다." 그 후 양 손에 수류탄을 들고 기념 촬영을 했다.

도쿄에서 궁성으로 돌아가던 일본 왕에게 폭탄 던져

12월 17일 일본으로 건너간 이봉창 선생은 이듬해 1월 8일 일왕(日王) 히로히토가 도쿄 요요기 연병장에서 거행되는 신년 관병식(觀兵式)에 참석한다는 정보를 입수하고 상하이의 김구에게 전보를 보낸다. "물품은 1월 8일 방매하겠다." 이날 거사를 진행한다는 말이었다.

1932년 1월 8일. 선생은 관병식을 마치고 돌아가던 히로히토를 겨냥하여 사쿠라다문(櫻田門)에서 수류탄을 던졌다. 말이 다치고 궁내대신(宮內大臣)의 마차가 뒤집혔으나 히로히토는 다치지 않아 거사는 실패로 돌아갔다.

하지만 그 일은 세계를 놀라게 했다. 일본 제국주의가 신격화해 놓은 일본 왕의 행차에, 그것도 일본의 수도인 도쿄에서 폭탄을 던졌기 때문이었다. 이 일은 한국 독립항쟁의 강인성과 지속적인 저항성을 세계에 과시한 사건이었다.

이봉창 선생은 1932년 9월 30일 오전 9시, 350여 명의 경찰이 겹겹이 둘러싼 가운데 일본 도쿄법원에서 사형 선고를 받았고 10월 10일 이치가야 형무소에서 교수형이 집행됐다. 광복 후 귀국한 김구는 이봉창 의사의 유해를 돌려받아 1946년 서울 효창공원에 윤봉길, 백정기와 함께 안장했다.

■ 대통령장 | 이재명(李在明)

매국노 이완용 처단하고자 정의의 칼 든 독립투사

핵심공적 1906년 미국에서 공립협회에 가입하여 독립항쟁을 전개하고 그 후 매국노 이완용 처단을 시도했다.

주요약력
- 1887년 10월 16일 평안남도 평양 출생
- 1906년~1907년 미국의 한인 독립항쟁단체인 공립협회 가입, 활동
- 1909년 명동성당에서 매국적 이완용을 비수로 찌르고 일경에 피체
- 1910년 9월 30일 경성지방법원에서 사형, 순국
- 1962년 건국훈장 대통령장

1909년 12월 22일 명동성당 앞에서 매국노 이완용이 칼에 찔려 중상을 입은 사건이 발생한다. 그 사건은 같은 해 10월 26일 결행된 안중근 의거와 짝을 이루는 거사였다. 안중근의 의거가 대한제국의 국권을 강탈한 을사늑약의 일본 측 원흉인 이토 히로부미(伊藤博文)를 처단한 일이라면 이 일은 한국 측 원흉인 이완용의 처단 시도였기 때문이다.

공부를 위해 미국으로 건너갔지만, 조국을 구하기 위해 돌아오다

이재명 의사에 대한 자료는 많지 않다. 고향이 이북이기도 하지만, 이른 나이인 24살에 순국했기 때문이다. 선생에 대한 판결문에 의하면, 선생은 1887년 10월 16일 평안남도 평양군 평양성 내에서 태어났다고 한다.

본인의 이야기에 따르면 평양의 일신학교를 졸업하고, 1904년 미국 노동 이민회사 모집을 보고 하와이로 갔다. 1906년 3월에는 공부를 더 하기 위해서 미국 본토로 이사했다. 하지만 그때는 공부만 할 수 있는 그런 상황이 아니었다.

선생이 미국 본토에 도착했을 때는 을사늑약 강제 체결 소식이 미국에 알려지자 1906년 4월 샌프란시스코에서 동족상애를 내세우며 안창호를 중심으로 창립되었던 공립협회가 항일 민족운동을 전개하고 있을 때였다. 이재명 의사는 미국 본토로 건너온 직후에 공립협회에 가입하여 항일 민족운동에 동참했다.

선생이 공립협회에 가입하여 활동하던 시기인 1907년 6월 헤이그 특사를 빌미로 일제는 광무황제

의 퇴위를 강요했고 바로 정미7조약을 강제 체결했다. 이어 대한제국 군대까지 해산시키자 공립협회는 공동회를 개최하여 매국자 숙청을 결의하고 실행자를 선발했다.

이토 히로부미 제거를 시도하다

이때 이재명 의사는 실행자로 지원했다. 그해 10월 9일 사이베리아 선편으로 일본을 거쳐 고국으로 돌아왔다. 귀국 후 선생은 중국과 노령 등 각지를 돌아다니면서 동지를 규합하고 일제의 침략 원흉들과 매국노들을 처단할 계획을 세웠다.

이재명 의사(앞줄 왼쪽)

김구와 만난 의사는 그가 장래에 무슨 일을 하려는가 물으니, "지금 하려는 일은 매국노 이완용을 위시하여 몇 놈을 죽이고자 준비 중이다"고 말하며 단도 한 자루, 단총 한 정과 이완용 등의 사진 몇 장을 품속에서 내놓았다.

의사는 먼저 이토 히로부미를 제거할 계획을 세웠다. 1909년 1월 융희황제의 서도(현 평안도) 순행 때 이토가 동행한다는 소식이 전해졌다. 이재명 의사는 이토를 처단하고자 평양역에서 동지 몇 사람들과 함께 기다리고 있었지만 이토가 융희황제의 곁에 딱 붙어 있었기에 의사는 황제의 안전을 생각해 거사를 포기했다.

그 후 동지 김병록과 함께 서울과 원산을 거쳐 블라디보스토크로 건너가 다시 기회를 기다리던 중, 안중근이 하얼빈 역에서 이토를 처단했다는 소식을 듣고서야 귀국했다. 이토가 제거되자 이재명 의사는 원래 목표인 을사5적을 비롯한 매국적 처단을 추진했다.

더이상 늦출 수 없던 이완용 제거 작전

기회를 엿보던 의사는 연말이 되자 더이상 기회를 미룰 수 없음을 알게 된다. 1909년 11월 일진회가 한일합병을 주창하는 성명서를 공포했기 때문이다. 이에 선생은 1909년 11월 하순 평양 경흥학교 안에 있는 서적종람소와 야학당에서 여러 동지들을 모아 몇 차례에 걸쳐 실행 방법을 논의했다.

논의 끝에 이완용의 처단은 이재명 의사와 이동수, 김병록이 담당하고, 김정익, 조창호는 일진회의 이용구를 처단하기로 했다. 같은 해 12월 7일에 최종적으로 역할분담을 확정했는데 오복원, 박태은, 이응삼 세 사람은 거사에 필요한 자금을 조달하고, 조창호와 전태선은 거사에 필요한 권총 및 단도를 준비하여 서울로 운반하는 책임, 그리고 김용문은 먼저 서울로 올라가서 이완용과 이용구의 동정을 탐지하기로 했다.

그러던 중, 이완용을 비롯한 역적들이 12월 22일 오전 종현 천주교당(명동성당)에서 벨기에 황제의 추도식에 참석한다는 소식을 듣게 되었다. 드디어 12월 22일 오전 11시 선생은 성당 문밖에서 군밤장수로 변장하고 기다리고 있다가 매국노 이완용을 공격했다.

민족의 공적 이완용을 칼로 찌르다

이재명 선생은 이완용이 인력거를 타고 앞으로 지나갈 때 비수를 들고 달려들었다. 이를 제지하려는 박원문을 한칼에 찔러 거꾸러뜨리고 이어 이완용의 허리를 찔렀다. 선생의 공격에 혼비백산한 이완용이 도망가려 하자 다시 어깨 등 3곳을 더 찔렀다.

거사 직후 "나는 모든 동포를 구하기 위하여 이 거사를 행하였다. 그런데 그대들은 어찌 방관만 하느냐. 오늘 우리의 공적을 죽였으니 정말 기쁘고 통쾌하다"고 외치며 만세를 연창했다. 그리곤 곁에 있는 사람에게 담배를 청하여 유유히 피웠다고 한다.

이재명 의사의 거터 표지석, 명동성당 근처에 있다.

법정에서 협조하고 도와준 자를 말하라는 물음에 "이완용을 죽이는 것을 찬성한 자는 우리 2천만 동포 모두며 방조자는 전혀 없었다"라고 거침없이 말했다. 그리고 엄숙한 어조로 역적 이완용의 8개 죄목을 낱낱이 들어냈다.

1910년 5월 18일 경성지방법원에서 사형을 받았다. 이 자리에서 의사는 "공평치 못한 법률로 나의 생명을 빼앗지만 국가를 위한 나의 충싱된 혼과 의로운 혼백은 가히 빼앗지 못한다 할 것이니, 한 번 죽음은 아깝지 아니하거니와 생전에 이룩하지 못한 한을 기어이 설욕 신장하리라"며 조국광복과 민족독립에 대한 선생의 굳은 신념을 보여줬고 1910년 9월 30일 사형 집행으로 순국하고 말았다. 이때 선생의 나이 불과 24세였다.

■ 독립장 | 박상진(朴尙鎭)

강력한 의열투쟁 전개한 대한광복회 초대 총사령관

핵심공적 혁명적 독립항쟁단체인 대한광복회를 조직하고 의열 투쟁을 전개했다.

주요약력

- 1884년 12월 7일 경상남도 울산 출생
- 1912년 대구에서 상덕태상회를 설립해 독립항쟁의 거점 마련
- 1915년 조선국권회복단 참여, 대한광복회 총사령
- 1917년 친일 부호 처단 및 군자금 모집 활동 등 의열투쟁 전개
- 1921년 8월 13일 대구 형무소에서 사형, 순국
- 1963년 건국훈장 독립장

"오인(吾人)은 대한독립광복(大韓獨立光復)을 위하여 오인의 생명을 희생에 공(供)함은 물론, 오인이 일생의 목적을 달성치 못할 시는 자자(子子) 손손(孫孫)이 계승하여 수적(讐敵) 일본을 완전 구축하고 국권을 회복할 때까지 절대 불변하고 결심 육력(戮力)할 것을 천지신명에게 서고(誓告)함"

– 1915년 선생이 주도한 대한광복회의 결의문에서

조국이 일제의 식민지가 되자 던져버린 판사직

박상진 선생은 1884년 12월 7일 경상남도 울산에서 장남으로 태어났다. 학식과 덕망이 높았던 전통적인 유가 가문에서 출생한 선생은 일찍부터 한학을 배웠다. 특히 선생은 1895년에 의병을 일으켰던 허위의 문하에 들어가 1902년부터 수학하면서 민족의식을 키웠다.

하지만 선생은 봉건지배질서를 고수하려는 사상에 빠져있지는 않았다. 평리원 판사와 원장으로 재직하면서 봉건의식에서 벗어난 것도 그 이유였는데, 생활 태도는 유림의 방식을 따랐지만, 사고방식에서는 근대적 신학문을 거부하지 않았다.

1907년 양정의숙 전문부 법과에 입학해 법률학과 경제학을 공부했다. 1907년 고종의 강제 퇴위와 군대 해산 등으로 우리나라가 일제의 준식민지 상황이 되자 선생의 스승인 허위가 의병을 일으켰다. 그는 전국 의병부대의 연합체인 13도창의군을 지휘하면서 서울진공전을 수행하는 등 혁혁한 전과를 올렸지만, 1908년 6월 일제에 잡혀 같은 해 10월 순국했다.

박상진 선생은 스승 허위의 시신을 수습해 고향인 경상북도 선산군으로 모셔 장사 지낸 후, 1년간 상을 지냈다. 1910년 판사 시험에 합격해 평양법원에 발령받았으나 경술국치로 우리나라가 일제의 식민지가 되자 판사직을 거절한다.

중국 신해혁명을 보며 국내 혁명을 계획하다

박상진 의사 생가 앞 고헌 박상진 의사 기념비

1911년 망국의 설움을 안고 고국을 떠난 선생은 중국 만주를 여행하면서 허위의 형인 허겸과 손일민, 김대락, 이상용, 김동삼 등 독립항쟁가들을 만나 투쟁 방법을 논의했다. 이 때 중국에서 신해혁명이 일어나는 것을 직접 본 선생은 우리나라에서도 혁명의 필요성을 절감했다.

이후 중국혁명을 배워야 우리나라에서도 혁명을 할 수 있다고 역설했다. 신해혁명기에 선생은 중국을 여행하면서 그동안 배웠던 신학문과 이때의 경험이 합해져 군주제와 신분제의 사고방식을 완전히 떨쳐낼 수 있었고 대한광복회 조직으로 이어지게 된다.

1912년 귀국한 선생은 독립항쟁의 재정 지원과 정보 연락을 위해 대구에 상덕태상회란 이름의 곡물상회를 세운다. 당시 상덕태상회는 국내의 연락뿐 아니라 만주 안동의 삼달양행이나 장춘의 상원양행 등 곡물상과 연락망을 구축하며 독립항쟁의 거점이 됐다.

그러던 중 선생은 1915년 1월 15일 대구 안일암에서 계몽운동과 독립항쟁을 벌이는 단체로 결성된 조선국권회복단에 참여했다. 한편으로 선생과 정운일, 김재열 등 이 단체의 의병 계열 인사들은 일제를 이 땅에서 몰아내려 지역단위의 독립항쟁만으로는 어렵다고 생각하고 더욱 강력한 혁명적 독립항쟁단체의 조직을 구상했다.

1915년 7월 15일, 대구에서 대한광복회를 조직

일제에 의한 토지조사사업은 농민의 권리를 부정하면서 지주 위주로 시행해 지주층은 식민통치 체제가 자신들의 경제력을 유지하고 확대하는 데는 나쁘지 않다고 인식하게 만들었다. 이런 인식 변화는 독립항쟁단체에도 영향을 끼쳐 군자금 모금이 어려워지게 됐다.

박상진 선생은 반민족적 지주들을 응징하여 민족적 각성을 촉구하는 한편 무력적 방법으로 군자금을 모으고, 그것으로 독립군 기지를 개척한 후 여기에서 독립군을 양성해 민족독립을 달성한다는 계획을 세우고 혁명적 독립항쟁단체의 결성을 추진했다.

그리하여 선생을 비롯한 조선국권회복단의 의병 계열 인사들은 1915년 7월 15일 풍기광복단과 제휴해 대구에서 대한광복회를 조직했다. 조직원들의 성향과 투쟁 방향이 비슷한 두 단체였기에 대한광복회의 탄생이 가능했다.

대한광복회는 우선 군자금을 조달해 만주에 군관학교를 설립하고 여기에서 독립군을 양성하는 한편 국내외 요지에 독립항쟁거점을 확보하여 정보, 연락망을 구성한 뒤, 무력으로 민족독립을 쟁취하려고 했다. 또한 일제타도의 계획을 추진하는 행동강령으로 비밀, 폭동, 암살, 명령의 4개 항목을 추구했다.

친일 부호를 처단하고, 군자금 모집 등 의열투쟁 전개

박상진 선생은 대한광복회 초대 총사령에 추대됐다. 대한광복회는 창립 이후 조직을 전국적으로 확대하고 선생이 설립한 대구의 상덕태상회를 본거지로 하여 전국 각지와 국외에 곡물상점을 경영하면서 군자금을 마련하는 한편, 정보, 연락망으로 활용했다.

고헌 박상진의사께서 일경에게 압송 되어 가는 장면

하지만 대한광복회의 군자금은 주로 자산가들의 의연금으로 충당하고 있었는데 부호들의 비협조와 친일 부호들의 밀고로 모집이 더욱 어려워졌다. 이 같은 상황이 전개되자 선생은 군자금 강제 모집 방법을 시작하는 한편 이를 위해 만주에서 무기를 구입해 들여오기로 한다.

1916년 만주에서 구입한 권총을 들여오다가 서울에서 일본 경찰에게 발각돼 대구지방법원에서 징역 6월형을 선고받아 옥고를 치렀다. 선생은 출옥 후 군자금 강제모집을 계속하면서 1917년 11월 전경북관찰사며 친일부호 장승원 처단에 이어 1918년 1월 충남 온양 악덕 도고면장 박용하를 처단한 후 조직이 탄로나 선생은 일본 경찰에게 체포당했다. 하지만 이 활동으로 일본 경찰은 대한광복회 색출에 총력을 기울였고 조직이 탄로돼 선생은 일본 경찰에게 체포당했다. 이때 박상진 선생은 포박을 거부하고 기르던 백마를 타고 갔다고 한다. 이후 대구지방법원에서 사형을 선고받고 4년 간 옥고를 치르다가 1921년 8월 13일 대구형무소에서 순국했다.

■ 독립장 | 백정기(白貞基)

침략 원흉인 왜적의 몰살을 나에게 맡겨주시오

핵심공적 고향에서 3.1 운동을 이끌고 상해에서 독립항쟁가로 활동하며 흑색공포단을 조직 일제의 주요 인물과 시설을 파괴했다.

주요약력

- 1896년 1월 19일(음력) 전라북도 정읍 출생
- 1924년 재중국 조선무정부주의자연맹을 조직하여 항일투쟁 전개
- 1933년 주중 일본공사 주살(誅殺) 기도
- 1934년 6월 5일 일본 나가사키 법원에서 옥중 순국
- 1963년 건국훈장 독립장

"나의 구국 일념은 첫째, 강도 일제로부터 주권과 독립을 쟁취함이요, 둘째는 전 세계 독재자를 타도하여 자유와 평화 위에 세계 일가의 인류공존을 이룩함이니 왜적 거두의 몰살은 나에게 맡겨 주시오."

– 백정기 의사가 중국 침략 주범 중 하나인 주중 일본공사 처형에 나서기 전에 한 말

고향에서 3.1 독립만세운동을 이끌다

백정기 의사는 1896년 1월 19일(음력) 전라북도 정읍에서 출생했다. 어릴 때 아버지가 돌아가셔서 홀어머니 밑에서 자랐으며 어려운 가정환경에서도 활달하고 글 읽기를 좋아해 낮에는 농사일을 돕고 밤에는 공부를 했다.

14살 전후에 사서삼경을 통달할 정도로 총명했으며 붓글씨도 상당히 잘 썼다고 한다. 신학문에도 뛰어나고 정치에 대한 식견도 높아 마을에서 무슨 일이 생기면 그에게 의견을 물었다고 할 정도다.

의사가 15살이 되던 1910년, 일제에 의해 나라를 빼앗기게 되자 어린 소년의 가슴에는 언젠가 나라를 구하겠다는 마음가짐이 싹텄다. 시골보다는 서울에 있는 것이 배우는 것이 더 많고 문화도 사람도 기댈 곳도 싸울 상대도 있다는 생각에 상경을 결심했다. 그가 서울에 왔을 때가 1919년 2월이었다.

서울에서 지낸 지 얼마 안 됐을 때 광무황제가 일제에 의해 독살되었다는 소식에 이어 3.1 독립만세항쟁의 소문이 퍼져나갔다. 의사는 서울에 있을 것이 아니라 고향에 내려가서 독립만세를 외쳐야 한다는 결심을 하고 급히 내려가 고향 인근 마을을 누비면서 3.1 독립만세운동을 선도했다.

평화 운동에서 적극적 항일투쟁으로

만세항쟁은 일제의 강한 탄압으로 사람들이 죽고 다쳐 5월이 되면서 진정세로 돌아섰다. 의사는 만세항쟁으로는 독립을 이루지 못한다는 생각에 무장 투쟁을 결심하고 그해 8월 동료들과 함께 다시 서울로 왔다. 서울과 인천 등지에서 일제 기관의 파괴, 방화와 침략원흉의 처단 등의 적극적인 항일투쟁을 계획하였으나 사전에 일본 경찰에게 발각됐다.

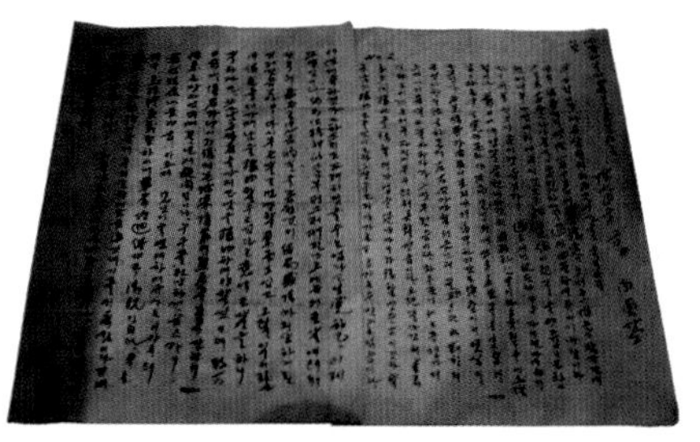

백정기 선생 친필 서한

국내에서보다 국외에서 활동할 결심을 하고 수색, 신의주를 거쳐 안동(현 단동역)에 도착했다. 시내에는 영국인 죠지 엘 쇼(gorge l. show)가 경영하는 무역상 대리점 2층에 임시정부 교통부 산하 안동 교통지부가 설치되어 있었다.

의사는 조지 엘 쇼를 찾아가 그의 알선으로 봉천(현 심양)에 갔으며 그곳에서 이강훈을 만났다. 1920년에는 서울로 돌아와 군자금모집 활동을 하던 중 수상히 여긴 일본 경찰의 불심검문으로 잡혀갔으나 가명을 대고 행적을 속여 위기를 면할 수 있었다.

의사는 일제의 세력권인 국내에서는 항일활동은 어렵다고 생각해 북경으로 떠났다. 이때 이회영, 신채호 등과 만나 그 영향으로 의사는 무정부주의가 추구하는 이상적인 농촌사회 건설에 참여했다.

파괴 암살을 목적으로 하는 흑색공포단 조직

有吉公使暗殺計劃한 朝鮮人三名終豫 犯人等長崎에護送

【聯合上海十一日發】 유길공사 암살계획사건(有吉公使暗殺事件)은 十一일 일부가 해금 되엇다。 그내용은 지난三월十七일 [illegible]된 유길공사 암살계획의 피고 조선인 원심창(元心昌)(三七) 백정기(白貞基)(三七) 이강훈(李康勳)(三二)등 三명에 예심은 이것이 상해 일본총영사관에서 속행중 이던바 七월五일에 예심이 종결되어 치안유지법 및 폭발물취체벌칙위반, 살인예비 기타파손죄등에 해당한것으로 장기지방재판소의 공판에 회부키로결정되엇다。 七월十일 피고三명도 [illegible] 기록과 같이 장기지방재판소에 이송하엿다。

백정기 선생의 의열투쟁에 관련된 신문기사 (『동아일보』 1933년 7월 12일)

북경에 도착한 의사는 보다 적극적으로 독립항쟁을 전개하고자 동료들과 함께 재중국 조선무정부주의연맹을 결성했다. 이곳에서의 활동으로 10만여 명 단위의 대노동자조합을 결성하고 농민자위군을 조직해 농촌계몽과 조직화에 힘쓰고 농민자치운동을 전개했다.

제1차 상해사변이 일어나자 동료들과 함께 파괴, 암살을 목적으로 하는 흑색공포단이라는 행동대를 조직하여 일제 기관 파괴와 침략원흉의 처단을 실행했다. 이들의 행동이 점점 활발해지자 일본 군경은 근거지를 찾으려고 사람들을 회유하고 밀정을 투입했다.

1933년 3월 일본 군벌이 주중공사 유명길에게 거액을 줘 중국 국민정부의 고위 장성을 매수하려는 비밀회의가 상해

공동조계에 있는 육삼정이란 고급 요리점에서 개최된다는 정보를 입수한다. 흑색공포단은 그 대책을 세우는 한편 육삼정을 습격해 일본 주중 대사 등을 처단하기로 결정했다.

흑색공포단의 단원들 모두가 이 기회가 독립항쟁가로서 뜻깊은 죽음의 기회라 생각해 서로 하려고 했다. 첫날 회의에서는 실행할 사람을 결정하지 못해 다음날 다시 모여 추첨으로 결정했다. 결정된 두 사람이 백정기 의사와 이강훈이었다.

상해 육삼정에서 주중 일본공사 등을 처단하기로 결정

원심창은 적의 동정과 현장의 조사 등을 맡기로 하고 유자명, 오면직, 정화암 등은 거사일인 17일까지 은밀히 철저한 준비를 서둘렀다. 무기는 윤봉길 의사가 사용한 것과 똑같은 대형폭탄을 선택했다. 폭탄 2개를 비롯해 권총 2자루와 탄환 20발 수류탄도 1개 더 준비했다.

거사일인 3월 17일 오후 6시 진진다관에서 차를 마신 두 의사는 유자명, 오면직에게 죽어 저승에서 만나자고 마지막 작별인사를 한 후 육삼정으로 갔다. 의사는 현장 상황을 파악하기 위해 일본인을 만나기로 계획되어 있었는데 아나키스트라던 그 일본인을 믿은 것이 실수였다.

거사는 이미 알려져 일본 형사들이 인력거꾼, 식당의 종업원 등으로 변장해 잠복하고 있었다. 동지들은 손쓸 새도 없이 붙잡혀 거사를 이루지 못했다. 거사는 이루지 못했지만 육삼정 사건은 일제의 대륙침략음모를 폭로시켜 중국인들의 항일의식에 큰 영향을 줬다.

백정기 의사(위쪽 사진)가 의거 현장에서 소지했던 도시락 폭탄과 권총. 앞쪽에 손으로 만든 듯한 줄과 손잡이가 점화장치로 보인다

의사는 곧 일본 나가사키로 압송됐다. 양일동, 최학주, 정찬진 등의 사람이 변호사를 구하고 구원운동을 폈으나 나가사키 법원은 의사에게 무기징역을 선고했다. 의사는 옥고 중 1934년 6월 5일 39세의 나이 옥중에서 순국했다. 의사의 유해는 일본에 묻혔다가 광복 후 1년 만인 1946년 7월 6일 이봉창, 윤봉길 두 의사의 유해와 함께 조국으로 돌아와 효창원에 안장됐다.

■ 독립장 | 송학선(宋學先)

안중근 의사 본받아 실행한 조선총독 제거 시도

핵심공적 조선 총독인 사이토 마코토 사살을 시도했으며 6.10 만세 운동의 시발점이 됐다.

주요약력

- 1897년 2월 19일 서울 서대문 출생
- 1926년 사이토 총독 처단 시도
- 1927년 5월 19일 경성지방법원에서 사형, 순국
- 1962년 건국훈장 독립장

나는 주의자도 사상가도 아니다. 다만, 우리나라를 강탈하고 우리 민족을 압박하는 놈들은 백번 죽어도 마땅하다는 것만은 잘 알고 있다. 그러나 총독을 못 죽인 것이 저승에 가서도 한이 되겠다.

– 송학선 선생의 법정 진술 중 –

정직하고 청결한 것을 좋아하던 외유내강의 성품

송학선 선생은 1897년 2월 19일 서울 천연동에서 맏아들로 태어났다. 어릴 때는 이름을 인수나 학선으로 불렀다. 학선이라는 이름은 배움을 좋아하고 매사에 학문과 선행을 일삼으라는 뜻에서 지었다고 한다. 그의 어머니가 말한 선생의 성격은 "성질이 본래 정직하고 청결한 것을 좋아해서 평소에 음식을 먹어도 깨끗한 것만 좋아했다"고 했다. 그 같은 평가와는 대조적으로 거사 이후 보여준 대담성과 침착성을 볼 때 외유내강인 강직한 성품을 가진 사람이었던 듯하다.

선생은 13살 때인 1909년 서대문공립보통학교 1학년에 다니던 중, 아버지의 사업이 파산하는 바람에 가족들이 흩어지게 되었다. 아버지는 전라도로 연근 장사를 떠났고 선생과 동생도 집을 떠나야만 했다.

17살 때야 아버지가 돌아와서 가족들이 다시 모일 수 있었고 선생은 만리동에 있는 조선인쇄소에 취직했다. 그리고 20살 때인 1916년에는 서울 남대문에 있는 일본인 토다(戸田春藏方)가 경영하는

농기구회사에 취직했다. 선생은 여기서 발동기 운전과 수선기술을 배웠다.

일본인 직장에서 받았던 민족적 차별

선생이 반일 감정을 느낀 것은 매우 어렸을 때부터였다고 한다. 어느 날 친구들과 진고개에 놀러 갔다 우연히 하얼빈에서 침략원흉 이토 히로부미(伊藤博文)를 처단한 안중근 의사의 사진을 봤다. 이때 안중근의 의거에 대해 친구들과 얘기를 했고 그를 본받아야겠다는 생각을 품었다고 한다.

선생이 본격적으로 반일의식을 가지게 된 것은 농기구회사에 있을 때였던 것으로 보인다. 가정 사정으로 취직했지만, 일본인 회사여서 차별을 받았고 병으로 강제 해고당하면서 그러한 의식이 더욱 뚜렷해졌을 것이다.

그 후 선생은 그 같은 반일의식을 실제 행동으로 옮기고자 안중근과 같은 거사를 실행하기로 결정했고 조선 총독을 목표로 삼았다. 총독을 제거함으로써 우리 민족을 억압하는 일제에 투쟁하는 것을 보여 주고 우리의 독립의지를 알리고자 했다. 거사를 실행하기 위해 신문이나 책 등에서 사이토 마코토 총독의 사진을 보고 그의 얼굴을 머릿속에 새겨두었다. 사이토를 처단할 칼을 구해 틈만 나면 칼을 갈면서 자신의 마음을 다지고 뒷산에 올라가서 나무를 상대로 칼 꽂는 연습을 했다.

융희황제 붕어로 결심한 사이토 마코토 처단

의거가 일어난 금호문 현장

1926년 4월 26일 융희황제가 붕어하였다는 소식을 들은 선생은 비통함을 참을 수 없어 곧바로 창덕궁으로 달려가 망곡 대열에 참여했다. 융희황제의 빈소는 창덕궁에 마련되었고 빈소의 출입문은 창덕궁의 서남문인 금호문이었다. 선생은 그 문을 통해 총독부의 고관들이 출입하는 것을 보고 이곳에 총독이 반드시 올 것으로 생각했다.

총독을 처단하기 위해 칼을 품고 며칠간 기다린 끝에 4월 28일 1시쯤에 금호문 안에서 세 명의 일본인이 차를 타고 나오는 것을 봤다. 중앙에 앉은 자가 총독 사이토의 모습과 비슷하다고 생각하던 차, 군중 속에서 누군가가 "사이토 총독이다"라고 수군거리는 소리를 들었다. 선생은 바로 자동차 뒤를 따라가며 실행의 기회를 엿보았다. 금호문을 빠져나온 자동차는 창덕궁으로 가는 사람들이 많아 잠깐 멈췄다. 선생은 기회를 놓치지 않고 자동차로 뛰어올라 총독이라고 생각한 자를 향해 전광석화같이 가슴과 배를 찔러 쓰러뜨렸다. 하지만 불행하게도 선생이 사이토로 생각하고 처단한 사람은 사이토 총독과 체격과 생김새가 비슷한 일본인민회 이사인 사토(佐藤虎次郎)였다. 선생은 사이토 총독을 처단했다고 생각하고 재빨리 차에서 뛰어 내려 재동 쪽으로 달아났다. 뒤에서 수십 명의 일경이 추격했다.

송학선 선생의 의거로 촉발된 6.10 만세운동

宋學先 死刑執行

송학선의사의 사형집행을 알리는 기사

쫓아온 수 십 명의 일본 경찰들과 격렬한 싸움을 벌였으나 결국 머리에 상처를 입고 붙잡히고 말았다. 일경에 체포될 때까지 선생은 자신이 처단한 사람이 사이토 조선총독인 것으로 생각했다. 그래서 심문를 받는 과정에서도 당당하게 심문을 받았다.

일제 경찰은 처음에는 단순한 살인사건으로 알았는데 사이토 총독 처단을 위해 자동차를 습격했다는 사실을 알고 매우 놀랐다. 선생은 처단한 자가 사이토 총독이 아닌 데에 크게 실망했다. 검찰 심문이 진행되는 동안 선생에 대한 소문이 퍼져 6.10 만세운동이 일어났다.

재판을 받은 과정에서도 선생은 언제나 당당한 태도로 일제의 행위를 꾸짖고 의거의 동기를 밝혔다. "우리나라를 강탈하고 우리 민족을 압박하는 놈들은 백번 죽어도 마땅하다는 것만은 잘 알고 있다. 그러나 총독을 못 죽인 것이 저승에 가서도 한이 되겠다."

사형을 선고받은 선생은 항소할 생각이 없었으나 가족의 만류에 항소했다. 변호사는 항소에서 사형만은 면하려 했으나 결국 사형을 판결받았고 1927년 5월 19일 오후 2시 서대문형무소 형장에서 아무도 모르게 사형이 집행됐다. 가족들은 유해를 찾아가라는 통지를 받고 선생의 사형 사실을 알게 됐다. 그의 나이 30살 때 일이다.

창덕궁 앞의 송학선 의사 의거 터

■ 독립장 | 윤세주(尹世胄)

어릴 때부터 애국심이 강했던 조선의용대의 지휘자

핵심공적 조선의열단 창설에 참가하고 조선의용대를 이끌며 항일 무장 투쟁에 앞장섰다.

주요약력

- 1901년 6월 24일 경상남도 밀양 출생
- 1919년 조선의열단 조직
- 1938년 조선의용대 창립
- 1942년 중국 태행산에서 일본군과 대격전
- 1942년 6월 3일 태항산 전투에서 전사, 순국
- 1982년 건국훈장 독립장

일본군은 3만여 명의 병력으로 태항산을 완전히 포위해 전차와 폭격기를 동원해 폭격을 가했다. 윤세주 열사는 조선의용대에게 탈출로를 확보하고 비무장대원이 탈출할 수 있도록 지원하라고 명령했다. 수많은 대원이 희생된 가운데 5시간 만에 탈출로를 확보할 수 있었다.

매우 영특한 성격에 의협심이 강한 성격의 소유자

윤세주 열사는 1901년 6월 24일 경상남도 밀양에서 태어났다. 성품은 겸손했으나 일본 식민지통치에 대해서는 평생을 저주할 만큼 애국심이 깊었다. 열사가 고작 10살밖에 안 됐던 1910년 경술국치 소식을 듣고 대성통곡하기도 하고 초등학교 때 일왕 출생 기념일에 받은 일장기를 변소에 버렸다고 했으니 일제에 대한 증오와 반감이 어느 정도인지 알 수 있다.

열사는 밀양의 사립 동화중학에 입학하면서 항일 인사였던 김홍표 교장의 애국사상에 감화되어 학교 내에 비밀결사인 연무단을 조직했다. 연무단은 당시 금지됐던 개천절 기념행사를 하고 시위를 벌였다. 이 사건으로 동화중학은 폐쇄됐으나 열사의 애국심은 식지 않았다.

1919년 3월 1일, 서울에서 만세운동에 참가한 그는 만세운동을 확산시키기 위해 고향에 내려가 사람들을 모았다. 13일 오후 1시쯤 수천 명이 모인 장터에서 선생이 독립선언서를 낭독하자 동료들은 일제히 독립만세를 외쳤다.

일본 경찰은 만세 운동을 주도한 열사를 잡아오라는 명령을 내렸다. 하지만 열사는 만주로 망명했고 일본은 그해 4월 14일 부산지방법원 밀양지청에서 피고가 없는 궐석재판으로 진행됐다. 그 일에 관련된 사람 중에서 열사가 가장 높은 형인 징역 1년 6월을 받았다.

중국 길림에서 김원봉 등과 의열단을 창립하다

만주로 망명한 윤세주 열사는 요녕성 유하현에 있는 신흥무관학교에 들어갔다. 신흥무관학교는 당시 국내의 독립항쟁비밀단체인 신민회의 결의에 따라 세운 독립군양성 무관학교로 선생은 이곳에서 정식으로 군사훈련을 받았다.

구체적인 항일 방법을 찾던 열사는 친구 김원봉과 동료 13명과 함께 1919년 11월, 길림에서 조선의열단을 결성했다. 의열단은 조선총독부 등 일제 침략기관 파괴와 원흉들을 제거하기 위한 계획을 세웠고 실행을 할 인물을 물색했다.

열사 본인이 직접 나서 신철휴, 윤치형 등과 함께 국내에 들어와 활동을 시작했다. 파괴활동을 수행하기 위해 자금과 정보를 모으던 중 정보가 누설되어 국내의 동지 50여 명과 함께 잡혀 수감됐고 5년 4개월의 감옥 생활을 하고 1927년 출옥했다.

그 후 중외일보 기자, 경남주식회사 사장 등으로 지내며 독립항쟁에서 손을 뗀 것처럼 조용히 지내다가 1932년 여름 일제의 눈을 피해 중국 남경으로 갔다. 그 후 열사의 독립항쟁방법도 바뀌었다. 열사가 "과거에는 열정과 용기만을 갖고 싸웠으나 앞으로는 혁명적 인생관과 과학적 혁명이론으로 재무장, 정확한 혁명운동을 하겠다"는 말에서 알 수 있다.

한국대일전선 통일연맹의 중앙집행 상무위원으로 선출

이를 실행하기 위해서 선생은 1932년 10월 20일 중국군사위원회 간부훈련단 제6대에 입교했다. 이때는 독립항쟁전선의 통합이 이루어지지 않은 때였다. 그는 독립항쟁단체들과 연합준비위원회를 구성한 뒤 해외독립항쟁단체들을 참가시켜 그해 11월 10일 한국대일전선 통일연맹을 결성했다.

조선의용대 창설사진

계림에서 찍은 조선의용대 창립 1주년 기념사진

열사는 이 단체에서 송병조, 김두봉, 김규식, 윤기섭, 최동오 등과 함께 중앙집행위원회 상무위원으로 선출됐다. 이 단체는 1933년 7월 5일 독립항쟁가들이 소망하던 단일정당인 민족혁명당을 탄생시키는 모체가 됐으며 열사는 이 단체에서 핵심적인 역할을 했다.

독립군의 통합만으로는 일제와 싸우기가 힘들어 독립군은 중국의 무장단체와 협력한다. 1938년 10월 10일 무한에서 조선의용대가 창설된다. 열사는 이곳에서 핵심부서인 편찬위원회의 주편에 임명돼 기관지 「전고」를 발행해 선전공작활동을 벌였다. 그러나 독립항쟁의 상황은 호전되지 않았고 전세는 일본군에 유리하게 전개되어 갔다. 독립항쟁을 적극적으로 협력해 주던 중국 국민당 정부도 1938년 10월 25일 무한이 일본군에 함락되면서 자신들 앞가림 만으로 급한 처지가 됐고 조선의용대는 계림으로 이동했다.

동료를 지키기 위해서 장렬히 전사하다

일제와의 전투가 격렬해지는 가운데, 중국 국민당은 일제를 몰아내기보다는 정치적 문제에만 힘을 더 썼다. 윤세주 열사는 화북지방에 진출하겠다는 빌미로 중국 국민당에서 떨어져 나와 팔로군의 주요 근거지인 태항산으로 이동했다.

태항산에 있던 윤세주 열사의 묘(우측)

열사가 태항산에 도착하자 팔로군은 홍복사를 조선의용대 본부 건물로 제공했다. 도착한 다음 달에 이곳에 조선의용대 간부훈련반, 화북조선청년학교를 개설했다. 팔로군과 함께 항일 무장활동에 열중한 열사는 모든 대원에게 존경받고 중국인들도 신뢰하는 지휘자가 된다.

1942년 5월 24일 화북지방에 있던 일본군은 주력군 3만여 명을 이끌고 팔로군을 일시에 제거하겠다는 계획으로 태항산을 공격했다. 전차와 폭격기의 공격이 가해지는 기운데 윤세주 열사는 대원들과 함께 산으로 올라가 일본군을 비무장 대원들을 엄호하며 포위 돌파를 시도해 작전개시 5시간 만에 탈출로를 확보했다. 3일 뒤 산속을 지나던 조선의용대는 일본군과 맞닥트리게 된다. 열사는 동료들을 구하기 위해 진광화 최채와 함께 일본군을 유인하다가 총탄을 맞고 쓰러졌다. 중상을 입은 열사는 결국 6월 3일 숨을 거두었다. "단결해서 적을 사살하기 바란다"는 말이 동지들에게 남긴 유언이었다. 윤세주 열사는 1982년 건국훈장 독립장이 추서되었다.

■ 독립장 | 조명하(趙明河)

저 세상 가서도 독립항쟁은 계속 하리라

핵심공적 타이완 타이중 시에서 육군 특별 검열사 구니노미야 구니히코에게 칼을 던져 그를 처단했다.

- 1905년 4월 8일(음력) 황해도 송화 출생
- 1928년 타이완 타이중시에서 일본 육군 대장 구니노미야 처단
- 1928년 10월 10일 타이완 타이베이 형무소에서 사형, 순국
- 1963년 건국훈장 독립장

나는 삼한(三韓)의 원수를 갚았노라. 아무 할 말은 없다. 죽음의 이 순간을 나는 이미 오래전부터 각오하고 있었다. 다만 조국 광복을 못 본채 죽는 것이 한스러울 뿐이다. 저 세상에 가서도 독립항쟁은 계속하리라.

– 조명하 의사의 유언 –

독립항쟁가들의 무용담을 들으며 키운 애국심

조명하 의사는 1905년 4월 8일(음력) 황해도 송화군에서 태어났다. 의사는 1926년 3월 보통학교를 졸업 후 신천군청의 직원으로 고용됐다. 일찍이 총명하고 강직한 성품의 의사는 그곳에서 일제에 탄압받는 민족의 쓰라림에 눈을 떴다.

같은 황해도 출신의 김구 선생과 노백린 선생 등 독립항쟁선각자들의 무용담을 전해 들었고 특히 그해 4월에 창덕궁 금호문 앞에서 있었던 송학선의 조선총독 사이토 마코토(齋藤實) 암살 미수 사건은 그의 마음에 큰 영향을 미쳤다.

독립을 위해 자신이 무얼 할 수 있을까 곰곰이 생각하던 선생은 마침내 큰 결심을 한다. 아들 혁래를 낳고 친정에서 몸조리하던 부인 오금전 씨를 어머니와 함께 보러 가던 길에 의사는 갑자기 "큰 볼일이 있어 멀리 떠나야겠습니다"라며 발걸음을 돌렸다. "여기까지 왔으니 처자를 보아야 하지 않겠느냐"며 극구 말리는 어머니의 손을 뿌리친 채 돌아섰다.

본인의 결심이 처자식을 만나 흔들릴지도 몰라 자신을 채찍질했던 것이다. 여중구 등 친구 6명이 마련해준 여비를 받아 9월쯤 고국을 떠났다. 항일을 위해서는 우선 일본을 알아야 한다는 생각에서 조명하 의사는 현해탄을 건너 일본 오사카에 도착했다.

상해 임시정부로 가기 위해 먼저 타이완으로

의사는 오사카에서 공장직원, 상점원 등으로 일하면서 오사카 상공전문학교 야간부에서 공부했다. 이 시기에 차별대우와 모욕적 언사를 수없이 당하면서 조국독립의 염원을 굳혀갔다. 하지만 오사카에서는 독립의 기회를 잡기가 어렵다는 판단을 내렸다.

조명하 의사는 중국 상하이에 있는 대한민국 임시정부로 가기로 마음먹는다. 하지만 중국 상하이로 바로 가는 것은 일본 경찰의 통제가 심했고 신분이 노출될 위험이 있었기에 일단 일본의 지배 아래에 있어서 비교적 여행이 자유로운 타이완으로 갔다. 그곳에서 중국으로 갈 생각이었다.

1927년 11월 타이완에 도착한 조명하 의사는 상해로 가기 위한 여비를 마련하고자 타이중시(臺中市) 계광로(繼光路) 52번지에 있는 부귀원이란 찻집에서 매달 10원(圓)을 받고 일을 했다. 의사는 타이완에서 우리나라와 마찬가지로 일제하에 고통을 받는 타이완 원주민들의 실상을 봤다.

조명하 의사는 타이완에 머무르면서 대만 총독을 처단할 계획을 세웠다. 타이완인으로부터 단도를 구입하고 칼을 다루는 연습과 동시에 만약을 대비해 칼에 바를 독약도 준비했다. 하지만 좀처럼 기회가 오지 않았고 의사는 원래 계획대로 상해로 떠날 준비를 한다.

중국 침략을 노리는 일본군의 수뇌 타이완 도착

그러던 중에 육군 특별 검열사 구니노미야 구니히코(久邇宮邦彦王)가 온다는 소식을 신문에서 본다. 구니노미야는 일왕 히로히토(裕仁)의 장인이며 육군 대장, 군사 참의관이다. 그가 온다는 소식을 듣고 이런 기회가 다시는 오지 않으리라 생각해 그를 처단하기로 마음먹는다.

당시 일제는 중국을 침략하기 위해 산둥성으로의 출병을 준비하고 있었으며 그 전진기지로 타이완에 일본군을 주둔시키고 있었다. 이 때문에 많은 일군 병력이 타이완 각지 요소에 배치돼 있었고 타이완 주둔 일본군을 검열하기 위해 구니노미야가 파견된 것이다.

의사는 타이중시에서 구니노미야의 일정을 조사했다. 1928년 5월 13일 타이중시에서 하룻밤을 묵고 이튿날 오전 10시에 기차 편으로 떠날 예정이라는 결정적인 정보를 입수했다. 그 정보에 따라 타 이중(臺中)역에서 구니노미야가 숙박할 지사관사까지 철저히 답사했다.

臺灣서發生한重大事件
久邇宮殿下를危害코자
朝鮮靑年이自働車에逼迫
犯人은松禾出生의趙明河

揭載禁止中昨日解禁

지난 사월이십칠일에 륙군특명검열사(陸軍特命檢閱使)로 대만(臺灣)에 행차하신 륙군대장(陸軍大將) 구이궁방언왕뎐하(久邇宮邦彦王殿下)께서는 대북(臺北) 대남(臺南) 고웅(高雄) 병동(屛東) 등 각디에 잇는 륙군부대를 검열하신 후 오월십삼일에 가의(嘉義)에서 대중(臺中)에 도착하야 무사히 검열을 맛치엇슴으로 다시 대북으로 도라가시라고 오월십사일 아츰에 대중거장에 향하시든 도중에서 조선인 청년 한명이 뎐하의 타신 자동차에 뛰어들어 뎐하에게 해를 가하고자 한 중대사건이 돌발하엿섯다

조명하 의사의 의거 사실을 보도한 신문 기사

마침내 5월 14일 운명의 날이 밝아오자 결연한 마음을 다지며 단도에 극약을 바른 다음 이를 가슴

에 품고 예정 장소로 나갔다. 도로 양쪽에는 물샐 틈 없이 군인과 경찰들이 늘어섰다. 의사는 당시 동원된 수많은 환영인파 속에 몸을 숨겼다.

죽음 뒤에 성공한 조명하 의사의 거사

오전 9시 55분쯤 지사 관사에서 구니노미야를 태운 차가 출발했다. 타이중 도서관 앞 사거리 지점에서 좌회전을 위해 속도를 줄이는 순간 환영 군중 사이에 있던 의사가 잽싸게 나와 자동차 뒤쪽으로 뛰어올랐다.

조명하 의사가 구니노미야를 단도로 처단하고자 했던 타이중주도서관 자리 (현 타이중 합작금고 건물 자리)

위험을 느낀 운전사는 속력을 냈고 함께 타고 있던 오누마(大沼) 무관장이 구니노미야의 몸을 감쌌다. 의사는 그를 향해 단검을 힘껏 던졌다. 칼은 구니노미야의 목을 스쳐 가벼운 상처를 입힌 뒤 운전사의 등에 맞았다. 의사는 거사 후 "당황하는 군중을 향해 당신들은 놀라지 마라. 나는 대한을 위해 복수한 것이다"고 말했다.

조명하 의사는 그 자리에서 대한 독립 만세를 소리 높여 외치고 일본 군경들에게 포박을 당해 타이페이 형무소로 이송됐다. 그해 7월 18일 타이완고등법원 특별공판정에서 소위 황족위해죄와 불경사건으로 사형을 선고받았다.

조명하 의사는 3개월 뒤인 10월 10일 타이페이 형무소에서 24살의 나이로 순국하고 말았다. 의사가 사망한 지 3개월 후 구니노미야 구니히코는 패혈증으로 사망했다. 조명하 의사의 거사는 마침내 성공했다.

조명하 의사 동상

■ 대한민국장 | 민영환(閔泳煥)

조국 독립항쟁의 기폭제가 된 뜻깊은 순국

1898년 정부고위관료로서 독립협회를 적극 지지하고 그 후 일제의 을사늑약 강제체결에 항거하여 자결 순국함으로써 국민의 항일의식 고취에 공헌했다.

- 1861년 7월 25일(음력) 서울 견지 출생
- 1898년 정부고관으로서 독립협회의 자주민권자강운동을 적극지지
- 1905년 11월 30일 을사늑약에 항거.
  국민을 분기시켜 국권회복운동을 일으키고자 자결순국
- 1962년 건국훈장 대한민국장

오호! 나라의 치욕과 백성의 욕됨이 이에 이르렀으니 우리 인민은 장차 생존 경쟁 가운데서 진멸하리라. 대개 살기를 바라는 사람은 반드시 죽고, 죽기를 기약하는 사람은 도리어 삶을 얻나니 제공(諸公)은 어찌 이것을 알지 못하는가. 단지 (민)영환은 한번 죽음으로 황은(皇恩)에 보답하고 우리 2천만 동포형제에게 사죄하려 하노라. 그러나 영환은 죽어도 죽지 않고 저승에서라도 제공을 기어이 도우리니 다행히 동포형제들은 천만 배 더욱 분려(奮勵)하여 지기(志氣)를 굳게 하고 학문에 힘쓰며 한 마음으로 힘을 다하여 우리의 자유 독립을 회복하면 죽어서라도 마땅히 저 세상에서 기뻐 웃으리라. 오호! 조금도 실망하지 말지어다. 대한제국 2천만 동포에게 죽음을 고하노라.

「경고대한2천만동포유서(警告大韓二千萬同胞遺書)」(1905. 11. 30)

민권 신장과 군제 개편으로 부국강병 이루자

민영환 선생은 1861년 7월 25일(음력) 서울 견지동에서 태어났다. 흥선대원군의 처남 민겸호가 선생의 부친이었다. 광무황제와 내외종 간이고 명성황후의 친정 조카뻘이기도 했다. 친아버지는 민겸호이나 아들이 없던 큰아버지인 민태호의 양아들로 입양됐다.

1877년 동몽교관이 되었으며, 이듬해 17세의 나이로 정시문과에 병과로 급제했다. 당시 대한제국 권력의 중심인 민씨 일파였기에 1881년 동부승지, 1882년 성균관 대사성 등 빠른 승진을 거듭하며 요직을 거쳐 권력의 중심에 서 있었다. 하지만 친아버지는 임오군란 당시 구군인들에게 피살되었고, 양아버지는 갑신정변 당시 개화당 청년들에게 살해당했다. 본인이 출세할 수 있었던 배경이 동시에 생부와 양부가 모두 살해되는 원인이기도 했다.

민씨 일파로 권력을 누리던 민영환 선생이 국가 개혁에 매진하게 된 계기는 니콜라이 2세의 대관식을 위해서 러시아로 가던 중이었다. 러시아로 가던 중 뉴욕에 3일간 머물고 네덜란드, 독일, 폴란드를 거치면서 근대화된 도시를 볼 수 있었고 이듬해에는 런던에서 40일 간 체류했다. 이때의 외유는 지난날의 과오를 반성하고 그를 뿌리부터 바꾸는 계기가 됐다. 귀국 후 서구의 근대식 제도를 모방하여 정치 · 군사 제도 등을 개혁할 것을 주장했다.

민권을 신장하여 근대식 국가 발전을 꾀하고, 군제를 개편하여 부국강병을 이루자는 상소를 광무황제에게 올렸다. 하지만 당시 전제정치를 추구하던 황제의 성향과는 달라 군제 개편 건의만 채택되어 육군을 통솔하는 최고 기구로서 원수부 설치가 이루어졌다.

대한제국 당시 가장 자주적이고 진보적인 관료

민영환 선생은 정부뿐 아니라 민간을 통해서도 활동을 시작해 당시에 가장 자주적이고 진보적인 관료로서 독립협회를 적극 후원했다. 당시 독립협회의 핵심 인사였던 정교는 "지금 정부 요인 가운데 국민이 신임할 수 있는 인물은 선생과 한규설 뿐"이라고 말할 정도였다.

독립협회는 1898년 10월, 만민공동회를 개최하여 수구파 대신의 퇴진과 개혁파정부의 수립을 요구하는 상소와 철야 시위 끝에 개혁파 내각을 수립할 수 있었다. 민영환 선생은 개혁파 내각의 일원으로 군부대신 겸 내무대신에 임명되어 군사권과 경찰권을 장악하고 개혁파정부의 실세로서 독립협회 운동을 지원했다.

대한제국의 진보적 관료였던 민영환 선생의 모습

동시에 정부는 독립협회의 의회설립안을 받아들여 중추원을 의회로 개편하는 의회설립법을 공포했다. 하지만 공화정을 수립하고 군주제를 폐지하려고 한다는 수구파의 모략으로 독립협회가 해산됐고 선생도 일시 파면됐다. 하지만 광무황제의 절대적인 신임을 받고 있었기에 다시 참정대신 · 탁지부 대신에 임명돼, 민영환 선생의 건의에 의해 설치된 원수부의 회계국장 · 장례원경 · 포훈원총재 · 헌병사령관을 역임했다.

하지만 대한제국의 운명은 바람 앞의 촛불과 같았다. 일제는 러일전쟁을 일으키고 같은 해 2월 대한제국 정부에게 한일의정서를 체결케 하면서 본격적인 한국 식민지화 정책을 시작했다.

을사늑약의 항거로 자결. 독립항쟁의 기폭제가 되다

일제는 미국과의 카츠라 태프트 밀약, 영국과의 제2차 영일동맹, 그리고 러시아와의 강화조약인 포츠머드 조약 등 제국주의 국가들 간의 일련의 거래를 통해 한국에 대한 독점적 지배권을 공인받았다. 일제가 침략정책을 자행하자 민영환 선생은 격렬하게 비판했다. 하지만 그 일로 일제와 친일 각료들의 배척을 받아 한직인 시종무관장으로 밀려나고 말았다.

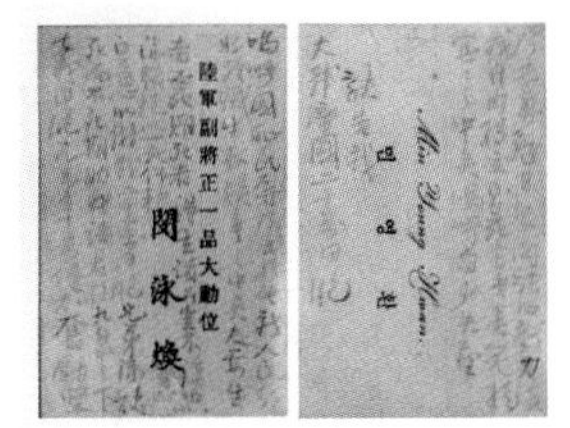

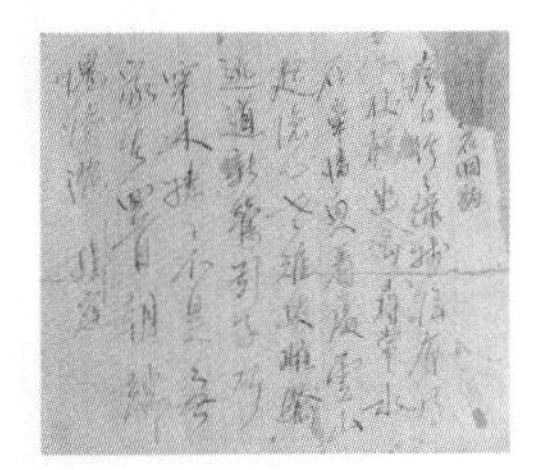

선생이 명함에 쓴 유서(1905년). 2천만 동포에게 보내는 유언을 적고 있다.

결국, 일제는 대한제국 정부의 각료들을 총칼로 협박하여 1905년 11월 17일 을사늑약을 강제 체결함으로써 국권을 강탈했다. 민영환 선생은 을사늑약이 체결되던 때에 부인의 산소를 이장하는 일로 경기도 용인에 내려가 있다가 소식을 들었다.

소식을 듣고 바로 서울로 올라와 원임 의정대신 조병세 그리고 다른 관료들과 함께 을사늑약에 서명한 이완용 등 매국 대신들을 처형하고 조약을 파기하도록 상소했다. 선생을 비롯한 관료의 상소로 조약 체결에 대한 반대 여론은 더욱 고조됐다. 일제는 일본 헌병을 출동시켜 민영환 선생과 조병세를 감옥에 가뒀다.

평리원 감옥에 갇혀 있다가 석방된 후 기울어진 대세를 바로잡을 길이 없음을 개탄했다. 11월 30일 오전 6시경, 2천만 동포와 각국 공사에게 보내는 유서 2통을 남기고 품고 있던 단도로 목을 찔러 자결 순국했다. 그의 나이 45세였다.

민영환 선생의 죽음과 유서는 각 신문에 상세하게 보도되어 온 국민에게 큰 충격을 주었다. 이후 일제 침략에 대한 강력한 투쟁 방략의 하나로 의열투쟁이 자리 잡았고 국권회복을 위한 의병운동과 구국 계몽운동이 발흥하는 기폭제가 됐다. 대한민국 정부는 1962년 건국훈장 대한민국장을 추서했다.

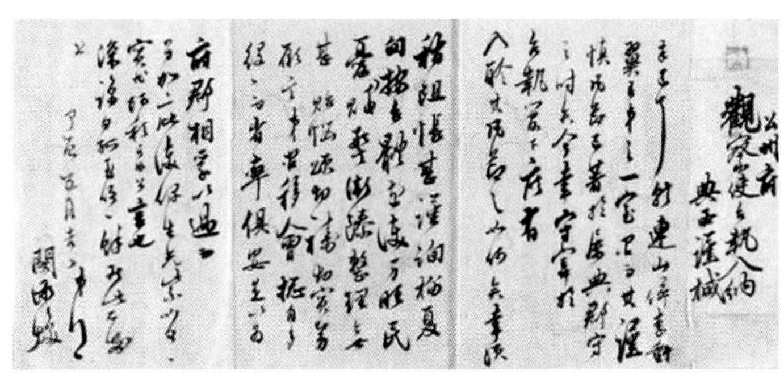

민영환 선생이 공주부 관찰사에게 보낸 간찰 (1904년 5월)

■ 대한민국장 | 조병세(趙秉世)

을사늑약 무효 주장하며 마지막까지 절개 지킨 올곧은 선비

나라의 부국강병을 위한 개혁설파와 일제의 을사늑약 강제체결에 항거하여 자결 순국함으로써 국민의 항일의식 고취하게 하다.

- 1827년 6월 2일 서울 회동 출생
- 1896년 19개 조 시정개혁안 상소
- 1905년 을사늑약무효와 5적 처단 요구 상소
- 1905년 12월 1일 자정 순국
- 1962년 건국훈장 대한민국장

바라건대 우리 전국 동포는 내가 죽었다고 하여 슬퍼하지 말고 각자 분발하며 더욱 충의를 면려하여 나라를 도와서 우리 독립의 기초를 튼튼히 하고 회계(會稽)의 수치를 씻는다면 병세는 지하에서도 춤추며 기뻐하겠소, 각기들 힘쓰시오.

– 조병세 선생 유언 중

세계정세가 급변할 때 태어난 조선의 선비

조병세 선생은 1827년 6월 2일 서울 회동에서 태어났다. 조선 경종 때 노론 4대신 중 한 사람이었던 조태채가 선생의 6대조이고 큰아버지 조두순은 고종 때 영의정을 역임한 명문 집안이었다.

이런 집안이었으니 조병세 선생도 자연스럽게 관직에 진출하는 분위기에서 자랐을 것이다. 철종 때 관직에 나가 대쪽같은 선비들이 거치는 삼사(三司)를 거쳐 고종 때는 왕의 최측근에서 중앙행정 부서의 관리자로서 적극적으로 자신의 뜻을 펴기 시작했다.

당시 국제정세는 제국주의 국가들의 식민지 정책으로 힘없는 나라들의 운명은 바람 앞의 등불과도 같은 상태였다. 조선은 대원군의 통상수교거부정책으로 막고 있었으나 그것도 오래가지 못함은 자명한 바였다. 일제는 운양호 사건을 일으켜 국제법에 대해 아직 이해를 못 하고 있는 상황에서 갑자기 개항하게 됐다.

개국 당시 병조참지로 있던 조병세 선생은 '물질세계를 열어 힘써 일할 수 있도록 하는 것이 개화'라 인식하였고 이런 측면에서 보면 조선은 기자조선 당시에 개화했다고 보았고 외국과 조선의 차이는 사람이 가져야 할 도리와 예의에 있다고 봤다.

부국강병의 근원은 개혁이라 설파하다

1884년 갑신정변이 실패로 끝나고 10년간 조병세 선생은 외세의 간섭에 맞서 부국강병을 통한 자주적 국권수호에 힘썼다. 하지만 당시의 권력은 민씨 세력에게 장악되어 있었고 부정부패가 만연하여 백성들의 생활은 이루 말할 수 없이 처참해 민란이 끊이지 않았다.

조병세 선생은 매관매직 등의 부정으로 유능한 인재를 등용하기 어려워 기인론을 주장하면서 인재 선발 과정의 공정성 확보를 위해 헌책과를 신설하자고 주장해 고종의 허가를 받았으나 민씨 세력의 반대로 시작조차 하지 못했다. 정부의 무능과 부패로 쌓인 불만은 동학농민운동으로 폭발하고야 말았다.

대책 마련을 위한 어전 회의에서 조병세 선생은 "오늘의 민정을 살펴보면 매우 가련하기 짝이 없습니다. 가령 4칸의 초가집은 1년의 납세가 백여 금이고, 5~6두락의 토지에는 1년 납세액이 너무 많아 호구조차 잇지 못할 정도로 빈궁이 극심합니다. 만약 대경장을 크게 시행하지 않으면 실효가 없을 것입니다"라며 근본적인 원인을 고치지 않으면 소용이 없음을 지적했다.

고종은 독자적인 내정 개혁을 추진하기로 결정하고 농민운동의 수습과 정부기구 혁신을 통해서 교정청을 신설하고 조병세 선생이 참여했으나 실권은 하나도 없는 자문기구에 불과할 따름이었다. 결국 일제의 힘을 얻은 세력에 의한 갑오개혁의 소용돌이에 휘말리고 말았다.

진심을 담은 상소도 망국의 흐름을 막지 못하고

갑오개혁과 을미사변을 거치면서 일본의 침탈은 점점 강해졌다. 일제를 몰아내기 위한 의병항쟁이 전국적으로 확산됐다. 조병세 선생은 19개 조의 개혁을 건의했다. 그러나 외세의 간섭 속에서 자주적 외교와 부국강병을 하지 못하고 일본과 러시아 등에게 각종 이권을 내줬고 결국 러일전쟁에서 승리한 일본의 강압으로 외교권을 빼앗기고 말았다.

다시 조병세 선생은 79세의 몸을 이끌고 시폐 5조 상소를 광무황제에게 올려 개혁의 필요성을 강조했다. 하지만 이러한 노력에도 불구하고 1905년 11월 17일 한국의 외무대신 박제순과 일본의 특명전권공사 임권조(林權助) 사이에 을사늑약이 체결되고 말았다. 을사늑약 소식을 접한 선생은 "나라가 이미 망하였으니 내 세신(世臣)으로서 따라 죽음이 마땅하다"는 각오로 민영환, 이상설 등을 이끌고 입궐해 상소를 올렸다. 일본공사 임권조에게 군대를 동원하여 강제로 조약을 체결한 사실의 부당성을 꾸짖고 조약의 폐기를 요구하였다. 또한, 영국 · 독일 · 미국 · 프랑스 · 이태리 등 5개국의 공사들에게 공문을 보내 국제공법에 따라 합동회의를 열어 늑약을 부인하는 성명을 낼 것을 호소했다.

끝까지 절개를 지키고자 했던 조선의 선비

연일 상소항쟁을 계속했으나 아무런 회답도 받지 못했고 일본 헌병에게 끌려 나갔음에도 다시 돌아와 표훈원에서 상소운동을 시작했다. 결국, 일본 헌병들이 달려와 그를 친척 조민희의 집으로 끌고 갔다.

을사늑약 무효를 주장하며 결고국중사민서(訣告國中士民書)를 남기고 순국한 조병세 선생의 묘

이제 더이상 할 수 있는 일이 없음을 알게 된 조병세 선생은 자결을 결심하고 유서와 각국 공사에게 보내는 편지, 그리고 국민에게 당부하는 글을 남기고 미리 준비한 극약을 마셨다. 일본 헌병은 당황하여 의사를 불렀으나 사위인 이용직이 호통을 치며 내쫓았다. 이때 조병세 선생의 나이 79세였다.

경기도 가평에 위치한 삼충단. 이곳은 구한말 일본의 침략에 항거한 조병세 · 최익현 · 민영환 세분의 고귀한 정신을 기리기 위해 만든 제단이다.

조병세 선생의 자결은 사람들 사이에 알려졌고 그의 유서는 대한매일신보에 게재되었고 '독(讀) 조병세 유서'라는 제목의 논설에서는 "한마디 한 글자가 사람들로 하여금 감격하여 눈물을 흘리게 한다"고 선생의 죽음을 애도했다.

선생은 평소 주위 사람들에게 "사람이 가장 하기 어려운 것이 끝까지 절개를 지키는 일이다. 끝까지 절개를 지켰던 분은 포은 정몽주였다"고 말해왔던 것을 몸소 실천했던 것이다.

■ 대통령장 | 박승환(朴昇煥)

군대해산 반대해 자결 항일 의병의 기폭제 되다

핵심공적 대한제국 시위대 제1연대 제1대대장 재직 중 군대해산에 항거하여 자결 순국

주요약력

- 1869년 9월 7일 서울 반촌 출생
- 1887년 무과 급제
- 1897년 대한제국 시위대 배속
- 1907년 대한제국 시위대 제1연대 제1대대장 재직
- 1907년 8월 1일 자결 순국
- 1962년 건국훈장 대통령장

"군인으로서 나라를 지키지 못하고 신하로서 충성을 다하지 못하였으니, 만 번 죽은들 무엇이 아깝겠는가."
(軍不能守國 臣不能盡忠 萬死無惜)

– 선생의 유서 중에서

젊은 나이에 무관이 되고 다시 근대 군인이 되다

박승환 선생은 1869년 9월 7일 서울 반촌(성균관 인근)에서 3남매 중 장남으로 태어났다. 이때는 외세의 내정 간섭과 경제적 침탈로 정치적 혼란이 가중되고 민생경제는 도탄에서 헤어나지 못하고 있던 때다.

선생은 양주 목사를 지낸 외숙 홍태윤으로부터 한학을 익히면서도 궁술과 총술 등 무술연마도 함께했다. 그리하여 1887년 19세의 나이로 무과에 급제해 여러 무관직을 역임했다. 1895년 8월에 발생한 일본 낭인들에 의한 명성황후 살해만행은 군사력의 중요성을 다시 한 번 인식하는 기회가 돼 군사력 증강을 위한 군비의 확충과 근대화 문제를 심각하게 생각하고 근대적 군사교육과 훈련을 습득해 조국과 민족을 지키고자 결심했다.

당시 무관 양성기관으로 훈련대사관양성소가 있었는데 주한 일본공사 이노우에 카오루의 건의에 따라 만들어져 일본군 교관에 의해 조종되고 훈련되어 친일적 성향을 강하게 가진 곳이었다. 간부와 일부 병사들이 명성황후 살해 사건에 관련돼 훈련대사관양성소도 폐교됐다. 이후 새로운 장교 양성기관으로 일제의 영향이 배제된 무관학교가 설립됐는데 선생은 여기에 지원했다.

군인들은 군복과 견장 그리고 패검 佩劍을 빼앗기고 강제해산을 당했다.

대한제국 황제를 지키는 부대의 지휘자

박승환 선생이 무관학교에 입학한 때는 1896년 9월 28일이었다. 당시 무관학교 교장은 이학균 참령으로 1888년 개설된 사관양성소인 연무공원의 미국인 군사고문 다이 장군의 조교로 활동한 이래 그와 긴밀한 관계를 유지하고 있었으며 강렬한 반일 민족의식을 가지고 있던 인물이다.

박승환 선생은 약 6개월간 초급 장교로서 필요한 근대적인 군사교육을 수료한 뒤, 1897년 3월 21일, 육군 보병 참위(현 소위)로 임관했다. 광무황제는 1897년 2월 경운궁으로 환궁한 뒤 궁궐 내에 상주하는 경호부대인 숙위를 강화하기 위해 3월 16일 시위대로 재편했는데, 선생은 정예화된 황실 근위부대인 시위 제1연대 제1대대 장교로 선발 배치됐다.

이후 1899년 11월 11일 육군 부위(현 중위)로 진급해 시위 제1연대 제2대대 소대장으로 보임됐다. 그리고 1900년 7월 23일에는 육군 정위(현 대위)로 승진해 친위 제1연대 제1대대 중대장으로 전임되었다가, 같은 해 8월 14일 다시 시위 제1연대 제1대대 중대장으로 임명됐다. 1904년 2월 15일 선생은 육군 참령으로 진급해 시위 제1연대 제1대대장의 중임을 맡게 됐다.

광무황제 퇴위로 시작된 반일 무장투쟁

이 시기 일제는 1904년 2월 23일에는 대한제국 정부를 강박하여 "대한제국 내에서 군사적으로 필요한 긴급조치와 군사상 필요한 지점을 임의로 수용"할 수 있도록 하는 한일의정서를 체결하게 해 본격적인 한국 식민지화 정책을 감행했다.

같은 해 8월 22일에는 제1차 한일협약을 강제해 우리나라의 외교권과 재정권을 장악했고 마침내 1905년 11월 17일, 을사늑약을 체결하게 함으로써 한국을 사실상 식민지화했다. 광무황제는 헤이그에 특사를 보내 을사늑약의 부당성을 알리려고 했으나, 일제는 헤이그 특사 사건에 대한 책임을 물어 광무황제를 퇴위시키게 된다.

광무황제는 1907년 7월 19일 "군국(軍國)의 대사를 황태자로 하여금 대리하게 한다"는 양위조칙을 발표하기로 한다. 대한제국 황실의 근위부대인 시위대 지휘관들은 7월 19일 새벽을 기하여 경운궁으로 진주하여 광무황제를 호위함으로써 일제의 퇴위 공작을 무산시키려 했지만, 친일 군부대신 이병무가 일본군사령관 하세가와 요시미치(長谷川好道)에게 알리는 바람에 실패하고 말았다.

이날 오후 광무황제의 양위가 확정되자 시위대 장병들은 병영을 이탈하여 격렬하게 반대시위를 전개하던 일반 군중과 합세하여 종로의 순사파출소를 습격하고 일본군경을 공격하는 등, 반일 무장투쟁을 전개했다.

의병운동을 전국적으로 확산시킨 기폭제가 되다

광무황제의 퇴위 문제로 발생한 대한제국 군대의 반일적 동향과 시위대 장병들의 무장투쟁에 큰 위협을 느낀 일제는 한국을 완전 식민지화하기 위해 대한제국 군대를 해산하기로 한다. 7월 24일 정미7조약을 체결하게 하면서 대한제국 군대 해산하기 위한 비밀각서를 교환했다.

8월 1일 아침 7시 군부대신 이병무는 각 연대장과 대대장 및 기병, 포병, 공병대장 등을 일본군사령관 하세가와의 관저인 대관정으로 소집하라고 명령했다. 박승환 선생은 병을 핑계로 중대장인 김재흡을 대리 참석시켰는데 부대로 돌아온 김재흡 중대장의 보고를 통해 대한제국 군대의 해산 사실을 알게 됐다. 비통함을 이기지 못하여 대성통곡하고 '대한제국만세'를 외친 다음 차고 있던 권총으로 자결, 순국했다.

선생의 순국 사실을 들은 휘하의 시위 제1연대 제1대대 장병들은 일제히 대대장과 함께 죽을 것을 맹세하고 봉기하여 반일 무장투쟁을 개시했고 이에 호응한 다른 시위대의 병사들과 합세해 남대문 전투가 벌어졌다. 이후 상당수의 시위대 병사가 의병운동에 투신하게 된 직접적 계기가 되었을 뿐만 아니라 의병운동을 전국적인 국민운동으로 확산시킨 기폭제가 됐다.

■ 독립장 | 이만도(李晩燾)

일제 통치 부정하며 목숨 걸고 지켜간 선비의 길

핵심공적 명성황후 살해 후 의병을 일으켰으며 을사늑약 파기와 을사오적 처형을 요구하는 상소를 올렸고 경술국치에 항거해 단식 순국했다.

주요약력

- 1842년 1월 28일 경상북도 봉화 출생
- 1896년 예안에서 의병을 일으켜 선성의진을 구성
- 1905년 을사늑약 파기와 을사오적 처형을 요구하는 상소
- 1910년 한일합병에 항거해 단식
- 1910년 10월 10일 자정 순국
- 1962년 건국훈장 독립장

"내가 나라에 두터운 은혜를 받았는데도 을미년 변란에 죽지 못하고, 다시 을사년 5조약 체결에도 죽지 못하고 산에 들어가 구차하게 연명한 것에는 그래도 이유가 있었다. 지금 이미 아무것도 기대할 만한 것이 없어졌는데, 죽지 않고 무엇을 바라겠느냐?"

– 단식을 시작하며 적은 청구일기 중

퇴계 이황의 11세손으로 학식이 높았던 선비

이만도 선생은 1842년(헌종 8년)에 경상북도 봉화군에서 태어났다. 퇴계 이황의 11세손이며 대대로 높은 관직에 오른 사람이 많은 명문가의 자손이다. 일곱 살 때 일찍 세상을 떠난 막내 숙부의 양자가 됐고 친아버지가 과거에 급제하자 자신도 반드시 과거에 급제하겠다는 각오를 굳혔다.

안동댐으로 수몰되기 전 하계마을의 향산 이만도 고택

"벼슬하지 못하면 이 손가락을 펴지 않으리라"고 다짐하여 왼쪽 엄지손가락을 10년 동안 굽혔다가 급제 후에야 비로소 폈다고 했을

정도이니 얼마만큼 의지가 강한 사람인지 알 수 있다. 병인양요가 있던 1866년 정시 문과에서 장원 급제를 했고 성균관 전적을 시작으로 병조좌랑 · 사간원 정언 등의 주요 관직을 역임했다.

강화도조약이 맺어진 1876년, 선생은 최익현이 개항을 반대하여 올린 상소를 두둔하다가 파직되고 만다. 얼마 뒤 복직됐지만, 1882년 한미수호조약으로 나라가 혼란하자 관직을 그만두고 고향으로 내려갔다. 조정은 선생을 공조참의와 승정원 동부승지에 임명했으나 사양했다.

1884년 갑신정변이 일어나자, 벼슬길에 오르겠다는 생각을 아예 접고 고향에 백동서당을 지어 후학을 가르치며 학문에 몰두했다. 선생의 이름을 듣고 몰려온 사람들이 많아 백동서당에 다닌 선생의 제자가 209명이었다고 한다.

예안 선성의병 대장이 되다

1894년 갑오년 6월 21일 일본군이 경복궁을 점령해 개혁이란 이름 하에 친일내각을 세워 왕권을 농락한 갑오개혁이 터진다. 이어 일본은 한반도에서의 세력을 더욱 강화하기 위해 청일전쟁을 일으켜 나라 안은 혼돈의 도가니 속이었다.

7월 14일 이만도 선생은 서상철이 제천에서 보내온 편지를 받았다. 편지의 내용은 7월 25일에 안동부의 향교 명륜당에 모여 적의 무리를 토벌하려고 하니 날짜를 약속해 달라는 것이었다.

7월 20일에는 서상철이 직접 예안향교로 찾아와 선생에게 의병을 일으키자고 말했다. 하지만 선생은 왕의 공식 명령없이 군사를 모집하기를 망설였다. 서상철은 다른 사람과 안동에서 의병을 일으키고 일본군 병참부대가 있던 상주 함창의 태봉을 공격했다.

서상철이 한창 의병으로 활동하던 9월, 이만도 선생에게 소모관 이용호가 의병을 일으키라는 왕의 밀령을 가지고 왔다. 망설일 필요가 없어 의병을 일으키려 했지만, 이용호가 일본군에 붙잡혔고 서상철도 패하여 충청도 청풍으로 후퇴하는 바람에 뜻을 중단할 수밖에 없었다. 일월산 자락으로 은거한 선생에게 을미사변과 단발령 소식이 들려왔다. 안동과 예안 그리고 전국 각지에서 의병이 일어났다.

선성의진을 일으키고 을사오적 처형 요구 상소

이만도 선생은 곧 의병을 일으켰다. 동생 이만규도, 아들 이중업도 함께 나섰다. 1896년 1월 23일 선성의진이 결성됐다. 그동안 의병을 일으키지 못 했던 일을 자책했던 것인지 다른 의병에 비하면 매우 빠르게 준비를 완료했다.

하지만 선성의진을 구성하자마자 안동의진이 패했다는 소식에 큰 충격을 받았다. 대단한 규모를 가졌던 안동의진이 패했다는 소식은 선성의진 의병들에게 충격을 주었고 선생은 동요를 막으려 했지만, 의병들이 흩어져 결성 9일 만에 선성의진은 해체되고 말았다. 그 대신인지 집안 후손들이 의병을 일으켜 활동했다.

1905년 을사늑약의 소식을 듣고 이들을 시켜 이에 항거하는 상소를 올렸다. 왜적을 물리치기에 앞서 먼저 을사오적을 목 베라는 내용이었다. 지금의 화가 개항을 받아들인 탓도 있지만, 이완용 등의 을사오적이 일제와 내통했기 때문이라고 봤다.

동시에 선생은 외교권을 빼앗기고 통감부가 설치돼 앞으로 나라가 없어질 수 있다고 봤다. 지금까지 서양세력을 물리쳐야 한다고 했던 선생이 만국공법에 물어서라도 협박에서 나온 조약을 폐지해야 한다고 주장할 정도로 절박하게 호소했다.

일제 통치 부정하며 단식 끝에 순국하다

상소를 올린 뒤 이만도 선생은 영양 일월산 서북쪽 산촌으로 들어갔다. 남루한 옷으로 지내며 산나물로 연명하며 사람들을 만나지 않았다. 선생은 스스로 죄인이라 일컬었다. 아버지의 묘소가 있는 재산에 자주 머물며 그 앞에 엎드려 죄인으로서 근신 생활을 했다.

1910년 류필영이 깊은 골짜기에 있는 선생에게 나라가 망했다는 소식을 들고 왔다. 예견했던 일이지만, 막상 일어나게 되니 비참한 마음에 날마다 증조부 묘소 앞에서 통곡했다. 그때 죽기를 마음먹고 청구일기를 쓰기 시작했다. 선생은 단식 과정과 생각을 정리하며 9월 17일 음식을 끊었다.

골짜기에서 죽으려 했지만, 종손인 이강호가 자신의 집으로 모셔갔다. 이강호가 단식을 그만두라고 설득했으나 선생은 이를 거절했다. 가족들이 그를 찾아와 같이 단식을 하며 선생을 멈추고자 했으나 선생이 바로 자결하려고 하기에 다들 단식을 멈출 수밖에 없었다.

선생의 단식 소식이 전해져 종갓집을 가득 채울 정도로 사람들이 몰려왔다. 일본의 관료들도 선생을 설득했다. 단식 21일째인 10월 7일 선생은 정신이 혼미한 상태였다. 청구일기는 사람들이 이어 썼다. 일본인 경찰이 '강제로 음식을 먹야겠다'고 말한 순간 갑자기 선생이 큰소리로 호통 쳐 그 경찰을 쫓아냈다. 그로부터 3일 뒤인 10월 10일. 단식 24일째 되던 날 선생은 장렬하게 순국했다.

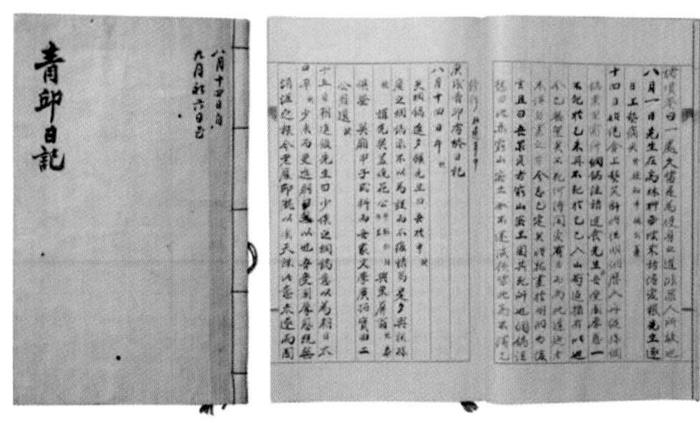

청구 일기 이만도의 단식 순국 과정이 일기식으로 기록되어 있다

■ 대통령장 | 양한묵(梁漢默)

민족대표 33인 가운데 유일한 옥중 순국자

핵심공적

3.1 운동을 진행하고 독립선언서에 서명한 민족대표 33인의 한 명

주요약력

- 1862년 4월 29일(음) 전라남도 해남 출생
- 1905년 '헌정연구회'를 조직해 친일세력에 대항
- 1909년 천도교총부 법도사, 1911년 직무도사 역임
- 1919년 3.1 운동 민족대표 33인으로 활약하다 체포
- 1919년 5월 26일 서대문 형무소에서 옥사, 순국
- 1962년 건국훈장 대통령장

반드시 되리라는 생각은 없어도 독립을 계획하는 것은 조선인의 의무라고 생각했다. 지금 강화회의에서도 민족자결이 제창됨으로써 일본정부의 원조로 자립할 것이라고 생각하여 금번의 독립항쟁을 한 것이고, 금후도 기회만 있다면 할 생각이다.

–경성지방법원 예심괘의 심문조서 중

다양한 종교에 관심이 많았던 향반의 자제

양한묵 선생은 1862년 음력 4월 29일 전라남도 해남에서 태어났다. 선생의 집안은 문과 급제자를 다수 배출한 양반 명문가였다. 그러나 선생의 12대조가 기묘사화에 연루되어 11대 조부터 벼슬길이 막히고 말아 가까운 조상이 벼슬길에 나간 사람은 없지만, 향반으로 대접받던 집안의 장남이었다.

조상들이 관개 수리사업을 벌여 부를 축적했고 아버지 대에는 집안에 상당한 숫자의 노비를 거느릴 수 있는 경제 수준을 유지하고 있었다. 지역사회 활동과 선행으로 주변 농민들로부터 존경을 받고 있어 1894년 동학농민운동 당시 양한묵 선생의 집안이 피해를 입지 않을 수 있었다.

선생은 일곱 살 때 어머니에게서 천자문을 배우고, 여덟 살 때는 양사재에 들어가 유학을 배웠다. 15살 때는 상서와 춘추 등 유가의 여러 서적을 섭렵하고 18세 때 불교, 선교, 천주교, 신교, 음양복술에 관한 서적을 닥치는 대로 읽었다.

이후 능주목(현 화순군)으로 이사해 학생을 교육하면서 생활했다. 시간이 나면 동쪽의 금강산, 서쪽의 구월산, 남쪽의 지리산, 북쪽의 묘향산 등의 명산대찰을 둘러보며 일본과 서구 열강의 침략으로 고통받는 백성의 실상을 목격하고, 나라를 구할 방책이 무엇인지 모색했다.

중국과 일본을 주유하다 동학에 입교하다

양한묵 선생은 전국을 돌아다니며 농민과 천민들이 정신 구원과 세상 개혁을 위해 동학에 입교하는 것을 목격했다. 1894년 동학농민운동이 일어났다. 이때 사형을 당할뻔한 무수한 동학농민군을 구출했다.

1897년 중국의 북경, 천진, 산동 등지를 돌고 1898년에는 일본으로 건너가 세계열강의 정치 · 경제 · 사회 · 문화를 알아보기 위해 일본으로 건너갔다. 일본에서 조희연, 권동진, 오세창 등과 만났고 이들의 소개로 선생은 동학의 교주 손병희를 만났다.

당시 손병희는 일본에서 동학 자제 24명을 교토 부립제1중학교에서 공부하게 하며 동학의 근대화를 추진하고 있었다. 양한묵은 손병희와 교류하며 손병희의 개화사상 형성에 적지 않은 영향을 주었고 1904년 동학에 입교했다.

이후 황무지개척권 양여요구 반대, 공진회 참가, 임헌군주정을 위한 헌정 연구 등의 독립항쟁과 손병희와 동학의 근대화를 위해 천도교 활동에 전념하던 선생은 이재명 등의 이완용 저격 미수 사건으로 체포된다. 일본 경찰은 이 일이 선생의 지시로 일어났다고 생각해서다. 증거불충분으로 석방되었으나 선생은 4개월의 옥고를 치러야만 했다.

천도교 교리서의 편찬과 근대화 활동

양한묵 선생은 손병희를 도와 동학을 천도교로 변경하고 천도교의 근대화운동을 추진함과 동시에 1905년 말 「천도교대헌」을 작성했다. 1906년 초에 귀국한 선생은 천도교의 교리를 정비하는 활동을 했다. 다양한 천도교 교리서를 편찬하며 사람과 한울과의 관계를 밝히고, 동학의 교리를 현대문명에 맞게 정리했다.

일본에 있던 시절 손병희 선생 등과 같이 촬영한 천도교 간부 사진

동시에 교리강습소 교육 장려로 천도교인의 근대화를 추진했다. 지방교구에 "종교가 흥왕하는 시대를 맞이해 교인의 정성과 면목이 진리에 몽매하면 교인자격에 큰 흠절이라. 학교를 설립하여 신리학과 인계학을 아울러 가르치라"는 명령을 내려 보냈다.

1908년에는 각 교구의 성화실 내에 야간교리강습소를 설치하여 운영하게 했으며 1909년에는 기존의 교리공부 외에 교육을 담당하는 법과를 신설했다. 교리강습소는 근대적인 지식과 민족의식을 고취시켜 3.1 운동 때 천도교인들이 투쟁적으로 독립만세운동을 전개한 배경이 됐다.

제1차 세계대전이 발발하자 전후에는 세계질서의 재편이 있으리라 예상하고 노령, 만주, 중국, 미주의 독립항쟁가들과 긴밀한 연락을 취하고 조선총독부의 천도교인 회유공작에 맞서 손병희와 힘을 합하여 한국의 문화와 윤리를 지키기 위하여 노력했다.

독립만세운동의 전개와 순국

2월 20일 권동진으로부터 "지금 파리강화회의에서 민족자결주의 원칙에 의하여 종래 속국으로 있었던 나라들을 독립 · 자치케 한다는 소식이 있으니, 국권 회복을 희망하는 한국인도 민족자결의 원칙에 따라 독립선언을 할 것"이라는 이야기를 들었다.

선생은 보성전문학교 교장 윤익선과 전라남도 화순에 사람을 파견하여 독립만세운동 계획을 알렸다. 2월 27일 손병희, 이종일, 이종훈 등과 함께 독립선언서에 서명했고 3월 1일 오후 2시 태화관에서 개최된 독립선언식에 참여하였다. 선생은 그곳에 참석한 민족대표들과 함께 독립만세를 외쳤고 독립선언 직후 출동한 일경에 체포되어 서대문감옥에 수감됐다.

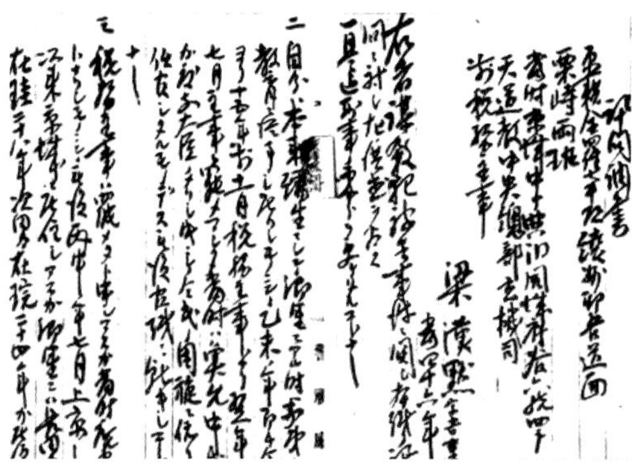

양한묵 선생의 심문조서

梁漢默氏返葬
금일오후위령식
독대표 삼십삼인의 한사람
소선독립 선언서에 서명날
삭년삼월에 피착하얏다가
떠름서대문 감옥에서 인하
강을떠난 텬도교도사 량하
漢默 씨의유해는기간수뎌
◇고텬도교도사 량한묵씨

鐵甲)의공동묘디에 권령하
마금번에 텬도교회의 진력
화순군도곡면(和順郡道谷
전영에 안장하게되얏는데
날오후한시 수텰리 공동묘
거위령식(慰靈式)을거행하
날오후 베시남대문역을
거화순군으로 향하리라더

양한묵 선생 유해 반장 보도 기사

양한묵 선생은 심문과정에서 "이번 거사로 독립되지 않을 수도 있으나 독립을 계획하는 것은 한국인의 의무이며 기회만 있으면 독립항쟁을 전개할 것"이라고 말했다. "독립 후 어떤 권력이나 지위를 획득하려는 야망도 없고 단지 한국인이므로 독립항쟁에 참여한 것이며 독립 후에는 전과 같이 천도교의 포교활동에 전념할 것"이라고도 이야기했다.

이러한 양한묵 선생의 당당한 답변은 더욱 가혹한 일경의 고문을 불러왔으리라 짐작된다. 그러나 56세의 노인이 고문을 감당하기는 무리였다. 선생은 1919년 5월 26일 서대문감옥에서 길지 않은 인생을 마감하고 환원하였다. 민족대표 33인 가운데 유일한 옥중순국이었다.

■ 독립장 | 유관순(柳寬順)

18살 꽃다운 나이로 순국한 3.1 만세항쟁의 선구자

핵심공적

3.1만세 항쟁에 참여하고 아우내 장터에서 만세 운동을 추진했다. 감옥 안에서도 지속적인 만세 투쟁을 벌였다.

주요약력

- 1902년 11월 17일(음력) 충청남도 천안 출생
- 1919년 이화학당 학생으로 서울의 만세시위 참여, 아우내장터의 만세 운동을 주도
- 1920년 옥중에서 3.1 운동 1주년 만세 항쟁
- 1920년 9월 28일 서대문형무소에서 옥중 순국
- 1962년 건국훈장 독립장

살아서 독립기 하에 활발한 신국민이 되어 보고 죽어서 구천지하에 이러한 여러 선생을 좇아 수괴함이 없이 즐겁게 모시는 것이 우리의 제일 의무가 아닌가. 간장에서 솟는 눈물과 충곡에서 나오는 단심으로써 우리 사랑하는 대한 동포에게 엎드려 고하노니 동포! 동포여! 때는 두 번 이르지 아니하고 일은 지나면 못하나니 속히 분발할지어다.

–3.1 운동 시기 발표된 대한독립여자선언서 중에서

계몽운동가였던 아버지 밑에서 키운 민족정신

유관순 열사는 1902년 11월 17일(음력) 충청남도 천안에서 5남매 가운데 둘째 딸로 태어났다. 열사의 부친은 일찍이 기독교 감리교에 입교한 개화 인사로 조선말에 가산을 털어 흥호학교를 세워 민족 교육 운동을 전개해 실력양성으로 국권 회복을 달성하려 했던 민족주의자다.

유관순 열사의 숙부를 비롯한 지령지 동리민이 일찍이 기독교 감리회로 개종하여 교육구국운동, 국채보상운동에 활발하게 참여하였다. 열사 또한 어려서부터 감리교에 입교하고 신교육의 분위기에서 자라났다.

유관순 열사는 감리교 여선교사 제이 햄몬드 샤프 여사의 주선으로 1915년 경 이화학당의 보통과에 교비생(장학생)으로 입학하여 1918년 봄 고등과로 진학하였다. 프라이 교장의 보살핌 속에 선진 학문을 공부

할 수 있었고, 또 먼저 입학한 사촌 언니 유예도의 주선으로 금세 선·후배들과 친해질 수 있었다.

1918년 1월 8일 제1차 세계대전이 막바지에 이른 연합국 측을 대표한 미국 대통령 윌슨이 전후 처리 지침으로서 민족자결주의 원칙을 천명했다. 그해 11월 11일 제1차 세계대전이 공식적으로 종전되고, 다음 해 1월부터 파리에서 강화회의가 개최된다는 소식이 전해지자 독립을 염원하는 사람들은 이 기회를 그냥 넘길 수 없다고 생각했다.

유관순 열사의 이화학당 시절, 뒷줄 오른쪽 제일 끝

3월 1일에 울려 퍼진 대한독립만세

중국 상해에서는 신한청년당, 일본 동경에서는 조선유학생학우회를 중심으로 국내외 동포들은 한국 민족이 대동단결하여 민족독립을 요구하면 민족자결주의 원칙이 우리에게도 적용될 수 있다고 하는 기대감 속에서 거족적인 독립운동을 계획하고 추진했다.

국내에서도 거족적인 독립운동이 전개돼 천도교, 기독교, 불교, 학생이 참여한 민족대연합전선이 구축됐다. 민족대표들은 같은 행동을 취하고 일제에 체포되더라도 그동안의 경과를 정정당당히 밝힐 것 등을 결의했다.

유관순 열사는 3.1 운동 추진 계획을 이화학당 내의 비밀결사인 이문회 선배들을 통해 듣고 있었다. 그래서 열사는 3.1 운동이 일어나기 전날 동기들과 시위 결사대를 조직, 만세시위에 참가하기로 맹세했다. 드디어 3월 1일 탑골공원을 나온 만세 시위대가 학교 앞을 지나자 프라이 교장의 만류를 뿌리치고 뒷담을 넘어 시위운동에 동참했다.

일제는 학생들이 3.1 운동에 대거 참여하고 학교가 만세 시위운동의 추진 기지가 되자 3월 10일 중등학교 이상의 학교에 대한 임시휴교령을 내렸다. 학교가 문을 닫자 열사는 고향에서 만세 시위운동을 실행하기로 마음먹고 집으로 돌아간다.

아우내 장터에서 울려 퍼진 대한독립만세

집에 온 유관순 열사는 동네 어른들을 찾아다니며 서울의 3.1 운동 소식을 전하고 만세 시위운동의 필요성을 설득했다. 부친의 주선으로 조인원과 이백하 등 20여 명의 동네 유지들과 상의해 4월 1일(음력 3월 1일) 아우내 장날 정오에 만세 시위운동을 전개하기로 결정하고 거사 당일에 사람들에게 나누어줄 태극기를 직접 만드는 등 만반의 준비를 했다.

아우내 장날, 열사는 장터 어귀에서 밤새 만든 태극기를 나누어 주면서 만세 시위운동에 참여하러 모여드는 사람들에게 용기를 북돋아 주었다. 정오가 되자 장터 한가운데서의 연설을 해 사람들의 애국심을 불태우고 이어 독립선언식을 거행했다.

열사를 필두로 3천여 명의 군중들은 '대한독립'이라고 쓴 큰 기를 앞세우고 태극기를 흔들며 만세 시위운동을 전개했다. 시위 대열이 아우내 장터 곳곳을 누비자 헌병들이 달려와 총검을 휘두르며 만세 시위운동을 탄압하기 시작하여, 이 때 열사의 부친과 모친이 일본 헌병들에게 살해당하고 말았다. 이에 열사의 숙부인 유중무와 함께 조인원, 조병호 부자, 김용이 등의 사람들이 열사의 부친 시신을 둘러메고 병천 헌병주재소에 몰려가 항의 시위를 계속했다.

감옥에서도 꺾지 못했던 대한독립에 대한 의지

시위 군중들은 헌병들이 강탈했던 태극기를 도로 빼앗아 항의했는데 이에 헌병들은 재차 무차별 총격을 가하여 시위 군중들을 해산시켰다. 그 후 유관순 열사와 유중무, 조인원, 조병호 부자 등 시위 주동자들을 체포해 천안헌병대로 압송했다.

유관순 열사의 수감기록

열사는 천안헌병대에서 갖은 고문을 받으면서도 처음부터 끝까지 자신이 시위 주동자라고 말하면서 죄 없는 다른 사람들을 석방하라고 호통치기까지 했다. 공주감옥으로 이송된 열사는 공주 영명학교에서 만세 시위운동을 주도하다가 잡혀 온 오빠 유관옥을 만나게 된다.

법정에선 열사는 기개를 잃지 않고 "나는 한국 사람이다. 너희는 우리 땅에 와서 우리 동포들을 수없이 죽이고 나의 아버지와 어머니를 죽였으니 죄를 지은 자는 바로 너희다"라고 호통치며 일제의 재판을 거부했다. 유관순 열사는 공주재판소에서 5년 형을 받고 항소하여 서울복심법원에서 3년형으로 감형되었다.

유관순 열사는 감옥 안에서의 온갖 탄압과 고문에도 굴하지 않고 아침저녁으로 만세를 불렀다. 3.1 운동 1주년을 맞이해서 수감 중인 동지들과 함께 대대적인 옥중 만세운동을 벌이기도 했다. 서대문감옥 지하 감방에서 무자비한 고문을 당한 끝에 결국 1920년 9월 28일, 18살의 꽃다운 나이로 순국하고 말았다.

■ 대한민국장 | 안창호(安昌浩)

진정한 조국 광복 위해 자신을 모두 희생한 실천가

핵심공적 초기 상해 임시정부를 반석 위에 올려놓으며 독립항쟁세력의 통합과 통일을 위해 노력

주요약력
- 1878년 11월 9일 평안남도 강서 출생
- 1905년 공립협회 설립 계몽운동
- 1907년 신민회 설립 국권회복운동
- 1919년 임시정부 내무총장 겸 국무총리 대리
- 1923년 국민대표회의 부의장
- 1930년 한국독립당 창당
- 1938년 3월 10일 (59세) 옥중 순국
- 1962년 건국훈장 대한민국장

이처럼 자기 민족사회가 어떠한 위난과 비운에 처하였든지 자기의 동족이 어떻게 못나고 잘못하든지 자기 민족을 위하여 하던 일을 몇 번 실패하든지, 그 민족사회의 일을 분초에라도 버리지 아니하고 또는 자기 자신의 능력이 충분하든지 부족하든지, 다만 자기의 지성으로 자기 민족사회의 처지와 경우를 의지하여 그 민족을 건지어 낼 구체적 방법과 계획을 세우고 그 방침과 계획대로 자기의 몸이 죽는 데까지 노력하는 자가 그 민족사회의 책임을 중히 알고 일하는 주인이외다.

– 동아일보 1925년 1월 25일자, 선생의 글 「주인(主人)인가 여인(旅人)인가」 중에서

교육자로서 좀 더 배우고자 미국 유학길에 오르다

도산 안창호 선생은 1878년 11월 9일 평안남도 강서군 초리면 칠리에서 태어났다. 8살에 부친이 별세하는 바람에 할아버지 슬하에서 교육받았다. 1894년 16세의 청년 도산은 평양에서 벌어지는 청일전쟁을 목격하며 큰 충격을 받았다.

청일전쟁을 피해 서울로 간 안창호 선생은 서울 정동거리에서 무료로 공부를 가르쳐준다는 선교사 밀러를 만나 밀러학당에 입학하게 되었다. 밀러학당에서 공부를 한 3년은 그의 세계관을 크게 넓혀 주었다. 밀러학당 졸업 후 독립협회 민권운동에 참여한 안창호 선생은

평양의 쾌재정에서 열린 만민공동회에서 무능한 관료들을 비판한 연설로 주목받았고 이후 가는 곳마다 많은 청중에게 감동을 줬다.

독립협회가 정부의 탄압으로 해체되자 고향으로 돌아와 점진학교와 교회를 설립해 교육과 전도활동에 전념했다. 하지만 교육자의 자질에 부족함을 느껴 본격적인 교육학을 배우고자 미국 유학을 결심했다.

한인 사회의 지도자 도산 안창호

샌프란시스코에서 공부를 시작한 안창호 선생이 본 것은 구심점 없이 흩어져 있는 동포들이었다. 타국에서 천시받지 않고 권익을 보호받기 위해서는 한인 모임이 필요하다고 생각해 '샌프란시스코 한인친목회'를 만들었다.

공립협회

1910년대 로스앤젤레스에서의 안창호 선생

1904년에 리버사이드로 이주한 안창호 선생은 궂은일도 마다하지 않고 솔선수범해 그 지역 한인들의 믿음을 얻어 한인공동체의 지도자가 됐다. '오렌지 한 개를 따더라도 정성껏 따는 것이 나라를 위하는 일'임을 모두와 공유하자 지역의 미국인들로부터도 신용을 얻었고 교민들은 리버사이드 한인공동체를 '도산의 공화국'이라 불렀다.

한인사회가 자리 잡아 가면서 자신감을 얻은 안창호 선생은 조국 광복을 목표로 공립협회를 창립했다. 하지만 을사조약으로 외교권을 잃은 대한제국이 재외동포를 보호하지 못하고, 양반집권층이 국권을 지킬 의지도 없자 국민을 새롭게 하여 국민의 힘으로 공화국을 건설하고자 리버사이드에서 대한인신민회를 결성했다. 안창호 선생은 신민회 설립 취지서를 안고 1907년 2월 20일에 국내로 귀국하자마자 신민회 조직 결성을 위해 동분서주했다.

전세계 한인네트워크로 일본정부에 대항하고자 했으나

귀국한 안창호 선생은 서북학회 활동과 함께 평양 대성학교와 태극서관, 마산동 도자기회사 등을 설립하고 가옥 개량, 모범농장 건설, 여성교육의 필요성 제창, 국가(國歌) 보급운동 등 다양한 국민운동과 비밀결사인 신민회를 통해 국권회복을 위한 준비를 해갔다.

하지만 일제는 광무황제를 퇴위시키고 식민통치를 본격화하기 시작했고 이토 히로부미는 안창호 선생에게 내각 구성을 제안했지만 이를 거절했다. 안창호 선생은 국내에서 국권회복운동은 불가능하다고 판단해 본격적인 항일투쟁 준비를 시작했다.

다시 미국으로 간 안창호 선생은 재미한인들을 일본인으로 취급하려는 일본 정부에 대항하고 멕시코와 쿠바, 필리핀까지 지방회 조직을 둔 세계 한인네트워크를 구축했다. 하지만 1차 대전 발발로 전세계 한인네트워크 구축이 어렵게 됐다. 제1차 세계대전 종결 후 선생은 외교활동과 독립전쟁 준비를 위해 상해에 있는 대한민국임시정부로 떠났고 6월 28일 대한민국임시정부의 내무총장 겸 국무총리 서리로 취임했다.

독립세력 통합으로 기반을 쌓다

당시는 임시정부가 3곳이 있었으며 독립군 조직들도 흩어져 있는 상태였다. 안창호 선생은 정통성을 가진 민족정권을 수립하고 통일된 독립항쟁을 수행하고자 3개의 임시정부 통합을 추진했다.

하지만 조건들이 다른 다양한 독립항쟁세력을 모두 만족시킬 수 없었다. 그런 상황에서도 좌절하지 않고 독립세력의 수평적 연대인 대독립당 건설과 독립항쟁의 기지이자 정신적 문화적 구심점이 될 이상촌 건설을 추진해갔다.

대한민국 임시정부

극우 · 극좌 모두에게 비판을 받았던 그였지만 1927년 만주 각지를 돌며 대동단결을 호소하는 불굴의 의지로 결국 상해 · 광동 · 무한 · 남경 등지에 한국독립당촉성회가 결성됐다. 안창호 선생은 민족평등 · 정치평등 · 경제평등 · 교육평등을 제시하고 민족 간 신뢰와 사랑에 바탕을 둔 민족우선의 통일주의를 주창하여 좌 · 우 양쪽의 공격에 아랑곳하지 않고 민주주의적 민족국가 수립을 추진했다.

윤봉길 의사의 의거 후 민단장이라 오인받아 국내로 잡혀와 2년 6개월의 옥고를 치루고, 일제가 조작한 동우회 사건으로 다시 수감됐다. 오랜 감옥생활로 결국 결핵을 얻어 1938년 3월 10일, 만 59년 4개월의 일기로 서거했다.

도산 안창호 선생의 업적을 기념하기 위해 2001년 8월 11일 리버사이드 시청 앞에 건립한 동상

■ 대통령장 | 신채호(申采浩)

역사는 아(我)와 비아(非我)의 투쟁 진정한 민족주의자

핵심공적 언론가, 사학자, 독립항쟁가로 활동하며 민족사관을 수립하고 한국 근대사학의 기초를 확립하는 동시에 일제에 대한 무장투쟁을 추진했다.

주요약력

- 1880년 11월 7일 충청남도 대덕 출생
- 1907년 신민회 가입
- 1911년 권업회 조직, 권업신문 주필
- 1919년 상해 임시정부 수립에 참가
- 1923년 의열단의 조선혁명선언 작성
- 1936년 2월 21일 10년 형을 받고 여순감옥에서 옥중 순국
- 1962년 건국훈장 대통령장

한(韓)나라 생각/ 나는 네 사랑 너는 내 사랑/ 두 사람 사이 칼로 썩 베면/ 고우나 고운 핏덩이가/ 줄 줄 줄 흘러 내려오리니/ 한 주먹 덥썩 그 피를 쥐어/ 한(韓)나라 땅에 골고루 뿌리리/떨어지는 곳마다 꽃이 피어서 봄맞이 하리

–1910년 압록강을 건널 때 선생이 읊은 시

성균관 시절 개화자강과 민족운동에 관심 가져

신채호 선생은 충청남도 대덕의 도림마을에서 태어났다. 정언(定言)을 지낸 조부 신성우가 운영하던 사숙에서 한학을 교육받아 10살 때 행시를 짓고 12살 때 사서삼경을 독파하여 신동 소리를 들었다. 18살 때 조부의 소개로 유학자이며 학부대신이었던 양원 신기선의 사저를 출입하면서 소장된 신 · 구 서적을 읽으며 새로운 학문을 깨우쳤다. 신기선은 동도서기적 개화사상을 가진 정치가로 신채호 선생은 이곳에서 개화에 대한 인식변화를 가지게 된 것으로 보인다.

신채호 선생과 부인 박자혜 선생 결혼기념사진

19살인 1898년 가을, 신기선의 추천으로 성균관에 입학한 선생은 그곳에서 백암 박은식이 주도한 진보적 유학경향을 접하며 기존 유학의 한계를 깨닫고 봉건유생의 틀에서 벗어나 점차 민족주의적

세계관을 갖게 된다.

당시 서울에선 독립협회의 자주 · 민권 · 자강운동이 본격적으로 전개됐는데 신채호 선생은 독립협회와 만민공동회의 문서부 간부로 활동했다. 그해 12월 25일, 독립협회와 만민공동회가 강제 해산되자 청원군에 있는 문동학원의 강사로 부임, 신교육을 통한 계몽운동을 시작했다.

언론계에서 활동하며 한민족 입장에서 역사를 저술하다

선생은 1905년 26세에 성균관 박사가 되었으나 관직에 나아갈 뜻을 버리고 얼마 후 위암 장지연의 초빙으로 황성신문에 논설기자로 입사했다. 그러나 이해 11월 을사늑약으로 황성신문의 사장인 장지연이 '시일야방성대곡'을 빌미로 황성신문은 무기정간 처분을 받았다.

1906년에는 '대한매일신보'의 논설진에 참가한다. 당시 '대한매일신보'의 공식적인 사주는 영국인 베델이었으므로 일제 통감부의 보안규칙이나 신문지법에 저촉을 받지 않아 자유롭게 글을 쓸 수 있었다. 얼마 후 이 신문의 주필이 됐으며 '독사신론', '이순신전', '최도통전' 등의 역사물을 연재했다.

당시 문화계에는 존화사관에 젖은 중세유교사학이 일반적 경향이었다. 또 일본 사학자들은 근대사학이란 이름으로 일본제국주의의 한국침략을 정당화하기 위해 조선이 고대 이래 중국과 일본에 복속했으며 가야에 임나일본부를 설치했다는 이야기를 지어냈다.

신채호 선생은 민족주의적 역사를 저술해 온 국민에게 읽히는 일이 가장 시급하고 중요함을 깨달았다. '독사신론'에서 격렬한 필치로 존화주의에 젖은 중세사학과 일제의 거짓학설을 비판하면서 민족주의에 입각한 자주적이며 실증적인 한국고대사 재구성에 노력했다.

망명길에 올라 독립항쟁에 힘쓰고

1910년 신민회 간부들은 국외에서 독립전쟁을 전개하기로 했다. 신채호 선생은 동료와 함께 망명길에 올랐고 1911년 12월에 블라디보스톡에서 권업회의 기관지 '권업신문'이 창간되자 신문의 주필로 취임했다.

1913년에는 박은식, 문일평 등과 함께 빅달학원을 세워 중국에 있는 한국 청년들의 민족교육에 심혈을 기울이고 만주 일대의 고구려와 발해의 유적을 답사하면서 민족사학의 실증적 토대를 더욱 발전시키는 계기를 갖게 됐다. 1918년경부터 북경대학 이석증 교수의 주선으로 보타암에 자리를 잡고 한국사 연구를 계속했는데 이석증 교수와 동 대학 채원배 총장은 중국 무정부주의 초창자들이다. 이때부터 선생은 무정부주의에 대한

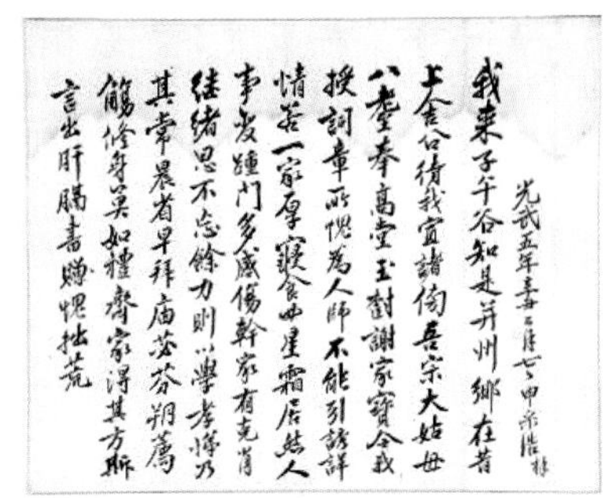

이관구에게 보낸 신채호 선생의 편지

사상적 기반을 갖게 된 것으로 보인다.

1919년 대한민국 임시정부 수립을 위한 회의에 참가했다. 제2회 회의 때는 의정원 의원으로 선출됐고 제5회 회의에서는 전원위원회 위원장과 충청도 위원에 선출됐다. 1919년 9월 이승만 박사가 임시정부 대통령으로 선출되자 그가 미국에 한국에 대한 위임통치청원서를 제출한 일로 임시정부와 결별을 선언하고 반 임시정부 노선을 취했다.

언론활동과 동시에 무장 투쟁의 길로

1919년 10월 상해에서 '신대한지'를 발행해 무장투쟁노선을 지지하는 언론활동을 했으며 1920년 4월 북경에서 제2회보합단을 조직했다. 1920년 9월에는 군사통일촉성회를 조직해 분산된 독립군 부대들의 지휘계통과 독립항쟁노선의 무장투쟁 노선의 통일을 추구했다.

1923년 1년 신채호 선생은 의열단의 독립항쟁이념과 방략을 이론화한 선언서인 '조선혁명선언'을 썼다. 조선혁명선언은 일제 요인 제거와 기관을 파괴한 의열단원들이 휴대하는 필수품 중 하나였으며, 국내, 중국, 일본 등 각지에 널리 뿌려졌다.

1923년 1월에 상해에서 국민대표회의가 개최되자, 선생은 창조파에 가담하여 상해임시정부를 해체하고 새로운 임시정부의 수립을 주장했다. 국민대표회의가 실패로 끝나자 크게 실망해 칩거하면서 국사연구에 열중했다.

신채호 선생의 옥중 모습

신채호 선생은 이후 점차 무정부주의 독립항쟁에 관심을 갖고 1926년 재중국조선무정부주의자연맹에 가입해 활동했다. 1928년 4월에는 그 스스로 무정부주의동방연맹 북경회의를 개최했다. 이 회의 결의에 따라 직접 행동에 나섰으나 1928년 5월 8일 그 연루자로 일경에 잡혀 10년 형을 받았다. 신채호 선생은 여순감옥에서 1936년 2월 21일 순국했다.

충청도 회덕현 산내면 생가 근처에 세워진 신채호 선생 동상

■ 독립장 | 최재형(崔在亨)

몸소 쌓은 부 아낌없이 독립을 위해 헌신한 사업가

핵심공적 러시아 연해주로 이주하여 경제적 성공을 이룬 뒤, 이를 바탕으로 의병부대에 군자금을 제공, 「대동공보」 발행, 상해 임시정부의 초대 재무총장으로 선출되는 등 항일투쟁을 전개했다.

주요약력

- 1860년 8월 15일 함경북도 경원 출생
- 1908년 동의회 조직 의병운동 지원
- 1909년 안중근과 단지동맹 결성
- 1911년 권업회 창설 독립항쟁전개
- 1919년 상해 임시정부 재무총장 선임
- 1920년 4월 5일 일본 헌병대에 의해 피살, 순국
- 1962년 건국훈장 독립장

선생은 용의과감(勇毅果敢)의 인(人)이며 기(己)를 희생하야 동족을 구제하랴는 애국적 의협적 열혈이 충일하는 인격자요 겸하야 성(誠)으로써 인(人)과 사(事)를 접(接)하야 민중의 신뢰와 존경을 박(博)하던 이라.

– 독립신문에 실린 선생에 대한 추모 기사

러시아로의 이주와 인연으로 거둔 자수성가의 기회

선생은 1860년 8월 15일 함경북도 경원에서 둘째 아들로 태어났다. 선생의 부친 최흥백은 가난한 소작인이었고 어머니는 기생이었다. 흉년이 심하게 들었던 1869년 가을, 부친 최흥백은 선생을 데리고 러시아로 들어가 지신허라는 한인마을에 정착했다.

지신허 마을로 이주한 2년 후인 1871년, 11살의 어린 선생은 가출을 감행한다. 같이 가출했던 2명의 친구는 두려움으로 도중에 돌아가 버리고 혼자 남은 선생은 굶주림과 피로로 탈진해 쓰러진다.

선생을 구조한 사람은 러시아 상선 선원들이었다. 상선의 선장과 부인은 선생을 정성껏 보살펴 주었고, 선원으로서 심부름하며 일할 수 있게 허락했다. 선장 부부는 대부와 대모가 되어 선생이 러시아정교회식의 세례를 받을 수 있게 해주었다. 이후 러시아 사료에서 선생은 표트르 세묘노비치 최라는 이름으로만 기록된다.

가출은 어린 선생에게 엄청난 행운이 됐다. 선장의 부인은 다양한 분야의 지식을 가르쳐 줬고

1878년에는 선장이 자신의 친구가 경영하는 상사에 소개해 줬다. 선생은 상법을 공부하고 러시아어를 습득하며 러시아의 상인으로 자라났다.

러시아 한인 사회를 위해 노력한 사업가

선생은 가출 10년 만에 가족들을 찾았다. 부친은 아직도 농사를 짓고 있었다. 선생은 그동안 모은 돈으로 말, 젖소, 닭 등을 사고 새로 집을 지었다. 몇 년 후 러시아 정부는 블라디보스토크에서 두만강 하구에 있는 크라스노예셀로에 이르는 군용 도로를 건설한다. 당시 연해주에서 러시아어와 조선어를 동시에 쓸 수 있었던 선생에게 도로를 개축하도록 했다.

1910년대 블라디보스토크에서 형(왼쪽), 조카(가운데)와 기념사진을 찍은 최재형 선생

선생은 러시아 관리와 한인 간에 중재자 역할을 했는데 한인의 입장을 잘 대변해 줘서 한인 사이에서 선생의 인기는 대단했다. 러시아 관리들도 그를 신뢰해 러시아 정부는 도로 건설의 공로로 은급 훈장을 수여한다.

1890년대에 들어와 러시아 정부는 1884년 이전에 이주해온 한인들에게는 러시아국적을 부여하고 도헌, 사헌제를 도입해 자치제를 허용했다. 1893년 선생은 러시아 이주 한인으로는 최초로 우리의 면장 또는 읍장에 해당하는 도헌에 선임됐다. 연추도헌으로서 선생이 중점을 두었던 사업은 한인자녀들을 위한 교육이었다. 선생은 연추에 정교학교인 니콜라예프스코예 소학교를 세웠는데 한인마을에 세워진 대표적인 러시아식 한인학교였다. 선생의 지원으로 많은 교사와 장교들을 배출한 이 학교는 1899년 연해주 내 최우수 러시아소학교라는 평가를 받았다.

떠나온 조국의 독립을 위해 헌신하다

러시아 사회에서 큰 성공을 거둔 선생은 떠나온 조국의 운명이 기울어지는 것을 안타까워했다. 러일전쟁이 끝난 후 선생은 일본 동경으로 건너갔다. 일본의 한반도정책을 직접 파악하기 위해서였다. 6개월 만에 연추로 돌아온 선생은 곧바로 의병조직에 나섰다.

선생은 이범윤과 노보키예프스크에 의병본부를 설치했다. 안중근, 김기룡, 이범진 등과 함께 항일조직인 동의회를 조직하고 총장에 선임됐다. 선생은 동의회의 군자금으로 1만3천 루블이란 거금을 쾌척했다.

동의회 소속 의병부대는 1908년 7월 초부터 9월에 걸쳐 함경도 국경지대로 진출하여 일본군 수비대와 격전을 벌였지만, 일본군의 우세한 화력과 수적인 열세로 퇴각할 수밖에 없었다. 의병운동은 1908년 가을 이후 퇴조기로 들어가게 된다. 선생 역시 표면상으로는 의병운동과 일정한 거리를 두게 된다.

선생은 1909년 1월 31일 고본주 총회에서 1908년 11월에 창간된 대동공보의 사장으로 취임한다. 1910년 12월 선생은 이종호와 함께 연추에 비밀로 조직된 국민회를 설립하고 회장에 취임하였고, 자신의 주택을 본부 사무실로 제공하여 안중근 의사의 거사를 지원했다.

최재형 선생이 운영한 대동공보

최재형 선생을 제거하기 위한 일제의 끊임없는 음모

최재형 선생이 1919년부터 1920년 4월 일본헌병대에 의해 학살되기 전까지 거주하였던 곳

1911년 초 일제는 최재형 선생을 제거하기 위해 일제의 첩자라는 날조된 문서를 만든다. 러시아 당국의 조사를 받았지만 헌병대장과 경찰서장 등이 그가 애국자라는 것을 증언해 석방될 수 있었다. 당시 일제는 추방될 선생을 태워갈 배를 블라디보스토크에 대기시켰다고 한다.

제1차 세계대전이 발발하면서 러시아와 일본은 밀접한 동맹국 관계로 발전한다. 일본외무상 모토노 타로는 러시아 정부에게 한인 지도자들을 일본당국에 넘겨주거나 시베리아 오지로 추방할 것을 요구했고 선생은 러시아당국에 체포되는 수난을 당한다. 다행히 선생은 니콜스크-우수리스크에서 영향력을 갖고 있던 첫째 사위 김야곱 안드레예치의 주선으로 석방됐다.

1920년 4월, 일본군은 러시아혁명세력을 무력화시키키 위하여 블라디보스토크, 니콜스크-우수리스크, 하바로브스크, 스파스크, 포셋트 등지의 러시아혁명세력과 한인들을 습격한다. 4월 참변으로 불리고 있는 이 사건으로 1천여 명의 사람들이 살해되고 고문당했다.

4월 4일 부인과 딸들은 일본군의 보복을 걱정하며 선생에게 도피하라고 권했다. 최재형 선생은 자기가 숨으면 가족과 마을 사람들이 다칠까 염려해 거절했다. 결국 다음 날 아침, 선생은 일본군에 잡혀 김이직, 엄주필, 황카피톤 등 3명의 인사과 함께 재판 없이 총살됐다.

■ 대한민국장 | 이 준(李儁)

전 세계에 일제 만행 알리며 순국한 헤이그 특사

이상설, 이위종과 함께 네덜란드 헤이그의 만국평화회의의 특사로 파견되어 일제의 부당한 침략을 규탄

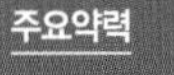

- 1859년 1월 21일 함경남도 북청 출생
- 1896년 독립협회 평의원
- 1904년 공진회 회장
- 1906년 비밀결사 신민회조직
- 1907년 7월 14일 헤이그에서 분사(憤死), 순국
- 1962년 건국훈장 대한민국장

"평화회의에 특사를 파견하여, 을사조약이 황제의 의사에 의하여 이루어진 것이 아니라 일제의 협박으로 강제로 체결된 조약이므로 무효라는 것을 세계만방에 알리고, 대한제국 독립에 관한 열국의 지원을 요청해야 합니다." 광무황제는 이준 열사의 건의에 동감해 그를 헤이그 특사로 파견했다.

일찍이 최익현 선생으로부터 재사로 인정받은 인재

1859년 1월 21일 함경남도 북청군 속후면 용전리에서 장남으로 태어났다. 이준 열사가 세 살이 되던 해인 1861년에 부모님이 돌아가시는 바람에 당시의 대학자이던 할아버지에게서 한학을 배우며 성장했다. 1875년에 서울로 올라와 형조판서인 김병시, 최익현 선생 등으로부터 재능이 뛰어나다며 큰 찬사를 받았다.

1884년 함경도시에 장원급제하고 1894년에는 함흥의 순릉참봉이 되었으나 갑오경장으로 개화당 내각이 수립되자 사직하고 서울로 돌아왔다. 1895년에 처음으로 설립된 법관양성소 소식을 듣고는 바로 입학하여 우수한 성적으로 졸업해 한성재판소 검사보로 법관생활을 시작했다. 하지만 대관 중신들의 비리를 들추어내기 시작하자 탐관오리들은 그를 중상모략하기 시작해 법관 생활을 시작한 지 얼마 되지 않아 그만둘 수밖에 없었다.

제국주의의 위협이 지척에 달했는데 자신의 영달에만 신경을 쓰는 탐관오리들을 보고 실망한 이준 의사는 독립을 위한 활동을 결심했다. 독립신문과 독립문 건설에 참여하고 만민공동회에서 한 연설로 투옥됐고 그 후 비밀결사인 개혁당을 조직해 활동을 시작했다.

공진회 회장으로서 매국단체인 일진회에 대항하다 유배되다

일제가 러일전쟁 승리로 제1차 한일의정서를 강제로 체결하고 내정간섭을 시작으로 침략을 자행하자 반대 상소와 시위운동을 전개하는 데 주동적인 역할을 했다. 그의 절절한 웅변은 안창호, 이상재 선생 등과 함께 사람들의 마음을 절절히 울렸다.

일제의 경제 침탈을 막던 보안회가 일제에 의해 강제 해산당하고 후속단체 성격을 가진 대한협동회가 설립됐는데 이준 열사가 부회장을 맡아 일제의 황무지개척권을 무산시키는 공을 세운다.

일제가 송병준 등의 매국파를 중심으로 일진회를 조직해 매국활동을 시작하자, 이준 열사는 이에 대항하기 위해 공진회를 조직했다. 이 조직을 중심으로 반일진회 활동을 시작해 일제에게 요주의 인물로 찍혀 황해도 황주로 유배됐다가 민영환 선생의 도움으로 석방될 수 있었다.

일제의 강압이 점점 강해지다 마침내 일본 헌병이 황실을 포위한 가운데 을사늑약이 채결되었다. 세계에 일제의 부당함을 호소하기 위해 상해에 가 있던 이준 열사는 이 소식과 함께 민영환 선생의 자결 소식을 듣고는 반드시 독립하겠다는 의지를 다지며 국내로 돌아왔다.

헤이그 만국평화회의에 특사로 파견되다

이준 열사는 일제의 국권 침탈에 저항해 상소 운동, 청년 계몽 운동 등을 펼쳤지만, 일제의 무력진압에 하루 이틀 만에 해결되지 않겠다는 생각을 하게 된다. 인재가 있어야 나라를 구할 수 있다는 생각에 국민교육회를 조직해 초대 회장에 오르는 등 애국계몽 운동에 온 힘을 쏟았고, 사회 지도층과 함께 국채보상운동에도 열렬히 나섰다.

1906년 특별검사로 재직하고 있던 이준 열사는 네덜란드 헤이그에서 제2회 만국평화회의가 개최된다는 소식을 접한다. 전덕기, 이희영, 강석호 등의 도움을 받아 광무황제를 만날 수 있었다.

이준 열사는 그 자리에서 헤이그에 특사를 파견해 대한제국의 독립을 위해 열강의 지원을 요청하자고 청한다. 광무황제는 이준 열사의 건의를 수용해 헤이그 만국평화회의에 특사를 보내기로 결정한다. 헤이그 특사로 전 의정부 참찬 이상설, 부사로는 전 평리원 검사인 이준과 전 주아 공사관 참서관 이위종을 임명했다.

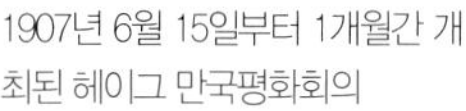

1907년 6월 15일부터 1개월간 개최된 헤이그 만국평화회의

이준 열사의 피어린 호소를 외면한 열강의 대표들

헤이그특사가 거주했던 곳이자 이준열사가 순국했던 건물(당시 융 호텔) 전경

헤이그 특사는 광무황제의 「해아밀사 친임장」을 포함하여 미국, 러시아, 오스트리아, 네덜란드의 원수들에게 보내는 친서 4통과 만국평화회의 의장에게 보내는 친서를 가지고 네덜란드로 떠났다.

두 달에 걸친 여행 끝에 헤이그에 도착한 이준 열사와 특사 일행은 「장서」와 그 부속문서인 「일인불법행위」를 프랑스어로 인쇄해 40여 참가국 위원에게 보냈다. 대한제국 대표로 회의에 참석은 거절당했으나 언론의 주목을 받아 귀빈으로 연설할 수 있었다.

언론은 헤이그 특사에 동정적이었으나 식민지를 확대하던 열강들에겐 헤이그 특사는 눈에 가시나 다름없었고 영국과 일본의 방해로 번번이 활동을 저지받았다. 언론은 특사의 활동을 주목했지만, 각국의 대표들은 대한제국의 청원에 공감하지 않았다.

이준 열사는 일본의 방해 공작에 연일 분통해 하다가 머나먼 객지인 헤이그의 숙소에서 숨을 거두고 말았다. 이준 열사는 에이켄무이넨 묘지에 묻힌 후 55년 후인 1963년 9월 30일에 고국으로 돌아올 수 있었다.

이준 열사의 묘역

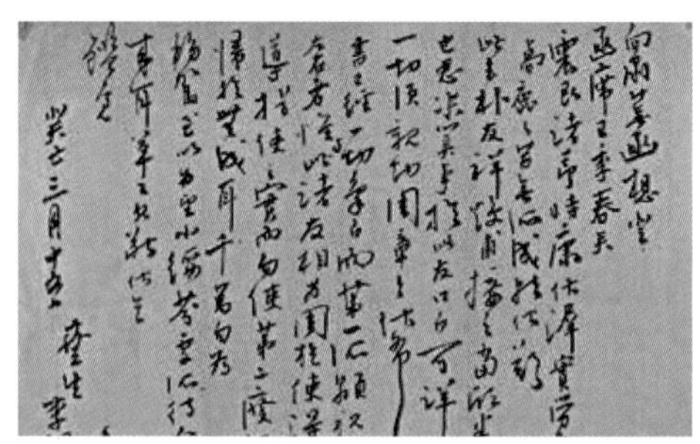
이준 열사 친필

■ 독립장 | 윤동주(尹東柱)

식민지 암울한 현실 속에서 독립 소망 노래한 시인

핵심공적

'서시', '별 헤는 밤' 등 많은 항일민족시를 발표해 민족정신을 일깨우고 조국독립을 염원하는 등 저항정신을 가진 시 작품을 발표해 민족적 문학관을 확립했다.

- 1917년 12월 30일 중국 길림성 용정 출생
- 1936년 중국 광명중학교에 진학하여 시작품을 통한 항일 민족정신의 기초를 닦음
- 1938년 연희전문학교에 진학 '서시', '별 헤는 밤'등 많은 항일민족시를 발표
- 1942년 일제의 징병제를 반대하며 저항정신 시작품을 발표
- 1945년 2월 16일 후쿠오카 지방재판소에서 옥중 순국
- 1962년 건국훈장 독립장

윤동주는 식민지의 암울한 현실 속에서 민족에 대한 사랑과 독립의 절절한 소망을 하늘과 바람과 별과 시에 견주어 노래한 민족시인이다. 윤동주는 독립투쟁의 일선에서 장렬하게 산화한 투사도 아니었고 당대에 이름이 널리 알려진 시인도 아니었지만, 일제의 탄압이라는 모진 풍파 속에서도 독립한 조국을 희망하는 마음을 담담히 노래하여 사람들이 독립을 향해 나아갈 수 있게 해주었다.

자연을 벗 삼으며 시인으로서의 감수성을 키워나간 어린시절

시인 윤동주는 1917년 12월 30일 중국 길림성 용정(龍井) 명동촌에서 장남으로 태어났다. 그가 태어난 명동촌은 1899년 2월 함경북도 종성 출신의 문병규, 김약연, 남종구와 회령 출신의 김하규 네 가문의 식솔 140여 명이 집단 이주해 세운 한인마을로 북간도 한인 이주사에 이정표를 마련한 곳이었다.

윤동주가 태어나 어린 시절을 보낸 북간도 명동촌은 일찍부터 신학문과 기독교를 받아들인 마을이었다. 윤동주의 아버지 윤영석이 15세 나이로 명동학교에 들어가 신학문을 배우기 시작해 중국 북경 유학 후 모교인 명동학교에서 교편을 잡았다.

윤동주가 태어날 당시 그의 집안은 명동촌에서도 벼농사를 하는 몇 집 가운데 하나로 넉넉한 가세를 자랑하였다. 윤동주는 사방이 산으로 둘러싸인 아늑한 큰 마을 명동촌에서 28년 생애의 절반인 14년을 보내며 아름다운 자연을 벗 삼아 시인으로서의 감수성을 키워나갔다.

윤동주의 어린 시절 이름은 해처럼 빛나라는 뜻의 해환(海煥)이었다. 윤동주의 동생은 달환(達煥), 갓난애 때 죽은 동생에게는 별환이라는 아명을 붙였다 윤동주라는 이름 석 자를 세상에 널리 알린 시집 하늘과 바람과 별과 시는 본인과 동생들의 이름에서 태어났다.

소학교 시절부터 시작된 시인 윤동주의 작품 세계

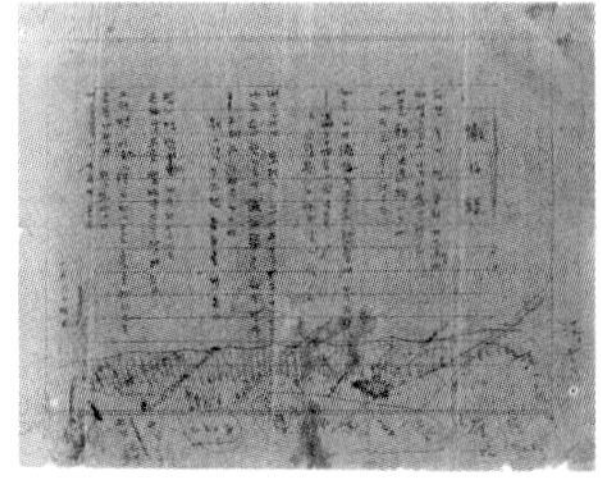

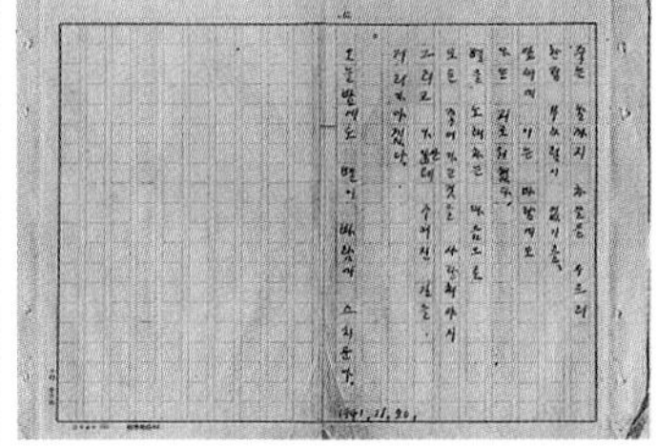

윤동주 시인의 '자화상'(좌)과 '서시' 원고

시인 윤동주는 1925년 만 8세의 나이로 명동소학교에 입학했다. 명동학교는 수많은 민족 지사를 배출해 3.1 운동 이후 북간도 대한국민회가 조직되고, 국경선 일대의 봉오동 · 청산리 등지에서 치열한 독립전쟁이 벌어질 때도 명동학교 출신들이 활약했다. 서울에서 발행되던 「아이생활」, 「어린이」 등의 잡지를 구독하며 문학 소년의 꿈을 키우던 윤동주와 그의 친구들은 5학년 때에 손수 원고를 모아 새 명동이라는 잡지를 발간하기도 했다. 1931년 3월, 명동소학교를 졸업한 윤동주는 중국인 소학교 6학년에 편입해 1년을 더 다녔다.

1931년 늦가을 윤동주의 집은 해란강 하류의 소도시 용정으로 이사했고 그는 은진중학교에 진학했다. 이때부터 윤동주란 이름을 쓰기 시작했다. 은진중학교에서 윤동주는 축구선수로 뛰기도 하고, 교내 잡지를 내느라 밤늦게까지 등사 글씨를 쓰기도 했다. 작품 활동에 새로운 전기를 마련한 것도 이 무렵부터였다.

1935년 9월 숭실중학교 3학년에 편입한 윤동주는 객지생활 7개월 동안 시 10편, 동시 5편의 시를 쏟아냈다. 숭실중 학생청년회에서 발행하던 숭실활천에 실린 '공상'은 그의 시 가운데 최초로 활자화된 작품이다.

고뇌와 역사의 무게를 시로 승화한 연희전문 시절

숭실중학교 생활은 오래가지 못했다. 신사참배 명령을 거부해 일어난 일들로 학교가 무기휴교에 들어갔기 때문이다. 용정으로 돌아온 윤동주는 광명학원 중학부 4학년에 편입했고, 졸업 후 고종사촌 송몽규와 함께 연희전문의 문과에 입학했다.

연희전문에서 윤동주는 민족문화의 소중함을 재확인했고 자신의 문학관을 정립해 나갔다. 윤동주의 시 세계가 확립되어 갔지만, 동시에 참담한 민족 현실에 눈뜨는 과정이었다. 이때는 일제가 국가 총동원법을 조선에도 적용해 한민족 전체가 일제가 일으킨 태평양 전쟁에 휩싸였던 때다.

이 때 그가 쓴 '자화상'에는 전쟁에 광분한 일본 군국주의 속의 식민지 지식인이 겪어야 했던 고뇌와 갈등이 짙게 배어 있다. 고뇌의 시기를 지나 졸업반이 된 1941년, 내적 방황과 역사의 무게를 시로 승화시켰다. 그해 11월 윤동주는 그때까지 써놓은 시중에서 18편을 뽑고 여기에 서시를 붙여 「하늘과 바람과 별과 시」라는 제목의 시집을 엮었다.

그는 자신의 시집 원고를 3부 필사해 1부를 이양하 교수에게 줘 출판을 주선해달라고 했는데 교수는 출판을 보류하라고 말했다. 일제의 검열을 통과할 수 없을뿐더러 신변의 위험도 있을 수 있다는 판단이었던 듯하다. 그래서 그의 첫 시집 출판은 해방 이후로 미루어지게 되었다.

일본유학 중 민족운동을 했다는 이유로 투옥

1941년 12월 태평양전쟁 발발로 앞당겨진 학사일정에 따라 연희전문 문과를 졸업한 윤동주는 1942년 3월 일본으로 건너가 도쿄 릿쿄대학 문학부 영문과에 입학하였다. 함께 일본 유학길에 오른 고종사촌 단짝 송몽규는 교토제국대학 사학과에 입학했다.

교토 우지강에서 있었던 윤동주 시인 송별회 사진. 현존하는 윤동주의 마지막 사진이다.

유학 초기 윤동주는 이국땅에서 적잖이 향수병에 시달렸다. 그래서인지 릿쿄대학에 진학한 지 한 학기만인 그해 10월 윤동주는 단짝친구 송몽규가 있는 교토의 도지샤대학 영문과로 전입한다. 전시체제하의 살벌한 분위기 속에서도 윤동주는 도지샤 대학의 자유로운 학풍을 호흡하고, 송몽규를 비롯한 벗들과 어울리며 한결 안정된 유학생활을 보낼 수 있었다.

그러던 1943년 7월 윤동주는 방학을 맞아 고향으로 돌아갈 준비를 하던 중에 송몽규 등과 함께 일본 특고경찰에 체포됐다. 조선인 유학생을 모아놓고 조선의 독립과 민족문화의 수호를 선동했다는 죄목이었다. 특고경찰은 '재쿄토 조선인 학생 민족주의 그룹사건'이라 이름 붙였다.

윤동주 시인이 옥중에서 순국한 후 중국 길림성, 시인의 생가가 있는 곳 근처에 그의 유해를 안장하였다.

윤동주와 송몽규는 치안유지법 위반으로 각각 징역 2년의 형을 선고받고, 후쿠오카형무소로 이감되었다. 그리고 1년 뒤인 1945년 2월 16일 생체 실험 때문이 아닌가 생각되는 원인 불명의 병으로 윤동주 시인은 후쿠오카형무소에서 29세의 짧지만 굵은 생을 마감했다.

초판 찍은 날 2015년 9월 1일
3판 펴낸 날 2016년 12월 10일

펴 낸 곳 사단법인 대한민국순국선열유족회
펴 낸 이 김 시 명
주 소 서울특별시 서대문구 통일로 251(현저동)
전 화 02-365-4387
팩 스 02-365-4363
홈페이지 www.soongook.org

만 든 곳 디플랜네트워크
만 든 이 심 재 추

등록번호 제16-4303
등록일자 2007년 10월 15일
주 소 서울시 성동구 성수일로 8길 5 (성수동 2가)
서울숲 SK V1타워 A동 1004호
전 화 02-518-3430~1
팩 스 02-518-3478
홈페이지 www.diplan.co.kr

도움 주신 분들

- 서울특별시교육청 민주시민교육과 장하관 김시영 과장, 장학관 정영철, 장학사 황용연
- 의병정신선양회 회장 윤 우
- 3.1 운동기념사업회 회장 이정은
- 항일유적연구소 소장 최범산
- 대한민국순국선열유족회 사무총장 김영조

값 **20,000원**